KB196869

초월영성상담의 다양한 접근

오진미 · 황임란 · 정　민 · 이기춘 · 정미숙 · 정정애 · 김가빈 공저

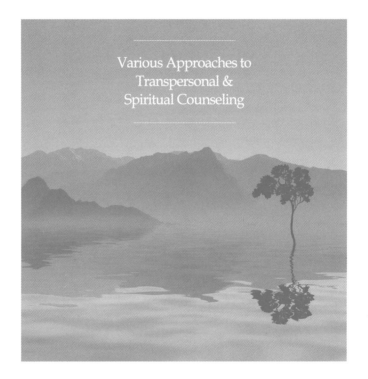

Various Approaches to
Transpersonal &
Spiritual Counseling

학지사

이 저서는 한국상담학회 초월영성상담학회의 지원을 받은 저서입니다.

▮ 서문

이 책의 목적은 '초월영성상담'의 기초를 다지고 다양한 접근의 초월영성상담을 다각적으로 개괄하려는 데서 출발하였다. 각각의 상담 모델과는 상관없이 또는 보이지 않는 이어짐을 유지하면서, 전적으로 초월영성에 집중하는 다양한 접근의 상담모델은 우리의 모습이기도 하면서 주목할 만한 사회-문화 현상이기 때문이다.

현대 사회는 복잡한 심리적 문제와 영적 갈증을 동시에 안고 있다. 이러한 시대적 요구에 부응하기 위해 우리 초월영성상담학회 기획팀에서는 초월영성상담의 다양한 접근이라는 주제로 글을 작성해서 출판하자는 의견을 모았다. 초월영성상담에 관한 이론적 배경을 토대로 초월영성상담의 다각적 접근을 통해 심리적 치유와 영적 성장의 새로운 지평을 제시하고자 하였다.

초월영성상담학회로서 정체성을 살리기 위한 노력의 일환으로, '초월상담'이나 '영성상담'이라는 용어보다 학회의 공식 명칭이 들어 있는 '초월영성상담'이라는 용어를 학문적으로 정착시킬 필요가 있다는 여러 회원의 제안이 출간의 시발점이 되었다.

『초월영성상담의 다양한 접근』에서 사용한 '초월영성상담'은 한국상담학회 초월영성상담학회에서 정의한 개념에서 비롯한다. 2002년 한국상담학회 분과학회로 설립된 한국초월영성상담학회(Korean Association of Transcendent Spirituality Counseling)는 초월영성상담을 '무의식을 다룰 수 있는 기법'으로 설명하고 있다. 그 설명에 포함된 핵심적인 용어는 '연결'과 '초월(넘어섬)'이다. '초월영성'이라는 말은 '실제 삶의 밖에서 자신의 삶을 바라보고 삶의 의미를 자각하여 의연하게 대처할 수 있는 마음의 상태'라고 정의되어 있다. 결국 그 '기법'이란 상담의 현장에서 '보이지 않는 세계와의 만남, 의식적으로는 알 수 없지만 나 자신의 삶이 무엇인가와 연결되어 있음을 자각하는 일'을 내담자가 하도록 하는 것이다. 이곳에서의 '초월'은 종교적 의미에서의 '신성한 실재'가 아니다. 나 또는 개인을 '넘어섬'이다. 그리고 '영성'도 실재하는 어떤 실체가 아니다. 다만 넘어섬을 이룬 마음의 상태이다.

초월영성을 운위(云爲)하는 상담은 각각의 상담 및 치료모델의 진화인가, 전혀 다른 심리학적 기반에서 출현한 것인가, 아니면 심리학 주변의 마치 하위문화와 같은 상담의 아류인가 하는 물음을 제기했다. 각각의 상담 및 치료접근들은 '영성'이라고 부를 수밖에 없었던 경험이 그 주장이나 실천에서 배제될 수 없어, 점차 그렇게 불리는 것이 더 자연스러워졌다는 것도 사실이다.

우리가 직접적으로 부닥친 문제를 다듬어 보면, 첫째, "지금까지 우리가 말하고 있는 초월 및 영성 그리고 자아초월 등을 초월영성상담이라고 단정해도 좋을까?" 하는 것이다. 만약 그럴 수 있다면 그렇게 된 전개 과정을 묘사할 수는 없을시를 생각해 보게 되었다. 둘째, 이러한 과제에 직면하면 상투적으로 우리가 떠올리는 것은 "영 또는 영성이란 무엇인가?" 하는 물음이다.

이와 직면하면서 그 언어가 포괄하는 숱한 언어들을, 대체로 문화권과 역사적 맥락 등을 축으로 어원에서부터 상용하는 데 이르기까지 다양한 함의와 변화를 기술하기도 한다. 그러나 어떻게 접근하든 그것이 '영'이나 '영성'의 실체를 드러내는 것은 아닌 듯하다. 이에 대한 대답이 본질적으로 명료하게 주어지는 것은 아니기 때문이다.

가능한 것은 다만 그 용어가 어떤 맥락에 자리 잡고 있는지, 어떤 실천의 장에서 사용되고 있는지, 어떤 힘의 실체가 이를 운용하고 있는지를 살펴보는 일, 곧 영성의 위치 지우기를 하는 일이라고 생각한다. 결국 그것이 영성에 대한 현실적인 이해이기 때문이다. 각각의 주제에서 제시한 것도 이를 서술해 가는 과정에서 '영이나 영성'은 스스로 자기를 일정한 맥락과 실천과 힘의 장에서 드러낼 것으로 판단한다.

이에 영성(spirituality)의 실재나 초월의 경험을 기술하는 인간 삶의 현실성을 수용하면서 조화로운 현존을 아우르는 작업을 했다. 온갖 상담모델이 그렇다. 이론적인 상이한 배경에도 불구하고 상담 현장에서는 저절로 그 다름의 사라짐을 경험한다. 이러한 사실은, 이론이란 처음부터 다만 어떤 현상을 설명하기 위한 도구이지 실천을 위한 규범은 아니라는 사실에 주목하게 한다. 상담의 현장은 상담자와 내담자가 함께 만드는 삶의 자리라고 하는 사실 때문이다.

초월영성상담의 본질이기도 한데, 인간 삶의 현장에, 따라서 상담의 현장에도, 실증할 수 없고 이론화할 수 없지만, 경험적 실재인 초월이나 영성이 끼어드는 틈을 마련하고자 했다. 그것은 신비로의 도피도 아니고, 일상의 모든 것을 부정하는 것도 아니며, 이성과 논리, 판단의 포기는 더더구나 아니다.

영성은 '열린 함축'이다. 그것은 닫힌 실재 개념이 아니다. 영성은 '열린 가능성'이다.

그 안에는 물음 주체도 해답 주체도 따로 있지 않다. 영성은 그 정황에 대한 인식에서 비롯한 '모색되는 출구'의 낌새이다. 그뿐이다. 그렇기 때문에 불가불 영성은 아직 가녀릴 수밖에 없다. 영성을 서술하는 우리의 발언은 어눌할 수밖에 없다. 그럼에도 불구하고 이러한 언어의 출현, 출산, 출판은 다행스러운 결실이다.

이 책의 제1장 초월영성상담의 개요는 황임란, 제2장 분석심리학과 초월영성상담은 정민, 제3장 게슈탈트와 초월영성상담은 오진미, 제4장 수용전념치료와 초월영성상담은 이기춘, 제5장 아유르베다 상담과 초월영성상담은 정미숙, 제6장 소매틱접근의 트라우마치료와 초월영성상담은 정정애, 제7장 보석치료와 초월영성상담은 김가빈이 저술하였다. 이 책의 공저자들께 깊이 감사드린다.

이 책을 통해 우리는 대체로 상담의 영역에서 각각의 접근법들이 가진 위치를 짐작하여 여러 다양한 지도(地圖)를 제시했다. 원인으로의 침잠은 그대로 가치 있는 작업이다. 경계를 선(線)으로 단절하는 것이 아니라 면(面)으로 이어 주는 자리를 어느 정도 짐작하게 된다. 이 정도의 좌표 찍기를 통해 우리는 예비적인 준비가 되었다고 판단해도 좋을 듯하다. 각각의 장에서 서술하는 내용은 모든 주제를 자세하게 살피는 것이 비현실적이다. 간과할 수 없는 쟁점들이 산적해 있기 때문이다. 이를 모두 아우르는 일 그리고 실제로 적합한지는 앞으로 연구를 통해 밝혀지기를 바란다.

이 작은 노력이 우리 학회는 물론 우리 사회의 상담자들에게, 특히 초월영성을 지향하고 있는 동료들 그리고 건강하고 행복한 삶을 위한 사람들에게 긍정적인 도움이 되기를 진정으로 희망한다. 초월영성상담의 다양한 접근을 통해서 초월영성에 대한 조망을 넓히고 통찰력이 깊어지기를 바란다.

2024년 12월
대표 저자 오진미

🕯️ 발간에 부쳐

한국상담학회의 분과학회로 초월영성상담학회가 창립된 지 어느덧 22년의 세월이 흘렀다. 초월영성상담학회는 인간 조력에서 특정 영역에 초점을 맞추는 분리적인 기존의 전통적 상담을 넘어서서 거시적이고 통합적인 접근을 추구하며 자아초월과 영성의 자각과 훈련을 통해 인간의 적응과 성장 그리고 발달과 변용을 상담의 핵심으로 다루려고 노력해 왔다.

전통적인 상담 이론이 현실에 건강하게 적응하며 성장하는 인간의 삶을 추구한다면, 초월영성상담에서는 최적화된 인간의 현실 삶을 근간으로 그 너머를 추구하는 상담을 탐구하며 실천해 왔다. 구체적으로는 인간의 전 생애 발달의 단계를 확장하고, 개인과 집단의 정신 역동을 넘어서는 전체 정신의 회복을 추구해 왔으며, 인지행동주의의 합리적 신념과 행동을 넘어서 창의성과 상상을 포괄하고, 인본주의의 자아실현을 뛰어넘는 단계로 자기 초월을 추구하며, 인류의 다문화ㆍ다양성에 대한 존중과 화합을 상담에서 실현하고자 노력해 왔다. 초월영성상담의 과정에서는 상담자와 내담자가 공동 작업을 통해 초월성과 영성을 경험하며 동반성장하는 것을 지향해 왔다. 그러나 그동안 초월영성상담의 이런 성격과 인간 탐구 및 조력의 과정을 정리하여 상담학계 및 대중에게 알리는 작업은 드물었다.

이러한 상황을 주시한 초월영성상담학회 11대 회장단에서는 그간의 연구 결과와 실천 과정을 출판하여 과학적 근거에 입각한 초월영성상담의 저변 확대를 추구하기로 의견을 모았다. 그 결과, 본 학회 이사진의 동의를 얻어 출판하게 된 것이 『초월영성상담의 다양한 접근』이다. 이 책의 출간을 위해 본 학회의 특별위원회를 담당하고 있는 오진미 부회장이 주축이 되어 특별사업팀을 구성하였다. 책의 집필진은 이사진을 통해 공개 모집하였고, 주로 본 학회의 2023년 연간 주제인 '포스트 코로나, 왜 초월영성상담인가?'와 2024년 연간 주제인 '전 생애 발달과 초월영성상담'에서 학술발표를 한 발표자들을 중심으로 저자들이 모집되었다. 그 후 특별사업팀에서 최종 공저자를 검토하는 과정을 거쳐 집필진이 확정되었다. 공사다망함에도 불구하고 책의 출간에 적극적으로 협력하고 집필해 주신 오진미 부회장을 비롯한 정민, 정미숙 부회장, 이기춘, 정정애, 김가빈 위원장께 감사를 전한다.

이번 『초월영성상담의 다양한 접근』의 발간이 초월영성상담의 발전을 위한 하나의 초석이 되기를 바란다.

끝으로, 이 책의 출간과 특별사업을 위해 물심양면으로 크게 지원해 주신 김형록(인경) 이사께 특별히 감사드리며 집필과 함께 추가 지원까지 해 주신 김가빈 이사께도 감사드린다. 또한 출판을 위해 적극 협력해 주신 학지사 김진환 사장님과 관계자 여러분께도 감사를 전한다.

2024년 12월

한국상담학회 초월영성상담학회 제11대 회장 황임란

차례

제3장　게슈탈트치료와 초월영성상담 • 85

제4장　수용전념치료(ACT)와 초월영성상담 • 151

제5장　아유르베다와 초월영성상담 • 187

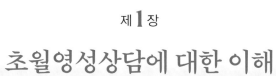

제 **1** 장

초월영성상담에 대한 이해

황임란

1. 왜 초월영성상담인가

우리가 살아가는 21세기의 현대 사회에서는 급격한 변화의 소용돌이가 지구촌 각지에서 동시다발로 일어나고 있다. 과거와는 다르게 국지적 조건과 변화들이 직접 일어난 곳만이 아니라 지구촌의 곳곳에 음으로 양으로 영향을 미치고 있다. 특히 코비드19(COVID-19)의 팬데믹 현상을 경험한 현세대의 지구촌 구성원들은 인류 역사상 전대미문이라 할 수 있는 공통의 고통을 겪었으며 이를 극복하려는 노력을 초국가적으로 진행하며 함께 해결해 냈다. 이 과정에서 국가들 간에 협력과 연대가 더욱 다양화되었다. 현대 사회의 이런 일련의 현상과 과정은 과학의 발전에 기반을 둔 IT산업의 폭발적 발달과 확산에 기여하였고 최근의 뜨거운 주제인 인공지능(Artificial Intelligence: AI)의 문제에까지 영향을 미쳤다. 21세기 학제 간 영성 연구 분야에서 선도적인 인물로 꼽히는 영성 연구가인 셀드레이크(Philip Sheldrake, 2012)는 과학이 발전할수록 신비의 영역은 커지며 이것이 영성에 대한 관심과 이해를 넓힌다고 하였다. '인간은 사회적 존재'라는 명제에서 지구촌의 급격한 변화 양상을 바라본다면 우리는 '통합'이라는 도전적 주제에 직면하게 된다. 개인의 통합부터 사회의 통합을 넘어서 지구촌의 통합이 현대 사회의 당면한 주제가 되는데 그것은 바로 우리가 그동안 해 온 상담에 대해서도 다시 한번 성찰해 봐야 한다는 반성적 사고를 촉구하는 것이다. 즉, 지금의 우리는 현대 인류가 유래없는 도전을 맞으면서, 그동안 당면 문제를 해결하기 위해 진행해 온 기존의 일부 심리치료나 상담만으로는 설명하거나 도움 주기 어려운 상황에 놓여있다는 것을 직면하게 되었다.

상담학을 연구하고 상담의 현장에 종사하는 다수의 전문상담자는 신체, 인지, 정서, 행동 등의 어느 한 측면에 대한 부분적 진리만으로는 더 이상 일상의 삶과 직업 그리고 일에서 벌어지는 다양한 문제들을 감당하는 데 한계가 있음을 고백한다. 그동안의 상담 전문가들은 지나치게 분야별로 전문화되어 있는데 이러한 기존의 전문화는 분류와 변별의 측면에서는 유용하지만 인류가 가지는 인간 정진의 심오함과 비전이라는 측면을 간과하는 결과를 초래하곤 했다. 그 이유 중 하나는 기존의 전통적인 상담 접근에서는 부분적인 인간 이해가 반영된 인간상에 고착되거나 고정된 전제를 기초로 하는 경우가 많기 때문이다. 또 다른 측면의 현상 중 하나로, 상담에서 한 개인과 그가 속한 집단을 이해하고 조력할 때 전통적인 접근법들은 내담자들의 과거나 또는 현재를 주로 조명하고 미래를 준비하는 작업은 부분적인 수준에 머문다. 물론 기존의 전통적인 상담 접근들에서도 겉으로는 인간 역사의 과거나 현재 그리고 미래에 관심을 갖는 것을 당연한 듯 수용했다. 그러나 과거와 현재, 미래에 대한 통합을 시도하더라도 인간이 사회적 존재로서 개인이나 집단, 문화와 환경의 영향을 받으며 적응하고 성장하면서 발달해 왔다는 사실을 통합적으로 인식하고 이에 구체적으로 접근하지 못하는 경우가 많았다.

인간 경험의 일부분만을 반영하는 이론들이 지속적으로 확장되는 것은 마치 작은 그릇에 큰 그릇을 올려놓는 것 같은 결과를 초래하여 궁극에는 불균형과 부적절함을 드러낸다. 즉, 작은 그릇은 큰 그릇을 품을 수 없는 것처럼 부분만으로는 전체를 이해하거나 알기 어렵다는 결론에 도달하는 것이다. 따라서 우리는 현재와 같은 각 분야의 현실적 전문성을 유지하면서도 통합적이고 진보적이며 지금을 넘어설 수 있는 포괄적인 접근을 추구해야 할 필요성에 직면해 있다.

초월영성상담에서는 그동안 각 분야별로 발달해 온 상담연구와 실천의 문제점을 보완하면서 인간 이해에 대한 더 큰 인식의 확장을 추구해 왔다. 특히 초월영성상담에서는 인간 정신의 고유성이자 보편타당한 문화적 산물인 초월성(transcendence)과 영성(spirituality)에 대한 의미와 가치를 상담에서 적용하고 실현하고자 꾸준히 노력해 왔다. 더불어 초월영성 상담자들은 그동안의 굳건한 의지를 더욱더 확산하고자 하는 노력이 이 시대에 무엇보다 필요함을 절실하게 체험하고 있다. 초월영성상담에서는 인간을 유기체로서의 신체적 건강뿐만 아니라 인지적, 정서적, 행동적, 사회적 건강을 추구하는 존재로 이해하며, 나아가 이 모든 것을 포괄적으로 표현하는 인성을 넘어서고자 하는 초월성과 보이지 않는 그 너머의 더 큰 가치와 의미를 추구하는 영성을 가진 존재로 본다. 그동안 초월성과 영성을 종교와 연관하여 이해하는 경향이 있었지만, 현대 사회에서는 초월성과 영성을 종교와 분리하여 초월성이나 영성 그 자체가 인간 존재의 한 특성임을 인정하는 추세다. 헤이(David Hay, 2000)가 1987년부터 2000년까지 설문 조사한 연구에 따르면 예배에 참여하지 않으면서도 여전히 '영적 실재'를 믿는 사람의 비율이 29%에서 55%로 증가했다. 또한 사회학자 힐라스와 우드헤드(Paul Heelas & Linda Woodhead, 2005)의 연구에서도 '통합적 영성'이 현대의 필요에 더 잘 맞기 때문에 일종의 진화로서 종교를 대체하고 있다는 결론을 제시한다. 스코튼과 그의 동료들(Scotton, Bruce W, et al., 2008)도 미국인의 58%가 영적 성장에 대한 욕구를 느끼고 있다고 하였으며, 많은 연구에서 일반 대중의 30~40%가 신비체험을 했음을 밝히고 있다. 스코튼과 그의 동료들은 이 지점에서 우리가 인간을 영성적 존재라고 말할 때 영적인 인간이라는 표현은 인간 정신의 영적 영역, 즉 육체적 경험으로 제한되지 않는 인간성의 부분을 의미한다고 설명한다. 이들은 자아 수준을 넘어서는 모든 인간의 경험을 다루는 자아초월적 경험이 영적 체험뿐만 아니라 더 높은 수준이 구현된 인간적 경험을 포함하는데 이것을 더 큰 목표를 위해 개인적인 생존을 초월하는 것으로 설명하였다. 동서고금을 막론하고 인간 사회와 문화 그리고 종교를 연구하는 분야에서 초월성과 영성이 계속해서 거론되고 연구의 주제가 되었으므로 상담학에서도 이 주제를 다루어야 한다는 것이 이 책을 저술하는 저자들의 입장이다. 현대 사회의 '자연과학' 연구 흐름에 휩싸여 인간의 초월성과 영성을 암묵적으로 무시하는 것은 인간의 삶과 정신에 대한 전문적 접근을 하는 전문가들로서는 '인간과 삶'에 대한 어떤 유기와 방임의 문제를 안고 살아가는 측면도 있다고 할 수 있다.

신호재(2018)는 그의 저서 『정신과학의 철학』에서 "정신적 존재로서의 '인간'은 삶의 다양한 의미로 구성되는데 정신적 의미로 이루어진 인간의 삶이 외적으로 표현된 것이 문화다. 그리고 정신적이고 문화적인 인간의 삶이 타인의 삶과 더불어 전개되는 터전이 바로 사회이며, 타인과 상호적으로 영향을 주고받으면서 시간의 흐름 속에서 형성되고 전개된 인간의 공동체적 삶이 바로 역사인 것이다. 이러한 맥락을 고려할 때야 비로소 우리는 '정신'을 탐구하는 정신과학이 어떤 이유에서 곧 인문·사회과학인지 이해할 수 있게 된다(p. 15)."라고 역설한다. 나아가 신호재(2018)는 심리적–정신적 존재로서의 '인간'과 인간이 살아가는 '문화적–사회적–역사적 삶'의 현실적인 정신적 세계를 다룬다는 점에서 정신과학은 '몰(沒)인간적' 사태를 탐구하는 자연과학과 본질적으로 대립하는 학문들의 유개념이 되는 것이라고 강조한다. 이러한 논지에 따르면 초월영성상담은 문화 보편적인 초월성과 영성을 인간을 통해 상담 분야에서 유의미하게 다루고 연구하며 적용할 책무를 받아들이는 상담 접근법이라고 할 수 있다.

초월영성상담에서는 그동안의 '상담과 심리치료'에 대한 연구들이 커다란 가치가 있으며, 인간 이해와 조력에 기여하고자 노력하고 있다는 것을 감사하며 인정한다. 그러나 초월영성상담에서는 우리가 전수받은 연구를 과도하게 분리하여 분석적으로 접근하기보다는 종합해서 통합적 관점으로 이해하고 내담자를 전인으로 인정하고 각 이론의 기여를 존중하면서도 인간의 초월성과 영성을 수용하여 인간에 대한 이해와 조력을 한층 깊이 있게 하고자 한다. 그리하여 내담자와 상담자가 함께하는 통합과 성장의 길을 더 넓고, 더 깊고, 더 높게 제시하고 나아가 그 길을 닦아 열어 놓고자 한다.

최근에 저자가 만난 한 전문상담자는 근간의 다양한 상담 관련 학술대회와 교육연수에 참석한 경험을 전하면서, 어떠한 접근이든지 대부분의 결론에서 초월영성상담의 주요한 상담 접근법인 마인드풀니스(mindfulness)와 명상에 대해 언급한다면서 시작은 달

랐으나 결론은 비슷하다는 말을 하였다. 이런 촌평은 초월영성상담을 지향하는 우리에게는 희소식이자 한편으로는 책임감의 무게로 다가오는 현실이기도 하다.

2. 초월영성상담의 접근 방식

1) 인간관과 인간 성장에 대한 관점

전통적인 인간 이해와 조력 분야가 그러했듯이 초월영성상담에서는 인간을 유기체로서의 신체적 건강뿐만 아니라 인지적·정서적·행동적·사회적 건강을 추구하는 존재로 이해한다. 또한 이 모든 것을 포괄적으로 표현하는 인성을 넘어서서 자신을 초월하고자 하는 초월성과 보이지 않는 그 너머의 더 큰 가치와 의미를 추구하는 영성을 가진 존재로 본다. 초월영성상담의 관점에서 보는 인간 성장에 대한 이해에는 전통적인 발달 영역인 신체, 인지, 정서, 사회성, 도덕성뿐만 아니라 초월성과 영성이 매우 중요한 주제로 자리매김하고 있다. 이는 내담자의 문제를 가능한 다차원적이면서도 통합적 관점으로 이해하고 이를 유기적으로 조직하여 개념화하는 것이 초월영성상담의 핵심적 가치이기 때문이다. 이런 관점에서 초월영성상담에서는 초월과 영성에 대한 심층 연구를 제시하고 있는 윌버(Ken Wilber)를 주요한 인물로 인정하고 있다. 윌버는 인간의 발달에 대해 다양한 발달라인이 있음을 강조하며 그 발달라인별 수준에 대해 깊은 연구를 진행해 왔다. 윌버의 발달라인연구에서 그는 영성발달라인이 여타의 발달라인과 같이 독립적으로 전개됨을 강조하였다. 특히 윌버가 인간의식의 발달수준에 대해 진행한 연구들은 초월영성상담에서 중요한 위치를 차지하고 있다. 윌버는 인간 발달의 궁극적 지향점은 의식의 발달 수준을 높이는 데 있음을 강조하는데 이 의식 수준의 최상위에서 나타나는 특성들이 바로 초월성과 영성이다.

2) 초월영성상담의 용어들과 그 지향점

(1) 초월

초월(Transcendence)은 넘어서는(beyond), 극기(克己)라는 뜻으로 인간 회복력(resilience)의 근간이라 할 수 있다. 극기의 대상은 의식과 무의식, 나와 나 이외의 사람, 과거와 현재에 걸쳐있다. 심리학이나 상담 분야에서는 초월이라는 용어를 자아초월 (transpersonal)과도 혼용하여 쓰는데 이 책에서도 그런 전례를 따른다.

(2) 영성

영성(Spirituality)은 인간이 자신이 가지는 자아의식을 넘어서서 더 크고, 더 높고, 더 깊은 것과 관련되고 일치하려는 내면의 거룩한 충동(holy impulse)과 지향력이자 인간 변화와 성장 및 변용의 운동성이라고 할 수 있다. '알 수 없는' '극치의' '궁극의' '경외의' '미래의 것' 같은 말이 영성이 도달하고자 하는 단어들이다. 나아가 영성은 전체적인 것으로 삶에 대한 온전한 통합과도 밀접한 관련이 있다. 또한 영성은 인간 생명의 비물질적 요소의 발달을 강조하는데 이는 인간이 생물학적인 존재 그 이상이라는 의미를 포함한다. 셸드레이크(Philip Sheldrake, 2012)는 영성에 대한 다양한 관점들을 아우르며 '영성'의 개념이 광범하고 계속 확대되어서 다소 혼란스럽다고 하였다. 그러면서 셸드레이크는 영성에 대한 현대적 이해의 세 가지 방식을 정리하여 제시한다. 즉, 첫째, 영성은 본질적으로 맥락과 문화와 관련이 있다는 것이며, 둘째, 영성에 대한 다양한 접근에도 불구하고 영성은 유사성들을 공유하는데 그것은 삶에 대한 완전히 통합된 접근(전체론)과 관련이 있고, '신성함(the sacred)'에 대한 탐구를 포함하며, 의미에 대한 욕구를 뒷받침하고, 인간의 정체성 · 목적 · 번영에 대한 이해를 내포한다는 것이며, 셋째, 영성에 닿는 현대적 접근법은 다양한 형식을 취한다는 것이다. 셸드레이크는 이러한 조건들을 종합적으로 정리하면서 영성을 '인간 존재의 전망, 인간 정신이 최대한의 잠재력을 갖기 위한 전망을 구체화한 생활방식과 수행'으로 폭넓게 정의하였다.

(3) 초월과 영성 그리고 초월영성상담

인간의 과거를 탐색하는 것이 얼마나 신비하고 경이로운 작업인지 안다면 우리는 사람들의 지난 이야기를 통해 삶에 대한 새로운 의지를 재정립하게 될 것이다. 또한 인간 삶의 현실을 목도하다 보면 현재 우리가 누구와 함께 하는가를 확인할 수 있고 우리가 혼자가 아니라는 연결감을 통해 서로 나누어야 하는 것들에 대해 상호 간의 합의를 만들어 가며 주어진 삶을 감당할 수 있다는 안도감을 창출해 낼 수 있다. 나아가 다가올 미래를 상상하면서 우리는 비합리적인 사고를 통해 무한한 자유와 가능성의 단서를 확인하며 삶의 희망을 구가할 수도 있다. 상상은 비합리적인 사고와 논리로 표현할 수 있는데, 상상이야말로 누워있는 인간을 일어나게 하고, 걷게 하며, 뛰고 날아오르게 하는 원동력을 만드는 근원이다. 초월영성상담은 앞에 기술한 이 모든 것을 초월영성의 영역에서 내담자와 함께 하려고 하는 과학적인 교육과 훈련을 받은 예술적 전문 상담자들의 활동이라고 표현할 수 있다.

상담에 대한 수많은 학자들의 다양한 설명과 정의가 있지만 상담 결과에 대한 플레지 (Pledge, D. S., 2004)의 정의가 초월영성상담이 추구하는 바와 가장 근접하다. 플레지는 상담의 예술적, 영적 측면에 대해 시적으로 말한다면 성공적이고 생산적인 종결은 '유산 (legacy)'을 마음에 품는 것이라고 하였다. 초월과 영성에 대한 접근을 좀 더 나누어 이해해 보도록 하자.

초월상담에서는 과거와 현재를 중심으로 지금까지 변화하고 발달해온 자기를 인정하고 현재를 이어 미래를 기억하기에 초점을 두면서 영성과 과학의 매개 역할을 지향한다. 우리가 경험하는 초월은 드물고 극적인 삶의 어떤 순간만을 지칭하는 것이 아니다. 우리가 시간 시간을 지내며 주어진 삶을 감당하고 하루를 보내는 것, 일주일과 일 년 그리고 인간 발달 단계마다 변화하는 신체적 조건들과 인지, 정서, 행동의 발달과 변화를 감당해 내면서 전 생애의 진로를 따라가고 삶의 주어진 길을 감내하는 것도 모두 일상의 기적 (ordinary miracle)이며 초월의 경험들이라고 할 수 있다. 우리는 모두 초월하며 살고 있는 것이다. 그러나 많은 경우 그것을 의식하고 가치 있게 수용하며 삶의 근원적 에너지로 사용하는 법을 배우지 못했거나 깨닫지 못하고 단순히 살아가는 것이 우리의 당면 과제일 뿐이다.

영성상담에서는 현재를 넘어서 독립적으로 미래를 추구하며 영적 경험의 재발견과 지향에 초점을 두는 것이 주된 목적이다. 영적(spiritual)이라는 용어는 기본 관심사가 외적 활동보다는 심장부인 마음, 즉 내면의 삶에 있음을 말한다. 또한 영적이란 용어는 '머리'와 관련이 있지만 논리와 지식을 넘어서는 것이다. 따라서 영성상담은 이런 주제를 가진 자가 어디로 가고 있으며 그 여정에서 누군가와 대화하기를 원하고, 그 대화가 목적 없이 우연히 행해지는 것이 아니라 궁극의 지향점을 향한 길을 발견하도록 도와주는 데 목적이 있다. 앞에서의 초월상담과 영성상담에 대한 이해를 감안하면 궁극적으로 초월영성상담은 인간의 더 좋고, 더 넓고, 더 깊은 것을 아우르는 통합발달적 상담이라고 할 수 있다. 초월영성상담에서 상담자는 인간 삶의 과정이 완성되어 가는 여정에 동참하여 내담자들의 자율성을 조력하며 동시에 상담자-내담자가 동반 성장하는 전문적 활동을 추구한다.

초월영성상담이나 성장의 길에서는 전문적 훈련을 받은 타인의 도움이 필요하며 나아가 자립적 자기 수련의 접근법에 대한 훈습이 일어나야 한다. 베리와 코널리(Barry, W. A. & Connolly, W. J., 1982)는 자립적 자기 수련이란 다른 사람의 체험이 궁극적으로 내가 딛고 설 바위가 될 수는 없으며 그 바위는 나 자신의 체험이어야 한다는 것을 의미한다고 주장한다. 자신의 체험을 바위로 삼는다는 것은, 모든 체험이 구조적이며 과거의 체험들이 그 구조를 형성한다는 의미이다. 자신의 성격과 심리구조에 의해 영향을 받지 않는 '순수한' 체험이란 거의 가능치 않다고 할 수 있다. 베리와 코놀리는 인간 체험에 주의를 기울이는 것은 바로 인간의 체험 안에서 '초월성의 표시'를 보고 '천사들의 소문'을 듣게 된다고 설명한다. 따라서 초월영성상담에서 인간 발달과 성격의 이해는 매우 주요한 기초적 작업이라고 할 수 있다. 초월영성상담은 인간의 정신과 육체의 합일(holistic approach)을 강조하며 개인의 책임감을 유지하고 성장하는 것을 도와주는 것이지, 그것을 더 어렵게 하려는 것은 아니다.

3. 생애 발달과 영성발달

윌버(Kan Wilber, 2018)는 지금 우리에게는 혼돈의 전근대(pre-modernism), 분열의 근대(modernism), 방치의 탈근대(post-modernism)를 넘어서 '통합시대(Integral Age)'라는 새로운 신대륙으로 탐험하는 데 도움을 줄 지도가 필요하다고 선언하면서, 이것이 우리를 통합적인 사람(Integral Human)들로 살도록 안내할 것이라고 주장하였다. 이런 윌버의 주장에 근거하여 발달의 이론들을 확장과 통합의 개념으로 다시 검토해 보면서 초월영성의 입장에서 기존 이론의 확장적 이해의 가능성에 대해서 그 전망을 논해 보고자 한다.

또한 윌버는 인간 발달의 측면에서 각 발달라인이 독립적으로 존재하지만 어느 발달 라인이든 영성은 그 라인의 가장 높은 수준과 관련이 있다고도 주장하였다. 인간 발달에 대한 전통적인 발달이론가들의 이론을 요약적으로 이해하면서 그 이론들에서 영성의 발달을 어떻게 녹여서 이해하고 확장할 필요가 있는지 살펴보도록 하자.

1) 프로이트의 심리성적 발달과 에릭슨의 사회정서발달-그 이후

프로이트(Sigmund Freud)는 인간에게는 무한한 잠재력이 있다는 것을 인정한 학자다. 그는 겉으로 명확히 끌어낼 수 없는 인간 잠재력에 대해 조직적인 이론을 펼쳤다. 이러한 인간 정신의 무의식에 대한 그의 연구는 인간 정신 탐구 역사에 한 획을 그었다. 프로이트는 인간이 가지는 거대한 무의식의 세계를 인정할 뿐만 아니라 그것이 우리 삶에 대단히 큰 비중을 차지한다고 주장하였다. 그리고 비합리적으로 인식되어 온 무의식의 세계에서 인간 정신을 끌어내어 인과관계를 찾아보고자 하였다. 곧 프로이트는 비합리의 세계에 논리가 있음을 인지한 것이다. 김용선(1991)은 이에 대해 프로이트의 이론은 주관적 상상(비과학적인 것을)을 과학적으로 분석하고자 했으나 이를 조직하여 인간의 정서적 표현의 배출구를 가져오도록 시도하지 않았으며 주관적 상상 자체의 논리를 찾으려는 노력을 하지 않았다는 점에서 제한점을 갖는다고 주장하였다. 여기서 말하는 주관적 상상이란 우리가 초월영성상담에서 다루는 인간 정신의 무한한 가능성으로서의 초월성과 영성을 포함한다. 김용선의 지적에 대해 스코튼과 그의 동료들의 연구(2008)는 프로이트의 이러한 관점을 보완하여 설명해 주는데, 프로이트가 정신분석가들에 대해서는 확장적이고도 상상적인 표현을 동원하도록 강조하면서 정신분석 치료자의 세 가지 자세를 강조한 것을 제시하였다.

그 첫째는 대양적 느낌(oceanic feeling)으로, 이는 원초적 자기애(primary narcissism)의 희열이다. 대양적 느낌은 자아 발달의 초기 단계에서 경험했던 감정이 성인기까지 지속되는 상태다. 프로이트는 이를 자아의 외부 영역인 이드(Id)에 대한 흐릿한 자기자각(self-perception)으로도 설명함으로써 우리의 주의를 외부로부터 정신의 심연으로 되돌려 놓았다. 즉, 이러한 설명은 일상의 자아감(ego-feeling)은 포괄적인 모든 나와 세계감의 친밀한 결합에 상응하는 그 느낌이 쪼그라들어 남은 잔재에 불과하며 영적인 길은 결국 자신의 타고난 자기애와 직면하는 것으로 이해가 가능하다는 것을 시사한다.

둘째는 고르게 퍼져 있는 주의(evenly suspended attention)로 이는 사유하는 마음의 비판적 기능이라고 부르는 것을 중지할 수 있다는 설명이다. 이 주제에 대해 프로이트는 반복해서 "판단을 중지하고 관찰되는 모든 것에 치우치지 않는 주의를 기울여라."라고 권고하면서 이 상태 속에서 최상의 방식으로 마음의 현상을 이해하는 것이 가능하다고 주장하였다.

셋째는 쾌락의 원리를 넘어서(beyond pleasure)인데 이는 승화를 통한 초월 개념이다. 프로이트는 더 높은 수준의 쾌락을 얻는 것은 오로지 쾌락의 원리에 대한 전적인 의존을 버려야만 가능하다고 주장하였다. 프로이트가 제시한 이러한 조건들을 정신분석 치료자가 실현할 수 있다는 것은 정신분석 치료자들이 만나는 내담자들에게도 그와 같은 삶을 경험하고 실현하도록 제공할 의무가 있는 것이다. 프로이트는 인간의 발달 단계를 구강기, 항문기, 남근기, 성기기로, 성격의 구조는 이드(Id), 자아(Ego), 초자아(Super ego)로 제시한다. 발달의 단계를 거치면서 정신적으로 건강한 사람은 세 가지 성격의 구조가 통합되고 조화를 이룬다. 그러나 성격의 구조가 더욱 조화를 이루고 성장하는 데에는 앞에 제시한 치료자들이 취할 세 가지 자세를 내담자들도 훈습해야 한다. 따라서 초월영성상담자들이 프로이트의 이론을 활용하고자 할 때는 이 점을 주시해야 할 것이다.

에릭슨(Eric Erickson)은 인간의 전생애 발달을 8단계로 제시하였다. 8단계는 유아기, 학령전기, 학령기, 청소년기, 성인초기, 성인기, 성인후기다. 에릭슨은 각 발달 단계별로 여덟 가지 발달 과업을 제시하는데 신뢰감, 자율성, 주도성, 근면성, 자아정체감, 친밀성, 생산성, 자아통합이다. 에릭슨은 단계별로 발달 과정이 적절히 이루어지지 않을 경우에는 각 단계마다 발생하는 어려움은 불신감, 수치심, 죄책감, 열등감, 역할혼미, 고립, 침체, 절망으로도 제시했다. 에릭슨은 "삶의 속도는 느려져도 변화와 성장은 멈추지 않는다."라고 하면서 성인 후기 이후도 인간은 계속 성장의 가능성이 있다는 새로운 통찰을 제시하였다. 에릭슨은 자신이 80대가 된 후 자신의 여덟 단계 발달이론을 아홉 단계로 수정했고, 에릭슨 사망 후에 아내 조안 에릭슨(Joan Erikson)이 유고를 정리하면서 80~90세의 시기를 초노년기로 제시하였다. '노년의 초월'(gerotranscendence)은 영성과 초월의 단계 수용의 미덕이 추가되었다. 이런 견해를 담아 간행한 에릭슨 부부의 책은 에릭슨 이론의 완결판이라 할 수 있는데, 인간이 생애 전체에 걸쳐 발달한다는 사실을 강조함으로써 삶 전체가 자기 성숙의 과정임을 밝힌다. 초노년기는 건강한 경우 지혜를 품은 아이다움으로, 건강이 떨어진 경우는 독단의 시기로 설명하는데, 이 시기에는 그동안의 모든 단계를 새롭게 경험한다고 하였다(Erickson, E. & Erickson, J., 2019). 이때 동조적(syntonic) 요소보다 이조적(dystonic) 요소가 강한 노년기를 극복하면 초노년기는 다음 세대를 위한 '지혜의 문'을 여는 시기임을 설명하고, 지혜와 삶의 완성기로 '받는 존재'로 태어나 다음 세대를 위해 '주는 존재'로 떠나는 선물로서 죽음의 의미를 새롭게 깨닫게 되는 시기임을 강조하였다(Erikson, E. & Erikson, J. 2019). 초월영성상담에서는 에릭슨과 그의 아내가 제시한 9단계에서 성인후기의 삶이 어떻게 질적으로 확장될 수 있는지를 다루는 데 관심을 갖는다. 프로이트와 에릭슨의 발달단계를 비교하면 〈표 1-1〉과 같다.

표 1-1 　프로이트와 에릭슨의 시기별 발달단계 비교

프로이트	시기	에릭슨
구강기(oral stage)	0~1세	유아기(infancy): 신뢰감 대 불신감
항문기(anal stage)	1~3세	초기 아동기(early childhood): 자율성 대 수치 및 의심
남근기(phallic stage)	3~6세	학령전기(preschool age): 주도성 대 죄책감
잠재기(latency stage)	6~12세	학령기(school age): 근면성 대 열등감
성기기(genital stage)	12~18세	청소년기(adolescence): 자아정체감 대 역할 혼미
성기기의 계속	18~35세	성인초기(young adulthood): 친밀성 대 고립
성기기의 계속	35~60세	성인기(middle adulthood): 생산성 대 침체
성기기의 계속	60~80세	성인후기(later life) 자아통합 대 절망
성기기의 계속	80~90세 이상	초노년기(gerotranscendence): 영성과 초월 대 소멸

2) 피아제의 인지발달과 콜버그의 도덕성 발달-그 이후

피아제(Jean Piaget)는 인지발달을 4단계로 나누었다. 그는 인지발달의 속도와 연령은 개인별로 차이가 있지만, 발달의 순서는 동일하다고 주장했다(Piaget, J., 1952). 첫 번째 단계는 감각운동기(sensorimotor stage)로 출생부터 2세까지의 시기로서 이 시기의 인간은 소수의 감각 운동적 연속성을 가지고 삶을 시작한다. 이때는 언어를 사용하지 못하지만 감각자극에 반사적 또는 다른 방식들로 반응한다. 생후 1년 동안 감각 운동적 연쇄 행동은 향상되고 결합되며 자신의 행위가 외적 사건에 영향을 미친다는 것을 발견한다. 또한 대상영속성의 개념을 얻게 되는 시기로 이는 어떤 대상이 자신들의 행위나 인식과는 독립적으로 존재하고 행동한다는 것을 이해하는 단계이기도 하다. 이런 감각운동기의 인지적 특성은 초월영성적 측면에서 볼 때 전 생애에 걸쳐 의미 있게 지속될 수 있음에도 이 시기를 지나면 대부분 사람은 그 의미를 숙고하지 않게 된다. 두 번째 단계는 전조작기(preoperational stage)로 2세에서 7세경의 시기이다. 이때의 중요한 인지적 발전은 물리적으로 존재하지 않는 대상을 정신적으로 표상하는 능력이 향상된다. 더불어 자신의 관점만을 중시하는 자기중심성(egocentrism)과 주의가 대상의 특정한 지각적 특성에만 고착되는 현상인 중심화(centration)가 나타난다. 자기중심성과 중심화는 인간이 성장하면서 다음 단계의 발달을 습득함으로써 점차 희석될 수 있으나 초월영성적인 측면에서 볼 때 이 또한 대부분 사람이 성인이 되어서도 벗어나지 못하고 고착된 특성으로 드러

나는 경우도 많이 있음을 간과하면 안 될 것이다. 세 번째 단계는 구체적 조작기(concrete operational stage)로 7세에서 11세까지이다. 구체적 조작기 때는 논리적 사고를 만들어 내는 정신적 조작이 가능해진다. 이 시기에는 물리적 행위를 정신적 행위로 대치할 수 있게 되며 정신적 추론이 이루어진다. 그러나 심층적인 추상적 사고는 아직 어려운 시기다. 이 시기에 다양한 경험과 추론의 시도가 이루어질 때 다음 단계로의 이행이 촉진될 수 있다. 네 번째 단계는 형식적 조작기(formal operational stage)로 대체로 11세에서 그 이후의 시기에 발달한다. 이 단계에서는 사고가 추상화된다. 이 시기에는 특정한 현실이 상상할 수 있는 여러 현실 중의 하나라는 것을 알게 되며 의미와 가치 등에 대한 심오한 질문들을 깊게 생각하기 시작한다. 이때 나타나는 행동들은 과학자와 같이 체계적인 방식으로 답을 찾고자 노력하며 신중하게 일련의 가능성들에 대해 숙고하게 된다. 이 시기의 성찰은 인간에게 초월과 영성에 대한 관심과 탐구를 촉진하는 계기가 될 수 있다. 전 생애 발달의 측면에서 보면 인지발달은 아동기에서 청년기에 걸쳐 긍정적으로 향상되지만, 성인기 이후에는 그렇지 못하거나 오히려 나빠지는 부정적 측면을 보여 주는 경우가 많다. 그러나 초월과 영성의 측면에서는 인생의 늦은 후기까지도 어떤 유형의 향상이 일어날 것이라는 기대를 저버리지 않는다. 인지발달 단계와 더불어 피아제는 인지적 상장의 단계를 통해 도덕성 추론능력의 발달 단계도 제시하였다(Piaget, J., 1965). 전도덕적 단계는 5세 이전의 시기로, 일관적인 규칙을 따르지 않는다. 타율적 도덕성의 단계는 6세에서 11세경의 시기로 이 시기에는 규칙이란 절대적인 권위에 의해 만들어져 부여되었으므로 변화할 수 있다고 생각해서 절대권위에 복종하는 단계이다. 자율적 도덕성의 단계는 10~11세 이후로, 규칙이 사회적인 합의이며, 상황에 따라서 합의에 의해 규칙이 변할 수 있음을 이해하기 시작하는 때다. 이런 도덕성 단계는 그 후로도 계속 성장하고 발달하는 인간에 대한 좀 더 확장된 사고를 제한한다. 그의 인지발달론에서도 형식적 조작기 이후를 제시하고 있지 않다. 그러나 차후의 연구에서 후형식적 조작기에 변증법적 사고의 발달이 일어나고 이에 따라 지혜가 발현한다는 것을 밝힘으로써 피아제 이론을 좀 더 확장적으로 발전시키고 있다. 특히 발트와 스토딩거(Baltes & Staudinger, 2000)는 지혜로운 공적 인물의 평균 연령은 64세 이상이며, 이때 지혜란 삶의 의미와 행위에 대한 전문적 지식을 의미한다고 하였다. 초월영성상담에서는 인간의 인지발달에 대한 전통적인 인지발달이론의 제한적 측면을 넘어서서 지속적으로 확장되고 질적으로 해석되는 측면에 늘 깨어 있어야 한다.

콜버그(Lawkence Kohlberg)가 제시한 도덕성 발달 단계는 도덕적 갈등 상황을 제시하고, 이 상황에서 옳은 대처방식이 무엇인지 왜 그러한 대처방식이 옳다고 생각하는지에 대한 근거를 분석한 결과들이다. 콜버그는 도덕성 추론을 세 가지의 수준으로 구분하는 도덕성 발달단계를 제시하였다(Kolhlberg, 1981). 그에 따르면 인간 도덕성의 발달은 전인습적 단계(Preconventional stage)부터 시작된다. 이 단계에서는 도덕성을 주로 처벌이나 보상을 근거로 판단한다. 다음으로 인습적 단계(Conventional stage)에서는 인간관계 유지, 사회적 승인, 사회 질서와 법 준수를 도덕적 판단의 근거로, 마지막으로 후인습적 단계(Postconvential stage)에서는 생명, 자유, 행복 추구의 권리와 같은 가치를 반영하는 보편적인 윤리 원칙을 도덕적 판단의 근거로 삼는다. 추후 도덕성 발달 단계에 원리 단계(Principled stage)가 확장되었는데 이는 사회적 규준을 초월하여 우주 지향적인 도덕성이 나타나는 것으로 설명된다. 게링(Gerring, 2012)은 비교 문화적 관점의 연구들에서 도덕적 관심의 세 가지 유형이 공통적으로 나타난다고 강조했다. 세 가지 유형은 자율성(autonomy), 공동체(community), 신성(divinity)으로 이것들은 도덕의 목표가 자신이/인간이 점차 순수하고 신성하게 되는 것이라고 하였다. 이러한 더 높은 도덕성의 발달 추구는 궁극적으로 인간의 영성을 개발하고 그 영성이 인간의 신성함 추구와 윤리적 삶에 기초로 작동하면서 궁극적으로는 인간을 우주 의식을 가진 단계까지 고양시키는 원동력으로 작용하게 될 것이다. 따라서 초월영성상담에서 인간 도덕성 발달의 촉진에 관심을 갖는 것은 개인과 사회의 영성발달을 고양시키는 데 있어서 주요한 주제임을 확인할 수 있다.

3) 문화권과 발달이론-동 · 서양 그리고 인류의 역사에서 전 생애 발달의 이론들

근대의 과학적인 심리학 연구가 나오기 오래 전부터 세계 각 문화권에서는 인간의 발달을 그 나름으로 철학적 · 종교적으로 설명해 왔다. 특히 힌두, 고대 그리스, 유대 민족, 유교 등 세계 여러 문화권의 경전이나 학자들은 생애 발달의 개념이나 단계를 제시했는데, 이들 발달의 개념들을 정리하면 다음과 같다.

힌두교 성전인 다르마샤스트라(Dharmashastras)는 약 3000년 전에 쓰였는데 여기서는 인간의 생애를 4단계로 제시한다(Kakar, 1998; Rose, 2004). 인간의 전 생애를 100세로 본다면 25년씩의 시기로, 각 단계별로 나타나는 행동과 삶의 양식을 살펴 보면 다음과 같다.

• 첫 번째 단계는 견습생(apprentice)의 시기로 0∼25세까지다. 이 시기는 아동기와 청소

년 시기를 말하며 성장하면서 성인기에 필요한 기술을 배우는 단계로 부모에게 의존하는 시기다.

- 두 번째 단계는 세대주(householder)의 시기로 26~50세까지다. 이 단계에서 남성은 결혼과 함께 자기 가정을 떠맡으며 가족을 부양하는 의무를 가지게 된다. 부양과 생산적인 일의 의무를 수행하면서 많은 책임을 지는 시기다.
- 세 번째 단계는 숲속 거주자(forest dweller)의 시기로 51~75세까지다. 세대주에게 첫 손자가 태어나며 시작되는 시기이기도 한데 이때는 가장으로서 가족의 중심적 역할을 하던 세대주가 세상으로부터 물러나 숲속에 살면서 기도와 종교에 몰두하며 인내와 자비심을 함양하는 시기다. 이 단계의 사람들은 사회 속에 머무르면서도 세상에 대한 애착에서 물러나기를 기대한다. 특히 성생활의 종말과 일에 대한 책임감 감소 등 세대주로서의 책임감이 아들에게 전이되는 시기다. 저자가 인도나 네팔 등의 힌두 문화권을 방문하여 워크숍이나 수련 등의 시간을 가지면서 경험한 바에 의하면 힌두이즘의 영향을 많이 받고 있는 지역에서는 이 시기의 가장들이 지금도 집을 떠나 숲속에 거주하거나 그런 조건이 어려운 경우에는 집의 마당이나 담장 밖에 거주하며 기도와 종교 생활 또는 신을 찾는 시간을 갖는 이들의 모습을 볼 수 있었다. 또는 집에서 살더라도 집안일에 관여하지 않으며 부부 사이에서는 부부간의 성생활도 단절하는 경우의 사례도 여러 수련의 상황에서 알 수 있었다.
- 네 번째 단계는 은둔자(renunciant)의 시기로 75~100세까지다. 은둔자는 세상과의 관계에서 더 멀어지며 이 단계의 주요 목적은 삶의 마지막과 사후 세계를 준비하는 것이다. 고대의 인간 수명을 참조한다면 당시에 이 네 번째 단계에 도달하는 사람들이 많지는 않았을지라도 그 이론은 존재했고 지금까지 존재해 온 것이다. 이런 고대의 인간 발달에 대한 관점은 현대의 100세 시대에서 초월영성상담을 지향하는 측면에서는 의미 있게 발달의 이해를 돕는 데도 적용해 볼 수 있을 것이다.

고대 그리스 철학자인 솔론(Solon)은 2500년 전에 인간의 생애를 남성 중심으로 제시했는데 출생부터 70세까지 7년 단위로 구분하여 열 단계로 나누었다(Levinson, 1978). 열 가지 단계를 나열하면 다음과 같다.

- 0~7세는 아직 성숙하지 않은 단계다.
- 7~14세는 싹을 틔우는 단계로 남성으로 접근하는 신호가 나타난다.

- 14~21세는 팔다리가 자라고 턱수염이 나며 혈색이 좋아진다.
- 21~28세 이때 남성은 신체적으로 최고로 성숙해지며 자신의 가치를 명백하게 갖는다.
- 28~35세는 결혼하고 부모가 되는 시기로 배우자를 구하고 자녀의 생산을 통해 자신의 혈통을 보존하고자 한다.
- 35~42세는 정신과 도덕성이 성숙하는 시기로 미덕을 구축해 나가며 무익한 행위를 하지 않으려는 시기다.
- 42~56세는 7년이 두 번 이어지는 14년의 시기로 언어와 마음이 최고조에 이르는 시기다.
- 56~63세는 감퇴기로 아직은 유능하지만 전성기만큼의 민첩성이 유지되지 않는다.
- 63~70세는 생의 종말의 시기로 죽음을 향해 떠나야 하는 시기다.

솔론 역시 인생을 70세 이후까지로 보면서 전 생애 발달 동안 이루고 준비해야 하는 것들을 강조하고 있다. 특히 중년의 시기에 도덕성과 미덕을 강조하고 언어의 고양된 사용을 설명한 것은 초월영성상담에서도 관심을 기울일 부분들이다.

유대인의 성서 탈무드에서는 인생의 과정을 100세까지 보며 이를 연령별로 나누어 발달의 특징을 설명한다(Levinson, 1978).

- 5세는 성서를 읽기 시작하는 시기다.
- 10세는 유대인의 종교법을 배우는 시기다.
- 13세는 도덕적 책임을 지는 나이로 소년은 이때 성년식을 하고 스스로 종교적 계율을 지킬 책무를 갖게 된다.
- 15세는 탈무드를 토론할 수 있게 된다.
- 18세는 결혼을 할 시기다.
- 20세는 직업을 구하는 시기다.
- 30세는 온전한 힘을 갖게 되는 시기다.
- 40세는 이해하는 시기다.
- 50세는 조언을 하는 시기다.
- 60세는 노인이 되어 지혜를 얻는 시기다.
- 70세는 머리가 하얘진다.

- 80세는 고령으로 새롭고 독특한 힘에 도달하는 나이다.
- 90세는 세월의 무게에 고개를 숙이는 시기다.
- 100세는 고인이 되어 세상에서 사라지는 시기다.

앞서 설명한 다르마샤스트라처럼 탈무드에서도 생애 과정을 100세까지 나누어 서술한다. 이런 이론들은 현대의 100세 시대에 살고 있는 우리에게 어찌 삶을 준비하고 받아들여야 하는지에 시사점을 준다.

유교의 논어(論語)는 약 2500년 전에 쓰였는데 위정(爲政) 편 4장에서는 공자(孔子)의 발달에 대한 견해를 제시하고 있다(청유경학연구회, 2005). 공자는 자신의 삶을 7단계로 구분하고 그를 통해 인간의 생애 과정을 설명한다. 그 단계들은 다음과 같다.

- 15세는 지학(志學)의 시기로 이때는 학문에 뜻을 두는 시기다. 현대적 의미에서는 구체적으로 자신의 진로에 대해 탐색하는 시기로도 해석할 수 있다.
- 20세는 약관(弱冠)의 시기로 자신의 삶에 대한 도약과 약진의 힘을 갖추는 시기다.
- 30세는 이립(而立)의 시기로 스스로의 삶을 자율적이고 독립적으로 만들어 가는 자율성 구축의 단계다.
- 40세는 불혹(不惑)의 시기로 자신의 가치관과 지적 정립이 완성되는 시기다. 이 시기에 삶을 바라보는 철학적 측면이 안정적 단계로 접어든다.
- 50세는 지천명(知天命)의 시기로 하늘의 뜻을 거스르지 않는 확장된 인식을 갖추게 된다.
- 60세는 이순(耳順)의 시기로 이 단계에서는 인격적 성숙이 이루어지며 어떤 말에도 유연함을 잃지 않게 된다.
- 70세는 종심(從心) 불유구(不踰矩)의 시기로 고희(古稀)라고도 한다. 이 단계는 지행합일이 완성되어 마음에서 일어나는 것을 실천해도 모든 일에서 부끄러움이 없는 시기로 삶의 완성을 향해 가는 단계다.

이와 같은 공자의 생애 과정동안 이루어지는 성장과 성숙 단계에 도달하는 것은 단순히 그 나이가 되었다고 해서 이루어지는 것이 아니라 부단한 노력으로 극기와 학문 수양에 힘을 써야 가능하다. 특히 공자의 발달에 대한 입장에서 눈에 띄는 것은 시간이 지날수록 발달의 질은 점점 고양되며 인간 역량의 확장적 구축에 중점을 두었다는 것이다.

이런 설명은 공자 스스로의 경험적 산물이기에 이 또한 초월영성상담의 측면에서 우리가 지향하고 바라볼 발달 과정이라고 할 수 있다.

4) 브론펜브레너의 생태체계이론 - 그 너머를 향하여

브론펜브레너(Urie Bronfenbrenner)의 생태학적 이론(Ecological Theory)에서는 인간 발달과 환경의 관계성과 영향을 강조하고 있다. 브론펜브레너는 환경 속의 인간을 이해하기 위해 미시체계, 중간체계, 외체계, 거시체계, 시간체계의 다섯 가지 수준으로 나누었다. 미시체계(Microsystem)는 즉각적인 환경(Immediate environment)을 의미하며 개인의 특성과 내부 세계와 밀접한 관련이 있다. 중간체계(Mesosystem)는 상호연

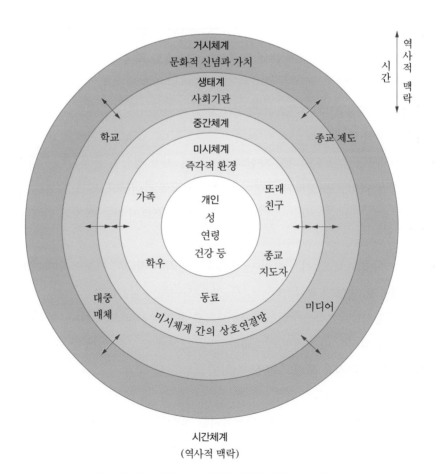

[그림 1-1] 브론펜브레너의 생태학적 이론의 시스템

출처: Arnett (2018).

결(Interconnections)의 체계로, 미시체계와 밀접한 관련이 있는 환경으로 부모나 친인척 그리고 교사 등이 포함된다. 외체계(Exosystem)는 사회적 기관들(Societal institutions)로서, 직장이나 학교, 교회와 복지관 등이 포함된다. 거시체계(Macrosystem)는 문화적 신념과 가치들(Cultural beliefs and values)로서, 사회와 국가 등이 포함된다. 시간체계(Chronosystem)는 시간과 역사적 맥락(Time, historical context)들이다. 개인은 미시의 세계로부터 거시의 세계로 확장되어 가며 환경과 자신을 통합해 간다. 또한 이런 과정에서 시간의 흐름을 경험하면서 과거와 현재 그리고 미래의 개인도 확장적 통합을 이루어 갈 수 있다. 브론팬브레너의 접근을 초월영성상담에 적용하고 또 좀 더 확장한다면 우리는 내담자가 더욱 크고 넓은 삶을 구축하는 데 도움을 줄 수 있다. 즉, 개인이 가족과 사회와 국가의 소속감을 넘어서서 지구촌의 구성원이라는 소속감을 강조하면서 동식물과의 관계 그리고 존재하는 모든 것과의 유의미한 관계를 숙고할 수 있다. 나아가 우리의 의식을 지구촌을 넘어 우주까지 확장하여 신비의 세계에 대한 경외와 환희를 창출하는 근원적 태도를 제공할 수도 있게 된다.

5) 매슬로의 자아초월과 절정경험

매슬로(Abraham H. Maslow)는 인간학적 심리학이 '대우주 안에서 인간의 위치를 파악하는 관점'이 빠져 있다는 문제의식을 가지고 자아초월 개념과 트랜스퍼스널 심리학을 제창하면서 우리에게 초월영성 상담을 통해 그 문제를 해결하도록 문을 열어주었다. 매슬로는 통합적 존재(integrated being)인 인간의 주체성과 전체성에 기초한 잠재적 가능성을 존중하면서 자기실현을 꾀하는 이른바 인간의 인간다운 본성을 추구하고 이해하였다. 또한 인간의 성장과 행복에 기여하는 인간과학을 지향하는 심리학 이론의 기초를 확립하였다(정인석, 2009). 그러나 매슬로는 이에 안주하지 않고 자기실현의 인간성 모델에 한계가 있음을 시인하고 1969년 인간 본성의 최상의 가능성에 눈을 돌렸다. 매슬로는 그 후 자기실현을 초월할 수 있는 가능성을 발견하여 제4세력(the fourth force)의 트랜스퍼스널 심리학의 선도자가 되었다.

매슬로 심리학의 특징은 절정경험(peak experience)이다. 절정 개념은 인간학적 심리학과 트랜스퍼스널 심리학을 연결하는 매우 중요한 핵심 개념의 하나다. 매슬로(1971)에 의하면 절정경험이란 인간 존재의 최고 순간, 삶의 가장 행복한 순간, 무아경, 환희, 최대의 기쁨을 일반화한 것이다. 즉, 절정경험을 하는 동안과 경험을 한 후에는 진실, 아름다움, 전체성, 이분법의 초월, 생기, 독특함, 완벽, 피할 수 없음, 완성, 정의, 질서, 단순함, 풍요로움, 있는 그대로, 쾌활, 자기 충만 등이 동시에 존재할 수 있다. 이런 절정경험은 자아실현을 이룬 사람뿐 아니라 일시적이라 할지라도 대부분 사람도 경험한다. 특히 이 개념은 초월영성상담의 측면에 시사하는 바가 매우 크다. 이 입장에서는 대부분 사람이 일시적이라 할지라도 절정경험의 순간을 자각하고 그 상태를 충분히 체험할 수 있다고 본다. 그러므로 초월영성상담은 일시적 경험을 반복적인 체험으로 전환하도록 도울 수 있다. 이 경험들이 반복적으로 체험하여 내제화하면 대다수 사람이 자아초월을 자연스 럽게 지향하며 자신의 성장에 의식적 주의를 기울일 것이라는 메시지를 전달한다. 매슬 로는 초월적 자기실현자, 즉 자기초월자는 일상적 생활에서 신성함이나 인생의 초월적 측면을 빈번히 지각하고, 모순에 찬 인생의 배후에 존재하고 있는 일체성을 인식할 수가 있고 매사를 전체적(holistic)으로 대하며, 과거 · 현재 · 미래, 선악의 고정적인 관념의 틀 을 넘어설 수 있는 사람이라고 보았다. 이렇게 매슬로는 종래의 심리학이 무관심했던 의 식현상을 설명할 수 있는 절정경험이라는 개념을 만들어 냄으로써 이 현상을 구체적인 연구대상으로 부상시켰다(정인석, 2009). 특히 매슬로는 일상적 절정보다 더 높은 수준의 비일상적인 신비체험이나 우주의식까지도 심리학의 연구 대상으로 삼았으며, 이를 부분 적인 현상으로서가 아니라 포괄적 · 연속적 체험인 고원체험(plateau experience)으로 보 았다. 매슬로는 또한 영적인 성장은 긍정적이고 아름답고, 사랑스러운 것에 대한 확인에 서 나오는 것이 아니라, 공통적으로 고통스럽고 어려운 자기 직면에서 비롯된다는 점을 지적하고 있다. 이점을 강조하기 위해 매슬로는 '밑바닥 경험(nadir experience)'이라는 용 어를 만들어 냈다(Scotton, Chinen, Battista, 2008).

매슬로는 자아실현을 지속적으로 지향하는 사람 그리고 자아실현인과 일반인은 어떻 게 다른가에 관심을 갖고 연구한 결과를 욕구의 위계설로 제안하였다. 매슬로는 결핍 욕 구(deficiency needs: D)와 존재 욕구(being needs: B)를 대비하였다. 일반적으로 결핍 욕구 인 생리적 욕구, 안전과 안정의 욕구, 소속과 사랑의 욕구, 자존감의 욕구를 위계적으로 충족하고자 할 때 존재 욕구를 추구하게 된다. 존재 욕구는 전체적으로는 자아실현의 욕 구로도 설명되는데 앎에 대한 욕구, 심미적 욕구, 자아실현의 욕구인 하위 위계들로 구 성된다. 그러나 매슬로(1968, 1971)는 자아실현에 관한 후기 연구에서 종래의 욕구계층 모델의 한계를 발견하고 자아실현의 욕구도 인간의 최상의 욕구가 아니라고 했다. 인간 의 자아실현은 현존재를 중심으로 전개되기에 차후로 이어져야 한다는 점에서 현재의 자아실현에 만족할 수 없다. 이를 뛰어넘어 우주의식과 고원체험의 욕구를 향하여 자기를 초월하려는 자기초월(transcendence of self) 욕구가 존재한다(Maslow. 1968). 매슬로는 생애 후기에 자신의 욕구 위계설과 관련하여 결핍동기가 중심인 개인(x이론)과 자기실현적 동기가 중심인 개인(y이론) 그리고 자기 초월적 동기가 중심인 개인(z이론)으로 자신의 이론을 정교화 하였다. 차후 매슬로(1971)는 자아실현의 욕구를 넘어서서 자아초월의 욕구가 있다면 인간이 그 다음으로 도약을 추구할 어떤 욕구가 더 있을 가능성도 활짝 열어 두었다.

매슬로는 존재 욕구를 성장 욕구(growth needs)라고도 하였고 또 통상적 일반 욕구를 넘어섰다는 뜻에서 메타 욕구(meta-needs)라고도 하였다. 이 욕구가 충족되지 못할 때 나타나는 증상을 메타 병리(meta-pathology)로 보았다. 메타 병리는 기본 욕구가 채워졌어도 삶과 인생의 존재가치, 더 큰 의미와 성장을 추가하는 것 등에서 공허함과 한계 그리고 한계를 느끼며 심리적 체계의 흔들림과 위기를 경험하는 상태라고 할 수 있다. 현대인의 정신 건강에서 메타 욕구가 충족되지 않아 메타 병리를 앓고 있는 경우를 '영혼앓이'라고도 표현한다. 영혼앓이의 증상에 대해서는 그동안 일반적으로 잘 알려져 있지 않았는데, 매슬로의 연구로 인하여 초월영성상담에서 이를 이해하고 도울 수 있게 되었다. 매슬로는 인간 조력이 이 영혼의 병까지도 도울 수 있어야 한다고 주장했다.

초월영성상담의 관점에서 보면 매슬로의 연구는 인간이 자기실현을 초월할 가능성을 발견함으로써 기존 심리학의 전통적 관심과 내용에 인간의 정신적·영적 측면을 첨가하였으며 이를 계기로 트랜스퍼스널 심리학의 길을 열었다는데 그 큰 의의가 있다. 또한 1960년대 이후 지적되어왔던 것으로 그동안 대부분의 인간학적 심리학자들이 실현하고자 하는 자기(self)가 프로이트가 말하는 자아(ego)나 '피부에 감싸인 자아(skin-encapsulated ego)' 또는 '분리된 나(separated I)'와 큰 차이가 없다는 것, 그로 인해 인간학적 심리학이 빠뜨린 어떤 문제를 해결하는 데 중요한 기여를 하였다(정인석, 2009). 특히 지금까지 일반적으로 알려진 것처럼 자기초월을 자기부정이나 욕망의 부정으로부터 소수의 사람만이 나아갈 수 있는 길이 아님을 밝혔다는 데서 그 가치를 찾을 수 있다. 자기생존(basic needs)의 긍정적 욕구의 충족에서부터 자기치유(self-healing)-자기실현(self-actualization)-자기초월(self-transcendence)에 이르는 길이 모든 사람에게 열려있고 그 길을 가는 이해 가능한 원리와 자연스러운 방법이 있다는 것을 제시했다. 매슬로의 임상적 실천의 원리 역시 기본적 욕구의 긍정적 인식에 근거하여 행해지는 것으로 건너뜀(leap across) 초월이 아닌 포함하는(beyond) 초월을 강조한다. 매슬로가 제시하는 욕구위계를 정리하면 [그림 1-2]와 같다.

[그림 1-2] 매슬로의 욕구위계

　매슬로 심리학은 임상 실천에서 그 어떤 방법보다도 치료자의 자질이 매우 중요함을 일깨웠다. 매슬로가 말하는 자기초월을 도울 수 있는 상담자는 권위를 가진 전문 치료자일 뿐만 아니라 인간적으로 진실한 참 만남과 관계를 제공하며 동시에 개인에게 자비로운 스승으로 봉사하는 자이다. 따라서 매슬로는 자신이 메타 욕구라고 칭한 영혼의 병을 다룰 상위의 상담자를 훈련하고 개발하는 것이 필요하다고 제안하였다(Scotton et al., 2008). 즉, 상담자는 치료부터 영적 스승의 역할까지를 모두 감당할 수 있어야 하다는 것인데, 정인석(2009)은 이와 같은 치료자의 자질은 갖추었다는 것을 완전하게 보증하는 방법이란 현재로서는 아직 없는 것이 사실이라고 지적했다. 하지만 상담분야에서도 최근에는 초월영성상담의 필요성과 초월영성 상담자 양성에 많은 관심이 쏠리게 되었고 초월영성상담의 필요성에 대해 사회적으로도 관심이 높아지는 실정이다. 이런 시점에서 매슬로의 이론을 다시 재점검하고 발전시키는 노력이야말로 큰 의미가 있다.

　매슬로는 스스로도 절정 체험과 자아실현을 경험하였지만 그의 인생에서 훌륭한 스승들과 교류하면서 그들의 고매한 인격에 끌려 무한한 존경심을 가졌다. 그리고 그 스승들의 인격을 연구하려는 마음이 '자아실현된 퍼스널리티(self-actualized personality)'를 연구하는 계기가 되었다. 이런 경험에서 매슬로의 연구는 초월영성 상담자에게 자기 성찰의 필요성이라는 시사점을 준다. 즉, 내담자의 욕구와 발달의 수준을 확장하고 고양하는 데 도움을 주고자 하는 초월영성 상담자는 우선 자신의 욕구와 의식 발달의 수준을 확인하고 자신의 자기초월성까지를 숙고하는 자여야 한다. 또한 초월영성 상담자는 지속적으로 그 자신을 돕는 스승이나 모델이 필요하다는 점도 숙지할 필요가 있다.

6) 파울러의 영성 발달

파울러(Fowler, 1987)는 인간의 영성발달을 6단계로 제시하였다. 각 단계를 간략히 제시하면 다음과 같다.

- 0단계-영아기로, 0~2세의 시기다. 태초의 미분화된(undifferentiated) 신앙의 단계로 믿음과 신념이 없지만 모성과의 신뢰감이 발달하는 시기다.
- 1단계-유아기(학령전기)로, 3~5세의 시기다. 이때는 직관적-투사적 신앙(intuitive-projective faith)의 특성을 드러내며 부모의 가치관과 종교적 신념을 따른다.
- 2단계-학령기로, 6~12세의 시기다. 이 단계는 신화적-문자적 신앙(mythic-literal faith)의 단계로, 종교에 강한 흥미를 가진다. 추상적(지옥, 천당 등) 개념을 사용한다.
- 3단계-청소년기로, 13~20세의 시기다. 종합적-관습적 신앙(synthetic-conventional faith)의 단계로 의존적으로 종교의 가르침을 수용하며 문제가 생기면 신을 의존한다.
- 4단계-청장년기로, 21~36세에 해당한다. 개체적-반성적 신앙(individual-reflective faith)을 드러내며, 자아의존적이며, 종교에 대한 실망감과 의문이 생기는 시기다. 이 시기에는 그동안과는 다른 종교를 모색하기도 한다.

표 1-2 파울러와 피아제의 발달단계 비교

단계와 시기	파울러	피아제
0단계-영아기 0~2세 정도	태초의 미분화 된	감각운동기
1단계-유아기 3~5세 정도	직관적-투사적	전조작기
2단계-학령기 6~12세 정도	신화적-문자적	구체적 조작기
3단계-청소년기 13~20세 정도	종합적-관습적	형식적 조작기
4단계-청소년기 후기~ 성인초기 21~35세 정도	개체적 반성적 자아의존적	후형식적 조작기(피아제 이후 연구자들이 제시)
5단계-성인 중기 36~60세 정도	결합적 상호 의존	
6단계-성인 후기, 노년기 60세~	우주화	

- 5단계-장년기이며, 36~60세에 해당한다. 결합적 신앙(conjunctive faith)의 시기로 상호 의존이 나타난다.
- 6단계-노년기로, 60세 이상의 시기를 지칭한다. 우주화하는, 보편적 신앙(universalizing faith)이 나타나는 시기로 영성과 신앙의 완숙을 지향한다.

전 생애 발달과 영성 발달의 상호 작용에 대한 최근 개념화 작업의 중심은 종교와 영성의 관계다. 진바우어와 그의 동료들(Zinnbauer et al., 1997)의 연구에 의하면 종교와 영성을 가장 잘 진술한 말로 대부분 사람(74%)은 '자신이 영적이면서 종교적'이라는 진술을 선택했다. 단지 극소수(6.7%)만이 의미 중복 없이 영성과 종교는 완전히 다르다고 선택했다. 파거먼트(Pargament, 1997)는 종교는 종교적 관점을 가지고 신성함과 관련된 방식으로 의의 있는 것을 추구하는 것으로, 영성은 신성함을 추구하는 것으로 정의하였다. 마호니와 그의 동료들(Mahoney et al., 1999)은 그들의 연구에서 종교적이건 영적이건 신성한 관점으로 결혼을 생각하는 부부는 그렇지 않은 부부들에 비해 결혼만족도가 더 높고, 더 건설적으로 문제를 해결하며, 갈등이 덜 하고, 결혼 생활에 더 헌신적이라고 발표하였다. 아동과 청소년은 종교적 개입이 클수록 비행 행동을 적게 일으키고, 알코올과 약물남용을 덜 하며, 이른 성행위의 출현이 낮다. 종교예식에 참석하는 것이 건강(신체적, 정신적 모두)과 가장 큰 정적 상관관계를 가진다는 연구가 있으며 나아가 병마와 싸우는 수단으로 가장 강력한 예언으로도 종교와 영성이 인정을 받는다. 종단 연구에 따르면 1주에 1번 이상 교회에 가는 사람은 사망률이 23% 낮았다. 건강 습관(많은 종교에서 '영혼의 집'으로 신체를 신성하게 생각), 사회적 지지(공동체의 지지와 기원들), 심리적 자원(긍정정서, 희망, 혼자가 아님 등) 가용을 의미 있게 고양시킨다는 연구 결과(Baumgardner & Crothers, 2009)는 우리가 영성에 대해 의미와 가치를 부여할 이유들을 제공해 준다.

7) 윌버와 에니어그램의 인간 의식 수준의 발달 이해

(1) 윌버의 의식 수준 발달

윌버 사상의 핵심은 인간 의식은 발달하고 진화하며, 이런 발달과 진화가 일어나는 구조와 수준, 질서의 방향이 존재한다는 것이다. 윌버(2000)는 이상적 심리학 연구는 신체에서 마음과 혼에 이르는, 잠재의식에서 자의식과 초의식에 이르는, 그리고 수면에서 반각성과 완전한 각성에 이르는 모든 것에 대한 연구가 이루어져야 함을 강조한다. 따라서 월버는 통합적 관점이 신체, 마음, 혼, 영의 진실을 포함하며, 이들을 물질적 과시, 디지털 비트, 실증적 과정 또는 객관적 시스템으로 환원시키려 하지 않는다고 하였다.

　월버의 의식 수준에서 구조한 발달 수준과 발달 라인에서 모두 발견되는 패턴이다. 월버는 의식 수준을 논하면서 기본 구조(감각, 충동, 인상, 규칙, 형식적 조작, 비전-논리, 심령, 정묘 등)와 발달 라인 상의 구조(인지, 정서, 욕구, 도덕 등의 준단계적)에 특히 초점을 맞추었다. 월버가 AQAL이라고 밝히는 '온수준 온상한'에서 '온수준'은 물질에서 신체, 마음, 혼, 영에 이르는 존재의 파동을 의미한다. '온상한'은 나, 우리, 그것의 차원이다. 따라서 '온수준, 온상한' 수행은 자아와 문화, 자연 속에서 육체적, 감정적, 정신적, 영적 파동을 수련하는 것을 의미한다고 했다(Wilber, 2015). 월버는 좌상상한이 개인적인 내면, 의식의 주관적 측면 혹은 개인적 의식을 나타내므로 비전-논리까지만 표현하였다(Wilber, 2000). 그러나 월버의 초개인적 발달 수준뿐만 아니라 기본 구조의 최종 수준인 비이원(nondual)까지를 다룰 필요가 있다.

　월버의 의식 수준에서 기본 구조는 감각운동(sensorimotor) 단계, 환상-정서(phantasmic-emotional) 단계, 표상적 마음(representational mind) 단계, 규칙/역할 마음(rule/role mind) 단계, 형식-반성(formal-reflexive) 단계, 비전-논리(vision-logic) 단계, 심령(psychic) 단계, 정묘(subtle) 단계, 원인(causal) 단계, 비이원(nondual) 단계라는 10단계로 나뉜다(Wilber, 2000; 조옥경, 2013). 각 단계의 특징을 살펴보면 다음과 같다.

- 1단계(감각물리적 단계): 감각과 지각이 단순하게 운동과 연결되는 단계이며 신체중심이다.
- 2단계(환상-정서 단계): 정서-성 단계라고도 하는데 환상과 현실의 구분이 모호한 상태이며 정서가 중심이다.
- 3단계(표상적 마음): 상징과 개념이 출현하고 인지적 조작이 가능한 시기로 정신적 자기 개념이 나타난다.
- 4단계(규칙/역할 마음 단계): 역할 자기(페르소나)가 나타나며 타인의 입장을 고려하고 타인의 역할을 취할 수 있다.
- 5단계(형식-반성 단계): 자신의 사유를 객관화시킬 수 있으며 가설 설정, 추론이 가능하며 자아는 점차 합리적이고 반성적이게 된다.
- 6단계(비전-논리 단계): 전체적이기는 해도 아직 정신적 영역에 머물러 있는 단계이다. 이 단계의 초기에는 상대성과 다원주의의 인지가 시작되며 개념, 상징, 이미지들의

연결고리를 통합적으로 파악할 수 있다. 이 단계의 중기에서 후기에는 보편적 통합주의로 나아간다. 이 단계는 정신적 영역의 가장 높은 범위까지 걸쳐있지만 그 너머에는 초정신적, 정확히 말하면 초이성적 발달이 있다.

- 7단계(심령 단계): 인지적 지각적 역량이 개인적 조망과 관점을 넘어서며 초이성적 구조의 발견으로 심층의 심령적 존재가 출현한다.
- 8단계(정묘 단계): 초월적 통찰과 몰입에서 원형, 정묘한 소리나 빛을 만난다. 혼 전체는 신과 합일을 이루고 자연의 근원으로서의 신 또는 영을 만난다. 이때 신은 아직도 대상으로 체험된다. 정묘 단계에 있는 사람은 전형적으로 전초오류에 대해 다소 부주의하다. 왜냐하면 전개인 상태와 초개인 상태는 둘 다 심상이 풍부하여, 전환에 대한 자각 없이 하나에서 다른 하나로 빠지기가 아주 쉽기 때문이다.
- 9단계(원인 단계): 모든 하위 구조의 원천과 근원을 만나는 단계로 의식은 신성이라는 원초적 정체성을 취하며 신과 혼 모두가 초월된다. 윌버는 이 단계를 현시된 만물의 목표이자 정점이며 근원이라 하였다. 원인 단계에서는 이분적 분열이 해소되고 신과 나는 하나로 녹아든다.
- 10단계(비이원 단계): 무형의 공이 현시된 현상의 세계와 하나로 통합되는 비개념적 순수의식이다.

1단계부터 6단계까지는 독립된 물질적 신체와 마음의 수준이다. 윌버는 초기 발달 과정에서의 손상에는 약물치료와 구조를 세워가는 치료가 중요함을 강조하고 실존적 위기의 경우에는 실존 치료를 제안하였다. 7단계부터 10단계까지는 초합리적 · 초개인적인 초월 수준으로 심령, 정묘, 원인, 비이원의 단계들이며 이들 수준에서의 어려움은 명상적 전통의 접근법이나 초개인적 감수성을 가진 전문가에 의한 심리적 접근을 혼합할 것을 제언하였다. 초월영성상담에 주는 윌버의 시사점은 매슬로가 제시한 욕구 위계에 따른 자아실현의 단계들을 의식의 수준에서 어떻게 이해할 것인지와 그것들이 서로 연계하여 인간 의식 성장의 지향점들을 직조하고 있다는 것에 상담자들이 관심을 기울이게 하는 것이다.

윌버는 인간 발달의 측면에서 각 발달라인이 독립적으로 존재하지만 어느 발달 라인이든 영성은 가장 높은 수준과 관련이 있다고 주장하였다. 윌버는 '발달된 영성'이란 기본적으로 최상의 인지능력(초합리적 직관), 가장 발달된 감정(초개인적인 사랑), 가장 높은 도덕적 열망(살아 있는 모든 존재에 대한 초월적 자비), 가장 진화된 자기(초개인적 진아 혹은 개인을 넘어선 주시자) 등과 같이 어느 라인에서든 초개인적이고 초이성적이며 후인습수준을 의미한다고 하였다. 이렇게 볼 때 영성(영성의 이 특정한 측면)은 분명히 순차적인 혹은 유사 단계적인 과정을 밟는다. 왜냐하면 정의상 그것을 어느 발달 지류에서든 그 지류의 후인습 후기 단계에 해당하기 때문이다.

여기서 우리는 또 다른 측면을 이해할 필요도 있다. 영성 관련 연구자들은 발달 라인들의 최고 수준의 총합이 영성이라고 여긴다. 이는 윌버의 앞의 정의와 유사하지만 약간 그러나 중요한 점에서 다르다. 이 정의는 개별 라인이 계층구조적으로 전개된다 하더라도 최고 단계의 총합은 유사한 단계적 발달을 보이지 않을 것이라는 점을 강조하고 있다. 이는 '전체적 영적 발달'은 단계처럼 보이지 않을 것이라는 의미이기도 하다.

(2) 에니어그램의 의식의 발달 수준

자기의 발견을 위해 에니어그램 성격유형을 사용하는 사람들은 성격유형과 함께 발달수준을 이해함으로써 자신의 성장에 방해가 되는 요소가 무엇인지 뿐만 아니라 자신이 어느 수준에 속해있는지를 더 잘 알게 된다. 나아가 자신이 어떻게 상승적 성격 발달을 이룰 수 있는지도 자율적으로 탐구할 수 있다. 현대 과학적 에니어그램의 주요 연구자인 리소(Don Richard Riso)는 에니어그램의 인간 성격유형 9가지와 함께 인간의 의식 발달 수준을 연속적 계열(continuum)로 제시한다. 9가지 인간 성격의 유형은 3단계 9수준으로 나뉜다. 3단계는 건강할 때, 보통일 때, 건강하지 못한 때이며 또 각 단계에는 각각 3가지 수준이 있다. 즉, 건강할 때는 1, 2, 3수준, 보통일 때는 4, 5, 6수준, 건강하지 못할 때는 7, 8, 9수준으로 나눈다. 최고의 건강수준은 1수준이며 최하로 건강하지 못할 때는 9수준이다.

각 성격 유형이 건강한 수준을 유지하지 못할 때에 각 유형별 특성이 반영된 방어기제가 등장하게 된다. 유형별 방어기제는 1유형은 반동형성, 2유형은 억압, 3유형은 동일시, 4유형은 내사, 5유형은 철회, 6유형은 투사, 7유형은 합리화, 8유형은 부인, 9유형은 무감각 등이다.

구체적으로 설명하자면 건강한 수준에서 각 성격유형의 1수준은 가장 건강한 수준으로 심리학적 균형, 자유 그리고 특별한 영적 능력과 미덕을 갖춘 상태이다. 건강한 사람이 보이는 모습의 정수를 모은 특성들이 반영된 이상적인 상태이다. 2수준은 여전히 건강하지만 자아와, 어린 시절의 기본적 불안에 의한 자기방어가 나타난다. 부모와의 관계의 결과로 가장 깊은 곳으로부터 두려움과 욕망이 나타난다. 자기감과 그 유형의 있는 그대

로의 인지 스타일도 나타난다. 3수준은 여전히 건강하지만 조금 덜 건강하다. 자아가 좀
더 활동적으로 됨으로써 특징적인 외적 인격이 만들어진다. 이때 타인과 사회에 발휘되
는 건강한 사회적 특징들이 나타난다.

보통의 수준은 4수준부터 나타난다. 4수준에서는 유형마다 다른 심리적인 에너지의
불균형이 나타난다. 부지불식간에 각 유형의 심리학적 맹점이 나타나는데, 이는 자신의
내면이나 또는 타인과의 갈등을 초래하기도 한다. 5수준은 주위 환경을 특징적인 방법
으로 통제하려고 하면서 자아가 팽창한다. 방어기제들은 더욱 강화된다. 퇴락의 뚜렷한
전환점으로 특성들은 눈에 띄게 불건강하고 더욱 부정적이다. 타인과의 갈등이 증가한
다. 6수준에서는 갈등과 증가하는 불안에 대해서 과잉 보상하기 시작한다. 자기중심적
인 특징적 형태가 여기서 나타난다. 자기방어의 다양한 형태들이 작용하면서 타인과의
갈등이 급증한다.

불건강한 수준은 7수준부터 시작된다. 7수준은 매우 역기능적이고 결국은 자기 파괴
적인 생존 책략을 쓰는데 그 책략은 성격유형마다 다르다. 자아를 보강하기 위한 무모한
시도를 해 보지만 증가하는 불안에 습격당한다. 이제 타인과의 갈등이 심각하다. 8수준
에서는 심각한 내면의 갈등과 그에 따른 망상적 방어가 사용된다. 현실과 불안을 극복하
기보다는 현실을 고치려고 시도한다. 심한 신경증적 상태로 성격유형마다 다른 방법으
로 현실과 멀어진다. 9수준은 충분히 병리적인 상태이다. 현실과 멀어지고 환영을 보존
하며 자신이 초래한 불안으로부터 자신을 구하기 위해서 자기 자신과 타인을 파괴한다.
직간접적인 자기파괴성이 뚜렷해져서 심각한 폭력, 쇠약 또는 죽음에 이른다.

개인의 자아는 2수준에서 나타나며, 9수준에 이르러서는 매우 확장되고 파괴적으
로 된다. 또한 개인의 자유는 발달 수준과 거꾸로 진행된다는 것을 명심해야 한다. 개인
은 1수준에서 가장 자유로우며 9수준의 심각한 병리적 이상 단계로 악화되면서 점차 자
유를 잃게 된다. 건강은 자유로 식별되는 반면, 신경증은 근본적으로 자유롭지 못한 상
태이다. 더 나아가 통합은 커지는 개인의 자유로 표현된다(Riso & Hudson, 1996; Riso &
Hudson, 2000).

리소의 설명에 따르면 수직적 발달의 연속체가 상승하여 최고점에 도달하는 1수준은
길의 끝이 아니라 새로운 시작이다. 그것은 자아와는 다른 방식으로 정의되는 본질, 즉
진정한 자기 세계의 시작이다. 한 개인이 자신의 성격유형의 덫에서 풀려나면 그는 본인
자신과 세계와 삶으로부터의 멋진 느낌을 경험하게 된다. 그리고 그러한 개인은 더는 자
신의 행동과 믿음이 오직 하나의 유형에만 속하게 되지 않기 때문에 아홉 가지 모든 유형

의 긍정적인 특성들을 통합할 수 있다. 하지만 리소는 1수준과 이를 확장한 수준의 본질
에 대해서는 명확히 언급하지 않았다.

리소의 발달의 아홉 가지 수준은 성격유형이 최상의 수준에서 최하의 수준으로 어떻
게 이동하는가를 보여 준다. 가장 건강한 수준부터 두려움, 갈등, 욕망 등에 굴복하여 신
경증으로까지 어떻게 내려가는지와 우리가 평소 잊고 살았던 인간 본성을 환히 들여다
볼 수 있게 해준다. 그러나 예측의 정확성은 개인들이 인지한 것을 경험하는 데서 나온
다. 따라서 리소의 발달 수준은 개인의 발달 단계와 수준을 알도록 돕고 앞으로의 성장
방향을 구체적으로 설명하는 데 도움을 준다. 특히 영성계발과 성장은 이 발달 단계에
대한 자각과 수련이 이루어질 때 더욱 가능해진다. 리소의 에니어그램 성격유형과 발달
수준에 대한 연구와 모델은 초월영성상담에 매우 구체적이고 실용적으로 활용될 수 있
다. 상담자는 내담자의 에니어그램 성격유형을 알아봄으로써 내담자의 건강한 수준과
보통의 수준 그리고 불건강한 수준을 개별화 할 수 있다. 이는 초월영성상담에서 내담자
에게는 멀어 보이는 자아초월을 강조하기보다는 현실에서 기능하는 자기로 변화 성장하
는 길을 열게 한다. 개인의 성격과 발달 수준을 근거로 성장을 추구하도록 이런 변화를
경험한 내담자는 차후 가야 할 또 다른 성장에도 관심을 갖게 된다. 그 지향점을 상담자
가 성격유형별로 제시할 때, 내담자는 상담과 상담자에 대한 신뢰와 희망을 더욱 돈독하
게 구축해 나갈 수 있다. 특히 리소의 에니어그램 성격유형에서는 유형별로 건강하지 않
을 때 사용하는 특정 방어기제가 제시되어 있다. 유형별 방어기제의 발현과 강화가 어떻
게 개인의 성장과 발전을 저해하는지와 인간관계를 악화시키는지에 대해서도 안내한다.
이에 의해 부적응과 발달 저해를 방어기제의 이해와 해제를 통해 각 유형별로 도울 수 있
다. 이는 매슬로가 말하는 자아실현인과 자아초월자들의 특성에서 방어기제의 소실과
부존재가 중요하다는 맥락과도 상통한다. 나아가 상담자는 내담자의 에니어그램 성격
유형을 파악하며 내담자 개인이 맞춤형 성장과 발달 그리고 변형의 길로 나아가도록 안
내하고 에니어그램 성격유형별로 제시된 미덕과 신성한 사고를 통해 도울 수 있다. 또한
내담자가 자신의 발달수준에 맞춰 상담 후에도 지속적으로 성장을 하는 데 관심을 갖고
나아갈 방향을 제시함으로써 내담자의 자기 이해와 성장을 지속적으로 도울 수 있다. 상
담자가 내담자의 성장과 영성 회복 그리고 초월을 돕는 기초 작업으로는 성장의 방향을
직시하도록 돕는 것이다. 각 성격유형별로 독특하게 나타나는 자아방어 기제의 등장에
대해 자각하도록 돕고 나아가 자아방어의 해제를 위한 연습들을 충분히 훈습하게 하는
것이 변화를 위한 기본 전략이 될 수 있다.

초월영성상담은 애니어그램을 적용하는 데 다른 어떤 모델보다 왜냐하면 초월영성상담과 에니어그램은 여러 공통점을 가지기 때문이다. 먼저 의식한다는 것은 무엇이라는 대상에 대해 느끼고, 알고, 생각하고, 행동한다는 것이며 이러한 의식은 느낀다는 정서나 안다는 지각이나 생각한다는 사고를 포함한다. 머리, 가슴, 장이 분리된 것이 아닌 동시에 일치를 이루는 것을 추구한다. 에니어그램 성격유형을 활용한 이런 접근을 통하여 내담자들은 자신에 대한 의식적 목격자가 될 수 있다. 내담자들이 자신에 대해서 의식적 목격자가 되면 자기 성격유형의 원형(archetype)과 그 왜곡된 작동들을 자각할 수 있게 된다. 원형은 그 성격유형의 보편적인 패턴을 식별하고 이해할 수 있도록 돕는다. 즉, 내담자의 삶에서 일어나는 전형성과 반복적이며 습관적인 자동적 패턴을 알게 도와준다. 이런 성격유형의 원형에 대한 이해와 통찰을 통해 내담자는 의식적인 목격자로서 자신과 자신을 둘러싼 세상을 보는 심리적 렌즈를 객관적으로 바라볼 수 있게 되고, 상담 과정에서 이것을 해체하거나 탈피하고 재구성하여 더 높은 의식 상태로 자기 변화를 시도할 수 있게 된다. 또한 초월영성상담에서는 지금을 넘어서 통합과 성장을 추구하는데 중점을 두는데 구체적으로는 개인의 수평적 확산과 수직적 상승을 추구하는 것으로써 이는 에니어그램의 성격이론과 매우 부합하기 때문이다. 개인을 넘어서서 더 넓고 높은 곳을 향한 초월의 모델을 에니어그램은 미덕과 신성한 사고 그리고 발달 수준으로 우리에게 그 길을 제시해 주고 있기 때문이다.

(3) 윌버와 에니어그램의 의식 발달 수준에 대한 통합적 이해

윌버는 인간의 진화 발달에서 의식은 수직적 수준을 가지며 이 수직적 수준은 정상적인 발달 과정에서 개인이 통과하는 보편적인 단계라 하였다. 윌버는 여러 수직적 발달 모델이 제시하는 서로 유사한 단계들은 통합심리학에 포함시킬 수 있다고 보았다. 그러나 수평적 유형론에 대해서는 모든 사람은 의식의 기본 파동을 거치지만 반드시 특정 유형에 속하지는 않는다고 하였다(Wilber, 2000). 또한 윌버는 개인이 의식발달의 수직적 수준을 지향할 때 수평적 유형론은 나선 역학을 실천하는 데 유용하게 사용될 수 있다고 하였다. 윌버는 자신의 통합심리학에서 에니어그램을 수평적 유형론으로만 논하고 에니어그램의 발달 수준까지는 미처 언급하지 못했다(Wilber, 2000; Wilber, 2007). 그렇지만 황임란은 통합적 관점에서 에니어그램의 수직적 발달 수준과 윌버의 의식 수준은 수직적 발달 모델로서 충분히 상호 통합하여 이해하는 것이 가능함을 밝혔다(황임란, 2013, 2016).

리소는 인간의 발달을 저해하는 것을 성격에 대한 동일시(identification)로 설명하였다. 리소(1992)는 자신의 껍질인 성격을 자신과 동일시하는 보통의 인간은 자신의 본질과 연결을 잃은 상태에서 성격으로 그 공백을 메우려 한다고 했다. 이때 성격은 보통의 인간에게 잘못된 독립성을 가져다주고 이것은 인간의 의식 발달을 저해하여 보통 인간으로 하여금 자신의 본성을 볼 수 없을 뿐만 아니라 찾기도 어렵게 만든다고 했다. 따라서 리소는 인간 발달을 촉진하기 위해 성격으로 자신을 동일시하는 사람들에게 개인은 성격 그 이상이라는 것을 자각하도록 돕는 데 더욱 주력하였다.

리소의 발달 수준 9수준부터 2수준까지의 인간은 구르지예프(George I. Gurdjieff)가 말하는 제1, 제2, 제3의 인간으로 태어난 사람들이 어떻게 자신이 가지고 태어난 유형 안에서 부적응과 적응의 경로를 거치는지를 잘 설명해 주고 있다. 구르지예프는 인간이라는 말대신 '제1의 인간'부터 '제7의 인간까지' 7개의 단어를 사용한다. 제1의 인간은 단지 먹기 위해 살며 자식을 키우는 일에 생활의 중심을 둔다. 제2의 인간은 제1의 인간과 동일한 발전 단계이나 감정에 중점을 두는 인간이다. 제3의 인간은 제1, 제2의 인간과 동일한 발전 단계이지만 생활의 중심을 지적 사고에 두는 인간이다. 그에 따르면 모든 인간은 제1, 제2, 제3의 단계로 태어나며, 특별한 노력에 의해서만 제4, 제5, 제6, 제7의 인간이 된다. 자기 자신과 내가 어디로 가고 있는지 알기 시작하는 것이 제4의 인간, 내적 통일성을 이룬 결정화(結晶化)된 사람이 제5의 인간, 결정화된 신체(Essence)를 다시 녹여서 재결정을 이루는 것이 제6의 인간, 의지나 의식, 영원불멸한 나를 이루는 것이 제7의 인간이다(Ouspensky, 2005). 리소는 발달 수준 9수준부터 2수준까지의 경로를 현대 심리학적 접근으로 제시함으로써 제1, 제2, 제3의 인간으로 태어난 사람들이 가지는 발달과 퇴행에서의 시행착오의 여러 수준을 구체적으로 설명하여 보통의 인간들이 스스로를 자각하도록 도와주고 있다. 리소의 발달 수준 1수준은 구르지예프가 제시하는 제4의 인간에서 시작하여 제7의 인간까지의 통합적 여정으로 이해할 수 있다.

여기서 리소와 윌버의 발달 수준과 의식의 수준을 비교해 보자. 우선, 리소의 건강수준에서 최고점인 1수준은 자아로부터의 자유와 해방 수준으로 윌버의 6단계와 7단계에 걸쳐있는 수준이다. 리소의 2수준은 자아가 출현하고 있는 상태이므로 윌버의 5단계인 형식-반성 단계까지에 해당한다. 리소의 3수준은 사회적 가치를 실현하려는 수준으로 윌버의 5단계인 형식-반성 단계라고 할 수 있다. 형식-반성 단계는 자신의 사유를 객관화시킬 수 있고 가설 설정과 추론이 가능한 객관적 수준의 단계이기 때문이다. 리소의 보통 수준인 4수준은 사회적 역할을 수행하는 수준으로 윌버의 4단계인 규칙/역할 마음

표 1-3 리소, 윌버, 구르지예프의 의식발달 수준 비교

수준 \\ 연구자	리소	윌버	구르지예프		
상위 ↑ 하위 ↓	1수준-자유	10단계 비이원	제7의 인간		
		9단계 원인			
		8단계 정묘	제6의 인간		
			제5의 인간		
		7단계 심령	제4의 인간		
		6단계 비전-논리			
	2수준-심리적 수용	5단계 형식-반성	제1의 인간	제2의 인간	제3의 인간
	3수준-사회적 가치				
	4수준-불균형	4단계 규칙/역할 마음			
	5수준-대인 통제	3단계 표상적 마음			
	6수준-과잉 보상				
	7수준-모독 침해	2단계 환상-정서			
	8수준-강박 망상	1단계 감각운동			
	9수준-병리적 파괴				

단계와 상응하며, 리소의 5수준과 6수준은 대인간 통제와 과도한 보상이 드러나는 수준으로 윌버의 인지적 조작이 가능해지는 표상적 마음 단계와 연결할 수 있다. 리소의 불건강 수준인 7, 8, 9수준은 윌버의 현실과 환상의 구분이 모호해지는 2단계 환상-정서적 단계 및 1단계 감각운동 단계인 최초의 생명체의 본능적 수준이다. 이 단계에서는 인지 능력을 갖지 못하고 감각운동적 차원의 즉각적 인상에서 삶이 유지된다.

이상에서 살펴본 리소, 윌버, 쿠르지예프의 에니어그램 발달단계를 비교·정리하면 〈표 1-3〉과 같다. 그러나 리소와 윌버는 인간 발달 수준과 의식 수준을 연속체(continuum)와 스펙트럼(spectrum)의 개념으로 제시하였기에 각 수준의 경계선을 분명히 하여 구분하기는 쉽지 않다.

우리 삶의 목적은 전인으로서의 최고의 발달을 이루는 것이다. 이를 위해 우리가 할 일은 발달의 다양한 이론에서 제시하는 전 생애 발달 동안 경험하는 여러 발달라인과 발달의 수준을 통합해 나가는 것으로 이것을 도와주는 상담자가 필요한 시대가 지금의 우리 세대이자 사회다. 〈표 1-4〉는 인간의 전 생애 발달 단계별로 영성발달과 사회정서적

표 1-4 윌버와 파울러 및 에릭슨의 시기별 발달 비교

윌버와 파울러의 의식과 영성 발달의 상호 작용단계	시기	에릭슨의 발달단계
감각 운동기와 미분화된 시기로 환상과 상상, 양육자와의 신뢰 구축과 희망의 삶	0~1세	유아기: 기본신뢰감 대 불신감
환생과 상상, 정서의 시기로 안정 애착과 자기 의지의 통합으로 주변을 탐색	1~3세	초기 아동기: 자율성 대 수치 및 의심
표상적 시기로 동일시를 통해 가치관과 종교적 생활양식을 모방	3~6세	학령전기: 주도성 대 죄책감
규칙과 역할의 시기로 종교에 강한 흥미를 느끼며 다양한 자극에 노출되며 경험의 확장, 천국과 지옥의 삶에 대한 관심, 도덕성의 발달	6~12세	학령기: 근면성 대 열등감
형식-반성의 시기로 종교의 가르침 수용과 더 큰 존재에 의지	12~18세	청소년기: 자아정체감 대 역할 혼미
비전-논리의 시기로 종교에 실망, 또 다른 종교 탐색	18~35세	성인 초기: 친밀성 대 고립
심령의 시기로 결합적 신앙	35~60세	성인기: 생산성 대 침체
정묘의 시기로 보편적 우주적 신앙	60~80세	성인 후기: 자아 통합 대 절망
원인과 비이원을 지향하는 시기로 신과의 합일, 일원성	80세 이상	초노년기: 초월과 영성 대 소멸

발달 단계를 한 눈에 볼 수 있게 재구조화하여 제시한 것이다.

4. 초월영성상담의 실제

1) 상담 목표, 상담 과정, 상담자, 내담자, 다양한 접근들

(1) 상담의 목표

초월영성상담에서는 인간이 최대의 삶을 영위하려면 물질적 향상 이상의 목표가 필요하다는 것을 수용하며 이를 상담의 목표로 제시한다. 궁극적으로는 전체적으로 통합된 온전한 인간의 삶을 추구한다. 이는 부분화된, 조각난 삶의 파편에 잠식되는 삶이 아니고 즉각적인 행복에 머무는 것도 아닌 더 깊고 높은 차원의 의미와 더욱 확장되고 연결

된, 완성된 상태의 삶을 지향하는 것이다. 이것은 내담자의 삶뿐만 아니라 상담자의 삶에서도 추구하고 실현해야 하는 목표다. 그렇다고 초월영성상담의 목표가 모든 내담자를 초월성과 영성의 추구로 내모는 것은 아니다. 인간 발달의 측면에서 본다면 내담자에 따라서는 과거의 삶의 발달 단계에서 온전히 도달하지 못한 미해결의 주제를 가지고 있는 경우가 있다. 이런 경우에는 상담의 목표는 내담자의 온전한 회복과 현실적 적응이 주된 목표가 되기도 한다. 그렇기 때문에 초월영성상담은 전통적인 상담적 접근을 포함하며 인간만이 가지는 더 높은 곳을 향한 염원과 바람을 회복하고 유지하며 증진할 수 있게 돕는 포괄적인 목표를 추구한다. 어떤 상황에서도 처한 현실을 넘어서서 인간이 가야 하는 최종 목표의 지향점을 기억하는 것이 초월영성상담의 주된 목표라고 할 수 있다.

(2) 상담 과정

상담 과정의 초기 단계에서는 치료적 라포를 형성하는데, 이는 기존의 전통적인 접근법과 그 맥락을 같이한다. 다음으로는 평가가 이루어지고 치료 계획을 세우는데 이때 가장 중요한 평가 영역 중의 하나가 내담자의 발달과 초월성 그리고 영성이라 할 수 있다. 이러한 평가는 객관적 평가나 주관적 사정을 통해서 이루어질 수 있다. 초월영성상담 과정에서 지속적으로 중요한 요소는 상담자가 상담을 진행하면서 내담자의 발달과정에서 초월성과 영성의 현실적 활용 가능성과 발달의 촉진에 관심을 기울여야 한다는 것이다. 이때 현 단계의 구축과 확장을 통하여 다음 단계로의 초월과 건너감이 촉진되어야 한다는 것도 강조한다. 상담의 종결단계에서는 내담자가 상담 과정에서 훈습한 자기 관리와 자기 촉진의 수련법들이 상담 이후에도 내담자들이 지속적으로 실천할 수 있게 준비되어 있는가를 확인하는 것이 중요하다. 초월영성상담에서는 상담 이후에도 내담자가 지속해서 자기를 돌보고 성장하는 데 도움을 주는 접근법을 숙지하고 훈습하는 것을 중요하게 여긴다. 앞에서도 한 번 제시한 것처럼 플레지가 "상담의 예술적 · 영적 측면에 대해 시적으로 말한다면 성공적이고 생산적인 종결은 '유산(legacy)'을 마음에 품는 것이라고 하겠다."라고 한 말을 초월영성 상담자들은 늘 기억할 것이다.

(3) 초월영성상담의 상담자−희망을 잃지 않는 상담자

초월영성상담에서 상담자는 내담자와 관계를 맺음으로써 내담자의 초월성과 영적 인도를 실천한다고 본다. 상담자와 맺는 관계가 내담자 성장의 매개로 작용한다는 것이다. 그렇기에 초월영성 상담자는 상담자로서의 준비도가 초월영성상담에 지대한 영향을 미친다는 것을 늘 숙지하고 있어야 한다.

초월영성 상담자는 기본적으로 일반적인 상담자의 인간적 자질과 전문적 자질의 기초를 우선적으로 갖추어야 한다. 하지만 그 이상의 필요한 조건들이 있다. 가장 중요한 것은 인간을 어떻게 보는가 하는 인간관의 정립이다. 초월영성 상담자들은 인간을 끊임없는 자기 탐구와 성장의 욕구를 가진 존재로 보는 것을 넘어서서 초월성과 영성을 가진 존재로 보며 자기 초월의 가능성을 긍정한다. 초월영성의 관점에서 인간에 대한 또 하나의 의미 있는 표현은 '조금 더'라고 할 수 있다. 초월영성 상담자는 내담자의 온전한 삶을 돕는데, 이는 내담자가 자기에 대한 몰입을 넘어서서 더 큰 선과 타인과 존재하는 것들에 대한 자애와 자비를 추구하고 실현하도록 돕는 것이다. 그러기 위하여 초월영성 상담자들은 내담자에게 일어나는 의식 과정의 낮은 수준과 높은 수준을 변별함으로써 내담자를 사정, 평가하는 역량을 갖추어야 한다. 이때 필요한 것이 발달 이론들이라고 할 수 있다. 전개인pre-personal, 개인personal, 초개인transpersonal 상태의 묘사에서처럼(Wilber, 2000) 발달 이론의 어떤 틀을 사용한다. 또한 다양한 측정 방법을 사용할 수 있어야 하며, 그 측정 방법들로 높은 수준 상태(깨달음 등)와 낮은 수준(정신증 같은) 상태를 구분하는 것이 특히 중요하다. 윌버는 이를 전초오류(pre-trans fallacy)라는 개념으로 설명하기도 한다. 전초오류란 자아 이전의 전개인적 상태와 자아를 넘어선 초개인적 상태는 모두 비합리적으로 여겨져서 정반대의 두 가지 상태를 혼동하기 쉽다는 것이 전초오류의 개념이다.

마지막으로 초월영성 상담자는 내담자에게 추구하도록 돕고 권장하는 다양한 것들을 상담자 스스로도 실천하고 실현하는 사람이어야 한다. 또한 상담자는 내담자와의 상호 협조를 통해 동반성장의 미덕을 완성해 나간다. 즉, 상담자는 내담자에게 하는 말을 자기 스스로도 실천하는 사람이어야 하며, 동시에 현실적 조건에서도 규칙적이고 체계적으로 수련과 수행을 하면서 꾸준히 초월과 영성의 실현을 노력하는 자세로 자신을 삶을 이루어 나가야 한다.

(4) 초월영성상담에서의 내담자

초월영성상담에서 상담자는 내담자를 그들 자신의 삶에서 이미 초월을 경험했으며, 영성을 추구하는 높고 전체적으로 온전한 통합된 삶을 지향하는 자로 본다. 그렇기에 상담자는 내담자를 '참나'에서 오는 성장 지향적이고, 확장하고, 건강한 표현을 찾아내려는 내적 잠재력과 내적 지혜를 가진 사람으로 받아들이며, 그들이 외적 확대를 이룰 수 있

는 존재로도 신뢰하고 존중한다. 또한 상담자는 내담자와의 상호 작용을 통해 자신의 성
장에서 어떤 도움을 받고 있는지에 대해 통찰적 자각을 하며 내담자에 대해서 늘 감사하
는 태도를 유지하고 전한다.

(5) 초월영성상담의 다양한 접근들

초월영성 상담자들은 언어적 대화를 통해 내담자를 돕는다. 그렇지만 이를 넘어서 내
담자들이 보다 깊고 빠르게 그들 자신을 통찰할 수 있도록 종종 전통과 현대의 모든 변용
적 기법들을 활용한다. 주의할 것은 이런 접근들이 발달 수준에 맞게 이루어져야 한다는
것이다. 초월영성상담에서는 명상, 기도, 만트라, 만다라, 요가, 태극권, 무아의 춤, 호흡
작업, 적극적 상상, 지시적 심상화, 깊은 이완, 생체 자기제어biofeedback, 그림, 동작, 소리,
글, 자연 환경, 동식물 등 매우 다양한 기법들을 사용할 수 있다. 변환된 의식 상태를 통
해 접근할 수 있는 통찰과 자기 치유를 위해 내담자의 가장 깊은 곳에 있는 지혜와 능력
들을 꺼내올 수 있다. 윌버는 개인 수련 및 관계성 수련을 위해 통합생활수련(Integral Life
Practice: ILP)을 제시한다. 이는 조력자와 함께 또는 개인 스스로가 지속적인 수련을 이어
가게 돕는 체계화된 접근법이다. 초월영성 상담자들은 내담자들의 내외적 치유와 성장
및 발달을 위한 촉진자로 기능한다. 즉, 다양한 기법들을 사용하여 내담자의 발달 수준과
통합을 증진하여 영성의 추구를 도우며 영감과 직관을 활용하게 돕는다. 또한 초월적 접
근으로 내담자들이 고통스러운 상처와 문제에서 거리두기를 할 수 있게 도우며, 상처를
직면하고 심층적으로 탐색하게도 이끈다. 상담자는 이런 일련의 과정에서 내담자가하는
작업이 더 활발하게 촉진될 수 있도록 이해하고 격려해야 한다.

2) 초월영성상담의 향후 전망과 과제

개인 및 사회적 차원에서 인간과 사회의 건강과 성장에 영향을 미치는 데 사용하는 지
식과 접근법들은 점점 더 정교화되고 있다. 특히 초월영성상담에서 얻게 되는 의식 확장
과 초월성과 영성의 추구라는 삶에 대한 태도의 변화는 보다 큰 사랑과 정신적 명료성을
향한 정체성과 가치의 변화를 불러일으킨다. 나아가 이는 지구의 자원을 모두 써 버리며
환경 재앙을 부추기고, 그 모든 대가를 치르면서도 자원에 대해 끝없이 자행하고 있는
착취를 인류로 하여금 중단하게 할 수도 있다. 그리고 우리는 인류의 더 적극적인 협력
과 연대와 나눔을 초월영성상담을 통해 성취할 수 있을 것이다.

초월영성상담이 개인과 가족, 사회 체제를 넘어서서 인류애와 지구촌 그리고 우주라는 보다 큰 영역을 향해 폭넓게 적용되고, 우리가 당면한 시대정신인 통합의식이 현재를 넘어서서 희망과 사랑의 시대로 전환되는 데 기여하기 위해 우리 초월영성 상담자들의 노력이 계속 이어지기를 기원한다.

참고문헌

신호재(2018), 정신과학의 철학-신칸트학파, 딜타이, 그리고 후설의 현상학과 역사적 인문 · 사회학의 철학적 기초. 이학사.

정인석(2009). 트랜스퍼스널 심리학: 동서예지의 통합과 자기초월의 패러다임, 제3판. 대왕사.

황임란. (2013). 에니어그램의 발달 수준과 윌버의 의식 수준에 대한 연구. 에니어그램연구, 10(2), 79-101.

황임란. (2016). 에니어그램과 의식의 발달수준. 명상심리상담학회지, 16, 10-18.

Arnett, J. J. (2018). 인간발달: 문화적 접근 (제2판) [*Human development: A cultural approach (2nd)*]. (정영숙, 박영신, 안정신, 노수림 공역). 시그마프레스. (원저 2016 출판).

Baltes, P. B. & Staudinger, U. M.(2000). Wisdom. *American psychologist*, 55, 122-136.

Barry, W. A. & Connolly, W. J.(1982). *The practice of spiritual direction*. Harper & Row.

Baumgardner & Crothers. (2009). 긍정심리학 (*Positive Psychology*). (안신호, 이진환, 신현정 공역). 시그마프레스. (원저 2008 출판).

Berk, L.E. (2009). 생애발달 1: 영 유아기에서 아동기까지 (*Development through the lifespan*). (이옥경, 박영신, 이현진, 김혜리, 정윤경, 김민희 공역). 시그마프레스. (원저 2007 출판).

Bronfenbrener, U. (1980). *The ecology of human development*. Harvard University Press.

Erikson, E. & Erikson, J. (2019). 인생의 아홉 단계 (*The Life circle completed*). (송제훈 역). 교양인. (원저 1997 출판).

Fowler, J. W. (1987). 신앙의 발달단계 (사미자 역). (*Stages of faith*). 한국장로교출판사. (원저 1981 출판).

Gerring, R. J., Zimbardo, P. G.(2013). 심리학과 삶, (20th.) (이종한, 박권생, 박태진, 성현란, 이승연, 채정민 공역). 시그마프레스. (원저 2012 출판)

Hall, C. S. (1996). 프로이트 심리학 입문 (*A Primer of Jungian Psychology*). (안귀여루 역). 범우사. (원저 1954 출판)

Hay, David & Hunt, Kate (2000). *Understanding the Spirituality of People who don't go* to church: Report on the findings of the adults' spirituality Project at the University of Nottingham. Nottingham University Press.

Heelas, Paul & Woodhead, Linda (2005). *The Spiritual Revolution: Why Religion is Giving Way to Spirituality.* Wiley-Blackwell.

Kohlberg, L. (1981). *The philosophy of moral development moral stages and the idea of justice.* Harper & Row.

Levenson, D. J. (1978). *The seasons of a man's life.* Ballantine.

Mahoney, A., Pargament, K. I., Jewell, T., Swank, A. B., Scott, E., Emery, E., & Rye, M. (1999). Marriage and the spiritual realm: The role of proximal and distal religious constructs in marital functioning. *Journal of Family Psychology, 13*(3), 321–338.

Maslow, A. H. (1968) *Toward a psychology of being.* Van Nostrand Company.

Maslow, A. H. (1971). *The farther reaches of human nature.* Viking press.

Ouspensky, P. D. (2005). 위대한 가르침을 찾아서 (*In search of the miraculous*). (오성근 역). 김영사. (원저 1949 출판).

Pargament, K. I. (1997). *The psychology of religion and coping: Theory, research, practice.* Guilford Press.

Piaget, J. (1952). *The origins of intelligence in children.* (M. Cook, Trans.). W W Norton & Co.

Piaget, J. (1965). *The moral judgment of the child.* Free Press.

Pledge, D. S. (2024). *Counseling adolescents and children: Developing your clinical style.* Brooks/Cole.

Riso, D. R.(1990). *Understanding the enneagram: The practical Guide to personality type.* Houghton Mifflin Company.

Riso, D. R.(1992). *Discovering your personality type: The enneagram questionnaire.* Houghton Mifflin Company.

Rose, P. (2004). The Forest dweller and the beggar. *American scholar, 73*, 5–11.

Scotton, Bruce W., Chinen, Allan B., & Battista, John R. (Ed.).(2008). 자아초월 심리학과 정신의학 (*Textbook of transpersonal psychiatry and psychology*). (김명권, 박성현, 권경희, 김준형, 백지연, 이재갑, 주혜명, 홍혜경 공역). 학지사. (원저 1996 출판).

Sheldrake, Philip. (2012). *Spirituality: A very short Introduction.* Oxford University Press.

Wilber, K. (2000). *Integral psychology: Consciousness, spirit, psychology, therapy.* Shambhala publications.

Wilber, K. (2007). *The integral vision: A very short introduction to the revolutionary integral approach to life, god, the universe, and everything.* Shambhala.

Wilber, K. (2015). 켄 윌버의 모든 것의 이론 (*A theory of everything*). (김명권, 민희준 공역). 학지사. (원저 2000 출판).

Wilber, K. (2018). 켄 윌버의 통합영성 (*Integral Spirituality*). (김명권, 오세준 공역). 학지사. (원저 2006 출판).

Zinnbauer, B. J., Pargament, K. I., Cole, B., Rye, M. S., Butter, E. M., Belavich, T. G., Hipp, K. M., Scott, A. B., & Kadar, J. L. (1997). Religion and spirituality: Unfuzzing the Fuzzy. *Journal for the Scientific Study of Religion, 36*(4), 549-564.

제 **2** 장

분석심리학과 초월영성상담

정민

융(Carl Gustay Jung)은 스위스의 정신의학자로 분석심리학을 창시하였다. 분석심리학을 통해 인간의 무의식을 심층적으로 연구하였으며 인간 정신을 주관적 체험과 현상학을 바탕으로 체계적으로 분석하고자 하였다(노안영, 2018). 또한 융은 심리학과 영성의 관계에 깊은 관심을 가졌는데 동양 철학, 연금술, 점성술, 기독교 신비주의 등 다양한 영적 전통을 연구하며, 이를 자신의 심리학 이론에 통합하기 위해 노력했다.

융은 인간의 무의식이 개인의 행동과 성장에 큰 영향을 미친다고 믿었다. 그는 인식하지 못하는 심리적 요소들이 개인의 행동과 생각에 깊은 영향을 끼친다고 보았으며, 이러한 무의식적 과정을 탐구하는 것이 개인의 발전과 치유에 중요하다고 주장했다.

인간의 무의식에는 동시대에 함께 생활한 사람들의 정신적 문화가 반영된 집단 무의식이 잠재되어 있으며, 이는 개인의 정신을 이해하는 데 중요한 역할을 한다. 분석심리학은 인간 정신의 근원부터 지금까지 변화해 온 정신적 소인을 밝히는 데 중점을 둔다.

융은 집단무의식의 요인으로서 원형(archetypes)이라는 개념을 도입하여, 모든 문화와 역사적 맥락에서 공통적으로 나타나는 기본적인 상징적 이미지나 패턴들이 개인의 무의식에 깊이 관여한다고 보았다. 이는 초월적인 차원에서 인간의 심리적 경험을 이해하는 데 중요한 역할을 한다. 또한 융은 자기(self)의 발전을 중요하게 생각하여, 자기가 어떻게 형성되고 발전하는지를 탐구했다. 그는 자기가 개인의 인식, 행동 그리고 신념에 어떻게 영향을 미치는지를 이해하는 데 관심을 가졌다.

융의 이론은 초월영성상담에서 중요한 역할을 했다. 초월영성상담은 개인의 심리적, 정신적 발전을 촉진하고 영적 성장을 도모하는 데 초점을 맞춘 상담 접근법으로 융은 개인의 심리적 발달이 초월적 경험을 통해 확장될 수 있다고 믿었다. 그는 영성적인 차원이 개인의 심리적 성숙과 발달에 중요한 영향을 미칠 수 있다고 주장했으며, 이는 신화적, 종교적 상징이나 체험을 통해 이루어질 수 있다고 보았다. 그래서 무의식적인 과정과 원형의 상징을 통해 개인이 깊이 있는 내면의 성장을 이루고 영적 성장으로 나아갈 수 있도록 상담과 심리치료 이론과 기법을 제시했다.

분석심리학에서는 상담과 치료를 위한 주요한 방법으로 개인이 자신의 무의식적 요소를 탐구하고 이해하는 데 도움을 주는 기법들이 사용되며 원형의 상징이나 심리적 상징을 활용하여 개인이 깊이 있는 심리적 변화와 성장을 경험할 수 있도록 지원한다. 더 나아가 초월적인 경험을 할 수 있도록 하여 개인의 영적 발전과 성장을 추구한다.

이와 같이 융은 인간의 무의식적 심리 과정과 영적 측면에 관심을 갖고 개인의 내면

세계를 이해하고자 하였고 분석심리학적 초월영성상담은 개인의 내면세계를 탐구하고 더 깊이 있는 심리적, 정신적 발전을 도모하는 데 기여하였다.

이 장에서는 융의 분석심리학의 기본 개념들을 살펴보고 연금술, 만다라, 종교, 적극적 명상 등 융과 초월영성상담에 대해 설명하였다. 그리고 분석심리학과 초월영성상담을 접목한 역동심리학에 대해 소개하였다.

1. 분석심리학

1) 분석심리학의 시작

융의 어린 시절은 그의 성격 형성과 이론적 발전에 큰 영향을 미쳤다. 그의 초기 생애는 심리학에 대한 깊은 관심과 독특한 사고방식을 형성하는 데 중요한 역할을 했다. 융은 1875년 스위스의 케스빌(Kesswil)에서 태어났다. 아버지는 개신교 목사였고, 어머니는 종교적이고 신비주의적인 경향이 강한 사람이었다. 융의 가정은 종교적이었는데 이는 그의 어린 시절에 큰 영향을 미쳤다. 아버지는 전통적이고 논리적인 신앙을 가졌지만, 어머니는 종교적 경험과 신비주의에 더 관심이 많았고 직관력이 뛰어났다. 이러한 가족 환경은 융이 영성에 많은 관심을 갖게 만든 중요한 요인 중 하나였다.

융은 어린 시절에 친구가 많지 않았고, 주로 혼자 있는 시간이 많았다. 그는 자연과 고대 신화, 종교적 상징에 깊은 관심을 가졌다. 융은 학교에서 뛰어난 학생이었지만, 동시에 내향적인 성격을 가지고 있었다. 그는 책을 많이 읽었고, 특히 철학, 종교, 신화에 깊은 관심을 가졌다. 융은 어린 시절에 여러 번 신비한 경험을 했다고 회고했다. 그는 꿈과 환상, 내면의 심리적 체험을 통해 자신의 심리적 세계를 탐구했다. 이는 나중에 그의 꿈분석과 무의식 연구에 중요한 기반이 되었다.

융은 어린 시절에 자신이 만든 작은 나무 인형과 함께 비밀스럽게 대화하곤 했다. 그는 이 인형을 통해 자신의 내면세계와 상호작용했으며, 이는 그가 나중에 콤플렉스와 원형을 이해하는 데 도움이 되었다. 융은 학교에 가거나, 숙제를 끝내도록 재촉을 받을 때 기절 발작을 일으키곤 했는데 스스로 극복하는 경험을 하기도 했다. 이러한 경험을 통해 융은 신경증으로의 도피와 직면을 통한 극복을 체험할 수 있었고 이로 인해 내면의 심리적 세계에 대해 깊이 생각하게 되었다.

융은 바젤 대학교에서 의학을 공부하고 1900년 취리히 대학교 정신병원에서 정신과 의사로서의 경력을 시작했다. 이 시기에 그는 정신병에 대한 연구를 시작했으며, 정신분석학에 관심을 갖게 되었다.

1907년, 융은 프로이트(Sigmund Freud)를 만나게 되면서 그의 경력에 중요한 전환점을 맞이하였다. 융은 프로이트와 인간의 무의식과 심리 구조에 대해 깊이 있는 연구를 진행하면서, 프로이트의 이론에 큰 영향을 받았다. 융은 프로이트의 후계자로까지 여겨졌다. 그러나 융은 프로이트와 달리 인간의 심리를 더 넓은 맥락에서 이해하려고 했다. 특히, 프로이트가 강조한 성적 욕구에 대한 해석에 반대하며, 무의식에 대한 더 포괄적인 접근을 주장했다. 융은 인간의 무의식이 단순히 개인의 억압된 욕구를 담고 있는 것이 아니라, 인류 전체의 경험이 축적된 집단 무의식을 포함하고 있다고 보았다. 이러한 이론적 차이로 인해 1913년에 융과 프로이트는 결별하게 되었고, 융은 독자적인 길을 걷기 시작했다. 프로이트와 결별한 후, 융은 분석심리학을 발전시켰다.

융은 활발히 활동하며 여러 저서를 남겼다. 그는 신화, 종교, 철학, 예술 등 다양한 분야와 연계된 연구를 통해 인간 심리에 대한 이해를 넓혔다. 그의 이론은 심리학뿐만 아니라 종교학, 인류학, 문학 등 여러 분야에 걸쳐 큰 영향을 미쳤다.

그의 연구와 저서는 오늘날까지도 심리학, 상담학, 정신의학 등의 분야에서 널리 활용되고 있으며, 특히 집단 무의식과 원형에 대한 이론은 심층심리학과 문화 연구에 중요한 기초를 제공하고 있다.

융의 생애는 개인적인 경험과 학문적 연구를 통해 독창적인 심리학 이론을 발전시켜 나간 과정으로 볼 수 있다. 이는 단순히 과학적 탐구를 넘어, 인간 존재와 심리적 본질에 대한 깊은 통찰을 제공하는 중요한 업적으로 평가받고 있다.

2) 마음

융은 인간의 심리적 구조를 '마음'이라는 개념으로 설명했다. 이는 인간의 전체적인 정신적 삶을 포함하는 포괄적인 개념으로, 의식과 무의식의 상호작용을 포함한다(김명권 외 역, 2020).

마음은 의식, 개인무의식, 집단무의식으로 이루어진다. 의식은 개인이 자각하고 있는 모든 생각과 감정이 포함되고 자아에 의해 주도된다. 개인무의식은 개인의 경험 중 의식적으로 기억하지 못하는 부분으로, 억압된 생각, 감정, 기억 등이 포함된다. 집단무의식은 개인의 경험을 넘어 인류 전체가 공유하는 무의식의 층으로, 원형이 포함된다. 이는 인간의 본능적 반응과 보편적인 심리적 패턴도 포함한다.

이러한 마음은 자아, 페르소나, 그림자, 아니마/아니무스, 자기 등으로 구성된다. 자아는 의식의 중심으로, 개인의 자각과 정체성을 이루고 현실 세계와의 상호작용을 통해 형성된다. 페르소나는 사회적 자아로, 개인이 외부 세계와 상호작용하기 위해 사용하는 가면이다. 이는 사회적 역할과 기대에 맞추어 형성된다. 그림자는 의식에서 억압된 부정적 측면이나 받아들일 수 없는 특성들이 포함된 부분으로 이는 개인의 무의식에 속하며, 종종 자아와 충돌을 일으킨다. 아니마/아니무스는 남성의 무의식에 존재하는 여성적 원형(아니마)과 여성의 무의식에 존재하는 남성적 원형(아니무스)이다. 이는 개인의 내적 균형과 통합에 중요한 역할을 한다. 자기는 마음의 중심이자 전체를 통합하는 요소로, 의식과 무의식의 조화를 이루는 목표를 나타내며 자기실현의 핵심 개념이다.

이러한 마음을 융은 에너지가 흐르는 시스템으로 보았다. 이는 대립적 요소 간의 긴장과 균형을 통해 동력을 얻는다. 또한 마음은 끊임없이 변화하고 성장한다. 이는 개인이 자신의 무의식적 요소를 의식화하고 통합하는 과정인 개성화를 통해 이루어진다. 개성화는 융의 심리학에서 중심적인 개념으로, 마음의 성장과 성숙을 의미한다.

융은 마음이 영적 경험과 깊이 연결되어 있다고 보았다. 그는 종교적 상징과 의식이 마음의 무의식적 요소와 상호작용한다고 주장했다. 또한 마음의 발달은 영적 성장과도 밀접하게 연관되는데 개인이 자신의 심리적, 영적 요소를 통합하여 더 높은 수준의 의식과 조화를 이루는 과정이다.

이와 같이 융의 마음 개념은 인간의 전체적인 정신적 삶을 포함하는 포괄적인 개념으로 의식, 개인 무의식, 집단무의식을 포함하며, 자아, 페르소나, 그림자, 아니마/아니무스, 자기 등으로 구성된다. 마음은 에너지 시스템으로 작용하며, 개성화 과정을 통해 끊임없이 변화하고 성장한다. 또한 마음은 영적 경험과 깊이 연관되어 있으며, 심리적 및 영적 성장을 통합하는 데 중요한 역할을 한다.

3) 개인무의식과 콤플렉스

분석심리학에서 개인무의식과 콤플렉스는 인간의 심리적 구조를 이해하기 위한 중요한 개념으로 개인무의식은 억압된 기억과 감정이 저장된 영역이며 콤플렉스는 무의식 속의 강력한 감정의 집합체로 정서적 에너지를 갖고 있다. 이 두 개념을 이해하고 다루는 것은 개인의 심리적 치유와 성숙에 중요한 역할을 한다. 개인무의식과 콤플렉스에 대해 살펴보면 다음과 같다.

(1) 개인무의식

개인무의식(Personal Unconscious)은 개인의 삶에서 경험한 모든 기억, 생각, 감정이 저장된 영역으로 각 개인의 삶에서 얻어진 고유한 심리적 자료로 구성된다. 이는 의식적으로 처리하기 어려운 내용들이 무의식으로 밀려나 의식적으로 인식되지 않지만, 행동과 감정에 영향을 미친다. 개인무의식은 개인의 경험에 기반을 둔다는 점에서 인류 전체가 공유하는 보편적인 무의식을 의미하는 집단무의식과 구별된다. 개인무의식의 특징, 심리적 역할에 대해 자세히 설명하면 다음과 같다.

개인무의식은 각 개인의 고유한 경험과 감정, 기억 등을 포함한다. 개인이 직접 경험한 사건들과 관련된 무의식적인 자료들로 구성된다. 이러한 개인무의식에는 의식적으로 받아들이기 어려워 억압된 기억과 감정이 포함되어 있는데 이는 종종 트라우마, 고통스러운 경험, 부정적인 감정, 콤플렉스 등을 포함한다. 콤플렉스는 개인무의식에 존재하는 감정적으로 강렬한 생각과 느낌의 집합체로 개인의 행동, 감정, 사고에 큰 영향을 미친다. 개인무의식에는 의식하지 못하지만 쉽게 의식으로 떠오를 수 있는 잠재의식적인 자료들도 포함된다. 이러한 개인무의식에는 꿈, 환상, 예술적 표현 등을 통해 드러나는 개인적인 상징과 이미지가 포함되어 있다. 이는 무의식의 메시지를 전달하는 중요한 수단이다.

개인무의식의 심리적 역할은 다양하다. 개인무의식은 의식이 수용할 수 없는 내용을 포함하고 있어, 심리적 균형을 유지하는 데 중요한 역할을 한다. 억압된 기억과 감정은 의식적으로 처리하기 어려운 상황에서 무의식으로 밀려나 심리적 부담을 줄인다. 개인무의식은 꿈과 상징을 통해 자신을 표현하기도 한다. 이는 개인이 자신의 무의식적 동기와 감정을 이해하고 통합하는 데 도움을 준다. 또한 개인무의식은 창의성과 영감의 중요한 원천으로 무의식에 잠재된 이미지와 상징은 예술적 표현과 창의적 사고를 자극한다.

이러한 개인무의식은 꿈 분석, 자유 연상, 예술적 표현을 분석함으로써 살펴볼 수 있다. 꿈은 개인무의식의 중요한 표현 방식 중 하나로 꿈을 분석함으로써 무의식의 메시지를 이해하고 통합할 수 있다. 자유 연상 기법은 무의식에 억압된 기억과 감정을 탐구하는 데 유용하다. 이는 특정한 생각이나 이미지에서 시작하여 관련된 연상들을 자유롭게 떠올리는 기법이다. 또한 미술 치료, 글쓰기, 음악 등 예술적 표현은 개인무의식을 탐구하고 표현하는 수단으로 사용될 수 있다. 이러한 상담 기법을 통해 개인무의식에 억압된 감정과 기억을 인식하고 통합함으로써 심리적 치유를 촉진하며 개인이 자신의 과거 경험을 처리하고 더 나은 심리적 상태를 유지하는 데 도움을 준다.

개인무의식은 개인의 경험과 감정, 기억 등이 저장된 무의식의 중요한 부분이다. 이는 의식적으로 받아들이기 어려운 내용을 포함하고 있으며, 꿈, 콤플렉스, 예술적 표현 등을 통해 드러내며 의식에 신호를 보낸다. 때문에 이를 통해 무의식의 내용을 인식하고 처리할 수 있다. 개인무의식을 이해하고 통합하는 과정은 개인의 심리적 균형과 성숙, 치유에 중요한 역할을 하며, 창의성의 원천으로서 개인의 삶에 깊은 영향을 미치며 개인의 심리적 성숙과 개성화 과정에서 중요한 역할을 한다.

(2) 콤플렉스

콤플렉스(Complex)는 무의식 속에 존재하는 감정적으로 강렬하고 상호 연관된 생각과 느낌의 집합체를 의미한다. 콤플렉스는 개인의 심리적 경험과 깊이 연관되어 있으며, 개인의 행동, 감정, 사고에 큰 영향을 미칠 수 있다. 융에 따르면, 콤플렉스는 주로 개인의 삶에서 중요한 사건이나 사람들과 관련이 있다. 콤플렉스는 의식적 자아와 독립적으로 작동하는데 이는 자아가 의식적으로 인식하지 못하는 상태에서도 콤플렉스가 행동에 영향을 미칠 수 있다는 것을 의미한다. 콤플렉스는 종종 억압된 기억이나 트라우마와 관련이 있다. 억압된 감정이나 경험이 콤플렉스 형태로 무의식에 남아있는 것이다. 콤플렉스의 특징, 형성 과정, 주요 유형 그리고 그 심리적 영향을 자세히 살펴보면 다음과 같다.

콤플렉스의 주요한 특징으로 콤플렉스는 주로 무의식 속에 존재하며, 자주 의식적으로 인식되지 않는다. 또한 강한 감정적 반응을 동반한다. 특정 상황이나 자극에 의해 활성화될 때 강렬한 감정과 반응을 유발한다. 콤플렉스는 관련된 생각, 이미지, 기억, 감정 등이 서로 연관된 형태로 구성되어 개인의 행동, 사고, 감정에 강력한 영향을 미칠 수 있으며, 종종 비합리적이거나 자동적인 반응을 유발한다.

콤플렉스는 주로 어린 시절의 경험, 특히 감정적으로 강렬한 경험에 의해 형성된다. 트라우마, 상처, 반복적인 감정적 경험 등이 콤플렉스를 형성하는 주요 요인이다. 이 경험들은 무의식 속에 저장되어 있으며, 관련된 자극이나 상황에 의해 활성화된다.

주요 콤플렉스 유형으로 자아 콤플렉스, 그림자 콤플렉스, 어머니 콤플렉스, 아버지 콤플렉스, 아니마/아니무스 콤플렉스 등이 있다. 자아 콤플렉스는 개인의 자아 개념과 관련된 감정적 경험의 집합체로 자존감, 자기 이미지, 자기 가치와 관련된 문제를 포함한다. 그림자 콤플렉스는 개인이 인정하지 않으려는 부정적인 측면이나 억압된 측면과 관련된 감정적 집합체다. 이는 두려움, 죄책감, 부끄러움 등을 포함한다. 어머니 콤플렉스는 개인의 어머니와의 관계에서 형성된 감정적 경험과 연관된 콤플렉스로 보호받고 싶은 욕구, 독립에 대한 갈등 등을 포함한다. 아버지 콤플렉스는 아버지와의 관계에서 형성된 콤플렉스로 권위적 인물과의 관계에 영향을 미칠 수 있다. 아니마 콤플렉스는 남성의 무의식 속에 존재하는 여성적 측면과 관련된 콤플렉스이며, 아니무스 콤플렉스는 여성의 무의식 속에 존재하는 남성적 측면과 관련된 콤플렉스다.

콤플렉스의 심리적 영향을 살펴보면, 콤플렉스는 특정 상황에서 자동적이고 강렬한 반응을 유발할 수 있다. 이는 종종 비합리적이거나 과도한 반응으로 나타난다. 그리고 콤플렉스는 대인관계에 영향을 미칠 수 있다. 예를 들어, 어머니 콤플렉스는 개인의 양육자나 파트너와의 관계에서 문제를 일으킬 수 있다. 그러나 콤플렉스를 인식하고 이해하는 과정은 개인의 자기 이해를 깊게 하며 이는 개인이 자신의 무의식적 동기를 인식하고 통합하는 데 도움이 된다. 또한 콤플렉스를 통합하는 과정을 통해 개인의 심리적 성숙과 성장을 촉진한다. 이는 개성화 과정의 중요한 부분으로, 개인이 자신의 전체성을 이루는 데 기여한다.

콤플렉스는 강한 감정적 경험과 연관되어 있으며, 무의식 속에 저장되어 특정 상황에서 강력한 영향을 미쳐 종종 비합리적인 행동을 하게 만들 수 있다. 따라서 콤플렉스를 인식하고 이해하는 과정은 개인의 심리적 성숙과 자기 이해를 촉진하며, 더 나아가 심리적 균형과 통합을 이루는 데 중요한 역할을 한다.

4) 심층에 이르는 길: 집단무의식

집단무의식은 개인의 경험과는 무관하게 존재하는 무의식의 영역으로, 인류 전체의 경험과 역사를 반영한다. 융은 이를 인간 정신의 기초 구조로 보았으며, 이는 세대를 거쳐 유전되는 심리적 패턴이라고 설명했다.

집단무의식에 존재하는 보편적인 이미지나 상징을 원형이라고 한다. 원형은 인간의 경험과 상호작용하여 특정한 형태로 드러나며, 여러 문화와 신화, 종교에서 공통으로 나타나는 요소들이다. 주요한 원형으로는 페르소나, 그림자, 아니마와 아니무스, 자기 등이 있다.

집단무의식은 꿈, 신화, 종교적 상징, 예술 등을 통해 표현되며 이러한 표현들은 개인이 무의식의 내용을 인식하고 통합하는 데 도움을 준다. 꿈은 무의식이 의식으로 드러나는 중요한 통로로 꿈속에서 나타나는 원형적 이미지들은 집단무의식의 내용을 반영한다. 신화와 종교적 이야기는 집단무의식의 원형적 내용을 문화적으로 표현한 것이다. 예를 들어, 창조 신화나 영웅의 여정은 다양한 문화에서 유사한 형태로 나타난다. 예술 작품도 집단무의식의 표현으로 볼 수 있다. 예술가들은 무의식의 원형적 이미지를 통해 내면의 갈등과 경험을 표현한다.

이러한 집단무의식은 인간의 심리적 안정과 통합에 중요한 역할을 한다. 이는 개인이 자신의 내면을 이해하고, 더 큰 심리적 통합을 이루도록 돕는다. 원형적 상징들은 인간이 공통으로 느끼는 두려움, 희망, 욕망 등을 표현하며, 이를 통해 개인이 자신의 감정을 이해하고 처리할 수 있게 돕는다. 집단무의식의 내용을 의식적으로 통합함으로써, 개인은 더 높은 수준의 심리적 통합과 균형을 이룰 수 있다. 이는 개성화 과정에서 중요한 부분이다. 원형에 대해 좀 더 구체적으로 설명하면 다음과 같다.

(1) 원형

융은 원형(Archetype)이라는 개념을 통해 인간 심리의 깊은 구조를 설명했다. 원형은 융의 이론에서 중심적인 역할을 하며, 인간의 무의식적인 심리적 패턴을 이해하는 데 중요한 개념이다. 원형은 인간의 집단무의식에 존재하는 보편적이고 원초적인 심상이나 패턴을 의미한다. 이는 개인의 경험을 초월하여 인류 전체가 공유하는 심리적 구조로, 고대 신화, 종교, 꿈, 예술 등의 다양한 문화적 표현 속에서 반복적으로 나타난다.

원형은 보편성, 상징성, 무의식적 영향력을 갖는다. 보편성이란 원형이 모든 인간에게 공통적으로 존재하는 심리적 구조이며 이는 특정 문화나 시대를 초월하여 보편적으로 나타난다는 것을 의미한다. 둘째, 원형은 상징의 형태로 나타난다. 이 상징들은 꿈, 신화, 종교, 예술 작품 등에서 볼 수 있다. 마지막으로 원형은 개인의 무의식뿐만 아니라 집단 무의식에 뿌리를 두고 있다. 이는 개인이 직접 경험하지 않았더라도 본능적으로 이해하고 반응하는 패턴으로 나타난다.

원형은 개인의 심리적 발달 과정에서 중요한 역할을 한다. 이는 무의식 속에서 작용하며, 꿈, 환상, 창조적 활동을 통해 드러난다. 개인이 원형을 인식하고 통합하는 과정은 심리적 성숙과 자기실현을 이루는 데 중요한 단계로 간주된다.

원형은 인간의 심리적 구조와 행동에 깊은 영향을 미치는 보편적이고 본능적인 패턴을 의미하며 이는 무의식의 세계를 이해하고 통합하는 과정에서 중요한 역할을 하고 개인의 심리적 성장을 위한 중요한 도구로 사용될 수 있다. 원형의 유형에는 페르소나, 그림자, 아니마와 아니무스, 자기, 영웅, 현자와 대모 등이 있다.

① 페르소나

페르소나(Persona)는 개인이 사회적 상호작용에서 사용하는 가면 또는 역할을 의미한다. 페르소나는 우리가 외부 세계와 상호작용할 때 나타내는 특정한 성격이나 이미지를 나타낸다. 개인이 사회적 기대에 부응하고, 다른 사람들과 원활하게 관계를 유지하기 위해 필요하다.

페르소나는 개인이 다른 사람들과 상호작용할 때 수행하는 다양한 사회적 역할을 포함한다. 예를 들어, 직장에서의 역할, 가정에서의 역할, 친구나 연인으로서의 역할 등이 있다. 이와 같이 페르소나는 사회적 환경에 적응하기 위한 도구로 사용된다. 이를 통해 개인은 사회적 규범과 기대에 맞추어 행동하고, 사회적 관계를 원활하게 유지할 수 있다.

한편 페르소나는 개인이 자신을 외부 세계에 어떻게 보여 주고 싶은지를 반영한다. 옷차림, 말투, 행동 방식 등 다양한 요소를 통해 나타난다. 이러한 이유로 페르소나는 개인의 진정한 자아와 다를 수 있다. 이는 사회적 요구에 맞추기 위해 만들어진 이미지이기 때문에, 개인의 내면적 본질과 일치하지 않을 수 있다.

페르소나와 대조적인 개념으로 그림자를 들 수 있다. 그림자는 개인의 무의식 속에 있는 억압된 감정, 욕망, 본능 등을 의미한다. 그래서 페르소나가 외적인 이미지라면, 그림자는 내적인 실체를 나타낸다.

이와 같이 페르소나는 개인이 사회생활을 영위하는 데 필수적인 요소다. 개인이 사회적 규범과 기대에 맞추어 행동할 수 있게 도와주며, 다른 사람들과 원활한 관계를 맺을 수 있게 돕는 개인의 사회적 적응과 외적 이미지를 설명하는 중요한 개념이다. 이처럼 페르소나는 사회적 상호작용에서 필수적인 역할을 하지만 페르소나가 지나치게 강하거나 진정한 자아와의 괴리가 클 경우, 개인은 심리적 갈등이나 스트레스를 경험할 수 있다. 따라서 개인의 진정한 자아와의 균형을 유지하는 것이 중요하다. 융은 개인이 진정한 자아를 찾기 위해 페르소나와 그림자를 통합하는 과정, 즉 개성화 과정을 중요하게 생각했다.

② 그림자

그림자(Shadow)는 개인의 무의식 속에 억압된 감정, 욕망, 본능, 성향 등을 의미한다. 그림자는 주로 개인이 의식적으로 인식하지 못하는 무의식의 영역에 존재한다. 개인이 사회적 규범이나 도덕적 기준에 의해 억압하거나 부인하고 있는 특성들을 포함한다.

대부분의 경우, 그림자는 사회적으로 받아들여지기 어려운 부정적 특성, 예를 들어 분노, 질투, 공격성, 이기심 등을 포함하고 있다. 하지만 이러한 특성들이 반드시 악하거나 해로운 것은 아니다. 그림자는 부정적인 특성만을 포함하는 것이 아니라, 개인의 창의성, 열정, 직관 등 긍정적인 측면도 포함할 수 있다. 이처럼 그림자는 양면성을 지니고 있다.

융에 따르면, 개인은 자신의 그림자를 다른 사람들에게 투사하는 경향이 있다. 즉, 자신이 받아들이기 어려운 부정적인 특성을 다른 사람들에게서 발견하고 비난하는 형태로 나타나기도 한다. 그림자를 투사하는 경향은 인간관계에서 갈등을 유발할 수 있다. 자신의 그림자를 인식하고 책임지는 것은 건강한 인간관계를 유지하는 데 중요하다.

그림자를 인식하는 것은 개인이 자신의 진정한 모습을 이해하는 데 중요한 역할을 한다. 이는 개인이 억압된 감정이나 욕망을 인식하고 수용하는 과정을 통해 이루어진다. 그림자를 수용하고 통합하는 것은 개인의 심리적 균형을 유지하는 데 필수적이다. 그림자를 부인하거나 억압하면 심리적 갈등이나 스트레스가 발생할 수 있다. 그림자에는 개인의 창의성과 잠재력이 숨겨져 있으므로 이를 인식하고 발현시키는 것은 개인의 성장과 발전에 큰 도움이 된다.

이와 같이 그림자는 개인의 무의식 속에 억압된 다양한 특성을 의미하는 중요한 개념이다. 이는 부정적 특성뿐만 아니라 긍정적 잠재력도 포함하며, 개인의 심리적 성장과 통합에 중요한 역할을 한다. 자신의 그림자를 인식하고 수용하는 과정은 진정한 자아를 이해하고 심리적 균형을 유지하는 데 필수적이다. 이를 통해 개인은 보다 온전한 자아를 형성할 수 있다. 그리고 그림자는 개인의 심리적 성장과 통합에 중요한 역할을 한다. 그림자를 인식하고 수용하는 과정은 개성화 과정의 핵심이다. 이를 통해 개인은 자신의 전체적인 자아를 이해하고 통합할 수 있다.

③ 아니마와 아니무스

아니마(Anima)와 아니무스(Animus)는 각각 남성의 무의식 속에 있는 여성적 성향과 여성의 무의식 속에 있는 남성적 성향을 의미한다. 이들은 인간의 심리적 완전성을 이해하는 데 중요한 역할을 한다.

아니마는 남성의 무의식 속에 존재하는 여성적 성향이나 이미지이다. 이는 남성이 가진 감정적, 직관적, 감수성 등의 특성을 대표한다. 아니마는 남성이 어머니나 다른 중요한 여성들을 통해 형성된다. 초기의 여성적 경험들이 아니마의 형성에 큰 영향을 미친다. 또한 아니마는 남성이 자신의 감정과 연결되고, 감정적 깊이를 경험하는 데 도움을 주기도 한다. 창의성, 감수성, 대인관계 능력에도 영향을 미칠 수 있다.

이러한 아니마는 네 개의 발달 단계를 거친다. 첫 번째 단계의 아니마는 원시적이고 본능적인 여성성을 나타낸다. 이 단계에서 남성은 여성을 육체적 존재로만 인식하며, 모성적이고 생명 유지를 위한 역할에 집중한다. 이 단계의 대표적인 상징은 성경의 이브와 같은 인물이다. 두 번째 단계의 아니마는 아름다움과 낭만적인 사랑을 강조한다. 남성은 여성을 이상화하고, 여성의 매력과 사랑에 빠지는 경향이 있다. 단계의 대표적인 상징은 헬렌 오브 트로이(Helen of Troy)와 같은 아름다운 여성이다. 세 번째 단계의 아니마는 영적인 여성성을 강조한다. 남성은 여성의 영적이고 지적인 면을 더 깊이 이해하고 존중한다. 이 단계에서는 사랑과 아름다움보다도 헌신과 이해가 중요하게 여겨진다. 이 단계의 대표적인 상징은 성모 마리아와 같은 인물이다. 네 번째 단계의 아니마는 지혜와 통찰력을 상징한다. 남성은 여성성을 통해 자신의 내면세계를 깊이 이해하고, 전인격적인 통합을 이루게 된다. 이 단계의 대표적인 상징은 소피아(Sophia, 지혜의 여신)다. 이러한 아니마의 발달 단계는 개인의 심리적 성숙도와 관련이 있으며, 각 단계를 거치면서 남성은 자신의 내면 여성성을 더 깊이 이해하고 받아들이게 된다(박영선 역, 2020).

아니무스는 여성의 무의식 속에 존재하는 남성적 성향이나 이미지다. 이는 여성이 가진 이성적, 논리적, 분석적 특성을 대표한다. 아니무스는 여성이 아버지나 다른 중요한 남성들을 통해 형성되는데 초기의 남성적 경험들이 아니무스의 형성에 큰 영향을 미친다. 아니무스는 여성이 논리적 사고와 결단력을 가지는 데 도움을 준다. 이는 여성의 자기주장, 목표 설정, 독립성 등에 영향을 준다.

아니무스 역시 네 개의 발달 단계를 거친다. 첫 번째 단계의 아니무스는 원시적이고 물리적인 힘을 상징한다. 이 단계에서 여성은 남성을 육체적 힘의 화신으로 보며, 용기, 체력, 권력을 중시한다. 이 단계의 대표적인 상징은 영웅적인 인물이나 전사다. 두 번째 단계의 아니무스는 실용성과 성취를 강조한다. 이 단계의 대표적인 상징은 모험가나 비즈니스 리더다. 세 번째 단계의 아니무스는 지성과 언어의 힘을 상징한다. 이 단계에서 여성은 남성을 사상가, 교수, 작가 등으로 보며, 그의 지적 능력과 설득력에 중점을 둔다.

이 단계의 대표적인 상징은 철학자, 학자, 작가 등이다. 네 번째 단계의 아니무스는 영적 통찰과 통합을 상징한다. 이 단계에서 여성은 남성을 영적 지도자, 현자 등으로 보며, 그의 영적 지혜와 깊이에 중점을 둔다. 이 단계의 대표적인 상징은 성인, 현자, 영적 스승이다(이부영, 1998).

이러한 아니무스의 발달 단계는 여성의 심리적 성숙도와 관련이 있으며, 각 단계를 거치면서 여성은 자신의 내면 남성성을 더 깊이 이해하고 받아들이게 된다. 이를 통해 전인격적인 성장을 이룰 수 있다.

아니마와 아니무스를 인식하고 수용하는 과정은 개인이 자신의 무의식적인 부분을 이해하는 데 도움을 준다. 따라서 개인의 심리적 성장과 자기실현에 중요하다. 또한 아니마와 아니무스는 개인이 이성 관계에서 어떻게 상호작용하는지를 이해하는 데 도움을 준다. 이들은 무의식적인 투사와 상호작용의 원천이 될 수 있다.

아니마와 아니무스는 분석심리학에서 남성과 여성의 무의식 속에 존재하는 상반된 성적 성향을 설명하는 중요한 개념이다. 이들은 개인이 자신의 심리적 균형을 이루고, 감정적 및 이성적 측면을 통합하는 데 중요한 역할을 한다. 이러한 통합 과정을 통해 개인은 더 완전한 자아를 형성할 수 있다.

④ 자기

자기(Self)는 개인의 전체적인 자아와 심리적 중심을 의미하는 개념으로 개인의 무의식과 의식의 통합을 통해 심리적 완전성을 이루는 과정을 의미한다.

자기는 개인의 의식적 자아와 무의식을 포함한 전체적인 자아를 의미한다. 개인의 모든 심리적 측면이 통합된 상태를 나타낸다. 자기는 심리적 삶의 중심으로 작용한다. 개인의 행동, 생각, 감정 등을 통합하고 조절하는 역할을 한다. 자기는 꿈, 상징, 예술 작품 등을 통해 표현될 수 있다. 융은 특히 만다라라는 원형의 상징을 자기를 나타내는 중요한 이미지로 보았다. 자기는 개성화 과정의 궁극적인 목표다. 개성화는 개인이 자신의 의식적 자아와 무의식적 측면을 통합하여 심리적 완전성을 이루는 과정을 의미하며 이를 통해 개인은 자신의 진정한 본질을 발견하고, 온전한 자아를 형성한다. 자기는 의식과 무의식을 통합하여 개인의 심리적 균형을 유지한다. 이를 통해 개인은 자신의 내적 갈등을 해결하고, 더 큰 심리적 안정감을 얻을 수 있다. 자기는 개인이 자신의 잠재력을 최대한 발휘하고, 자기실현을 이루는 데 도움을 준다. 이는 개인이 자신의 본질적인 가치를 발견하고, 삶의 목적을 찾는 과정과 관련이 있다. 자기는 개인의 심리적 성장과 발전에 중요한 역할을 한다. 이는 개인이 자신의 무의식적 측면을 인식하고 수용함으로써 이루어진다. 자기는 꿈과 상징을 통해 나타날 수 있으며, 이는 개인이 자신의 무의식적 메시지를 이해하고, 자신의 심리적 상태를 파악하는 데 도움을 준다. 융은 이러한 상징들이 개인의 심리적 통합을 촉진하는 중요한 도구라고 보았다.

이와 같이 자기는 개인의 전체적인 자아와 심리적 중심을 나타내는 중요한 개념으로 개인의 의식과 무의식을 통합하여 심리적 완전성을 이루는 과정을 설명하며, 심리적 통합, 자기실현, 심리적 성장 등에 중요한 역할을 한다. 자기를 이해하고 통합하는 과정은 개인이 자신의 진정한 본질을 발견하고, 보다 온전한 자아를 형성하는 데 필수적이다.

⑤ 영웅

영웅(Hero)은 도전을 극복하고 성장하는 과정을 상징하는 원형으로 다양한 문화와 신화, 문학에서 반복적으로 나타나는 상징적 인물이다. 영웅 원형은 개인의 심리적 여정을 상징하며, 도전과 극복, 성장과 성취를 통해 자아를 완성해 나가는 과정을 반영한다.

영웅은 종종 비범한 출생 배경을 가지고 있으며, 이는 그의 특별한 운명과 연결된다. 예를 들어, 신화 속 영웅들은 신성한 부모나 기적적인 탄생 이야기를 가진다. 영웅은 모험을 떠나는 부름을 받는데 이 소명은 영웅이 자신의 일상적인 삶을 떠나 미지의 세계로 나아가도록 한다. 모험 중 영웅은 다양한 도전과 시험에 직면하게 되는데 이는 내적, 외적 갈등을 포함하며, 영웅은 이를 극복함으로써 성장하고 발전한다. 영웅은 모험 중 조력자나 가이드, 특별한 도구를 받게 된다. 이는 영웅이 도전에 맞서고 성공하는 데 중요한 역할을 한다. 그리고 영웅은 상징적 죽음과 재탄생을 경험한다. 이러한 경험은 영웅의 내적 변화를 상징하며, 새로운 자아로 거듭나는 과정을 의미한다. 모험을 끝낸 후 영웅은 귀환하여 자신의 경험과 지혜를 공동체와 나눈다. 이는 영웅이 자신의 여정을 통해 얻은 것을 사회에 환원하고 통합하는 과정을 상징한다.

영웅의 모험은 개인이 무의식의 내용을 직면하고 통합하는 과정을 상징한다. 도전과 시험은 무의식의 그림자와 아니마/아니무스와의 대면을 포함한다. 영웅 원형은 집단무의식에 깊이 자리 잡고 있으며, 이는 모든 인간에게 보편적으로 나타나는 심리적 주제를 반영한다. 신화와 이야기 속의 영웅들은 이러한 집단적 심리적 패턴을 표현한다.

상담 및 심리치료에서 영웅 원형은 개인의 성장과 자기실현을 촉진하는 도구로 사용될 수 있다. 내담자가 자신의 영웅적 여정을 인식하고, 내적 도전을 극복하는 데 도움을 줄 수 있다.

꿈 분석과 상징적 작업을 통해, 개인은 자신의 무의식에 있는 영웅 원형과 접촉하고, 이를 통해 심리적 통합을 이룰 수 있다.

이와 같이 영웅 원형은 개인의 심리적 성장과 변화를 상징한다. 신화와 문학, 영화 등에서 반복적으로 나타나는 영웅의 여정은 개인이 무의식을 탐구하고, 내적 갈등을 극복하며, 더 높은 자기실현을 이루는 과정을 반영하며 영웅 원형은 집단무의식의 중요한 표현과 심리치료와 자기 이해의 도구로 사용될 수 있다.

⑥ 현자과 대모

현자(Wise Old Man)와 대모(Great Mother)는 지혜와 보호를 상징한다. 현자는 지혜, 안내, 지식, 통찰을 상징하는 원형으로 내면의 지도자나 멘토로 나타나며, 중요한 결정을 내리거나 어려운 시기를 극복하는 데 도움을 준다.

현자는 깊은 지혜와 통찰을 제공한다. 그는 복잡한 문제를 이해하고 해결하는 데 필요한 지식을 가지고 있다. 그는 모험을 떠나는 영웅이나 혼란에 빠진 사람들을 안내하고 보호한다. 그의 조언은 중요한 결정을 내리는 데 도움이 된다. 현자는 심리적 성숙과 자기실현의 상징이다. 그는 개인이 더 높은 수준의 자아 인식과 통합을 이루도록 돕는다.

현자는 내면의 지도자로 작용하며 그는 중요한 시점에서 통찰과 지혜를 제공하여 개인이 올바른 결정을 내리도록 돕는다. 또한 현자는 개인이 더 높은 수준의 자아 인식과 통합을 이루는 데 중요한 역할을 한다.

대모는 모성, 보호, 창조, 파괴를 상징하는 원형이다. 그녀는 양면성을 가지며, 생명을 주고 보호하는 동시에 파괴적인 측면도 가지고 있다. 대모는 생명을 주고 보호하는 힘을 가지고 있다. 그녀는 자녀를 양육하고 돌보는 역할을 한다. 대모는 창조와 파괴의 양면성을 가지고 있다. 그녀는 생명을 창조하는 동시에 파괴할 수도 있다. 또한 대모는 자연의 힘과 연결되어 있다. 그녀는 대지, 바다, 하늘 등 자연의 요소들과 깊은 관련이 있다.

대모는 심리적으로 보호와 양육의 역할을 한다. 이는 개인이 안전하고 보호받는 느낌을 받도록 돕는다. 대모는 생명과 죽음의 자연적 순환을 상징하며 이는 개인이 생명과 죽음, 창조와 파괴의 자연스러운 과정에 대한 이해를 돕는다.

현자와 대모 원형은 인간의 심리적 구조와 경험을 깊이 반영하는 집단 무의식의 중요한 요소들이다. 현자는 지혜와 안내, 심리적 성숙을 상징하며, 대모는 모성과 보호, 창조와 파괴의 양면성을 상징한다. 이 두 원형은 다양한 문화와 신화, 문학에서 반복적으로 나타나며, 개인의 심리적 성장과 통합을 돕는 중요한 상징적 역할을 한다.

(2) 개성화

개성화(Individuation)는 개인이 자신의 의식과 무의식의 다양한 요소들을 통합하여 심리적 완전성과 자아실현을 이루는 과정을 의미한다. 즉, 개인의 심리적 성장과 자기실현의 중심적인 과정으로 간주된다.

개성화 과정은 개인이 자신의 의식적 자아와 무의식적 요소들(아니마, 아니무스, 그림자 등)을 통합하는 과정이다. 이를 통해 개인은 자신의 전체적인 자아를 이해하고, 심리적 균형을 이룬다. 개성화는 개인이 자신의 진정한 본질을 발견하고, 그에 따라 삶을 살아가는 과정을 포함한다. 이는 개인이 자신의 내면적 가치와 목적을 찾아가는 여정이다. 개성화 과정에서 개인은 자신의 무의식적 요소들을 인식하고 수용해야 한다. 이는 꿈, 상징, 투사 등을 통해 이루어지며, 이를 통해 개인은 자신의 억압된 감정이나 욕망을 이해하게 된다. 개성화의 궁극적인 목표는 자기를 완전히 인식하고, 자기와의 연결을 이루는 것이다. 자기는 개인의 심리적 중심으로, 의식과 무의식의 통합을 통해 발견된다.

개성화 과정의 단계는 자아의 형성, 그림자 작업, 아니마와 아니무스의 통합, 개성화 중기, 자기와의 통합을 통해 이루어진다. 좀 더 구체적으로 살펴보면 개성화 과정의 첫 단계는 자아의 형성 단계로 어린 시절부터 시작되는 이 단계에서 자아가 형성된다. 의식적인 자기 개념인 자아는 개인이 자신을 어떻게 인식하고 세상과 어떻게 상호작용하는지를 결정한다. 이 단계에서는 자신의 무의식적 요소들을 의식화한다. 이러한 과정에서 자아가 형성되고 이는 꿈 분석, 자기 성찰, 심리치료 등을 통해 이루어질 수 있다.

두 번째 단계는 그림자 작업단계로 개인은 자신의 그림자(억압된 부정적 특성)를 인식하고, 이를 통합하는 과정을 거친다. 그림자는 자아가 받아들이기 힘들어 무의식에 억압된 부분으로 개인은 자신의 그림자를 인식하고 그것을 통합하려고 노력해야 한다. 이는 자신의 부정적 측면을 수용하고, 이를 통해 성장하는 과정으로 고통스럽고 도전적일 수 있지만, 중요한 자아 발전의 단계다.

세 번째 단계는 아니마와 아니무스의 통합 단계로 남성은 자신의 아니마(내면의 여성성)를, 여성은 자신의 아니무스(내면의 남성성)를 인식하고 통합해야 한다. 개인은 이 요소들을 인식하고 통합함으로써 양성성의 통합을 이루게 된다. 이는 개인이 자신의 내면적 성향을 균형 있게 받아들이는 과정으로 더 깊은 자기 이해와 균형 잡힌 성격 형성에 기여한다.

네 번째 단계는 개성화 중기 단계로 개인이 자신의 무의식적 내용들을 계속해서 의식으로 통합한다. 무의식의 상징과 꿈을 통해 자기를 탐구하게 된다.

다섯 번째 단계는 자기와의 통합단계로 자기를 인식하고, 자기와 연결되는 과정이다. 개인이 자신의 심리적 중심을 발견하고, 온전한 자아를 이루는 것을 의미한다. 즉, 자아가 무의식적인 요소들과 조화를 이루어, 전체적이고 완전한 인격체로서 성장하게 됨을 의미한다. 자기와의 통합은 개인이 자신의 진정한 본질을 깨닫고, 더 높은 수준의 심리적, 영적 성숙을 이루는 것을 목표로 한다.

이러한 개성화는 개인의 심리적 건강과 안정은 물론 자신의 다양한 측면들을 통합하여 온전한 자아를 형성하는 데 중요한 역할을 한다. 이를 통해 개인은 내적 갈등을 해결하고, 더 큰 심리적 균형을 이룰 수 있다. 개성화는 개인이 자신의 잠재력을 최대한 발휘하고, 자기실현을 이루는 데 도움을 준다. 이는 개인이 자신의 본질적 가치를 발견하고, 삶의 목적을 찾는 과정과 관련이 있다. 이를 통해 개인은 더 깊은 자기 이해와 자기 수용을 이룰 수 있다.

이와 같이 개성화는 단순히 무의식적인 요소를 의식화하는 것이 아니라, 개인이 자신의 의식과 무의식을 통합하고 자기 발견, 무의식의 인식, 자기와의 연결 등을 포함하는 평생에 걸친 과정이다. 개성화는 심리적 완전성, 심리적 성장과 자아실현을 이루는 과정으로 개성화 과정을 통해 개인은 자신의 진정한 본질을 발견하고, 보다 온전한 자아를 형성할 수 있다.

(3) 대극 이론

대극 이론(The Theory of Opposites)은 인간의 심리구조와 작동 방식을 이해하는 데 중추적인 역할을 한다. 이 이론은 상반되는 모든 힘 간의 상호작용에 의해 심리적 과정이 이루어진다고 설명한다. 이러한 상반된 힘은 긴장과 균형을 유지하며, 개인의 심리적 성장을 촉진한다. 인간의 심리구조는 항상 상반된 힘으로 이루어져 있다. 대극의 예로는 다음과 같은 것들이 있다.

- 의식과 무의식: 의식은 우리가 자각하고 있는 마음의 부분이며, 무의식은 우리가 자각하지 못하는 마음의 부분이다. 이 둘 사이의 상호작용은 개인의 심리적 성장과 균형을 이루는 데 중요하다.
- 자아와 그림자: 자아는 우리의 의식적인 자기 이미지이고, 그림자는 우리가 의식적으로 받아들이기 어려워 억압한 무의식적인 측면이다. 자아와 그림자의 통합은 심리적 성숙의 중요한 과정이다.

- 아니마와 아니무스: 아니마는 남성의 무의식 속에 존재하는 여성적 측면이며, 아니무스는 여성의 무의식 속에 존재하는 남성적 측면으로 이들은 각각 개인이 반대 성향을 통합함으로써 전체성을 이루는 데 기여한다.
- 정과 반: 정과 반은 각 상황에서 상반되는 요소를 나타낸다. 예를 들어, 사랑과 증오, 희망과 절망 등의 감정이 상호작용한다.

이러한 대극들은 서로를 보완하고, 상호작용하며, 심리적 에너지를 생성한다. 대극들 간에는 긴장이 발생하는데 긴장은 심리적 에너지를 생성한다. 융은 이러한 에너지를 리비도(Libido)라고 불렀으며, 이는 프로이트가 주장했던 성적 에너지뿐만 아니라 모든 심리적 에너지를 포함한다. 이 긴장은 심리적 변화와 성장을 촉진하는 동력으로 작용한다.

대극 이론의 작동 원리는 대극 간의 긴장, 변증법, 통합과 균형에 의해 이루어진다. 대극 사이의 긴장을 통해 심리적 에너지인 리비도가 생성된다. 또한 대극 간의 상호작용은 변증법적 과정(Dialectical Process)을 통해 이루어진다. 정과 반이 충돌하여 새로운 통합을 이루는 과정이다. 예를 들어, 자아와 그림자가 충돌하여 통합된 자아를 형성하는 과정이 이에 해당한다. 그리고 심리적 성숙은 대극 간의 균형을 이루고 이들을 통합하는 과정이다. 이는 개성화 과정으로, 개인이 자신의 모든 측면을 통합하여 전체성을 이루는 것을 목표로 한다. 이 과정에서 개인은 자신 안의 상반된 요소들을 인식하고 조화롭게 통합한다.

대극 이론은 개인의 심리적 성장과 치유에 영향을 미친다. 또한 대극 이론은 개인이 자신의 다양한 측면을 인식하고 수용하도록 돕는다. 이는 자기 이해와 수용을 촉진하여 심리적 안정을 이루는 데 기여한다. 대극 간의 통합은 개별화 과정을 촉진한다. 이는 개인이 자신의 본질을 발견하고 전체성을 이루는 과정으로, 심리적 성숙과 자기실현을 목표로 한다. 대극 이론은 개인이 심리적 균형을 이루도록 도움으로써 극단적인 성향이나 행동을 줄이고 조화로운 삶을 추구하는 데 기여한다.

대극 이론에서 중요한 것은 상반된 힘 간의 균형이다. 한쪽으로 치우치지 않고 서로를 인정하고 수용함으로써 개인은 심리적 균형을 유지할 수 있다. 예를 들어, 지나치게 이성적이거나 감정적이지 않도록 내향성과 외향성 간의 균형을 찾는 것이 중요하다. 또한 개성화 과정의 일환으로 대극적인 요소들을 통합하는 것이 중요하다. 개인이 자신의 다양한 측면을 받아들이고 통합하여 온전한 자아를 형성하도록 돕는다. 이 과정은 개인이 심리적 성장을 이루고 진정한 자아를 발견하는 데 필수적이다.

대극 이론은 개인이 자신의 내적 갈등을 이해하고, 이를 통해 성장할 수 있는 기회를 제공한다. 상반된 힘 간의 긴장과 균형을 유지함으로써, 개인은 더 큰 심리적 통합을 이룰 수 있다. 대극 이론은 개인이 자신의 복잡한 심리구조를 이해하는 데 도움을 준다. 이는 자신의 상반된 감정이나 행동을 이해하고, 이를 수용하는 과정을 통해 이루어진다. 대극 이론은 심리적 균형의 중요성을 강조한다. 이는 개인이 한쪽으로 치우치지 않고, 다양한 측면을 통합하여 균형을 이루는 것을 의미한다. 이를 통해 개인은 더 큰 심리적 안정감을 얻을 수 있다.

이와 같이 대극 이론은 인간의 심리구조와 작동 방식을 이해하는 중요한 개념이다. 이는 상반된 힘 간의 긴장과 균형을 통해 심리적 에너지를 생성하고, 개인의 심리적 성장과 통합을 촉진한다. 대극 이론을 통해 개인은 자신의 내적 갈등을 이해하고, 이를 통합하여 심리적 균형을 이루며, 더 큰 자기 이해와 심리적 안정감을 얻을 수 있다.

2. 융과 초월영성심리학

1) 연금술

연금술(Alchemy)은 중세 유럽에서 시작된 철학적 및 실험적인 학문으로, 주로 금속을 다루는 것으로 알려져 있지만, 그 목표는 물질적인 것을 초월하여 영적 완성을 이루는 것이었다. 연금술사들은 주로 금속을 다루는 실험을 통해, 철학적인 의미를 갖는 물질의 변화를 탐구했다. 이런 실험은 물리적 변화를 넘어서서, 사람의 내면 성장과 영적 깨달음을 상징적으로 나타내기도 했다.

연금술은 수많은 상징과 의미를 사용하여 그 철학적 메시지를 전달한다. 예를 들어, 금속을 정화하는 과정이 인간의 정신적 탐구와 영적 성장을 의미한다고 여겨졌다. 연금술사들은 금속을 정화하고 순수화하는 과정을 통해 영적 완성을 추구했다. 이 과정은 융이 자아와 무의식의 통합을 통해 개인의 정신적 성장과 균형을 달성하는 과정으로 해석될 수 있다. 융은 연금술에서 사용되는 다양한 상징과 과정들이 원형의 의미를 지닌다고 봤다. 예를 들어, 금속의 정화는 인간의 내면에서 불완전하거나 부정적인 측면들을 정화하고 완전성을 찾아가는 과정을 상징적으로 나타낼 수 있다. 연금술에서 중요한 개념 중 하나는 '개성화'라고 한다. 이는 개인이 자아와 무의식의 균형을 맞추고, 내적 정체성을 실현하는 과정을 의미한다. 융은 연금술에서 볼 수 있는 물질적인 변화와 정신적인 성장 사이의 직접적인 비유적 연결을 제시했다. 연금술에서 가장 중요한 전설적인 물질인 철학자의 돌(Philosopher's Stone)은 연금술의 궁극적 목표로, 물질적이면서도 영적인 완전성을 의미한다. 융은 이를 심리적 전체성과 자기실현의 상징으로 해석했다.

융은 연금술의 상징들을 자신의 분석심리이론에 적용하면서, 인간의 심리적 발전과 성숙 과정을 설명하는 데 사용했다. 예를 들면, 금속의 정화가 정신적인 성장과 깨달음을 나타낸다고 이해할 수 있다. 융은 연금술을 단순한 금속 변환술 이상의 깊은 심리적 의미로 해석했다. 그는 연금술사들이 추구했던 황금은 사실 인간의 심리적 완전성과 통합을 의미한다고 생각한 것이다. 융은 연금술이 무의식의 상징적 표현이며, 인간의 심리적 변형과 성숙 과정을 이해하는 데 중요한 개념이라고 보았다. 그는 특히 연금술의 상징과 변환 과정이 인간의 내면적 변화를 상징하는 것으로 심리적 통합을 위한 개성화 과정과 유사하다고 보았다.

연금술에서 자주 등장하는 대극(즉, 대비되는 원소들)의 통합은 융의 대극 이론과 일치한다. 예를 들어, 연금술에서 상징되는 태양(남성적 원리)과 달(여성적 원리)의 결합은 아니마와 아니무스의 통합을 상징한다. 연금술에서 왕과 여왕의 결합은 대극의 결합을 상징한다. 심리적으로는 아니마와 아니무스, 의식과 무의식의 통합을 의미한다.

연금술의 과정은 상징과 은유로 가득 차 있다. 이러한 상징은 개인의 내면적 변형을 나타낸다. 융은 연금술의 상징과 과정을 인간의 무의식과 심리적 성장의 은유로 해석했다. 연금술의 주요 상징과 심리적 관계를 좀 더 구체적으로 살펴보면 다음과 같다.

- 원초 물질(Prima Materia): 연금술의 출발점인 원초 물질은 무형의 원초적 상태를 의미하며, 이는 무의식의 혼란스러운 원초 상태를 상징한다. 개인화 과정의 시작점이라고 볼 수 있다(정명진 역, 2023).
- 니그레도(Nigredo, 흑화): 니그레도는 물질이 검게 변하는 단계로, 심리적으로는 개인이 무의식의 어두운 측면(그림자)을 직면하고 고통과 혼돈을 경험하는 단계다. 이는 자아가 해체되고 재구성되는 과정의 시작을 의미한다.
- 알베도(Albedo, 백화): 알베도는 물질이 하얗게 변하는 단계로, 정화와 재탄생을 의미한다. 심리적으로는 자아가 정화되고 내적 빛을 찾는 과정으로, 깨달음과 자각이 일어나는 단계다.
- 시트리니타스(Citrinitas, 황화): 시트리니타스는 물질이 황색 또는 황금빛으로 변하는

단계로, 깨달음과 깨우침의 상태를 나타낸다. 이는 개인이 새로운 지식과 통찰을 얻게 되는 과정을 상징한다.

- 루베도(Rubedo, 적화): 루베도는 물질이 붉게 변하는 단계로, 완성된 상태를 의미한다. 심리적으로는 자기와의 합일을 의미하며, 개인화 과정의 완성을 상징한다. 이는 통합되고 조화로운 인격의 상태를 나타낸다.

연금술의 단계들은 개성화 과정과 병행되며, 이를 통해 개인은 자신의 무의식적 측면을 통합하고 심리적 완전성을 향해 나아간다. 융은 연금술의 이미지와 상징을 통해 무의식의 복잡한 언어를 이해할 수 있다고 보았는데 이는 꿈, 신화, 종교적 이미지와 유사한 방식으로 작용한다.

연금술의 상징적 언어는 개인의 무의식 탐구와 자기실현의 과정에서 중요한 역할을 한다. 연금술은 단순한 물질적 변형을 넘어, 인간의 심리적, 영적 변형을 추구하는 다차원적 전통으로, 오늘날에도 여전히 많은 학문적, 철학적 관심을 받고 있다. 융의 연금술 해석은 인간 심리의 심층적 변화를 상징적으로 설명하는 중요한 틀을 제공한다. 연금술의 과정과 상징은 심리적 변형, 대극의 통합, 자기실현과 같은 심리적 여정을 설명하는 데 중요한 역할을 한다. 이를 통해 융은 개인이 더 완전하고 통합된 인격체로 성장할 수 있는 길을 제시했다.

2) 만다라

만다라(Mandala)는 산스크리트어로 원을 의미하며, 주로 티베트 불교와 힌두교에서 기원한 전통적인 기하학적 도형으로, 우주의 질서와 조화를 표현한다.

만다라는 주로 원형 도형으로 표현한다. 여러 가지 기하학적 형태로 그려지며, 중심에서 외부로 발산하는 구조를 가진다. 만다라의 구조는 중심과 경계로 이루어져 있는데, 이는 심리적 안정과 통합을 상징한다. 만다라의 중심은 자기를 상징하며, 개인의 내면 중심과 본질을 나타낸다. 중심은 안정과 균형의 핵심으로, 자기 발견과 자기실현의 목표를 상징한다. 만다라의 경계는 자아를 나타내며, 외부 세계와의 경계를 형성한다.

만다라는 대칭 구조로 표현되는데 이는 조화와 균형을 상징한다. 개인이 자신의 내면 세계와 외부 세계 사이에서 조화를 이루고자 하는 심리적 상태를 나타낸다. 만다라의 각 요소는 균형 잡힌 배열을 통해 개인의 심리적 안정과 평화를 상징한다. 마음의 균형과 통합을 추구하는 과정과 관련이 있다.

만다라에서 도형은 주로 원과 사각형 형태다. 원은 영원성과 전체성을 상징하며, 사각형은 물질적 세계와 현실을 상징한다. 만다라에서 이 두 요소의 결합은 정신적 완전성과 현실적 균형을 나타낸다.

만다라의 복잡한 패턴은 무의식의 다양한 측면을 표현한다. 각기 다른 패턴은 개인의 다양한 감정, 생각, 경험을 상징하며, 이를 통해 자기 이해와 통합을 도모한다. 색상은 각기 다른 감정과 심리적 상태를 나타낸다. 예를 들어, 빨간색은 에너지와 열정을, 파란색은 평화와 안정, 녹색은 치유와 성장, 노란색은 지혜와 계몽 등을 상징한다.

만다라는 종종 순환 구조를 가지고 있으며, 이는 자연의 순환과 생명의 순환을 상징한다. 이는 개인이 삶의 다양한 단계에서 반복적으로 성장하고 변모하는 과정을 나타낸다. 만다라의 반복적인 요소는 무의식의 패턴과 심리적 경향성을 반영한다. 이는 개인이 무의식적으로 반복하는 행동이나 생각의 패턴을 인식하고 이를 변화시키는 과정을 돕는다.

융은 만다라를 심리학적으로 매우 중요한 상징으로 여겼다. 융은 만다라를 인간의 내면 세계를 탐구하고 통합하는 데 중요한 상징으로 보았으며, 이를 통해 개인의 심리적 완전성과 자기실현을 설명했다. 만다라는 정신적 성장과 영적 깨달음을 위한 중요한 상징이자 도구다. 융은 만다라를 개인의 내면 성장과 통합을 위한 시각적 수단으로 이해했다 (이윤기 역, 2012).

만다라는 정신적, 정서적, 신체적 균형을 찾기 위한 도구로 사용된다. 그림을 그리거나 명상을 통해 만다라를 만들면서 개인은 자아와 무의식의 통합을 촉진하고 내면의 깊은 이해를 도모할 수 있다. 융은 만다라를 통해 개인의 심리적 성장과 깨달음을 촉진할 수 있다고 믿었다. 만다라는 또한 융의 원형 이론과 관련하여 문화적으로 공유되는 상징의 의미와 연결되어 있다.

융은 많은 환자가 꿈과 환상 속에서 만다라를 경험하는 것을 관찰했다. 이러한 만다라는 종종 심리적 위기나 변환의 시기에 나타났으며, 환자의 내면세계를 통합하는 데 중요한 역할을 했다. 융 자신도 만다라를 경험하고 그림으로 표현하기도 했다. 그는 자신의 꿈과 환상 속에서 만다라를 발견하고 이를 그림으로 그려내면서 자기의 심리적 상태를 탐구했다. 융은 만다라를 그리는 창조적 활동이 심리적 치유와 통합을 촉진한다고 보았다. 만다라 그리기는 무의식의 내용을 의식으로 가져오는 방법 중 하나로, 이는 개인의 심리적 성장을 도울 수 있다.

융은 만다라를 심리적 상태를 진단하는 도구로 사용했다. 환자들이 그린 만다라는 그들의 심리적 상태와 무의식적 갈등을 반영한다고 보았다. 또한 만다라 그리기는 심리치료 과정에서 치유와 통합을 돕는 도구로 사용된다. 이를 통해 환자들은 자신의 내면세계를 탐구하고, 무의식적 요소들을 의식으로 통합하는 과정을 경험하게 된다. 융의 만다라 상담은 개인의 발달을 촉진하고, 정서적, 사회적 자기 통제력을 강화하여 더 건강하고 성숙한 삶을 이루는 데 도움을 준다(김세영, 정명진, 2020).

이와 같이 융에게 만다라는 인간의 심리적 통합과 완전성을 상징하는 중요한 도구였다. 만다라는 자기의 상징으로서, 개성화 과정을 통해 자아가 자기와 일치하는 방향으로 나아가는 과정을 나타낸다. 융은 만다라를 통해 개인의 무의식적 요소들을 통합하고, 심리적 치유와 성장을 도울 수 있다고 보았다. 만다라는 심리치료와 개인의 심리 분석에서 중요한 역할을 한다.

3) 종교의 상징

융은 종교를 인간 심리와 깊이 연관된 중요한 현상으로 보았다. 융은 종교가 개인의 무의식과 의식을 연결하고, 심리적 건강과 통합에 기여하는 중요한 역할을 한다고 여겼다. 그의 분석심리학에서 종교는 단순한 믿음 체계 이상으로, 심리적 발전과 자기실현의 과정에서 핵심적인 요소로 간주된다.

융은 종교가 인간의 심리적 필요를 충족시킨다고 보았다. 그는 종교는 삶의 의미와 목적을 제공하여 개인이 존재의 이유를 찾도록 돕고 종교의식과 믿음은 심리적 안정과 위안을 제공하며 종교의 상징과 의식은 무의식의 내용을 의식화하는 통로가 된다고 생각했다(이부영, 1998).

또한 융은 모든 인간에게 공통적으로 존재하는 집단무의식에 포함된 원형이 종교적 상징과 신화로 표현된다고 보았다. 그리스 신화나 기독교의 상징들은 집단무의식에 깊이 자리잡고 있는 원형들을 반영한다. 또한 다양한 문화의 신과 영웅 이야기는 인간 내면의 원형적 주제를 반영한다. 융은 자기가 종교적 경험을 통해 표현되며, 이는 인간의 심리적 통합을 상징한다고 보았다.

융은 종교적 경험을 심리적 변형의 중요한 요소로 보았다. 이러한 경험은 개인이 자신의 무의식과 깊이 연결되고, 심리적 재탄생을 경험하는 중요한 순간이 될 수 있다. 종교적 환희나 계시와 같은 신비적 경험은 심리적 통합과 변화의 중요한 순간이 될 수 있으며 종교의식과 상징은 무의식의 내용과 접촉하는 방법을 제공하는데 이는 꿈 분석과 비슷한 방식으로 작용할 수 있다.

융의 개성화 과정에서 종교는 중요한 역할을 한다. 종교적 상징과 의식은 개인이 무의식의 내용을 인식하고 통합하는 과정을 도와준다. 특히, 종교적 전통에서 나타나는 신화와 상징은 개인이 자신의 심리적 여정을 이해하고, 더 높은 수준의 자기실현을 이루는 데 기여할 수 있다. 그렇게 종교는 개인이 더 깊은 자기 이해와 심리적 성장을 이루는 데 중요한 역할을 한다.

융의 사상과 종교와의 관련성을 깊이 있게 다루는 책들은 그의 심리학적 통찰과 종교적 상징에 대한 이해를 넓히는 데 도움이 된다. 융과 종교의 관계를 살펴볼 수 있는 몇 권의 주요 책들으로는 『변형의 상징』(1977)이 있다. 이 책은 융의 초기 저작 중 하나로, 종교적 상징과 신화가 인간 심리에 어떻게 영향을 미치는지를 탐구하며 다양한 문화의 종교적 상징을 분석하여 무의식의 구조와 그 내용들을 설명하고 있다. 그리고 『기억, 꿈, 사상』(1995)이 있다. 이 책은 융의 개인적인 종교적 경험과 그의 심리학적 이론의 발전을 보여 준다. 융의 삶과 사상을 통해 그가 종교를 어떻게 이해하고 있었는지를 알 수 있다.

융의 종교에 대한 관점은 그의 시대와 그 이후에도 많은 논쟁을 불러일으켰다. 현대 심리학에서는 융의 이론이 지나치게 영적인 요소를 강조한다고 비판하기도 한다. 그러나 많은 이는 융의 종교적 상징과 심리적 통합에 대한 통찰이 여전히 유효하다고 평가한다. 융의 종교에 대한 관점은 인간 심리의 깊이를 이해하는 데 중요한 시각을 제공하며, 종교적 경험과 상징이 개인의 심리적 발전과 통합에 어떻게 기여할 수 있는지를 보여 준다.

4) 적극적 명상

분석심리학에서의 적극적 명상(Active Imagination)은 주로 정신분석 이론과 심리적 치유에 기반을 둔 접근 방식이다. 이는 명상을 통해 개인이 자신의 내면세계를 탐구하고, 무의식적인 과정을 탐색하며, 심리적 회복과 성장을 촉진하려는 목적을 갖고 있다.

적극적 명상은 의식과 무의식 간의 상호작용을 촉진하는 기법으로, 무의식의 이미지와 상징을 의식적으로 탐구하고 표현하는 과정이다. 이를 통해 개인은 자신의 내면을 탐구하고, 심리적 문제를 해결하며, 자기 이해를 높일 수 있다.

융은 적극적 명상 기법을 통해 내담자의 무의식의 내용을 의식으로 끌어올리고 그것을 창의적인 방식으로 표현하는 데 사용했다. 무의식의 내용은 주로 상징과 이미지로 표현되며, 이를 해석함으로써 개인의 심리적 상태를 이해할 수 있다. 적극적 명상은 주로 꿈, 환상, 또는 자발적인 이미지와의 상호작용을 통해 이루어지는데 이를 통해 개인은 내면의 갈등을 이해하고 해결할 수 있는 기회를 갖게 된다.

적극적 명상의 구체적인 효과는 다음과 같다. 첫째, 개인은 적극적 명상을 통해 자신의 내면세계에 집중하고, 무의식적인 과정을 탐구한다. 이는 정신분석 이론에서 중요하게 다루는 내용으로, 자아와 자아 구조, 양립적 갈등 등을 이해하려는 노력을 포함한다. 둘째, 적극적 명상은 심리적 회복에 중요한 역할을 할 수 있다. 특히 정신분석에서는 트라우마, 불안, 우울 등에 대한 처리와 회복을 위해 명상을 활용하는 경우가 많다. 셋째, 적극적 명상은 자아의 발전과 성장을 촉진하는 데 기여할 수 있다. 예를 들어, 자기 수용감을 향상시키고, 더 나은 자기 이해와 자기 통제를 도모하는 데 도움을 줄 수 있다. 넷째, 적극적 명상은 신체적으로도 안정화를 도모할 수 있다. 정신분석 이론에서는 신체와 정신의 조화를 이루는 것이 중요하다고 보기 때문에, 명상은 이러한 측면에서도 효과를 발휘할 수 있다.

적극적 명상은 분석심리학에서 중요한 치료적 도구로 사용되며, 구체적으로 다양한 방법들이 있다. 주로 다음과 같은 기법들이 활용된다.

첫째, 자아 관찰, 명상을 통해 개인은 자신의 내면 경험을 주의 깊게 관찰한다. 이는 자아와 자아 구조, 무의식적 요소들을 탐구하고 이해하는 데 도움을 준다. 편안한 자세에서 시작하여 자신의 숨을 관찰하고, 마음의 상태나 생각이 떠오를 때 이를 객관적으로 관찰하는 데 집중한다. 둘째, 연상, 상상력을 이용한 명상을 통해 심리적 치유와 자아 발전이 목표다. 자신이 생각하거나 상상하는 이미지나 장면을 통해 무의식적 심리적 과정을 탐구한다. 이는 자아 구조와 갈등 그리고 개인의 내면세계를 이해하는 데 도움을 줄수 있다. 셋째, 전환적 명상을 통해 무의식적 요소나 내면의 갈등을 탐구하고 변형시키는 방법이다. 특정한 갈등이나 문제를 명상을 통해 탐구하고, 이를 새로운 통찰과 변형을 통해 해결해 나가는 과정을 포함한다. 넷째, 자기 분석적 접근, 명상을 통해 자기 수용감을 높이고, 자아의 발전을 촉진시키는 접근법이다. 자신의 내면에 대한 분석적 탐구를 명상을 통해 수행하며, 무의식적 과정을 자아에 통합시키고 발전시키는 데 중점을 둔다. 다섯째, 심리적 회복을 위한 명상을 통해 트라우마나 심리적 상처의 치유를 도모하는 방법이다. 안정된 자세에서 숨을 규칙적으로 조절하고, 마음의 상태를 평화롭게 유지하며, 상처나 트라우마를 자유롭게 해소할 수 있는 과정을 포함한다. 적극적 명상은 이러한 다양한 방법들을 통해 개인의 내면세계를 탐구하고, 심리적 회복과 발전을 도모하는 중요한 도구로써 사용된다.

적극적 명상에서는 창의적 표현이 중요한 요소다. 이는 그림, 글쓰기, 조각 등 다양한 방법으로 무의식의 내용을 표현하는 것을 포함한다. 적극적 명상의 절차는 다음과 같다.

첫째, 준비 단계로 명상을 시작하기 전에 편안한 상태에 도달하는 것이 중요하다. 조용하고 방해받지 않는 공간에서 마음을 가라앉히고 집중할 수 있는 시간을 갖는다. 명상을 통해 무엇을 얻고자 하는지, 어떤 문제나 질문을 다루고자 하는지에 대해 명확한 목표를 설정한다.

둘째, 상상과 이미지 단계로 적극적 명상의 핵심은 마음속에 떠오르는 이미지와 상상을 탐구하는 것이다. 눈을 감고 마음에 떠오르는 장면, 인물, 색깔 또는 상징적인 이미지를 자유롭게 떠올린다. 떠오른 이미지와 상호작용을 시작한다. 이미지 속 인물과 대화를 나누거나, 장면을 탐색하면서 느끼는 감정과 생각을 주의 깊게 살펴본다.

셋째, 창의적인 표현 단계로 명상 중 경험한 내용과 이미지를 기록한다. 글, 그림, 또는 음악과 같은 창의적인 표현을 통해 경험을 구체화한다. 기록한 내용을 분석하고 해석한다. 이 과정에서 이미지와 상징의 의미를 탐구하고, 그것이 자신의 삶과 어떤 연관이 있는지 깊이 생각한다.

넷째, 통합과 적용 단계로 명상에서 얻은 통찰과 경험을 일상생활에 통합한다. 이를 통해 내면의 갈등을 해결하고, 더 나은 자기 이해와 성장을 이룰 수 있다. 명상에서 얻은 교훈을 실제 행동으로 옮겨 새로운 인식이나 태도를 반영하여 삶의 변화를 추구한다.

적극적 명상의 효과는 다양하다. 적극적 명상은 개인이 자신의 무의식과 더 깊이 연결되고, 숨겨진 감정이나 갈등을 인식하는 데 도움을 준다. 따라서 심리적 상처나 트라우마를 다루고 치유하는 데 효과적이다. 창의적 과정을 통해 새로운 아이디어와 영감을 얻는 데도 유용하다(이창일 외, 2020).

융의 적극적 명상은 단순한 명상 기법이 아니라, 무의식과 의식의 다리를 놓아주는 강력한 심리치료 도구다. 이를 통해 개인은 자신의 내면세계를 깊이 탐구하고, 더 나은 자기 이해와 성장을 이룰 수 있다.

3. 워시번의 역동 심리학

초월영성상담은 개인의 초월적 경험과 영적 성장에 중점을 둔 심리학 분야로 이 분야

의 주요 연구자 중 한 명인 워시번(Michael Washburn)은 자신의 연구를 통해 심리적 성장
과 영적 발전의 관계를 탐구하였다. 워시번은 심리학과 철학 분야에서 교육을 받았다.
그는 심리학과 영성의 관계를 탐구하는 데 깊은 관심을 가지게 되었고, 이는 그의 후속
연구와 이론 개발의 기초가 되었다. 워시번은 인간의 심리적 발달과 영적 성숙 간의 관
계에 대한 연구로 잘 알려져 있다.

워시번은 자신의 역동 심리학(Dynamic Psychology) 이론을 통해 심리적 발달과 영적
성숙을 설명하였다. 그는 인간의 의식과 무의식 간의 상호작용 그리고 퇴행과 재탄생의
과정을 강조하였다.

워시번은 여러 권의 책을 저술하며 자신의 이론을 발표하였다. 대표적인 저서로는 『자
아와 역동적 기저』(1988)가 있다. 이 책에서 그는 자신의 주요 이론을 체계적으로 설명하
였다. 그리고 『정신분석적 관점에서 초월심리학』(1994)이 있다. 이 책은 그의 이론을 정
신분석적 관점에서 해석하며 심리학과 영성의 통합적 접근을 시도했다.

워시번의 역동 심리학을 좀 더 자세히 설명하면, 워시번의 이론은 주로 인간의 발달
과정에서 심리적, 영적 요소의 상호작용을 설명하는 데 중점을 둔다. 그는 인간의 발달
이 단순히 심리적인 성숙을 넘어 영적 성장과 깊은 연관이 있다고 주장했다. 워시번은
역동 심리학이라는 개념을 제안했다. 이는 인간의 의식과 무의식 간의 상호작용을 강조
하며, 특히 무의식의 심층에서 일어나는 변화가 개인의 전체적인 발달에 큰 영향을 미친
다고 보았다.

워시번의 이론에서 중요한 개념 중 하나는 퇴행과 재탄생이다. 그는 개인이 심리적 위
기나 혼란을 겪을 때 일시적으로 초기의 심리적 상태로 퇴행할 수 있으며, 이를 통해 새
로운 통찰과 변화가 가능해진다고 주장했다. 이러한 과정을 통해 개인은 더 높은 수준의
영적 성숙과 자기 초월에 도달할 수 있다. 그리고 워시번은 에너지 변형의 과정을 설명
하기 위해 영적 에너지가 심리적 에너지와 어떻게 상호작용하는지를 탐구했다. 그는 인
간의 심리적 에너지가 영적 성장 과정에서 변형되고, 이를 통해 더 높은 수준의 의식 상
태로 이행할 수 있다고 보았다.

워시번은 초월심리학에서 인간의 심리적 발달과 영적 성장의 과정을 단계적으로 설명
하였다. 그의 이론은 특히 인간의 의식과 무의식 간의 상호작용 그리고 영적 성숙을 위
한 주요 단계를 중심으로 전개된다(Washburn, 2003). 워시번이 설명하고 있는 초월의 단
계는 다음과 같다.

첫째, 전 자아 단계(Pre-Egoic Phase)다. 이 단계는 출생부터 초기 유아기까지의 시기로,

아직 자아가 확립되지 않은 상태다. 이 시기의 의식은 미분화되고, 환경과의 경계가 모호하다. 감각과 직접적인 경험이 중심이 되며, 의식이 주변 세계와 하나로 느껴진다.

둘째, 자아 단계(Egoic Phase)다. 이 단계는 자아가 확립되고 발달하는 시기다. 아동기부터 청소년기까지의 시기로 볼 수 있다. 자아가 형성되면서 자신과 타인, 내적 세계와 외적 세계를 구분하게 된다. 이 단계에서 개인은 자신을 독립적인 존재로 인식하고, 자아 중심적인 사고를 발전시킨다.

셋째, 후기 자아 단계(Late Egoic Phase)다. 성인기의 초기와 중반기 동안 나타나는 단계다. 개인은 자아의 한계와 자신이 가진 내적 갈등을 인식하게 된다. 이 단계에서는 자아의 기능이 성숙해지지만, 동시에 내적인 불만족과 공허함을 느끼기 시작한다. 이는 자아 중심적 삶이 충분하지 않음을 깨닫는 계기가 된다.

넷째, 탈자아적 단계(Trans-Egoic Phase)다. 이 단계는 자아를 초월하여 더 높은 수준의 의식과 영적 성숙으로 나아가는 과정이다. 워시번은 이 과정을 종종 퇴행과 재탄생이라는 개념으로 설명한다. 개인은 심리적 위기나 혼란을 통해 초기의 무의식 상태로 일시적으로 퇴행할 수 있으며, 이를 통해 새로운 통찰과 변화를 경험하게 된다. 이 과정은 궁극적으로 더 높은 수준의 영적 성숙으로 이어진다. 개인은 자아의 한계를 인식하고, 무의식의 깊은 부분과 다시 연결되기 위해 일시적으로 초기의 심리적 상태로 돌아가는 퇴행을 거친다. 퇴행 과정을 통해 새로운 통찰과 변화를 경험하며, 이는 더 높은 수준의 영적 성숙과 자기 초월로 이어진다.

다섯째, 자기 초월 단계(Transpersonal Phase)다. 이 단계는 자아를 완전히 초월하여 영적 깨달음과 통합을 이루는 상태다. 개인은 자아의 경계를 넘어 더 넓은 의식 상태를 경험하며, 자신과 우주, 신성한 존재와의 깊은 연결을 느낀다. 이 단계에서는 더 높은 수준의 사랑, 연민, 지혜가 중심이 된다.

워시번의 초월 단계는 인간의 심리적 발달과 영적 성숙을 설명하는 데 중요한 역할을 한다. 그의 이론은 인간의 의식과 무의식 간의 상호작용을 통해 심리적 위기와 변화를 경험하며, 궁극적으로 더 높은 수준의 영적 성숙으로 나아가는 과정을 단계적으로 설명한다.

워시번의 초월심리학은 분석심리학의 개념들을 통합하고 확장하여 인간의 심리적 발달과 영적 성장을 설명한다. 분석심리학과 워시번의 이론을 비교해서 살펴보면, 융은 인간의 무의식 속에 집단무의식이 존재하며, 이는 보편적인 원형으로 구성되어 있다고 주장했다. 원형은 인간 경험의 보편적 패턴과 상징으로 꿈, 신화, 종교 등에서 나타난다.

워시번은 융의 원형 개념을 받아들여, 인간의 심리적 발달과 영적 성장에서 무의식의 역할을 강조한다. 그는 무의식 속의 원형들이 개인의 발달 과정에서 중요한 역할을 한다고 보았다.

융은 자아와 자기를 구분했다. 자아는 의식적인 정체성을 의미하며, 자기는 무의식과 의식을 아우르는 전체적인 자아의 중심을 의미한다. 자기실현은 자아와 자기의 통합 과정이다. 워시번은 자아가 초기 발달 단계에서 중요한 역할을 하지만, 궁극적으로는 자아를 초월하여 자기와의 통합을 이루어야 한다고 주장한다. 이는 융의 자기실현 개념과 유사하다.

융은 인간의 심리적 발달이 영적 여정과 깊이 연관되어 있다고 보았다. 그는 영적 성장을 통해 개인이 더 높은 수준의 통합과 깨달음을 얻을 수 있다고 주장했다. 워시번은 융의 이론을 확장하여, 인간의 심리적 발달 과정에서 영적 성숙이 중요한 역할을 한다고 강조한다. 그는 영적 발달 단계를 통해 개인이 자아를 초월하고 더 높은 의식 상태에 도달할 수 있다고 설명한다.

융은 의식과 무의식 간의 상호작용을 통해 개인의 심리적 발달이 이루어진다고 주장하였다. 그는 무의식의 내용이 의식화되는 과정을 통해 개인이 성장한다고 보았다. 워시번은 융의 이론을 바탕으로 역동 심리학을 발전시켰다. 그는 인간의 발달이 의식과 무의식의 상호작용을 통해 이루어진다고 보았으며, 특히 무의식의 심층에서 일어나는 변화가 중요한 역할을 한다고 주장했다.

이와 같이 워시번의 이론은 분석심리학과 깊은 관련이 있다. 워시번은 융의 무의식, 원형, 자아와 자기, 영적 발달 등의 개념을 통합하여 인간의 심리적 발달과 영적 성숙을 설명했다. 그의 역동 심리학은 분석심리학의 원리를 확장하고 발전시켜, 인간의 의식과 무의식 간의 상호작용을 통해 심리적 성장과 영적 초월을 이루는 과정을 단계적으로 설명하고 있다.

워시번의 초월심리학은 심리학과 영성 간의 깊은 연관성을 강조하며 많은 주목을 받았다. 그러나 그의 이론은 경험적으로 검증되기 어렵고, 주관적인 경험에 크게 의존하기 때문에 비판을 받기도 한다. 그럼에도 불구하고 그의 연구는 심리학과 영성의 통합적 접근을 시도한 중요한 시도로 평가받고 있다. 워시번의 연구는 초월심리학 분야에서 중요한 기여를 했으며, 그의 이론은 인간의 심리적 발달과 영적 성숙을 더 깊이 이해하는 데 도움을 주고 있다.

참고문헌

노안영(2018). 상담심리학의 이론과 실제. 학지사.

박영선(2020). 민담 속의 여성성. 한국융연구원.

이부영(1998). 분석심리학. 일각사.

이윤기(2012). 인간과 상징. 열린책들.

정명진(2023). 심리학과 연금술. 부글북.

Firiedman, L. H., & Hartelius, G. (2020). 자아초월심리학 핸드북 (*The Wiley-Blackwell handbook of transpersonal psychology*). 김명권, 김혜옥, 박성현, 박태수, 신인수, 이선화, 이혜인, 정미숙, 주혜영, 황임란 공역). 학지사. (원저 2015 출판).

Hannah, B. (2020). 융의 적극적 명상 (*Encounters with the soul: Active imagination as developed*). (이창일, 차마리 공역). 학지사. (원저 2015 출판).

Jung, G. C. (1977). *Symbols of transformation*. Princeton University of New Jersey Press.

Jung, G. C. (1995). *Memories, dreams, reflections(An Autobilgraphy)*. HaperColins.

Jung, G. C. (1977). Symbols of transformation, Princeton University of New Jersey Press.

Jung, G. C. (1995). *Memories, dreams, reflections(An Autobilgraphy)*, HaperColins.

Jung, G. C. (2020). 칼 융 레드북 (*Red book*). (김세영, 정명진 공역). 부글북. (원저 2012 출판).

Washburn, M. (1988). *The ego and dynamic ground*. State University of New York Press.

Washburn, M. (2003). Transpersonal dialogue: A new direction. *Journal of Transpersonal Psychology, 35*(1), 1-19.

제**3**장

게슈탈트치료와 초월영성상담

오진미

심리학은 인간의 마음을 연구하는 학문이다. 이를 통해 인간을 이해하고, 인간이 살아가면서 겪는 여러 어려움을 풀고 넘어서고자 한다. 따라서 심리학이 도달한 인간 이해를 우리는 다음과 같이 정리할 수 있다. "인간은 한계 내 존재다. 그래서 이에서 말미암는 다양한 문제를 안고 있다. 그러나 인간은 스스로 자신이 그러한 존재라는 것을 알고 있다. 아울러 이 앎에 근거하여 스스로 문제를 해결하려는 존재라는 사실도 알고 있다." 역으로 말하면 심리학은 인간이란 그러한 존재임을 드러내 주는 전형적인 징표와 다르지 않다.

따라서 심리학은 이른바 '객관적인 자리'에서 사물을 인식하여 이를 개념적인 언어로 다듬는 데서 멈추지 못한다. 그 인식을 요청한 '삶의 자리'에 되돌아가 이미 마련된 이론을 실천하는 데서 비로소 자신의 임무가 수행되는 것이라는 판단과 태도를 지닌다. 심리학이 필연적으로 수반하는 이 실천의 자리에서 펼쳐지는 실제 상황이 곧 심리치료(psychotherapy)고, 이를 일반화된 개념으로 말하면 상담(counseling)이다. 이러한 의미에서 상담 또는 심리치료는 심리학의 종국적 목적이라고 할 수 있다. 또한 이를 실천한다는 것은, 또 다른 의미에서 보면 심리학이 인간에 대한 연민과 애정, 신뢰와 긍정을 자신의 학문 전제와 과정 그리고 귀결을 담고 있음을 드러내는 것이기도 하다. 아무리 인간의 삶의 현실이 궁핍하고 곤혹스러운 것이라 할지라도 심리학은 근원적으로 긍정적인 낙관주의적 태도를 자신 안에 함축하고 있는 것이다.

그러나 저자가 이 장에서 의도하는 것은 심리학 일반에서의 심리치료나 상담을 살펴보려는 것이 아니다. '초월영성'이라는 새로운 상담의 이론 및 실천을 기존의 상담모델과 견주면서 그 특성을 드러내기 위해 특별히 '게슈탈트치료(Gestalt Therapy)'를 선택하여 이를 서술하고자 하는 것이다.

앞으로 장과 절을 달리하여 여러모로 살펴볼 것이지만, 게슈탈트치료는 그것이 출현하기 이전의 심리치료 흐름과는 상당히 다른 데가 있다. 소박하게 말한다면 분명히 학문적인 입장을 지키면서도 이른바 '과학적 실증'과는 거리가 있어 보이는 다른 주장을 하고 있기 때문이다. 그 주장 안에서 등장하는 여러 개념이 그렇다. 예컨대, 번역하지 않고 고집스럽게 사용하는 이론적 기반인 게슈탈트(Gestalt)라는 용어에서부터 가장 중요한 실천적 개념인 알아차림(awareness)에 이르기까지, 그 안에서 활용되는 많은 주장, 개념, 기법 등이 실은 심리치료 전통에서나 기존의 상담모델에서는 매우 낯선 것들이다.

그러나 그 낯섦을 채우는 것들이 '초월'과 '영성'을 유념하게 할 뿐만 아니라 서양의 신비주의 전통, 동양의 지혜 등을 아우르고 있다는 사실은 게슈탈트치료가 '초월영성상담'

의 뿌리이며 이를 확장하는 근원적인 장이라는 주장을 가능하게 한다. 그렇다면 초월영성을 운위하는 상담은 게슈탈트 치료모델의 진화인가, 전혀 다른 심리학적 기반에서 출현한 것인가, 아니면 심리학 주변의 마치 하위문화(subculture)와 같은 상담의 아류인가 하는 물음을 제기할 수 있다.

이를 밝히기 위해 저자는 먼저 게슈탈트치료가 현존하는 '자리'를 살펴보고자 한다. 여러 상담모델이 산재한 '상담 지도'를 펴놓고, 게슈탈트치료의 자리를 찾아보고자 하는 것이다. 그렇게 하면 기존의 상담모델들과의 일반적인 차별성이 어떤 것인지를 짐작하게 될 것이다. 이어서 게슈탈트치료가 처음 출현한 상황을 창시자를 중심으로 살펴볼 것이다. 창시자의 생애나 문제의식을 확인하는 것은 매우 중요하다. 지금의 게슈탈트치료가 뚜렷하게 그 처음의 이론과 실천을 여전히 전승받고 있기 때문이다. 그런 다음에 게슈탈트치료에서 활용되는 개념들 또는 핵심 용어들을 초점으로 게슈탈트치료의 내용을 확인할 것이다. 그리고 이에 이은 장에서 앞의 서술을 유념하면서 '초월영성상담'을 살필 것이다. 게슈탈트영성치료와 상관없이 또는 보이지 않는 이어짐을 유지하면서, 전적으로 초월영성에 집중하는 이 새로운 상담모델은 우리의 모습이기도 하면서 주목할 만한 사회-문화 현상이기 때문이다.

그러나 이 모든 주제를 자세하게 살피는 것은 비현실적이다. 간과할 수 없는 쟁점들이 산적해 있기 때문이다. 이를 모두 아우르는 일은 저자의 능력을 넘어서는 것이다. 그러나 이 저술의 목적이 '초월영성상담'이 어떤 것인지를 개괄하는 계몽적인 한 실제로 적합하지 않다고 판단하였다. 논쟁적인 무수한 주제들은 그에 상응하는 현존 개별 연구들과 앞으로도 나타날 연구를 통해 밝혀지기를 바란다. 바꾸어 말하면 이 장에서 서술하는 내용은 쟁점과 논의를 언급하기도 했지만, 많은 문제를 의도적으로 단순화하고 개관하고 생략할 수밖에 없음을 미리 밝혀 둔다. 이론이나 주장에 대한 논쟁은 피할 수 없다. 그것이 살아 있는 것이라면 이는 당연하다.

1. 게슈탈트치료를 이해하기 위한 서론

1) 상담의 지도

게슈탈트치료에 직접 접근하기 전에 이미 있는 여러 상담모델과 더불어 이 심리치료가 어떤 자리에 놓여있는지를 살펴보기로 한다. 코리(Gerald Corey)는 『심리상담과 치료의 이론과 실제(Theory and Practice of Counseling and Psychotherapy)』에서 모든 심리치료는 '진정한 자아의 발견, 그것으로의 성장'을 목표로 한다고 말하면서도 서로 다른 결을 가진 11개의 상담모델을 들고 있다. 모두가 우리에게 익숙하거나 각기 자기 나름의 장에서 당해 전문가들에 의해 실행되고 있는 모델이다. 정신분석치료(Psychoanalytic Therapy), 아들러식 심리치료(Adlerian Therapy), 실존적 치료(Existential Therapy), 인간중심적 치료(Person-centered Therapy), 게슈탈트치료(Gestalt Therapy), 행동치료(Behaviour Therapy), 인지행동치료(Cognitive Behaviour Therapy), 현실치료(Reality Therapy), 페미니즘적 치료(Feminist Therapy), 포스트모던 접근, 가족체계치료(Family Therapy) 등이 그것이다. 흥미로운 것은 그가 각 모델의 차이와 특성을 따라 이들을 4개의 범주로 묶어 다시 정리하고 있다는 사실이다. 이 범주는 현행하는 상담의 유형적 차이뿐만 아니라 그 차이가 어떤 맥락에서, 어떤 개인-사회-문화적 요청에서 드러나고 있는지를 함축하고 있으므로 주목할 필요가 있다. 그가 설정한 범주는, (1) 분석적 접근, (2) 경험적-관계지향적 접근, (3) 행동심리적 접근, (4) 체계적인 접근 등이다. 이러한 범주의 내용을 게슈탈트치료를 담고 있는 경험적-관계지향적 접근을 중심으로 요약하면 다음과 같다.

(1) 분석적 심리치료(Psychoanalytic Therapies)

많은 상담이 기본적으로 이 범주에 든다. 이곳이 어쩌면 심리치료의 발상지라고 해도 좋을 것이다. 프로이트(Sigmund Freud, 1856~1939), 융(Carl Gustav Jung, 1875~1961) 등이 이곳의 주역들이다. 그들은 이제까지 전승되어 온 마음(psyche)에 대한 관념적 논의(형이상학적 논의)를 벗어나 이에 대한 해부학(anatomy), 곧 이에 대한 과학적 천착을 감행한 사람들이라고 할 수 있다. 세부적인 데 이르면 두 사람의 이론은 상당히 다르다. 이러한 것들에 대한 논의는 산처럼 쌓여 있지만, 이 장에서는 다음과 같은 사실을 점검해도 좋을 듯하다. 두 사람은 모두 행위를 충동하는 무의식(unconsciousness), 잠재의식(subcosciousness) 등에 초점을 둔다. 특히 유아기 경험을 주목한다. 프로이트의 무의식적 자아(id), 융의 원형(archetype)은 중요한 핵심개념으로 자리 잡고 있다. '꿈'이 그들의 자료(source)로 공유되고 있다는 것도 흥미롭다. 비록 꿈에 대한 해석은 다르더라도 표출된 의식에 가려진 깊은 곳에 있는 의식이, 생동하는 의식이 잠잘 동안, 이를 뚫고 드러나는 표상이 꿈이라는 이해를 함께하고 있다. 일반화하여 말한다면 이들 접근의 근원적인 인식론은 '처음을 알면 지금을 안다'라는 것이라고 할 수도 있고, '원인 없는 결과는 없다'

라는 것이라고도 할 수 있다. 이러한 의미에서 이를 '기계론적인 인과론'이라고 말할 수도 있다. 또 '엄숙한 과학주의(solemn scientism)'라고도 할 수 있을 것이다. 더 나아가 이러한 접근은 당대의 문화 현상이라고 읽히기도 한다. 진화론적 자연과학의 확산과 법칙 정립적인 역사주의(historicism)의 심화가 그 학자들이 살았던 당대의 문화적 토양이었기 때문이다.

그런데 주목할 것이 있다. 코리는 아들러(Alfred Adler, 1870~1937)의 치료모델도 이 범주에 넣는다. 아들러는 심리치료란 의미, 목표, 목적 지향적 행위, 의식적 행동, 사회적 관심 등에 초점을 두어야 한다고 주장한 학자다. 그렇다면 그는 자아에 대한 분석적 접근, 곧 인간 무의식의 역동에 초점을 두는 학자는 아니다. 그러나 아들러는 이러한 자기의 기본적인 입장이 뚜렷하면서도 인간의 현재의 행위는 그가 겪은 유아기 경험을 통해 설명된다고 주장한다. 이러한 이유로 코리는 아들러를 이 범주에 넣고 있다. 상담에서 주목할 것은 이론보다 실천이라는 데에 초점을 맞춘 범주 설정임을 짐작하게 한다. 유념할 만한 분류 준거다.

(2) 경험과 관계를 지향하는 심리치료(Experiential and Relationship-oriented Therapies)

이 범주는 실존치료, 인간중심치료, 게슈탈트치료 모델을 담고 있다. 먼저, 실존치료는 '온전한 인간'이란 어떤 존재를 뜻하는 것인지에 관심을 두고, 자유, 책임, 의미, 불안, 죄의식, 유한성의 인지, 적극적 선택에 의한 미래의 창조 등의 주제를 다룬다. 프랑클(Vitor Emil Frankl, 1905~1997), 메이(Rollo May, 1909~1994) 등의 사상과 이론이 주도적인 역할을 한다. 유대인인 프랑클은 나치 수용소에서 살아나온 자신의 실존적 경험을 통해 '의미(meaning)' 곧 '살아 있을 의미(the meaning of being alive)'를 추구하였다. 그는 그 경험 이전에 이미 심리학 및 상담을 공부했고 심리치료사로 일한 경력이 있다. 하지만 수용소에서의 경험을 바탕에 두고 그는 내담자의 미래에 초점을 맞추면서 '의미의 상실'에서 문제의 원인을 찾는 자기만의 심리치료법을 창안하였다. 이를 파토스(pathos: 정념, 충동, 감성 등)에 대립되는 로고스(logos: 언어, 의미, 사고, 정신 등)를 기조로 한 것임을 강조하기 위해 '로고테라피(logotherapy)'라고 이름 지었다. 메이는 영문학, 심리학, 신학을 수학했고 성직자이기도 했지만, 심리학자로 일생을 보냈다. 그는 인간이 겪는 '불안(anxiety)'이 인간의 정신건강에 영향을 미친다는 사실을 주목하면서 이를 어떻게 다뤄야 건강한 정신을 지니게 될까 하는 것을 고심하였다. 저서의 제목『창조를 위한 용기(The Courage to Create)』(1975)와『자유와 운명(Freedon and Destiny)』(1981) 등이 보여 주듯이

'역설적인 정황에서의 창조성의 발휘'가 문제를 푸는 첩경이고, 인간은 그런 능력을 가진 존재라고 주장한다. 예술가나 시인을 들어 이를 설명한다. 이에 이어 그는 '신화'란 인간이 자신의 함몰된 혼란스러운 정황에서 절규하듯 요청한 그 희구의 결과로 생긴 것이라는 주장도 한다. 그러나 이 범주에 속했다 해서 모두 일정한 이론이나 방법을 공유하고 있는 것은 아니다. 앞에서 두 사람이 보여 준 '의미'와 '불안'의 차이가 그렇다. 그러나 적어도 삶의 현존에서 생기는 실존적 고뇌에 집중한다는 철학적 인식을 공유하는 경향은 분명하다.

　코리가 이유를 밝히지는 않았지만, 실존주의 치료모델을 소개하면서 빈스방거(Binswanger, 1881~1966)를 언급하지 않은 것은 아쉽다. 앞에서 소개한 두 학자 이전에 실존적 접근에 대한 이론과 방법을 명료하게 해준 사람이기 때문이다. 프로이트와의 돈독한 친교에도 불구하고 그는 정신분석학적 이론과 방법을 현상학이나 비판적 접근을 통해 실존철학적으로 재해석하면서 '현존재 분석'을 주제로 삼았다. 바로 그 현존재의 '세계-내-존재'로서의 모습에서 문제와 해답을 모색한 것이다. 특히 그가 주장한 '만남, 또는 부닥침(encounter)'의 개념은 내담자의 문제를 발견하는 데서, 그리고 상담자와 내담자의 만남에서 중요한 지렛목이 되고 있다.

　다음으로 소개하는 것은 인간중심치료다. 이를 설명하는 데서 우리는 코리가 이 두 번째 범주를 설정한 의도를 명확하게 알게 된다. 그는 실존주의적 접근이 인간의 현존에 관한 관심을 기울이는 것을 상담에서 우선해야 하는 마땅한 태도임을 지적하면서도 실제 상담이 시행되는 '현장'에서는 여전히 관념적인 색깔이 짙다는 것을 주목한다. 그래서 그의 시선은 이론이 아니라 실천의 현장을 초점으로 한다. 이러한 그의 시각은 실존주의를 설명하는 데서 너무 익숙하여 상투적인 표현이 된 지 오래지만, 사르트르(Jean-Paul Sartre, 1905~1980)가 그의 『존재와 무(L'Être et le néant)』(1943)에서 "실존은 본질에 앞선다(L'existence precede l'essence)"고 한 주장을 떠올리게 한다. 비록 사르트르의 이러한 선언적 진술이 '실존적 무신론'을 주장한 것이라고 해도(그것이 사실이지만) 이러한 주장과 이에 대한 공감은 실존적 심리치료의 모델에서 중요한 인식론적 바탕으로 기능하고 있음을 보여 준다. 앞에서 아들러를 분석심리 모델의 범주에 넣는 코리의 이유도 바로 이런 것이다.

　이러한 맥락에서 코리는 상담에서 치료의 결과를 결정하는 것은 이론보다 상담자와 내담자의 '관계의 질'이라고 말한다. 그 관계의 질은 곧 상담자와 내담자 간의 상호 신뢰다. 이를 코리는 "생동하는 진정한 관계(living and authentic relationship)"라고 말한다. '인간중심적 접근'이란 이러한 관계가 이뤄지기를 바라는 치료모델이다. 중요한 것은 이러한 진정한 관계, 사람과 사람이 만나는 진정한 관계에서는 치료자 또는 상담자의 적극적인 참여나 지시가 없어도 내담자는 '스스로 자기의 길을 찾아가는(self-direction) 능력'을 지녔다는 자신감을 가지게 된다는 점이다. 이 모델을 인간중심치료로 명명하는 이유다.

그는 로저스(Carl Ransom Rogers, 1902~1987)를 이 모델의 주도적인 자리에 있는 학자로 지칭한다. 로저스는 비지시적(non-directive) 접근, 내담자 중심적 접근을 통해 내담자의 주체성과 책임감을 강조한다. 그는 신학을 전공한 성직자이기도 했지만 상담자로서의 전문성에 더 몰두했고, 이를 대학에서 가르치면서 자신만의 심리치료 이론과 실제를 발전시켰다. 주목할 것은 그가 비지시적-내담자 중심의 심리치료를 실천하면서 동양사상, 특히 도가적(道家的) 사상에서 자기가 하는 것과 유사한 주장과 실천을 발견하고, "사물의 삶에 간섭하는 것은 사물과 자신에게 모두 해를 끼친다."라는 자기의 인식을 지지하는 타 문화권과의 만남을 경험하였다는 점이다. 도가의 '하지 않음이 빚는 저절로 됨, 곧 무위자연(無爲自然)'에 공감한 것이다. 그의 '인간-중심적(person-centered)'이라는 명제는 찬반의 논의를 불러일으켰다. '신-중심'의 세계관을 훼손한다는 종교의 반발과 '육체적 또는 물질적 현실(physical or material reality)'을 소홀히 한다는 자연과학에서의 부정적 비판이 강했다. 후에 그는 '내담자-중심치료(client-centered therapy)'라는 표현으로 자기의 자리를 분명히 하면서 무의미한 논쟁을 불식시키려 노력하였다.

마지막으로 코리는 우리가 주제로 삼고 있는 게슈탈트치료를 이 범주에 넣고 있다. 그는 게슈탈트치료가 지닌 실존적 고뇌의 현실성을 주목한다. 나아가 인간의 무의식이 문제가 아니라 현존하는 인간 그것 자체와의 인격적 만남이 더 중요하다는 주장을 유념한다. 게슈탈트치료를 이 범주에 넣은 이유다.

실제로 게슈탈트치료는 이러한 자리를 바탕에 깔고 내담자가 드러내는 '지금 여기'의 경험을 그가 품고 있는 삶의 내용이라고 전제한다. 그것은 무의식을 통해 우회해서 만나야 하는 대상이 아니다. 내가 지금 여기에서 겪는 내 삶이다. 그러므로 내가 이해하는 그 삶은 어떤 것인지, 그것을 그렇게 이해하는 나는 어떤 존재인지를 살펴야 한다. 그렇다면 심리치료란 다른 것이 아니다. 내담자가 스스로 지금 여기에서 문제를 헤쳐 나오는 여러 '실험'을 할 수 있도록 기회를 제공하는 것이다.

코리는 이를 실천하는 방법으로 게슈탈트치료가 '명상'을 선택하고 있음을 주목한다. 명상은 '마음과 몸의 기능적 통합'을 의도하는 것이다. 실제로 게슈탈트치료는 몸과 마음, 느낌과 생각, 인간과 자연 등의 이원적 해체를 승인하지 않는다. 그는 이러한 것이 게슈탈트 심리상담의 특성이라고 보고 있다. 그는 이 상담모델의 창시자로 프리츠 펄스(Frederick S. Fritz Perls, 1893~1970)와 그의 부인인 로라 펄스(Laura Posner Perls, 1905~1990)를 든다. 프리츠가 초석을 두었고 로라가 그 위에 건물을 지은 것으로 서술한다. 무엇보다 이들의 주장에서 게슈탈트치료의 특성이 강하게 부각되는데 그것은 이 상담모델이 분석심리치료가 지닌 기계론적 인과관계의 틀을 벗어나 '지금 여기에서 내담자가 경험하는 바'를 유기적인 관계 틀 안에서 이해하고자 한 것이다. 앞서 언급한 '처음을 알면 지금을 안다.'라는 '수직적 연쇄'를 '관계를 알면 모든 것을 안다.'라는 '수평적 연계'로 선회시킨 사람들이라고 할 수 있다. 코리는 게슈탈트치료를 이렇게 이해하면서 이를 경험적-관계지향적 접근의 범주에 넣는다.

(3) 행동치료(Action Therapies)

코리는 현실치료, 행동치료, 인지치료 등을 이 범주에 넣는다. 앞에서 든 두 범주가 서로 다르면서도 전통적인 심리이론이나 전통적인 철학적 전승을 품고 있어 상당히 '고전적'인 자리에 있다면 이 범주에 드는 치료모델들은 합리적 실험을 거칠 것을 강조한다는 의미에서 '현대적'이라고 할 수 있다. 이론은 교정이나 치료가 실증 가능한 것이라는 전제를 확인하는 것으로 이루어져 있다든지, 실천은 이를 현실화하기 위한 구체적이고 직접적인 방법을 모색하는 데서 출발한다든지, 치료 결과가 가시적으로 확인되기를 바라는 적극적인 평가적 태도를 지닌다든지 하는 것이 그 이유다. 그러나 무엇보다 두드러진 것은 대화 치료(talk therapy)라고 범주화되는 기존의 상담 기법의 한계에 대한 도전이라고 이해할 수 있는 여러 방법을 구체적으로 모색하고 실천한다는 점이다.

(4) 체계치료(System Approach Therapies)

마지막으로 코리가 지적하는 것은 체계(system)를 근간으로 하는 모델들의 범주다. 문제는 개인에서 비롯하고 개인이 감당하고 풀어야 하는 것이라기보다 그가 속한 삶의 자리를 형성하여 그의 발전에 영향을 미치는 제반 조건들의 연계가 짓는 환경(surrounding)을 유념한 시각에서 접근해야 비로소 문제의 자리매김이 이뤄지고 이에 대한 풀림을 실제로 추구할 수 있다고 판단하는 상담모델이 이에 속한다. 단순한 관계 정황이 아니라 문화적으로 전승되고 생성된 견고한 틀에 관한 관심이다. 여성이어서 겪는 문제, 가족 구성원이어서 겪는 문제는 문제자로 일컬어지는 그 개인에다 초점을 두기보다 당해 사회의 성 역할(gender-role) 그리고 혈연의 관계 안에서 형성되는 부성이나 모성 또는 자녀에 대한 역할 기대에 우선적인 초점을 두어야 한다고 주장한다. 그는 이러한 맥락에서 체계 심리치료의 예로 페미니즘(feminism) 심리치료와 가족(family) 심리치료를 든다.

페미니즘이 주목하는 것은 제도적(정치-사회-문화) 그리고 심리적(정체성-자아의식-삶의 의미-목표)인 여성의 '억압(oppression)' 경험이다. 우리가 주의해야 할 것은 페미니즘 운동과 페미니즘 상담을 동일한 것으로 이해하는 일이다. 페미니즘 운동은 젠더(gender)를 주제로 한 총체적인 문화혁명을 지향하는 것이라면 페미니즘 상담은 혁명적 이념을 당위적으로 실천하려는 것이 아니라 여성인 상담자에 대한 페미니스트적 접근을 기하는 과제 중심적인 실천이다. 코리는 페미니즘 상담이 자칫 페미니즘 출현 이전의 여성성을 온전하게 유지하려는 상담, 즉 '여성을 여성답게' 하려는 상담으로 오해될 수 있다는 사실에 민감하다. 그가 이해하는 페미니즘 심리치료는 그가 직접 발언한 것은 아니지만 '여성의 억압'을 '인간의 억압'으로, '인간의 억압'에서 '여성의 억압'을 다시 읽어 그 문제의 실상을 밝히고, 이에서 벗어나도록 하려는 것으로 서술할 수 있다. 그러므로 여성이 겪는 억압에 의한 우울과 절망과 자학적이거나 가학적인 분노의 분출이나 자존의 상실은 그 당사자의 '질병'이 아니라 그를 둘러싼 '병리적 환경(pathological environment)'에 대한 건전한 반응으로 읽어야 한다. 내담자의 문제에 대한 이러한 페미니즘 접근이 현실화할 때 내담자는 스스로 자신을 치유할 수 있게 된다고 보는 것이다.

가족치료가 초점으로 하는 것은 문제를 지녔다고 지목되어 상담에 이른 당사자가 가족의 진정한 문제라기보다 그 가족이 지닌 질병의 징후를 드러내는 징표라고 하는 이해다. 그러나 '가족의 질병'이란 개념도 선명한 것은 아니다. 가족도 하나의 공동체 단위다. 나름의 가치와 의미를 형성하는 주체다. 그 나름의 분위기(atmosphere), 별자리 같은 구성원들의 배치(constellation) 그리고 구성원 전체가 함께 지녔거나 개개인이 상호작용하면서 얽히게 되는, 장 단기적 목표의 어긋남(mistaken goals)이 유동적으로 흔들리고 변하기 때문이다. 문제를 일으키는 요인은 단일하지 않다. 수많은 요인이 한꺼번에 작동한다. 요인들은 하나의 체계처럼 움직이지 단일한 요소의 역동이 아니다. 그 요소들은 서로 교차하고 교직한다. 따라서 모든 문제는 개인의 문제도 역사-문화-생태적 억압체계에 의한 것이다. 그래서 문제의 해결이 어렵다. 내담자의 동기를 수정할 수는 있지만, 행동을 바꾸기는 쉽지 않다. 그럼에도 그렇게 복잡한 체계를 지닌 것이 문제라는 것을 전제하지 않는 문제에의 접근은 비현실적인 관념적 유희에 지나지 않는다. 현존하는 모든 것은 서로 얽혀 하나의 체계를 이루고 있다는 이해는 총체적 관조 또는 전체적 인식을 촉구한다. 가족치료의 이러한 진전은 가족에 국한되지 않는다. 문제해결을 위한 이러한 접근은 삶이 파편화할수록, 공동체 구조가 재구축될수록, 생태계 변화가 뚜렷할수록 앞으로 심리치료에 더 요청되는 과제가 될 것이다.

2) 상담 지도에서의 게슈탈트치료의 자리(Mapping Gestalt Therapy)

앞에서도 지적한 바와 같이 코리가 심리치료의 모델을 분류한 준거는 상담이 무엇을 초점으로 하여 이루어지고 있는가 하는 '실천(praxis)'이었다. 실천을 뒷받침하는 '이론(theory)'을 준거로 했다면 우리는 전혀 다른 지도를 그릴 수 있었을 것이다. 주목할 것은 지도는 사실(fact)의 옮김이 아니라는 사실이다. 중심을 어디에 두느냐에 따라 지도는 전혀 다르게 그려진다. "지도는 영토가 아니다(Map is not territory)."라는 말을 우리는 유념할 필요가 있다. '추상'을 '실재'로 착각하는 데 대한 경고다. 그럼에도 지도는 여전히 유의미한 것이다. 특정한 사물의 자리를 전체를 조망하는 자리에서 지적할 수 있기 때문이다.

저자가 게슈탈트치료를 이해하려는 과정에서 앞의 긴 서술을 한 것은 바로 이 때문이다. 동일한 삶의 지평 안에 산재해 있는 무수한 현존들, 그 중의 어떤 하나가 그 전체의 구성 요소들과 어떤 거리와 관계를 맺고 있는지가 궁금했기 때문이다. 그리고 저자가 확인한 것은 두 가지다. 게슈탈트치료가 어디에 있는 것이든 그것은 단독자로 있지 않다는 것이 첫 번째 사항이다. 서로를 연결하는 길이 큰길과 작은 길, 곧은길과 굽은 길, 낡은 길과 새길, 심지어 끊긴 길과 이어진 길의 구분조차 보여 주기는 해도 '연계의 단절'은 불가능함을 확인하게 해준다. 또 하나 확인한 것은 이미 위의 서술에 담겨있지만, 길 이어줌이 터준 모든 것의 관계는 상호작용(interaction)을 현실이게 하는 것이기 때문에 두껍고 얇은 정도의 차이는 있어도 서로 중첩되어 있다는 사실이다. 이는 서로 만나 제각기 자기가 변화하는 것마저 포함한다. 그러므로 게슈탈트치료는 다른 다양한 상담과 이어져 있을 뿐만 아니라 이미 서로 영향을 주고받았기 때문에 자기에게서 타자의 흔적을 온전히 지우는 일은 현실적이지 않다. 그러나 이러한 사실이 어떤 하나의 특성(character)을 현실적이지 않다고 하는 것은 아니다. 개별성(individuality)은 전체성(totality) 안에 용해되는 것이 아니다. 그리고 총체성이 개별성을 해체하는 것도 아니다. 서술 의도에 따라 이는 선택적으로 활용되는 개념이지 사실의 필연성을 묘사하는 것은 아니기 때문이다.

저자는 이러한 사실을 유념하면서 게슈탈트치료의 자리를, 그것이 드러내는 그 특성을 서술하고자 한다.

(1) 관계로의 주목

인과론에 기초한 어떤 필연적인 틀에 문제나 상담 현장에서의 상담자와 내담자를 가두어두지 않는다. 현존하는 것은 경험 주체에 따라, 현존하는 모든 사물과의 관계에 따라 유동적이다. 그것은 동시에 현존하는 모든 것은 정태적이지 않다는 것을 의미하며, 그러므로 변화 가능성이 언제 어디에서나 무엇에게나 누구에게나 현존한다는 것을 의미하는 것이기도 하다. 그러한 의미에서 현상학적이다.

(2) '지금'으로의 초점

그러나 앞서 언급한 경험적–관계지향적 속성이 삶의 주체인 인간의 경험을 유실하도록 하는 것은 아니다. 인간은 끊임없이 무엇인지를 경험한다. 그리고 그것은 드러난다. 그 경험의 드러남이 곧 '현상'이다. 달리 말하면 바로 그 현상은 '지금 여기'에서 내가 인식하는 것의 모든 것이다. 그러므로 삶의 진정한 현존은 '지금 여기'이고, 이를 감지하는 것이다. 삶은 그 순간이 끊임없이 점철된다는 의미에서 지속하는 것이라고 말할 수 있다. 그 순간순간의 이어짐의 계기는 변화를 품는 가능성의 자리이기도 하다. 그러한 의미에서 실존적이다.

(3) '마음과 몸'의 통합

우리는 때로 문제란 마음에서 비롯하여 마음에서 비로소 풀린다고 이해한다. '왜 사느냐?' 하는 물음도 정신만이 해답할 수 있고, 몸은 그 물음과 아무런 상관이 없는 것이라고 여긴다. 그러나 몸과 마음은 이원적인 두 개의 실재가 아니다. 몸이 없으면 마음이 깃들 곳이 없다. 마찬가지로 마음이 없으면 몸은 살아 있는 몸이 아니다. 진정한 실존에의 물음은 마음과 몸을 총체적인 하나로 본다. 진정한 실존은 삶의 현실을 관념으로 환원하지도 않고, 물질로 환원하지도 않는다. 예를 들면, '의미'란 몸의 구체적인 삶의 자리에서 현실화하지 않는다면 논의 자체가 공허하다. 그렇다고 해서 의미가 뇌의 작용에서 말미암는다든지, 몸의 손상이 의미의 훼손과 동등하다든지 하는 주장도 현실 적합성을 지니지는 못한다. 실존은 몸과 마음의 구분 이전이거나 구분 이후의 현존자체를 지칭하는 것이다.

(4) 실험적인 상담의 장

관계성, 지금 여기, 몸과 마음의 하나 됨은 따로 분리되어 있는 것이 아니다. 상담현장에서 이것은 '하나의 역동'으로 작용한다. 치료자 또는 상담자는 이 종합을 통해 자유, 곧 치료를 위한 어떤 조건이나 전제나 규범으로부터도 풀려난다. 이는 치료자나 상담자를 풀어놓는 것이 아니다. 그를 진정한 책임 주체로 세우는 것이다. 책임은 자유로움 안에서 이루어지는 것이지 억압에서는 있을 수 없다. 내담자도 다르지 않다. 상담자와 같은 자유를 누린다. 상담자로부터 해답을 기다리지 않고, 스스로 보고, 느끼고, 알아차리고, 해석하는 책임 주체로 항상 그때 거기에서 자신의 문제를 추스른다.

(5) 신뢰와 기다림

게슈탈트치료가 선택한 효과적이리라고 판단한 방법은 명상이다. 그것은 접촉과 알아차림과 역설적인 변화를 모두 품은 몸짓이다. 그러나 그것은 나와 나, 나와 너, 나와 우리, 나와 사회, 나와 누리와의 이어짐에서 충분히 숙성하여 현실화하기까지 개인에 따라, 개인의 정황에 따라, 상담자와 내담자를 포함한 '상담의 장'에서 다양한 모습으로 진전된다. 이를 유념하면서 게슈탈트 상담은 행위자(actor) 간의 '신뢰'와 상황(actor network)의 변화에 대한 '기다림'을 요청한다. 그러나 이 신뢰와 기다림은 상담을 위해 '익힌 기술(skilled technique)'이 아니다. 그것은 상담자의 실존적 태도이고 내담자의 실존적 자세여야 한다. 게슈탈트치료는 '변화, 또는 풀림에의 조급함'에 쫓기지 않는다는 데에서 그다움을 확보한다.

(6) 종합: 자리의 확인

앞의 서술을 통해 우리는 대체로 상담의 영역에서 게슈탈트치료가 가진 위치를 짐작할 수 있다. 원인으로의 침잠은 그대로 가치 있는 작업이다. 그러나 거기에 머물지 않는다. 그것이 초래할 현존의 상실을 염려하기 때문이다. 그렇다고 지금 여기에서 당장 드러나는 변화를 위해 직접성이나 구체성을 담보로 하는 행동 변화 프로그램을 서둘러 적용하지도 않는다. 아울러 총체적(systematic totality)이지만 자칫 개체(individuality)를 놓칠 수 있어 공허한 체계적 심리치료에도 들지 않는다. 실존에서 말미암은 문제를 안고 지금 여기와 현존하는 온갖 것과의 관계를 유념하면서 몸과 마음에서 비롯하여 여러 이원적 갈등을 몸짓을 다스려 풀어가려는 자리에서 상담자와 내담자를 포함한 양편이 스스로가 주체가 되어 신뢰와 기다림으로 적극적으로 살아가고자 하는 게슈탈트치료의 자리는 '분석모델(이하 An)−게슈탈트 모델(Ge)−행동+체계 모델(Ac+Sy)'로 그릴 수 있다. 그 둘 사이의 중간에 있는 것이다.

그러나 중간자의 자리가 '절충적인 자리(modification)'를 뜻하는 것은 아니다. 둘의 극단을 완화하고 수용하면서 그 둘에게 새로운 가능성의 자리를 보여 주고 있음은 분명하다. 그러나 이보다 더 주목할 것은 극단은 두 개의 실재를 전제하면서 양자 간의 경계를 긋는 데 반하여 중간자는 그 둘 사이에서 경계를 선(線)으로 단절하는 것이 아니라 면(面)으로 이어준다는 사실이다. 게슈탈트치료는 An과 중첩되어 있어 심성(psyche)에 대한 학문적 탐구를 포섭하고 있으며, Ac+Sy를 배제하지 않으면서도 그에 매몰되지 않는 다른 영역의 실재와 간여를 현실화하면서 새로운 전체론(holism)을 주장한다. 곧 영성(spirituality)의 실재나 초월의 경험을 기술하는 인간의 삶의 현실성을 수용하면서 앞의 그 둘과 조화로운 현존을 아우르는 것이다.

여러 다양한 지도(地圖)를 제시할 수 있다. 그러나 이 정도의 좌표 찍기를 통해서도 우리는 게슈탈트치료의 자리를 어느 정도 짐작하게 된다. 그렇다면 이제는 직접 게슈탈트치료를 살필 수 있는 예비적인 준비가 된 그것으로 판단해도 좋을 것이다.

3) 게슈탈트 심리학과 게슈탈트치료

그러나 이에 앞서 게슈탈트 심리학(Gestalt Psychology)을 살펴볼 필요가 있다. 게슈탈트라는 용어는 이를 심리치료의 한 모델이 사용하기 이전에 이미 심리학의 전문적인 용어이었을 뿐만 아니라 게슈탈트치료가 이와의 관계를 피할 수 없기 때문이다.

심리치료(therapy)는 심리학 이론(psychological theory)과 같지 않다. 그 둘의 무연성(無緣性)을 주장하는 것이 아니다. 비록 실험적이라 할지라도 이론은 순수한 공간에서의 안주(安住)가 가능하다. 대체로 실험은 이를 위한 설정된 조건 안에서 이뤄지기 때문이다. 그러나 치료(treatment)는 다르다. 그것은 통제되지 않는 조건이 일상인 정황에서 벌어지는 일이기 때문이다. 이론이 현상에 대한 기본적인 이해를 제공해 준다고 할지라도 그 현장에서는 진정한 의미에서 '창의'가 그 이해를 활용하지 못한다면 이론의 용도는 제한적일 수밖에 없다. 현장은 이론보다 절박하다. 상담자는 사태를 인식하려는 것이 아니라 그 자리에 있는 인간과 그의 문제를 직면하면서 '치료'의 책무를 띠고 참여하기 때문이다. 그렇기 때문에 또는 그럼에도 불구하고 우리는 게슈탈트 심리학에 대해 언급을 할 필요가 있다.

이를 게슈탈트 심리학의 주장의 특성, 게슈탈트 심리학에서 게슈탈트치료가 수용한 것들 그리고 게슈탈트 심리학과 게슈탈트치료 간의 갈등을 게슈탈트 심리학에서의 비판을 중심으로 살펴보려 한다.

(1) 게슈탈트 심리학

게슈탈트(Gestalt, 형상)라는 용어를 최초로 사용한 것은 20세기 초에 출현한 게슈탈트 심리학(Gestalt psychology)에서였다. 막스 베르트하이머(Max Wertheimer, 1880~1943), 쿠르트 코프카(Kurt Koffka, 1886~1941) 그리고 볼프강 쾰러(Wolfgang Kohler, 1887~1967)에 의해 시작되었다고 알려져 있다(Hamlyn, D. W. 1957).

그들이 활동하던 당대 심리학의 주류는 구조주의(structuralism)였다. 구조주의는 복합적이고 추상적인 사유를 포함한 모든 지식은 단순하고 초보적인 구성 요소로 이루어진 것이라고 보는 4 요소주의 또는 원자론(elementalism 또는 atomism), 가장 작은 요소는 초보적인 감각적 느낌이라는 감각주의(sensationalism), 보다 복합적인 사유는 보다 단순한 생각이 모여 생기는 것이라는 연합주의(associationalism)에 근거하여 "마음은 낮은 단계의 감각으로부터 모든 지각과 추상적인 사상을 구성한다."라고 보았다. 따라서 심리학은 우리가 추정할 수 있는 하나의 기본 요소로 의식을 깨트리는 일을 하는 것이라고 주장한다. 그래야 심성(psyche)이 무엇인지 밝혀지기 때문이다.

그러나 게슈탈트 심리학자들은 이 주장을 받아들이지 않았다. 그들은 심성적 현상(psychological phenomena)은 조직화하고 구조화된 총체라고 보았다. 부분보다 전체를 우선 보아야 하고, 그 전체의 구조에서 부분을 보아야 한다는 것이다. 1935년에 코프카는 자기의 저서 『Principles of Gestalt Psychology』에서 자기의 주장이 '과학적'임을 주장한다. 그는 과학(science)이란 '사실들을 단순히 집적하는 것'이 아니라 그 사실들을 이론적인 구조의 틀 안에서 재편하는 것인데 구조주의는 이를 시행하지 못하고 있다고 비판한다. 그러면서 게슈탈트 심리학의 목표는 생동하는 것, 그렇지 않은 것 그리고 마음을 단일한 과학적 구조 안에서 통합하는 것이라고 주장한다. 다시 말하면 진정한 과학은 물리적이고 양화되는 현상뿐만 아니라 질서와 의미(Sinn)라는 또 다른 '과학적 범주(scientific category)'도 포함해야 한다는 것이다. 풀어 말하면 '경험과 행동의 의미'를 포함하지 않고는 과학은 사소하고 잡스러운 일의 탐구에 빠져 헤어나지 못하고 자멸할 것이라고 말한다. "전체는 부분의 합과는 다르다(The whole is different from the sum of its parts)."라는 그의 발언은 이러한 게슈탈트 심리학의 모습을 그대로 드러낸다. 그는 치밀한 실험을 거쳐 '유아는 처음부터 전체적으로 인식하고 반응한다'라는 것을 실증적으로 보여 주면서 구조주의 심리학은 물론 이제까지의 심리학이 지닌 '앎에 대한 이론'들과 그것에서 비롯한 '인지, 해석, 학습' 등의 개념을 재편 또는 수정할 것을 요구하였다.

현대에 이르면서 게슈탈트 심리학은 '단순한 사실 기술' 이상의 어떤 것도 아니라든지,

지각처리(perceptual processing)의 모델이 없다든지, 이들이 마련한 지각조직(perceptual organization)은 모호하고 부적합하다든지 하는 비판을 받으면서 심리학계 관심에서 벗어나는 듯했지만, 연구자들의 적극적인 현실에 관한 관심으로 좀 더 '실용적인 방향'으로 진전하였다. 예를 들면, '문제해결의 과학적 연구(The scientific study of problem solving)'가 그것이다. 이는 심리치료가 아니다. 그러나 즉각적인 반응과 심사숙고하는 반응, 곧 '지각 양태'의 분석적 논의를 전개하면서 문제해결의 가능성과 그것이 이루어지는 과정과 양태를 현실적으로 점검하게 한다. '문제는 풀려야 한다'라는 당위에 접근하는 사람들의 반응에 관한 실증적인 탐구를 수행한 것이다. 이러한 이론의 개발은 많은 영역에서 새로운 통찰을 위한 자료가 된다. 이에 따라 게슈탈트 심리학은 인공두뇌학(cybernetics)과 신경학(neurology), 현대의 인지과학(cognitive science)과 인지심리학(perception psychology) 등에서 많은 주목을 받고 있고, 게슈탈트 심리학도 이들 영역에서 밀접하고 활발하게 활동하고 있다.

(2) 게슈탈트치료가 게슈탈트 심리학에서 수용한 것

그렇다면 이러한 게슈탈트 심리학은 게슈탈트치료에 어떤 영향을 미쳤을까? 심리치료를 주체로 설정한다면 이 물음은 "게슈탈트치료가 게슈탈트라는 용어를 사용하고 있는 것은 왜일까?" 하는 것으로 변용할 수도 있다. 게슈탈트치료가 무엇인지를 살피면 이 물음에 대한 답은 자연스럽게 도출된다. 그러나 앞에서 언급한 게슈탈트 심리학과 연계하여 우선 잠정적인 해답을 마련하고자 한다. 김정규의 『게슈탈트치료: 창조적 삶과 성장』(2015)은 이에 대해 간단하고 분명한 내용을 기술하고 있다.

그는 게슈탈트 심리학은 '정신분석을 포함한 요소주의 심리학에 반대하여……. 과정적이고 종합적인 심리학 운동으로 나타난 것'이고, '지각연구에 국한된 것'이라고 말한다. 이에 비해 게슈탈트치료는 그 적용 범위를 '사고, 감정, 신체감각, 행동 등 모든 유기체 영역으로 확장시킨 것'이라고 규정한다. '이론과 실제의 차이'를 극명하게 드러내는 언급이다. 그러나 게슈탈트치료는 다음과 같은 5개 항목을 게슈탈트 심리학의 이론 중에서 자신의 치료이론에 도입했다고 주장한다. 이는 '이론과 실제의 연계 불가피성'을 지적한 것이기도 하다.

그러나 그가 '게슈탈트치료가 게슈탈트 심리학에서 승인하고 수용한 것'이라고 지적하는 내용은 단절된 별개 사항들이 아니다. 그것은 점진적으로 이어진 생성적인 과정을 선명하게 설명하기 위해 항목화한 것이다. 우선 그는, ① 개체는 장을 구조화하여 지각한다는 게슈탈트 심리학의 주장을 수용하였다고 주장한다. 이어서 ② 장을 구조화하는 것은 '게슈탈트(형상)를 형성하는 것'인데 이는 '능동적인 지각행위'라고 한 심리학의 주장을 수용하였고, 그 능동적인 주체는 ③ 자신의 현재 욕구를 바탕으로 게슈탈트를 형성하고 지각한다는 주장을 심리치료가 승인하면서 이어서 ④ 개체는 미해결된 상황을 완결 지으려는 경향을 지닌다는 사실에 공감하고 ⑤ 개체의 행동은 개체가 처한 상황의 전체 맥락을 통하여 이해하여야 한다는 것을 전적으로 수용하였다고 말한다.

게슈탈트치료가 게슈탈트 심리학에만 전적으로 의존한 것은 아니라고 말하면서 김정규는 쿠르트 골드스타인(Kurt Goldstein, 1878~1965)의 유기체 이론(Organism)을 비롯하여 신경증 구조와 신체와의 관계를 탐구한 여러 학자를 예로 들고 있다. 그들의 주장은 '인간의 행동이란 부분들의 기계적인 연합이 아니라 이들을 통합하는 의미 있는 전체'임을 확인하게 한 주요한 학자들이기 때문이다. 그러나 그가 지적한 학자들도 실은 게슈탈트 심리학에 속한 학자들이다. 특히 골드스타인은 로라 펄스와 함께 일한 바 있다. 아무튼, 이론과 실천의 거리 이상의 간격을 드러내기는 하지만 게슈탈트치료가 게슈탈트 심리학에 많은 빚을 지고 있는 것은 분명하다.

(3) 게슈탈트 심리학의 게슈탈트치료에 대한 반응

이미 반세기 전의 일이다. '사유와 논리'의 관계를 탐구한 게슈탈트 심리학자인 메리 헨레(Mary Henle, 1913~2007)는 1975년에 미국심리학회(the American Psychological Association) 회장 인사에서 게슈탈트치료에 대한 날카로운 비판을 한 바 있다『Journal of the History of the Behavioral Sciences 14』(Henle, M., 1975). 비록 프리츠 펄스의 몇 권의 저술만을 자료로 한 것이어서 게슈탈트치료 전체에는 적합성이 없는 비판이라는 반론이 없는 것은 아니지만 그의 비판은 아직도 그 여운을 잃지 않고 있다.

그의 지적에서 우선하는 것은 게슈탈트 심리학과 게슈탈트치료를 부정확하게 사람들이 등가화하고 있다는 것이다. 그렇게 된 까닭은 펄스가 게슈탈트 심리학의 몇몇 전문적인 개념들을 진지하게 생각하지 않고, 때로는 불분명하게, 때로는 걸맞지 않게 심층심리학이나 실존주의나 심지어 상식과 뒤섞어 그 의미를 확장해 이로 게슈탈트치료를 만들었기 때문이라고 주장한다. 그러므로 게슈탈트치료는 '과학적인 게슈탈트 심리학과는 진정한 관계(substantive relation)'가 없는 것이다. 그의 힐난은 "펄스는 '자기 일'을 한 것인데 그 일은 그것이 무엇이든 그것은 게슈탈트 심리학은 아니다."라고 하는 발언에서 극에 이른다.

이는 이론과 실제의 긴장을 유념하지 않은 비판이 아니다. 그것을 충분히 유념하면서도 발언될 수밖에 없는 비판이라는 데 의미가 있다. 주목할 것은 이러한 결을 지닌 비판은 지금도 게슈탈트치료에서 온전히 불식되지 않고 있다는 사실이다. 전문성이 지녀야 하는 기본적인 개념들이 다른 맥락에서 다르게 이해된 것들의 무차별적 차용으로 이루어져 결과적으로 소통의 불명료성을 조장한다면, 나아가 그것이 사실상 검증 불가능한 '창의적'인 것이라고 주장된다면, 그것은 게슈탈트치료가 지금도 '덜 준비된, 무모한 자기 정립'이 성찰되지 않으면 안 되는 과제를 안고 지속한다는 것을 보여 주기 때문이다. 예를 들면, 불교의 자비와 그리스도교의 사랑은 같다는 주장이 그렇다. 모든 길은 정상에서 만난다는 원추형 귀결의 당위론도 다르지 않다. 모든 현실이 원추형으로 귀결되는 것은 아니다.

그러나 주목할 것은 앞에서도 살펴본 바와 같이 게슈탈트치료가 특정한 소수의 자의적인 소산은 아니다. 그것은 인간의 필요(need)가 충동한 문화적 산물이다. 이제까지의 서술을 바탕으로 이제는 직접 게슈탈트치료와 만나야 한다.

2. 게슈탈트치료란 무엇인가

1) 출현

소박하게 말하면, 앞에서도 지적한 바와 같이 게슈탈트치료(Gestalt Therapy)는 당대에 지배적이던 프로이트(Sigmund Freud, 1856~1939)를 기점으로 다양하게 전개된 분석심리학적 치유모델(psychoanalytic therapy)에 대한 회의에서 출발한다. 이것은 하나의 사조(思潮)와 같은 것이어서 당대의 사회–문화적 요인들을 점검해야 자세하게 밝혀질 것이다. 그러나 때로 그러한 일은 개인을 주목하는 것으로 요약될 수도 있다. 사조를 사건화하는 것은 개인이기 때문이다. 이른바 '창시자'의 생애를 주목하는 것은 이러한 이유 때문이다.

게슈탈트치료는 코리도 다르지 않지만, 대체로 프리츠 펄스(Fritz Perls, 1893~1970)에 의해 창시되었다고 주장한다. 그는 독일 베를린의 유대인 가정에서 태어났다. 집안은 사회적으로 중–하위층에 속했었다. 그는 어렸을 때 자기가 집안의 문제아였고, 학교에도 적응하지 못해 퇴학당한 이야기를 스스로 말한 적이 있다. 그래도 후에 의과대학에 진학

하고 분석심리학을 전공하여 의사가 된다. 그간 제1차 세계 대전(1914~1918)이 일어났고, 그는 1916년 군의관으로 입대하여 참호 속에서 전쟁을 경험한다. 전쟁 후에는 뇌 손상을 입은 군인들을 치료하는 병원에 근무한다. 여기에서 그는 인간이란 부분적인 기능이 모여 이루어진 존재가 아니라 그것 자체로 총체로 보아야 하는 존재라는 것을 깨달았다. 그 뒤 비엔나로 옮겨 분석심리학 훈련을 받는다. 후에 우주의 근원 에너지인 오르곤(Orgone)이 실재한다고 주장해서 많은 논쟁을 일으켰고 결국 옥중에서 사망한 빌헬름 라이히(Wilhelm Reich, 1897~1957)는 펄스가 자기의 주장과 공명하는 '몸과 마음을 아울러 자아를 발견하고 인성의 변화를 도모하는 방법론의 선구자'라고 평한 바 있다. 그를 지도한 라이히의 영향은 그에게 꽤 짙었던 것으로 보인다. 심리치료에서의 신체치료라는 개념이나 심신의학(생장요법, vegetotherapie. 후에 오르곤테라피, orgontherpie라 부름)은 그의 게슈탈트치료에 짙게 드리운 빛이다.

1930년, 그는 평생의 학문적 동료이면서 공동 게슈탈트치료를 수행한 로라 펄스(Laura Posner Perls, 1905~1990)와 결혼하여 슬하에 두 딸을 두게 된다. 로라는 피아노와 모던 댄스의 전문가였고 철학 일반에 대한 폭넓은 지식을 쌓았던 사람이다. 1926년에 프리츠를 처음 만났는데 그 전에 상담심리학을 공부하였기 때문에 그와 공동 작업을 할 수 있었다. 히틀러가 집권하면서 반유대정책이 시행되자 이 가족은 네덜란드를 거쳐 남아프리카로 이주한다. 1934년에 그곳에서 처음으로 분석심리학 훈련기관을 개설했다. 1942년, 그곳에서 군의관으로 입대한다. 다시 그는 인간을 '전체적으로 바라보는 것(holistic view)'이 절실함을 확인한다. 그리고 같은 해, 『자아, 굶주림, 공격성(Ego, Hunger, Aggression)』이라는 최초의 저서를 출간한다. 1946년, 이번에는 뉴욕으로 와서 정착하고 다른 동료들과 더불어 그의 두 번째 저서인 『게슈탈트치료(Gestalt Therapy)』를 집필하고 이를 1951년에 출간한다. 이것이 '게슈탈트치료'라는 용어가 공식적으로 처음 사용된 순간이다. 물론 앞에서 본 바와 같이 게슈탈트라는 용어는 이미 게슈탈트 심리학에서 베르트하이머 등에 의하여 1912년부터 사용되었다고 하지만 심리치료에서 이를 명기한 것은 이때로부터 공식화된 것으로 보기 때문이다. 아울러 이 대목에서 유념할 것은 게슈탈트 심리학과 게슈탈트치료 간에는 상당한 긴장이 내재해 있다는 사실인데 이 또한 앞에서 살펴본 바 있다.

그 후 프리츠와 로라는 뉴욕의 맨해튼에 최초로 게슈탈트 연구소를 개설하고 미국 전역을 돌며 게슈탈트 워크숍과 훈련을 한다. 1960년에 그는 로스앤젤레스로 옮겨 에살렌 연구소(Esalen Institute)에서 강의와 워크숍을 하면서 심리치료의 새로운 개척자로서의 명성을 얻는다. 그때쯤 일본의 선불교에 대한 깊은 관심을 가지게 되어 자신의 치료 프로그램에 사토리(satori, 일본어의 깨달음, 悟)를 담는다. 그는 직접 일본을 여행했고, 일본의 선원(禪院)에서 머문 바도 있다. 그는 1969년, 캐나다의 밴쿠버섬에 있는 레이크 코위찬(Lake Cowichan) 옆에 게슈탈트 공동체를 만든다. 물론 그것은 효과적인 심리치료를 위한 것이지만 심리치료의 공동체를 만드는 것이 상담의 종국적인 목적으로 여겨지는 경우가 흔해 이에 대한 논의는 지금도 유사한 현상과 직면하면서 이어지고 있다. 그는 1970년 3월 14일에 심부전증으로 시카고에서 세상을 떠난다. 향년 77세였다.

사람들은 그에게서 전장에서의 경험, 전쟁의 트라우마, 반유대주의, 상존하는 위협, 도피, 홀로코스트(Holocaust)의 짙은 그늘 등에도 불구하고 감성적인 알아차림, 지각, 몸의 감각, 정서, 행동을 지금 이 순간에 고양하면서 심리치료를 의도한 것은 놀라운 일이라고 평가한다. 그러나 그의 가장 중요한 개념이고 실천인 '알아차림(awareness)'이 함축하고 있는 비실증적 분위기 그리고 그의 개인적 품성에서 드러난 '구루(guru)적인 영향력'들이 내담자들로 하여금 그를 추종하는 신도처럼 되도록 하는 일 등 때문에 새로운 사이비종교(cult)라는 비판도 아울러 받고 있다. 이는 앞으로 초월영성상담에서도 진지하게 살펴볼 일이다.

이를 상당히 불식시킨 것은 로라의 공이다. 로라는 게슈탈트 심리학자였다가 심리분석가로 활약하면서 프리츠와 함께 일했다. 그리고 그 후에 온전히 게슈탈트치료에 몸담는다. 그녀는 프리츠가 '알아차림'을 강조하는 것을 수용하면서도 '접촉과 지지'에 더 주목한다. 자아와의 접촉, 환경과의 접촉, 타자와의 접촉을 강조하는 '관계'에 주목하고 있는 것이다. 이에서 더 나아가 그녀는 게슈탈트치료가 고정된 이론이나 실천에 머물러 고착화되는 것을 염려하면서 게슈탈트치료는 치료자에 의하여 다양하게 창조적으로 발전하는 것이 진정한 게슈탈트임을 주장한다. 그리하여 그는 프리츠와 달리 자기들이 창설한 새로운 심리치료 모델에 게슈탈트라는 용어를 사용하지 않는 것이 좋으리라는 생각을 펴기도 했다. 그쪽으로부터 심한 비판이 가해지리라는 것을 예상하였기 때문이다. 이러한 이유로 1950년대 이후 급속하게 발전하고 널리 확산된 게슈탈트치료는 프리츠 펄스에 의해 창시되었으나, 로라 펄스에 의해 비로소 발전되었다고 평가된다. 로라는 프리츠 사후 20년을 더 게슈탈트치료를 위해 일했고, 1990년 향년 85세로 세상을 떠난다.

특기할 것은 게슈탈트치료에 속한 사람들은 마치 선사(禪師)의 가르침을 노래처럼 읊듯이 그 나름의 시를 즐긴다는 사실이다. 예를 들어, 서양에서는 이를 '게슈탈트 기도(Gestalt prayer)'라 하고, 게슈탈트치료권 밖에서도 널리 읊어지고 있다. 프리츠의 '기도'

중의 하나를 예로 들어 본다.

나는 내 할 일을 하고 너는 네 할 일을 한다.

나는 네 기대를 충족시켜 주기 위해 이 세상에 있는 게 아니다.

그리고 너도 내 기대를 충족시켜 주기 위해 있는 게 아니다.

너는 너고 나는 나다.

그런데 만약 우리가 우연히 서로 만난다면 그건 아름다운 거다.

만약 그렇지 않다면 그건 어쩔 수 없는 거다.

I do my thing and you do your thing.

I am not in this world to live up to your expectations,

and you are not in this world to live up to mine.

You are you, and I am I,

and if by chance we find each other, it's beautiful.

If not, it can't be helped.

－Fritz Perls, Gestalt Therapy Verbatim, 1969

2) 기본원리와 핵심개념

(1) 게슈탈트라는 말

이 주제를 살펴보기 전에 우리가 주목해야 할 것은 '게슈탈트(Gestalt)'라는 어휘 자체다. 이는 '이름표'인데도 모호하다. 그런데 앞으로 살필 모든 핵심 개념에 이 개념이 어른거린다. 흥미로운 일이다.

모든 언어의 어휘가 그렇듯이 이 단어의 어휘도 단순하지 않다. 독일어 사전에는 이를 die Form, der Typ, das Aussehen. das Bild, die Erscheinung, die Kontur 등으로 설명하고 있다. 우리 말로 하면 형태, 형상, 모습, 꼴 등으로 번역할 수 있다. 영어로는 form, shape, pattern, configuration 또는 placed, put together 등으로 설명하고 있다. 당연히 어떤 의미가 두드러지는지는 그 단어가 어느 문장의 맥락에서 사용되느냐에 따라 결정된다. 하지만 이 용어 자체가 가지는 내포와 외연의 한계가 없는 것은 아니다. 하나의 단어는 그러한 의미에서 자기 충족적이다. 내포된 의미가 다양하다 하더라도 자기 안에 머물고, 아무리 그 다양성 때문에 의미가 확장된다고 하더라도 다른 단어를 흡수하여 그 단어를 없앨 수는 없기 때문이다.

그렇다면 이 단어 자체가 가진 자기충족적 함의는 무엇인가를 확인할 필요가 있다. 우선 들 수 있는 것은 게슈탈트는 '드러난 것'을 지칭한다는 사실이다. 감추어진 것, 잠재된 것, 억제된 것, 그늘로 가려진 것, 아니면 너무 귀한 것이어서 '아득한 것' 등이 그런대로 머물지 않고 드러난 것을 일컫는다. 철학적인, 특히 현상학적인 논의의 맥락에서 등장하는 '본질(essence)과 현상(phenomenon)'에서 '현상'이 이에 상응한다고 할 수 있다. 우리는 흔히 본질을 전제하고 그것이 드러난 것을 이해하려 한다. 인과적 사고다. 하지만 현상에서 본질에 이를 수는 없을까? 우리가 만나는 것은 '현상'이니까. 바로 그 현상과 만나 그것에 대한 진정한 인식을 의도하는 과정에서 본질은 비로소 자기를 드러내는 것은 아닐까? 전제된 본질이란 것을 상정하면서 우리는 얼마나 자주 그리고 많이, 편견과 오해 또는 독단과 자기 탐닉에 빠지는가? 삶의 현실은 지금 여기에서 우리가 직접 겪는 '드러난 실재'다. 그렇다면 심리치료가 출발해야 하는 지점은 '지금 여기의 드러난 현실'이지 '전제된 어떤 것', 곧 잠재의식이나 무의식이라고 일컫는 것일 수는 없다. '게슈탈트'라는 용어가 '드러남'을 지칭하는 것은 이러한 맥락에서다.

게슈탈트가 함축한 다른 하나는 우리가 만나는 '드러난 것'은 단편적이거나 부분적인 것이 아니라 '전체'라는 사실이다. 우리는 사물을 '부분'으로 만난다. 때로는 그 부분이 전체라는 착각조차 한다. 그러나 부분은 전체의 구성 요소이지 그것이 '모두'는 아니다. '전체는 부분의 합과는 다르다.' 예컨대, 생-로-병-사(生老病死)는 각기 자기의 문제와 현상과 의미를 지닌다. 몸과 마음도 그렇고, 느낌이나 생각이나 의지나 믿음도 그렇다. 그러나 그것들은 별개로 있는 것이 아니라 '인간의 실존'을 분해한 것과 다르지 않다. 그 부분들은 모두 모여 그 부분과는 다른 실재, 곧 '인간'을 지칭할 때 비로소 그 부분조차 부분다워진다. 전체(whole)에 대한 이러한 견해는 방금 지적한 바와 같이 '전체는 부분의 합과는 다른 어떤 것'이라는 주장에 이른다. 게슈탈트라는 용어는 이러한 의미를 함축하고 있다.

독일에서라면 당연히 'Gestalt'를 그대로 사용하는 것이 자연스러운 일이지만 펄스는 미국에서 자기의 심리치료를 펼 때도 여전히 'Gestalt'라는 독일어를 사용했다. 이는 '게슈탈트'라는 용어를 원어 그대로 사용하지 않으면, 예컨대 'form'으로 번역하면, 앞에서 말한 그러한 의미가 퇴색하리라는 것을 염려하여 처음부터 번역하지 않기로 작정한 것인지도 모른다. 우리도 다르지 않다. '형태심리치료'나 '현상심리치료'라고 부르지 않고 그대로 '게슈탈트치료'라고 부른다. 하지만 더 중요한 것은 언어가 단순한 호칭 기호로 굳어지면서 본래의 의미를 잃어버린다면 굳이 '게슈탈트'를 사용하고자 했던 처음 의도도 무의미하게 된다는 것을 유념해야 하는 일이다. 아무튼 '게슈탈트'라는 단어는 마치 우리 편과 다른 편을 식별하기 위해 제시했던 언어인 시볼레트(shibboleth)처럼 게슈탈트치료와 기타 상담을 구분하는 식별 기호로 기능하고 있는 것은 분명하다.

문제는 왜 하필이면 '게슈탈트'냐 하는 것이다. 물론 이에 대한 대답은 이미 앞의 서술에서 다 나온 것과 다르지 않다. 심리치료는 내담자가 보여 주는 '드러난 모습'을 '전체적 관점'에서 접근해야 한다고 이해하기 때문이다. 그렇다면 이에 관해 이어진 물음을 제기할 수 있다. 그러한 이해를 하게 된 까닭은 무엇인가 하는 것이다. 이에 대한 답변은 기존의 심리치료 이론과 실천의 한계를 진술하는 것으로 다듬을 수 있다. 그러나 그러한 개념적인 논의보다 더 중요한 것은 상담자가 기존의 이론과 실천을 적용한 현장에서의 경험이 초래한 내담자에 대한 이해, 그 현장에서의 상담자 자신의 이해 그리고 그 둘이 빚는 '생성적인 현장'에서의 인간에 대한 이해와 더불어 새로운 개념과 기본원리가 만들어지면서 '게슈탈트치료'가 정착했으리라고 짐작하는 일이다. 그렇다면 우리는 이 심리치료의 기본원리와 핵심개념을 살피기 전에 게슈탈트치료가 지닌 '인간관'을 먼저 서술하는 것이 이를 이해하는 데 방법론적으로 효과적이리라고 판단해도 좋을 것이다. 물론 그 둘, 곧 인간관과 치료의 기본원리나 개념의 우선순위를 말할 수는 없다. 실제 현장에서의 경험은 이 둘이 한데 어우러져 펼쳐지기 때문이다. 그러나 서술의 편의를 위한 우선순위의 설정은 가능하다. 그래서 인간관을 먼저 살펴보고자 한다.

(2) 인간관

게슈탈트치료의 인간관 또는 인간 본성에 대한 이해는 특별하다. 자기 멋대로(manipulative)인 데다 자신감(自信感, self-reliance)은 없고 책임감(responsibility)도 없는 것이 인간이라고 묘사한다. 그러나 이러한 인간관은 그렇기 때문에 인간이 문제를 지니게 된 것임을 설명하는 것이지 인간에 대한 절망을 뜻하는 것은 아니다. 이를 다른 시각에서 보면 이러한 인간관은 인간이란 자기를 조절 또는 규제할 수 있는(self-regulate) 능력을 가진 존재라고 이해하고 있음을 보여 주는 것이기도 하다. 달리 말하면 게슈탈트치료의 인간관은 '기계적인 결정론'을 따르지 않는다. '유기적인 성숙론'의 자리에 선다. 이러한 의미에서 '변화(change)'는, 비록 그것이 뜻하는 바가 '다른 존재'가 되는 것이 아니라 '나 자신이 된다'라는 의미여서 일반적인 변화개념과는 다르지만, 게슈탈트치료의 기본적인 인간관의 핵심이기도 하다. 바로 그 변화를 개인에게서 일게 할 수 있다는 것, 곧 내담자에게 스스로 그것을 알아차리도록 할 수 있다는 것이, 게슈탈트치료를 실천하는 기반이다. 이러한 인간관은 게슈탈트치료가 지어낸 것이라고 할 수도 있고, 역으로 이러한 인간관을 가지고 있어 이를 심리치료에 적용한 것이 게슈탈트치료라고도 할 수 있다.

(3) 기본원리

코리는 '인간은 이러한 존재다'라는 뜻에서가 아니라 '인간을 이렇게 이해해야 할 것이다.'라는 의미에서 게슈탈트치료의 인간관을 정리한다. 이를 토대로 해서 게슈탈트치료의 기본 원리를 서술하고자 한다.

• 전체성

인간을 부분적으로 보는 것이 아니라 전체적으로 보아야 한다. 앞에서도 잠깐 언급했지만 '전체는 부분의 합을 넘어선 다른 것'이라는 주장이 이 입장의 기반이다. 예를 들면, 우리는 내담자와 만났을 때 그의 생각, 느낌, 행동, 몸, 마음 등을 한데 부닥친다. 그러면서도 흔히 어떤 요소, 예컨대 '행동'만을 부각시켜 그 외의 모든 것을 그것으로 환원하는 경우가 있다. 상담자의 경우도 다르지 않다. 자기의 '느낌'만으로 그를 만나면서 그의 사람됨을 내 이성, 사유, 의지 등을 모두 기울여 만난다고 착각하는 경우가 적지 않다. 엄밀하게 말하면 인간을 구성하는 앞에서 든 요소들은 '기술하기 위한 부분'이지 총체를 서술하는 것은 아니다. 그런데 우리는 그렇게 분산된 이해의 자리에서 특정한 부분, 예컨대 '생각'을 다른 요인보다 우월한 자리에 놓는다. 이렇게 되면 그 심리치료는 처음부터 불완전한 것일 수밖에 없다. 우리는 인간을 '유기적인 총체'로 이해하지 않고 감성을 배제한 이성적 존재로만 만나기 때문이다.

• 장

인간을 붕 떠있는 존재가 아니라 존재하는 모든 것과 이어지고 얽혀 '같은 마당에 있는 존재'로 보아야 한다. 앞에서 지적한 총체적 유기체로서의 현존을 더 설명하고 있는 것이다. 그 장(場)은 사회적-생태적 '환경'이기도 하고, 시공간을 축으로 한 어떤 사건들이 점철하는 '맥락'이기도 하며, 그런 것들이 어우러져 유동하는 '변화과정'이기도 하다. 다른 말로 하면 인간을 포함한 현존하는 모든 것은 관계성, 유동성, 상관성 그리고 과정 안에 있다고 보아야 한다는 것이다. 그러므로 상담자는 내담자가 이러한 장이 내포한 어떤 경계(境界) 또는 어떤 틈새에서 스스로 미로에 빠져있는지를 확인할 수 있어야 한다.

• 게슈탈트 형성과정

인간은 미로에서 빠져나오기 위해 '자기의 현존을 그리고자 하는 노력을 하는 존재'로 보아야 한다. 인간의 문제 정황이란 모호하고 불투명하다. 그것은 마치 내가 현존하는 장 또는 마당이 미분화의 상태로 있는 것과 다르지 않다. 그런데 그게 내 삶의 '배경(background)'을 이루고 있다. 중요한 것은 그로부터 벗어나는 일이다. 이를 위해 인간은 스스로 내 모습이 '지금 여기에서 어떻게 있는지(現前, presence)'를 그려내기 위해 그 모습을 형상화(figure formation)하는 일에 주의를 집중해야 한다. 이를 '게슈탈트의 출현'을 도모하는 일이라고 할 수 있다. 상담자는 이를 자극하고 지지하며 그 생성에 더불어 참여해야 한다. 인간은 그럴 수 있는 존재이기 때문이다.

• 유기적인 자기조절

이제까지 서술한 인간관이 도달하는 지점은 '인간에 대한 전폭적인 신뢰'를 구축하는 데 이르는 것임을 강조한다. 그러기 위해서는 인간은 자기를 '유기적으로 조절 또는 규제할 수 있는 존재'로 보아야 한다는 것이다. 인간은 자기를 들여다볼 수 있고, 자기를 스스로 수용할 수 있으며, 자기가 처한 정황을 알 뿐만 아니라 선택에는 책임이 따른다는 것도 알고 있고, 타자와 접촉할 수 있는 능력도 있다는 것을 아는 존재다. 상담자의 역할은 다른 것이 아니다. 그는 내담자가 무엇을 하고(살고) 있는지, 어떻게 하고(살고) 있는지를 스스로 알도록 다양한 실험의 장을 도안하고 마련하는 일이다. 거기에서 그가 마음껏 자기를 조절하도록 지지해 주는 일이다. 앞에서도 언급한 바 있지만 그렇게 하면 내담자는 상담자의 통찰과 해답을 기다리는 것이 아니라 스스로 보고 느끼고 감지하고 해석하는 것을 기대하는 주체가 된다. 거듭 말하지만, 인간은 그럴 수 있어 인간이라고 이해해야 한다는 것이다.

(4) 핵심개념

이미 우리는 앞의 서술에서 게슈탈트치료에서 등장하는 몇몇 중요한 개념들을 사용한 바 있다. '게슈탈트'를 비롯하여 전문적인 용어(technical term)인 '배경과 현전'이라든지 '지금 여기'라든지 '접촉 및 접촉경계'라든지 '알아차림'이라든지 하는 것들이 그 몇 가지 예다. 따라서 별도로 핵심개념을 선택하여 논의하는 것은 전문적인 용어를 맥락에서 일탈하게 하여 이 용어들에 대해 자칫 관념적인 사변만을 펼치게 할 수도 있다.

그러나 여전히 우리는 몇몇 전문용어에 대한 이해를 주목할 필요가 있다. 그 용어들이 게슈탈트치료의 전체 모습을 그려주기 때문이다. 이를 위해 게슈탈트치료를 세 측면, 곧 '현상―실천―이를 아우르는 근본적인 것'으로 나누고, 각기 이에 상응하는 용어로 '지금 여기―접촉―알아차림'을 선택하였다. '현상―지금 여기/실천―접촉/근본적인 것―알아차림'의 도식으로 핵심개념들을 살펴보고 싶은 것이다. 이러한 작위적인 설정은 우리의 논의를 게슈탈트영성치료과 연계하고자 하는 의도 때문이기도 하다.

• 지금 여기

게슈탈트치료에서 이 용어는 '지금(now)'으로. 또는 '여기 지금(here and now)'으로 혼용된다. 이는 존재를 확인하는 두 범주, 곧 '시간과 공간'에서 비롯한 것인데, 서양의 철학 전통에서는 공간이 시간보다 먼저 온다(hic et nunc). 동서고금을 막론하고 이에 관한 서술은 단순하지 않았다. 시간론(공간론과 함께 또는 별도로)은 특히 그렇다. 물리적 시간과 경험의 시간이 빚는 괴리와 갈등은 특히 민감한 주제였고 지금도 지속한다.

더구나 '현재(지금)'에 대한 논의는 무성하다. 시제(tense)를 준거로 한 맥락에서 보면 현재의 찰나성 때문에 현재가 실제로 현존하느냐 하는 문제가 제기된다. 한편에서는, 과거는 기억 속에 있고 미래는 기대 속에 있는데 현재는 그 둘이 만나는 공간일 수는 있어도, 그것을 잡아 쥘 수 없는 한 없는 것과 다르지 않다고 주장한다. 그런가 하면 다른 한편에서는, 과거는 지나간 시간이고 미래는 오지 않은 시간이므로 그것을 기억하고 기대하는 시간인 현재만이 현존하는 유일한 시간이어서 현재는 영원한 시간이라고 주장하기도 한다.

중요한 것은 실제 생활에서의 시공(時空)이다. 앞에서 지적한 바와 같이 물리적 시공은 의식의 시공과 일치하지 않는다. 물리적 시간의 길이가 동일한데도 기다림은 길고 보냄은 짧다. '현재(지금)'도 비록 그것이 찰나인 것은 분명하지만 경험 주체에는 '경험되는 실재'다. 그러므로 찰나는 경험 주체와 상관없이 흘러가는 것이 아니다. 그것은 경험 주체와 더불어 가는 것이다. 따라서 경험 주체가 찰나(현재)를 경험하는 한, 찰나는 찰나인 채 경험 주체와 언제나 같이 있다. 찰나(지금)는 사라지는 것이 아니다.

그러므로 '지금 여기에서의 이 순간'은 시공을 경험하는 존재가 현존하는 '원점(原點)'이다. 모든 실재는 그 점에서부터 비롯한다. 그 순간은 과거의 귀결도 아니고 미래를 위한 출발점도 아니다. 그저 순수하게 내가 지금 여기에 있어 모든 것이 비롯한 '영점(零點,

zero point 또는 square point)'이다. 인간은 그 자리에 있다. 모든 것이 시작되는 자리, 어떤 것에도 물들지 않은 순수의 시간에 언제나 있다. 인간의 좌표는 시공이 교차하면서 드러나는 분절된 특정 상한(象限)에서 찾아지는 것이 아니다. 그곳에서 발견되는 자아란 실제에서는 관념적일 뿐이다. 폴스터에 의하면 지금 이 순간은 '힘(power 또는 energy)'이 어려 있어 그것이 분출하는 원천(源泉)이기도 하다. 중요한 것은 자기의 현존이 그렇다는 것을, 곧 지금 여기에 있는 순수한 가능성의 존재라는 사실을 알지 못하는 데서 인간의 모든 문제가 벌어진다는 사실이다. 소박하게 말하면 과거의 아픔에 대한 후회에 시달리는 데에, 미래에는 이래야지 하는 서두름과 들뜸에 온갖 힘을 소진할 뿐 지금 여기 나의 실재와 그것이 지닌 가능성을 확인하려 하지 않는 데서 문제가 비롯한다는 것이다.

이러한 맥락에서 게슈탈트치료는 내담자가 '지금 여기와 접촉'하도록 도와주는 것을 주목표로 삼는다. 그래서 서로 대화할 때도 상담자는 현재시제에 집중한다. '왜'가 아니라 '무엇을'과 '어떻게'를 주제로 한다. "왜 불안한가?"가 아니라 "지금 그 불안을 어떻게 느끼는가?"가 물음이 되는 것이다. 내담자도 그 '불안에 대하여' 이야기하는 것이 아니라 '지금 여기에서 그 불안을 느끼는 경험'을 이야기한다. 그렇지 않으면 그 경험의 기억은 '끝나지 않는 미해결 과제'로 이어진다. '지금의 자아'가 지금 여기에서 자기를 확인하지 못하면 드러난 '배경'이 '전경'과 이어지지 못하는 것이다. 이를 우리는 자아가 자리한 게슈탈트를 스스로 마련하지 못한 것이라고 할 수도 있고, 게슈탈트가 형성되지 않아 지금 여기의 원점에서의 나를 확인하지 못하는 것이라고도 할 수 있다. 그렇다면 게슈탈트를 가능하게 하는 것이 다름 아닌 '지금 여기의 순간'이다. 바로 이 찰나에서 자신을 있는 그대로 자기로 수용할 수 있는 장을 확보하게 되기 때문이다. 그러므로 게슈탈트치료에서는 지금 여기가 내 '존재의 영점'이 되어야, 곧 철학−종교적 개념으로 말한다면 '존재의 공성(空性)' 또는 '무성(無性)'을 '알아야' 문제의 풀림이 가능해진다고 주장한다.

• 접촉

앞에서 언급한 '미해결 과제'를 조금 더 서술해 보자. 부모로부터 받은 아픈 경험을 지닌 내담자는 그 일을 회상할 때마다 자기도 모르게 '상처받는 아이'가 된다. 그러나 지금 그는 그때 아이가 아니다. 그런데도 '아이'인 채 부모에게 원망이든 증오든 연민이든 포기든 그러한 감정을 여전히 쏟아낸다.

그러나 그것은 실재가 아니다. 환상 속에서의 삶이다. 지금 여기의 나는 아이가 아니기 때문이다. 그의 행동은 결과적으로 집착이나 강박적 행동이나 경계심이나 과도한 자기억제나 자기기만에 이른다. 스스로 충분히 인지하지 않은 그의 감정이 그의 '배경'에서 어른거릴 뿐 그의 '지금 여기에서의 삶(현전)'에 제대로 '이어지지(접촉이)' 않았기 때문이다. 또 하나의 예를 들어 보자. 어머니로부터 인정받고 싶었지만 그러지 못한 아이가 있다. 그러나 지금은 '어른'이다. 결혼하자 그는 아내로부터 어머니에게서 받지 못한 인정을 받고 싶었다. 그러나 그는 자기의 필요를 채우지 못했다. 그는 아내와의 관계를 자기의 과거의 모자 관계로 환원하였기 때문이다. 그는 아내 앞에서조차 성숙한 어른인 남편이 아니라 인정받고 싶은 아이였다. 만약 그가 자기가 직면한 모든 삶의 측면을 그대로 받아들이면서(접촉) 자기를 지금 여기에 있게 했다면 그런 일은 없었을 것이다. 그는 나와 나, 나와 너, 나와 사물, 나와 현존하는 모든 것과 관계를 맺지(접촉) 못하고 심한 정체(停滯, stuck point) 또는 교착상태(impasse)에 빠진 것이다.

펄스는 이러한 사태를 벗어나려면 심리적인 성숙을 이뤄야 하는데 이를 위해 다섯 겹으로 되어있는 우리의 껍질을 차례로 벗겨내야 한다고 말한다. 가장 표층에 있는 '짐짓 적응하는 척하는 처신(phony) → 자기 노출이 초래할 사태에 대한 두려움(phobic) → 자기 적응이 좌절하거나 무의미해질지도 몰라 옴짝달싹 못함(impasse) → 그 사태에서 도망치거나 이를 부정하기보다 스스로 깨지기(implosive) → 마침내 모든 방어기제를 벗어 버리고 자신을 폭발시켜 없애 버리기(explosive)'가 그것이다. 이는 우리의 문제 정황을 자상하게 밝혀 준다. 사실의 정확한 서술이다. 그런데 주의를 집중해야 할 것은 이 마지막 '자기 폭발', 자기를 없음이게 하는 '무화(武火)의 차원'이다. 이 일이 실제로 일어난다면 그것은 자기소멸이 아니라 이제까지 자기와의 만남을 차단하는 앞의 층위의 장애들, 곧 자기기만도, 두려움도, 무력함도, 자학적인 태도도 제거되고 '자기와의 접촉'이 가능하게 되는 것과 다르지 않기 때문이다. 층위의 뒤집힘이 빚는 장애층위의 소멸이라고 할 수 있는 것인데 이를 '변화의 역설적 이론'이라고 부른다.

여기에서 우리는 두 가지 주목할 사실을 발견한다. 하나는 '접촉(contact)의 당위성'이다. '지금 여기의 나와 만나는 일'은 문제를 풀기 위해서 하는 방법론적인 것이 아니다. 그것은 존재 자체가 마땅히 그래야 하는 당연한 태도다. 나와 타인, 나와 문화, 나와 자연과의 지금 여기에서의 만남(접촉)을 유지하는 일도 다르지 않다. 필요에 의해서가 아니라 마땅히 그래야 하는 것이어야 한다. 또 하나는, 앞의 사실에 따라서 접촉의 실현은 '도달해야 할 목적'이 아니라는 사실이다. 그것은 '지금 여기(찰나)에서 실현해야 하는 일'이다. 달리 말하면 자기의 방어벽을 폭발시키고 열린 영점의 자리에 있는 자기를 '발견(알아차림, aware)'하는 일이다. 그렇다면 우리는 '접촉(만남)'을 놓치지 않아야 한다. 그런데 실제로는 이 일이 쉽지 않다. 왜냐하면 우리는 늘 지금 여기를 충분히 경험하지 못하게 하는 '저항'을 우리 안에 품고 있기 때문이다. 앞에서 살핀 폭발 이전의 파열, 교착, 공포, 허위 등이 그것이다. 하나의 장 안에서 서로 이어진(관계) 상태로 있다는 사실을 경험하면서도 자신을 정직하게 만나지 못하는 것은 그러한 상태의 자아가 진정한 자아라는 잘못된 인식을 스스로 자기에게 주입하기 때문이다.

앞에서 지적한 사항과 중복되기는 하지만 폴스터와 폴스터(E. Polster와 Polster)는 그릇된 자아를 진정한 자아로 착각하게 하는 것으로, ① 맹목적이고 무비판적인 수용과 긍정(내사, introjection), ② 자신의 경험을 타자화하고, 그 타자를 통해 나로부터 벗어나려는 자기와의 절연(투사, projection), ③ 자기가 타자에게 하고 싶은, 또는 타인이 내게 해 주기를 바라는, 그러나 감히 할 수 없는 것을 스스로 자기에게 가하는 반전(反轉, retroflection), ④ 과장된 유머, 추상적인 일반화, 타인을 빙자한 자기 발언 등으로 주의력을 분산시키는 굴절(편향, deflection), ⑤ 자기와 환경, 내적인 경험과 외적인 현실 등의 구분을 지우고, 누구나 비슷한 느낌과 생각을 한다고 믿으면서, 자기를 드러내지 않고 갈등을 피해 안전하게 머물려는, 모호한 조화를 바라는 합류(合流, 융합, confluence)를 든다.

일반화한다면 게슈탈트치료는 이러한 상태를 미완의 게슈탈트(gestalt) 형성, 연결성(relationship, contact)을 담은 장(field)의 미확보, 접촉경계의 혼란(boundary disturbance), 지금 여기를 주목하지 못함 등으로 기술한다. 결국, 자기정당화는 문제의 온상이지 문제의 풀림은 아니다. 이때 유용한 질문, 곧 '진정한(authentic) 접촉'을 위한 물음은 앞의 서술을 유념하면 다음과 같은 것이리라고 예상할 수 있다. "지금 너는 무엇을 하고 있나?" "이 순간에 네가 경험하고 있는 것은 무엇이냐?" "지금 여기에서 네가 바라는 것은 무엇이냐?" 그렇다면 이 물음들이 실천적인 차원에서 요청하는 것은 무엇일까? 그것을 게슈탈트치료에서는 '알아차림'이라고 주장한다. 이는 이 치료의 실천(praxis) 처음이자 마지막이기도 하다. 알아차림 자체가 치유이기 때문이다.

• 알아차림

방금 말한 것처럼 '알아차림'은 '실천적'인 것이다. 그렇다면 이를 명사(awareness)로 읽는 것은 아무래도 적합하지 않다. 오히려 동사(aware)로 읽는 것이 그 용어를 이해하는 데 더 효과적일 수 있다. 인간이 삶의 장에서 주체적으로 하는 행위이기 때문이다. 김영주(2016)는 이를 "게슈탈트치료에서 알아차림이란 있는 그대로(what is)의 현상과 접촉하는 체험을 말한다."라고 설명한다. '체험'이라는 용어로 앞의 염려를 산뜻하게 불식시키고 있다. 문제는 그 체험의 내용이다. 맥켄(Mackewn, 1997)은 이를 '매 순간, 세계-내-존재인 나와 우리를 만나는 것'이라고 설명한다. 그러나 '체험'과 '만남'이라는 설명에도 불구하고 여전히 풀리지 않는 것은 '알아차림'의 함의다. 완결된 '앎'도 아니고, 진행되는 앎의 과정이라고 보기에는 너무 뚜렷하게 실재성을 지닌 것으로 이해되기 때문이다.

'알아차림(awareness)'은 '앎의 범주(category of perception)'에 드는 다양한 어휘 중에서 신중하고 의도적으로 선택한 용어라고 판단된다. 예컨대, 우리는 지각, 인식, 인지, 이해, 파악, 의식, 터득 등의 용어를 다양하게 구사한다. 서술맥락에 따라 이 용어들은 각기 자기 결을 가지고 일정한 '기능'을 수행한다. 그러나 이 계기에서 주목할 것은 특정한 용어의 선택은 활용자의 경험에 의하여 제한적으로 그 사용맥락에 불러낸다는 사실이다. 바로 그 용어를 통해 소통하고자 하는 어떤 경험이 거기에 현존하는 것이다. 그렇다면 게슈탈트치료에서 이 용어를 사용한 프리츠 펄스의 경험은 이를 이해하는 기반이 된다.

그와 함께 에살렌(Esalen Institute)에서 지낸 적이 있는 심리치료와 영적 전통(spiritual tradition)을 통합했다는 평을 듣는 칠레 출생의 미국의 심리학자 클라우디오 나란조(Claudio Naranjo, 1932~2019)는 '알아차림'이 불교 용어라고 단정한다. 그것은 특정 종교의 전문용어라고 주장한다. 그 근거로 그는 프리츠 펄스가 에살렌에서 매일 불교의 명상 수행을 1시간씩 했음을 지적하면서 게슈탈트치료의 배후에는 분명히 불교가 있다고 말한다. 실증 가능한 영성치료를 주장한 셈 보얄리(Cem Boyali)는 프리츠 펄스가 일본의 교토(京都)에서 선불교를 연구하고 스스로 그 수행에 참여했음을 지적한다. 이러한 증언을 일반화한다면 이른바 서양적인 것과 견주어지는 동양적인 종교적인 분위기, 곧 특정한 종교의 울타리를 넘어 서술한다면, 동양적인 정신(spirit) 또는 영성(spirituality)에 관한 관심과 경험이 게슈탈트치료의 근저에 스며있었던 것은 분명하다. 영성과 중독의 문제를 다룬 게슈탈트치료 학자로 우리나라에도 잘 알려진 필립 브라우넬(Philip Brownell)은 이를 확대하여 동서양의 전통을 모두 포괄하면서 '영적인 장(pneumatic field)'이라고 개념화하고 있다. 더 나아가 게슈탈트치료와 관련해서는 직접적으로 이를 '게슈탈트 영성(gestalt spirituality)'이라고 부른다.

그렇다고 게슈탈트치료가 '알아차림'을 불교의 교의적(敎義的) 개념으로 파악했다고 판단하는 것은 온당치 않다. 게슈탈트치료가 그 언어를 기점으로 하여 바야흐로 '불교가 된 것'은 아니기 때문이다. 그렇다고 해서 게슈탈트치료가 그 용어를 자기의 편의를 위해 다만 도구적인 것으로 불교로부터 차용한 것이라고 주장하는 것도 충분하지 않다. 도구는 그 효용 가치에 의해 언제나 교체되거나 폐기될 수 있기 때문이다. 주목할 것은 게슈탈트치료의 '어떤 필요'가 그 용어의 함의로 충족될 수 있었는지를 살피는 일이다. 이를 통해 '알아차림'은 더 선명하게 자기의 자리를 그 심리치료의 장이나 맥락에서 드러낼 것이기 때문이다.

조금 에둘러 가 보기로 하자. 분석심리학에서 비롯한 전통적인 심리치료는 스스로 '학문적'임을 자임하였다. 지금도 다르지 않다. 심리치료는 곧 '경험적으로 지지가 되는 것'이어야 하고, 그것을 실행하는 일은 '증거'에 기반을 둔 것이어야 한다. 따라서 학문적임을 지향할수록 학문은 '유치한 형이상학이거나 세련되지 않은 인식론인' 종교문화에 대한 거부감을 키운다. 그러나 펄스는 앞에서 언급한 바 있지만, 이러한 학문적 풍토가 자칫 인간을 유기적이기보다는 기계적으로 다루게 될 수도 있다는 사실을 염려한다. 불교와의 만남은 우연히 또는 이러한 동기에 의해 의도적으로 이루어졌으리라 예상할 수 있다. 나란조에 의하면, 그는 실제로 선수행(禪修行)을 통해 '알아차림', 곧 사토리(悟) 또는 깨달음(覺)을 경험했을 뿐만 아니라 명상에서 자신을 살핀 경험을 자서전에 담고 있을 정도로 '종교적'이었다. 그러나 그는 불교도가 아니다. 주목할 것은 그가 자신을 불교에 봉헌하지 않고도 '사토리'를 경험했다는 사실이다. 이는 특정한 종교에서의 특정한 경험이 그 종교와는 무관하게 보편적일 수 있다는 것 그리고 그것이 실증을 통하지 않고도 개개인의 경험에 의해 승인될 수 있다는 것을 의미한다.

이는 두 가지 사실을 주목하게 한다. 하나는 인간은 '인간을 넘어선 인간(transpersonal being)'이라는 사실이다. 일정한 장 안에서 그것이 품고 있는 여러 조건에 의하여 결정되는 존재이기도 하지만 동시에 그 조건을 넘어서는 존재란 의미에서 그러하다. 그러므로 진정으로 심리치료를 의도한다면 인간이란 바로 그 '넘어선 차원'을 지닌 존재임을 반드시 유념해야 한다. 그리고 우리도(누구나) 그렇다는 사실을 새삼 터득하고 이를 유지해야 한다. 이를 '알아차려야' 하는 것이다. 또 다른 하나는 그러한 '넘어선 차원'을 경험하는 일은 지금 여기에서 현존하는 모든 인간에게 가능한 현실일 뿐만 아니라 실제로 사람들은 그렇게 하며 살고 있다는 사실이다. 그것이 어떤 표상 양식으로 드러나는가 하는 것은 맥락 의존적일 것이지만 분명한 것은 심리치료 현장에서 상담자나 내담자의 삶의 일부를 구성하는 요소라는 사실이다. 그런데 그것을 '종교'라는 이름으로 이제까지의 상담에서는 의도적으로 그 현장에서 차단한 것이다. 이는 종교를 전체성의 차원에서 배제함으로써 전체성을 스스로 허문 것과 다르지 않다.

그렇다면 우리는 이 계기에서 종교를 상담의 장에 받아들여 그것이 빚는 경험을 유념하고 이를 실재로 여겨야 한다. 그러나 펄스는 이를 '종교의 수용'이라고 말하지 않는다.

중요한 것은 바로 이 점이다. 다시 나란조의 언급을 빌리면 펄스는 '종교성(religiosity)'이라는 말 자체를 싫어했다. 그러나 그의 저서에는 다음과 같은 발언이 담겨있다. "…… 물질은 내 눈으로 보면 신—같음(god-like)을 함축하고 있다(1969)." 종교경험은 특정 종교의 울 안에서 결정되고 자리를 잡지만 그렇게 할 수 있는 것은 인간이 '종교적'이어서 그렇다는 말과 다르지 않다. 그러므로 종교의 울 밖에서도 우리는 종교적인 실재를 언제나 만나고 또 승인하고 수용할 수 있는 것이다. 결국, 이러한 발언을 마음대로 하지 못한 것이 심리치료의 자리였다면 이제는 이를 드러내놓고 주장해 보자는 것이 불교의 전문용어인 '알아차림'을 일반용어로, 게슈탈트치료에서의 유용한 용어로 채택하게 된 까닭이라고 짐작해볼 수 있다. 영적(spiritual)이라든지 영성(spirituality)이라든지 초월적(transcendent)이라든지 하는 용어의 등장은 이러한 사태를 기술하기 위해 등장한 '언어현상(실재이기보다)'이라고 볼 수도 있는 것이다.

이에 이르면 우리는 담담하게 '알아차림'이 무언지를 이야기할 수 있다. 그것은 내가 '나와 너' 그리고 '지금 여기'와의 이어짐을 터득하는 것이다. 그 터득은 내 현존이 '열려있음 또는 비어있음, 아니면 없음'을 아는 것이기도 하다. 분별이나 준거가 없는, 그래서 아픔이나 기대의 시달림도 없는 경험을 순간 수용하는 것이기도 하다. 나를 규정하는 어떤 것도 배제된 나에 이르고, 이에 따라 내가 나를 스스로 규제할 수 있는 나라는 것을 아는 것이다.

문제는 그 '알아차림'이 어떻게 가능하냐는 것이다. 물론 그 주체는 나다. 그러나 그 나는 알아차림이 불가능한 존재여서 지금 여기에서 문제를 제기하고 있다. 그렇다면 이는 '알아차림을 할 수 없다는 것과 다르지 않다. 그런데 그렇기 때문에 알아차림을 해야 한다. 왜냐하면, 알아차림을 할 수 없는 것은 알아차림을 하지 않기 때문이다. 이는 부정논리의 악순환일 뿐 현실성이 없는 언어유희에 지나지 않는다. 그런데도 우리는 여전히 '알아차림'은 결코 불가능한 현실이 아니라고 말한다. '왜 그런지는 모르지만' 그렇기 때문이다. 언어화하지는 못하지만, 경험적 실재인 것만은 분명하다. 앞에서 브라우넬이 언급한 '영의 장(pneumatic field)'은 바로 이에 대한 해답이다. '프뉴마(pneuma)'라는 그리스어(Greek)는 영을, 신으로부터 내리는 힘을 뜻하는데 일반적인 의미에서는 바람(風)이나 호흡이다. 히브리어(Hebrew)로는 '루아흐(ruah)'가 이에 상응하는데 이도 앞의 경우와 꼭 같이 바람이나 호흡을 일컫는다. 뭔지 보이지 않고 잡을 수 없지만 분명하게 내게 어떤 영향을 미치는 '어떤 것'이 인간의 삶에 있음을 이야기하는 것이다. 만약 브라우넬이 동양인이었다면 이를 '기(氣)'라고 지칭했을지도 모른다. 이도 호흡이고 바람이고 힘이다.

그래서 기 또한 보이지도 않고 잡을 수도 없지만 분명하게 경험되는 실재다. '알아차림'은 우리가 그러한 장 안에 있기 때문에 불가능하지만 가능하다는 것이다. 우리는 이를 지금 당당하게 '영성(靈性, spirituality)'이라고 말한다.

이제까지 우리는 게슈탈트치료의 핵심개념으로 현상과 관련된 지금 여기, 실천과 관련된 접촉 그리고 그 모든 것을 아우르는 기본으로서의 알아차림에 관해 살펴보았다. 그런데 이 핵심개념의 서술에서 슬며시 그 논의에 끼어든 것이 있다. '영성과 초월(형용사든 명사든)'의 등장이 그것이다.

3. 게슈탈트치료에서 게슈탈트영성치료로

우리가 이제 직접적으로 부닥친 문제는 다음과 같이 다듬을 수 있다. "알아차림을 말하는 게슈탈트치료는 영성상담(spiritual therapy)이라고 단정해도 좋을까?" 하는 것이다. 만약 그럴 수 있다면 그렇게 된 전개 과정을 묘사할 수는 없을까를 생각해 볼 수 있다.

분명한 것은 게슈탈트치료가 스스로 자기의 상담모델을 처음부터 '영성치료'라고 부르지 않았다는 사실이다. 그러나 동시에 또 다른 분명한 사실은 '영성'이라고 부를 수밖에 없는 경험이 그 주장이나 실천에서 배제될 수 없다는 점 때문에 점차 그렇게 불리는 것이 이제는 더 자연스럽다는 사실이다. 그러한 의미에서 게슈탈트치료가 자신을 확인하는 핵심적인 것으로 선택한 '알아차림'은 그 상담모델 안에서 '현묘(玄妙, mystic)'한 것으로 자리 잡고 있음도 분명하다. 이에 따라 우리는 "게슈탈트치료는 태생적으로 영적 심리치료(spiritual therapy)의 특성을 지닌다."라는 주장을 승인하지 않을 수 없다.

그러나 이러한 주장을 그대로 수용하는 것은 자칫 앞에서 지적한 바와 같이 게슈탈트치료의 종교화(더 구체적으로는 불교화)라는 인식을 초래할 수 있다. 그러나 그것이 아니라면 우리가 주목할 것은 특정 종교용어로서의 '알아차림'이 아니라 그 용어가 어떻게 게슈탈트치료의 일반적인 맥락에서 '자기 언어'로 자리를 잡아갔는가 하는 것이다. 달리 말하면 '현묘'하다고 묘사된 그러한 개념이나 그것이 함유한 이른바 알아차림이 어떻게 게슈탈트치료에서 적합성을 지닌 것으로 수용하게 되었느냐 하는 것이다. 직접적으로 말하면 "게슈탈트치료는 어떻게 자기를 '영성치료'라고 스스로 당당하게 발언하게 되었는가?" 하는 과정을 추적하는 것이기도 하다. 이를 저자는 세 개의 주제를 설정하여 살피고자 한다. 하나는 게슈탈트치료와 종교 전통과의 만남이고, 또 다른 하나는 철학 또는 사상과의 만남이며, 마지막 하나는 구체적인 상담에서의 주 방법으로 선택된 '명상'이다. 이를 통해 우리는 앞의 물음에 대한 해답을 모색해 볼 것이다.

여기에서 한 가지 유념할 것이 있다. 이러한 과제에 직면하면 상투적으로 우리가 떠올리는 것은 "영 또는 영성이란 무엇인가?" 하는 물음이다. 이와 직면하면서 그 언어가 포괄하는 숱한 언어들을 대체로 문화권과 역사적 맥락 등을 축으로 어원에서부터 상용하는 데 이르기까지 다양한 함의와 변화를 기술하기도 한다. 그러나 어떻게 접근하든 그것이 영이나 영성의 실체를 드러내는 것은 아니다. 앞에서도 우리는 이러한 문제를 잠깐 다룬 바 있지만 이에 대한 대답이 본질적으로(substance) 명료하게(definition) 주어지는 것은 아니기 때문이다. 가능한 것은 다만 그 용어가 어떤 맥락에 자리 잡고 있는지, 어떤 실천의 장에서 사용되고 있는지, 어떤 힘의 실체가 이를 운용하고 있는지를 살펴보는 일, 곧 영성의 위치 지우기(situating spirituality)를 하는 일이다. 결국 그것이 영성에 대한 현실적인 이해이기 때문이다. 앞에서 세 주제를 제시한 것도 이를 서술해가는 과정에서 영이나 영성은 스스로 자기를 일정한 맥락과 실천과 힘의 장에서 드러낼 것으로 판단하기 때문이다.

1) 게슈탈트영성치료와 종교 전통과의 만남

심리치료 또는 상담과 종교는 '같지만 다르고, 다르지만 같다.' 이러한 의미에서 우리는 둘을 가족유사성(family resemblance)의 개념으로 서술할 수도 있다. 이 둘은 '물음과 해답'이 그 구조를 이루고 있다는 것에서 같고, 전자의 해답이 열려있는 것과 달리 후자의 해답은 닫혀있다는 사실에서 다르다. 달리 말하면 심리치료든 종교든 모두 인간의 문제를 풀어주려는(solution) 것인데, 심리치료는 내담자를 해답의 '생성과정(generative process)' 안에 있게 하는 것이 목표라면, 종교는 신도가 어떤 경우에서나 모든 문제는 실은 '해답된 물음(solved question)'이기 때문에 그렇다는 것을 승인하고 이를 당위적인 것으로 살도록 하는 것이 목표다. 곧, '문제는 본래 없는 것이라는 믿음'에 자신을 봉헌하는 것이 종교적인 삶이다.

그러나 이 둘의 다름은 해답에서만 나타나는 것이 아니다. 문제에서도 드러난다. 인간의 문제는 물질적인 차원에만 있지 않다. 의미와 가치와도 연결된 것이다. 그런데 그런 물음은 결국 우리가 흔히 말하는 '존재에의 물음'과 만나고, 마침내 '나'의 실존에 대한 '알 수 없음'과 직면한다. 그러한 물음이, 곧 정신적인 문제가 물질적인 문제와 단절된 것은 아니다. 하지만 그러한 문제는 나를 넘어선 어떤 다른 차원(초월)을 상정하게 하고, 그곳에서 비롯하는 알 수 없는 힘(靈) 또는 그러한 실재(靈性)와의 연결도 확신하게 한다는 의미에서 물질적인 문제와 확연히 다르다. 그렇다면 심리치료는 이 물음의 차원도 자신의 과제 안에 포함하는 것이 당연하다. 그러나 앞서 언급한 바와 같이 실증을 준거로 한 기계론적인 상담모델에서는 이를 의도적으로 배제하였다. 열려있는 해답의 차원을 훼손한다고 판단하기 때문이다. 바로 이러한 맥락에서 보면 게슈탈트치료가 종교에 관한 관심을 가지는 것은 다른 상담모델과 달리 스스로 주장하는 전체론적 관점(holism)과도 일치할 뿐만 아니라 현상에 대한 '정직한 직면 또는 인식'을 수행하고 있음을 보여 주는 것이라고 할 수 있다.

　그러나 이러한 서술은 종교든 게슈탈트치료든 그것이 상당히 정태적인 고정적 실재인 것으로 전제한 것이다. 주목할 것은 현존하는 어떤 것도 그것은 일정한 장에서의 구성요소들과의 관계에 의하여 야기되는 변화과정 안에 있다는 사실이다. 종교도 게슈탈트치료도 변한다. 현존하는 모든 것은 그 변화과정 안에서 자기를 강화하기도 하고 심화시키기도 하며 확장하기도 하고 수정하기도 하며, 약화하기도 하고 쇠락하기도 하며 왜곡되기도 하고 소멸하기도 한다. 종교도 바뀌고 게슈탈트치료도 바뀐다. 그것은 역사-문화-생태적 조건들에 의해 규제되는 현상이다.

　이와 관련된 김정규의 주장은 게슈탈트치료와 연계하여 매우 깊은 통찰을 보여 준다 (김정규, 2008). 그는 우선 종교의 변화를 주목한다. 그는 '표층종교와 심층종교'로 종교의 중층적 구조를 전제하면서 현존하는 종교의 쇠퇴 현상이 심층과 단절된 표층의 공허함 때문이라는 오강남 교수의 주장에 공감을 표하면서 바로 그 '빈 공간'이 우리 사회에서 상담문화에 관한 관심을 증가하도록 한 원인이라고 진단한다. 그러면서 이렇게 말한다. "…… 앞서 말한 것처럼 이런 문제(사회-문화적 위기에서 오는 불안과 소외 등을 말함, 저자 삽입)는 심리적으로만 다룰 수는 없으며, 영성 차원을 함께 다루어야 한다. 하지만 심리치료자들이 그런 역할을 제대로 수행할 수 있을지는 의문이다. 그러나 이미 심리치료자들에게 그런 역할이 주어졌다면 무조건 피할 수만은 없다고 생각한다." 이어서 그는 펄스 이후에 펼쳐진 종교 일반과 관련된 게슈탈트치료의 경향, 직접적으로는 '게슈탈트영성치료'의 역사를 유념하고(이영이, 2014; Brownell, 2012), 특별히 "'알아차림'은 다른 영성 이론들에서도 핵심적 개념이며, 모든 영성의 본질이며 궁극적 목적"이라는 사실을 전제하고(김정규, 1988, 2008), 종교에 대한 자신의 관심을 논문 전체에 걸쳐 치밀하게 펼치고 있다.

실제로 '알아차림'을 주제로 등장시키는 한, 이와 무관한 불교의 교의적 개념은 하나도 없다고 해도 지나치지 않다. 그러나 그는 고통으로 가득 찬 현상을 설명하는 오온(五蘊, 色·受·想·行·識), 분별심(分別心), 생멸심(生滅心)을 거쳐 해답을 담은 무분별지(無分別智), 진여심(眞如心), 진공묘유(眞空妙有) 그리고 그것을 이루는 '알아차림'인 회광반조(廻光返照)에 이르기까지 불교의 전체상을 정교하게 다듬어 보여 준다. 나아가 그는 도교(道敎)에 대해서도 같은 탐색의 길을 걷는다. 도(道)라는 개념에서부터 무위자연(無爲自然, 無名·無物·無慾·無形)을 거쳐 공성(空性)과 무성(無性)에 이르러 마침내 천지의 현묘한 이치인 '현덕(玄德)'을 서술한다. 이러한 살핌을 통해 그는 동양종교와의 심층적인 만남은 게슈탈트치료를 위해 거의 당위적임을 주장한다. 그렇다고 그가 종교의 주장에 대한 해석학적 의미론을 펼치는 것은 아니다. 다시 말하면 그러한 작업을 통해 게슈탈트치료의 개념, 예를 들어 이미 게슈탈트치료의 용어가 된 '알아차림' 등을 보완하거나 완성하려는 것은 아니다. 그는 오히려 기존의 게슈탈트치료의 개념들을 준거로 동양적 전통을 일일이 검토하고 있다. 종교적 주장에서 게슈탈트치료와의 '존재론적 동질성'을 찾으려는 것이 아니다. 거칠게 말하자면 종교와 상담이라는 다른 문화를 만나는 인간에게 당장 지금 여기에서 문제의 풀음을 위해 기능적 적합성을 지닌 것이 어떤 것인지를 발견하고자 하는 과정에서 만난 종교가 드리우는 것, 곧 '다른 차원'의 경험이 게슈탈트치료뿐만 아니라 상담 일반의 현장(praxis)에서 간과할 수 없음을 '영성'이라는 개념으로 기술하고자 하는 것이다.

이와 같은 흐름을 유지하면서도 김영주의 연구『게슈탈트 치료와 동양사상의 비교 및 임상적 적용』(2016)는 게슈탈트치료의 또 다른 펼침을 보여 준다. 주목할 것은 그가 '비교'라는 방법을 사용하여 동양종교를 게슈탈트치료와 연결 짓고 있다는 사실이다. 물론 비교는 누가 왜 무엇을 비교하느냐에 따라 가변적일 수밖에 없기 때문에 결국 이념의 구축을 위한 수단이라는 비판에도 불구하고 다름과 같음의 추구는 여전히 유의미하다는 판단에서 유용한 방법으로 기능한다. 김영주는 이를 유념하고 있음이 분명하다. 그는 게슈탈트치료와 종교가 선후(先後)나 우열(優劣)로 나뉘어 공존하는 것이 아니라 등가적인 병존의 관계에 있음을 전제하고 있다. 풀어 말하면 종교적 해답(spiritual solution)은 이미 게슈탈트치료의 바탕에 암묵적으로 내재하며, 게슈탈트치료의 해답(the solution of Gestalt therapy)은 이미 종교적 해답 안에 함유되어 있음을 전제한다.

그러나 우리가 주목해야 할 것은, 그는 그 둘의 같지 않고 다르다고 주장한다. 비교에서 설명의 논리는 같음을 정연하게 그리지만, 종교에서와 상담에서의 실제는 그렇게 되지 않는다는 것이다. 그는 "불교 명상과 게슈탈트치료 모두 알아차림을 중요한 수행과 치료의 도구로 사용하지만 알아차림의 대상, 목적, 이를 증진하는 방법, 알아차린 현상 자체에 부여하는 의미, 알아차림을 사용하는 방식 혹은 관점에서는…… 두 체계 사이에 차이점이 존재한다."라고 말하면서, 불교에서는 신도가 '무아에 이르기'를 바라지만 상담에서는 내담자가 '자기를 알기'를 바라서 이를 실천한다고 말한다. 이러한 다름의 지적이 게슈탈트치료가 종교가 함유한 '영성'을 다시 부정하려는 것은 아니다. 다만 앞에서 언급한 것처럼, 현장(praxis)에서의 그것의 현존 양식은 종교의 그것과 게슈탈트치료에서의 다름을 간과해서는 안 된다는 것을 지적하려는 것이다.

이제까지 저자는 두 학자의 동양종교와의 만남을 기술하였다. 그러나 앞에서도 언급한 바 있지만, 브라우넬은 게슈탈트치료가 동양의 영적 사유(spiritual thinking)만을 수용하면서 서양의 유신론적 사유(theistic thinking)를 배척한다는 일부의 주장을 승인하지 않는다. 오히려 상담자와 내담자가 만나는 자리에 '어떤 매개'가 작용한다는 게슈탈트치료의 영성 인식은 '성(聖, 신, 聖父)과 속(俗, 인간, 聖子) 그리고 이를 매개하는 영(聖靈, holy spirit)'이라는 신학적 구조(삼위일체, Trinity)를 기반으로 한 것이라고 주장한다. 나아가 그는 이슬람의 수피즘(Sufism) 전통도 이에 포함하고 있다. 그가 직접 언급하지는 않지만, 수피 신앙은 신과의 결합에 이르는 '마음의 눈(ayn al-qalb)'을 주장하는 신비주의 전통이다. 그것은 그대로 알아차림과 이어진다.

김정규도 그의 연구에서 동양종교에 머물지 않는다. 그리스도교의 '길, 진리, 생명'을 언급하며, 나아가 그리스도교 신비주의자의 전형적 인물인 마이스터 에크하르트(Meister Eckhart, 1620~1328)와 그를 성실하게 잇고 있는 에크하르트 톨레(Eckhart Tolle, 1948~)에 관한 치밀한 서술을 하고 있다. 게슈탈트치료의 초기 형성기에 펄스 등이 에크하르트의 영향을 직접 받았는지는 분명하지 않다. 다만 융(Jung, 1875~1961)이나 에릭 프롬(Erich Fromm, 1900~1980)을 통해 그를 알고 있었으리라는 추측은 할 수 있다. 중요한 것은 오늘날 게슈탈트치료가 자신의 전개 과정에서 그의 수행을 포함한 신비사상을 강하게 소환하고 있다는 사실이다. 김정규는 특히 마이스터 에크하르트가 주장한 다음과 같은 사실, 곧 '해답은 신과의 관계'라는 것, '신은 대상이 아니라 존재(Sein, 순수한 하나)라는 것', 그러므로 그를 만나려면 '상(相, Bild)을 깨트려야 한다는 것(돌파, Durchbruch)', 결국 신을 만나는 일, 곧 문제의 풀림은 '초탈(超脫, Abgeschiedenheit)'을 통해서만 가능하다는 것 등에 주목한다. 이는 거의 온전하게 게슈탈트치료의 주장을 메아리치고 있기 때문이다.

톨레는 이러한 마이스터 에크하르트의 유산과 게슈탈트치료의 그간의 발전된 주장의 내용과 실천의 현장을 종합하여 더 명확하고 실제적인 주장과 상담을 수행하고 있다. 김정규는 이에 대해 그가 사용한 '고통체(苦痛體, pain body, 아픈 몸)'라는 개념을 중심으로 정리해준다. 톨레는 사람들이 일상에서 겪는 '위협받고 있다는 느낌(threat), 버림받았다는 의식(abandonment), 제대로 마무리하지 못했다는 자책(incompleteness)' 등의 '미해결 과제(문제)'는 결국은 '생각과 감정과 몸(신체)의 복합체'로 현실화한다고 말한다. '몸'이 아파지는 것이다. 이러한 상황에서 톨레가 추구하는 것(해답)은 '지금(now)을 알아차리는 일'이다. 톨레는 자기의 저서(The Power of Now, 2004)와 수많은 상담 수행 자리(praxis)에서 두 가지 표어를 주문처럼 제시한다. '현존하라(Be present!)'와 '순응하라(Surrender!)'가 그것이다.

주목할 것은 게슈탈트치료가 몸에 관한 관심을 강화하고 있다는 사실이다. 톨레가 게슈탈트치료를 심화하고 확장하였다는 평가를 받는다면 이는 그가 이제까지 게슈탈트치료가 종교적 가르침을 '설명할 수는 없지만 경험되는 어떤 신비한 것으로서의 영성'을 준거로 서술하고 수용한 것과는 다르게 '몸에 직접적으로 연계하여 그 영성에 새로운 자리매김을 했다'라는 사실이라고 할 수 있다. 영성은 막연하고 잡히지 않는 초월적인 범주에만 드는 것이 아니다. 그것은 몸과 연결된 직접적이고 구체적이고 현실적인 실재이다. 그렇기 때문에 그것은 경험되는 것이다. 앞으로 논의할 내용이지만, 명상이나 요가가 게슈탈트치료의 범주를 넓혀 발전한 초월영성상담에서 가장 중요한 실천이 되고 있음은 이러한 '몸 이해(肉體觀)'가, 마이스터 에크하르트의 용어를 원용한다면, '기저(基底, Grund)'가 되고 있음을 보여 주는 것이기도 하다.

이제까지 서술한 게슈탈트치료와 종교와의 만남의 내용은 "게슈탈트치료는 영성치료인가?" 하는 우리의 질문을 어색하게 한다. 당연한 것을 묻는 것과 다르지 않기 때문이다. 다른 상담모델과 견주어보면 이러한 사실은 더 두드러진다. '영성적 경험'을 엄연한 현실로 심리치료의 장에 포함하고 있기 때문이다.

우리의 논의는 대체로 상담을 실천하는 현장(praxis)을 준거로 한 것이었다. 그런데 이러한 사실은 자칫 게슈탈트치료와 종교적인 것과의 만남, 곧 영적이라고 묘사할 수밖에 없는 그러한 정황을 '잡종성(雜種性, hybridity) 또는 혼성문화(hybrid culture)'의 모습으로 이해할 수도 있다. 인간의 문화 현상에서는 어떻게 명명된 구분 가능한 문화라 할지라도 각기 자기의 순수를 주장하는 것은 현실적이지 않다는 의미에서 그렇게 판단하는 것이다. 그러나 이는 결정론적 문화이해이기도 하다. 브라우넬은 이에 대해 게슈탈트치료가 종교적인 것과의 만남에서 도달한, 예를 들어 어느 종교나 심리치료에서든 '알아차림'의 현실적 적합성은 매우 의미 있는 것이라는 사실의 확인은 '교리적인 것'이 아니라 '실천의 일치(unity of praxis)'를 뜻하는 것이라고 주장한다. 그렇다면 그것은 그렇다는 현상 자체를 서술할 수 있을 뿐만 아니라(phenomenological description), 양자의 이어짐을 준거로 접근이 가능한 것이며(relational approach), 경험적으로 빚어진 것이기 때문에 (experientially creative) 엄연한 현실이며. 타율적인 뒤섞임의 결과가 아니라 양자의 자율적인 생성과정에서 이루어진 것이라고 설명할 수 있다. 이는 게슈탈트치료의 실천에서 뿐만 아니라 이론적 토대에서도 영성이 메아리치고 있음을 서술하는 것과 다르지 않다. 이를 다음 절에서 더 살펴보기로 한다.

2) 게슈탈트영성치료와 철학 및 사상과의 만남

종교와 사상을 절을 달리하여 분리한 저자의 서술 방식은 무척 작위적이다. 그래서 혼란을 야기할 수 있다. 특히 종교를 초점으로 하는 경우 이는 두드러진다. 왜냐하면 종교에서 그 둘이 분리되는 경우란 흔하지 않기 때문이다. 그러나 사상이나 철학을 초점으로 하면 다른 주장이 가능하다. 특히 제도적 권위에 귀속되기를 바라지 않는 사상이나 철학은 자신을 뚜렷하게 종교와 분리하기 때문이다. 사상이 의례적인 실천이나 수행을 포함하느냐 여부가 이를 구별하는 서술 기준 중 하나다. 앞에서 마이스터 에크하르트와 톨레를 종교의 범주에 넣은 것은 이러한 이유 때문이다. 이를 유념하면서 우리의 논의를 이어가도록 하겠다.

사상 또는 철학, 더 일반화한다면 인문학(humanities)은 자연과학적 실증(scientific evidence)과 궤를 같이하지 않는다. 사상이나 철학이 합리성(rationality)이나 논리의 일관성(logical consistency)이나 개념적 명료성(conceptual clarity)을 준거로 한 자기 문법(grammar)을 배제하는 것은 아니다. 하지만 그것은 상상력과 직관의 결과를 다듬는 데 필요한 편의(device)다. 극단적으로 말하면 그런 것이 깨져도 사상과 철학은 남는다. 그런데 인간을 살피려는, 아니면 진리(aletheia)를 탐구하려는 그 자리에서 '마음(정신, spirit, Geist)'에 대한 관심이 첨예한 주제가 되는 것은 당연하다. 그러나 심리학은 이러한 전통을 불편해했고, 상담 일반도 다르지 않았다. 실증할 수 없는 관념의 유희로 보았기 때문이다. 그러나 삶의 현장에서의 경험은 오히려 인문적 상상력이 제시하는 통찰의 현실성을 주목하면서 반 인문적 경향의 이른바 '학문적 엄밀성'에 대한 성찰을 충동했다. 이러한 성찰은 상담에서 실존적 관심(existential therapy), 인간에 대한 직접적 관심(human

centered therapy) 등으로 나타났고, 마침내 게슈탈트치료에 이르러 '영성'을 이야기하면
서 종교와 더불어 자기를 열어놓았다. 우리는 이를 앞에서 살펴본 바 있다.

이렇듯 사상이나 철학의 영향은, 비록 그것이 임상적인 효용을 직접적으로 평가할 수
는 없어도, 인간의 인간다움을 위해 절대적으로 기능한다. 로라 펄스는 그가 주목한 '접
촉(contact, relational)'을 마르틴 부버(Martin Buber, 1878~1965)의 '나–너(I-thou)'를 통해
다듬는다. 아마도 부버와의 만남이 직접적인 계기가 되었을 것이다. 부버의 사상은 '나–
너'와 '나–그것(I-it)'과의 다름을 이해하면 분명히 드러난다. 그에 의하면 우리의 문제
는 내가 만나는 대상이 사물화(그것 it, reification)되는 데 있다. 그러나 만약 내가 만나는
대상을 나와 다르지 않은 존재(너, thou)로 여긴다면 그를 조작하거나 수단으로 삼을 수
는 없을 것이다. 그런데 그것이 되지 않는다. 그러한 태도를 가지려면 근원적인 관계, 곧
'신–인의 만남 체험'을 우선해야 한다. 그는 '신–인 관계'는 창조주(지배)와 피조물(예
속)과의 관계가 아니라 '내 안에 신이 있고, 신 안에 내가 있다.'라는 만남이 진정한 신–
인 관계라고 주장한다. 그러한 의미에서 '신–인간'은 진정한 모든 만남의 근원이다. 이
를 경험하면 온갖 사물과의 관계에서 '나'는 '그것(it)'과 만나는 것이 아니라 '당신(thou)'
을 만나게 되기 때문이다. 문제의 풀림은 그때 이루어진다.

김영주는 부버의 사상을 "영적 존재와의 관계는 구름에 싸여있으나 스스로를 나타내
며, 언어가 없으나 언어를 만들어 낸다."라는 그의 말을 인용하면서(김영주, 2016, p. 85)
자연과 인간과 영적 존재와의 만남에서 인간은 "영원한 너의 옷자락을 향해 시선을 돌리
고, 그것의 숨결을 느끼며, 그 하나하나의 '너'를 통하여 '영원한 너'에게 말을 걸고 있다."
라고 그가 말하고 있음도 소개한다. 주목할 것은 김영주가 이러한 부버의 발언을 '시적
표현'이라고 지적하고 있다는 사실이다. 부버는 귀납이나 연역을 통해 도달한 실증적인
발언을 하고 있는 것이 아니다. 그러나 게슈탈트치료의 자리에서 보면 이 '시적 진술'은
'만남(접촉)'에 대한 '사상적 지지'이고, 동시에 게슈탈트치료가 더 단단한 자기 기반을 다
지게 하는 실제적인 힘이다. 이것이 게슈탈트치료의 영적 토대를 확고하게 하는 것이다.
수운 최제우(水雲 崔濟愚, 1824~1864)의 하느님을 모신다는 시천주(侍天主) 사상이나 내
안에서 하느님을 키운다는 양천주(養天主) 사상, 이에서 비롯한 사람이 곧 하느님이라는
인내천(人乃天) 사상도 이 서술에 첨가하고 싶다.

에드문트 후설(Edmund Husserl, 1859~1938)의 현상학이 심리학 그리고 게슈탈트 심리
학에 깊은 영향을 주었다는 것은 널리 알려진 사실이다. 사물과 만나 그것을 알려는 인
식론적 추론을 멈추고 판단중지(epoche)를 할 때 우리는 '순수'하게 그 사물에 내재한 본

질이 스스로 자기를 드러내는 것과 만난다는 현상학적 환원은 '알아차림'의 구조에 상응한다는 사실이 이를 보여 준다(김영주, 2016, p. 25-34). 역사의 영향에서조차 벗어난 것이 순수 실재라고 할 때 이는 지금 여기를 알아차리어 자기가 되는 것과 다르지 않다, 이와 공명하는 것이 마르틴 하이데거(Martin Heidegger, 1889~1976)가 주장하는 '저기-존재(Dasein)'다. 그것은 인간은 스스로 자신의 존재를 묻는 존재라는 것을 의미하려고 만든 말이다. da는 단순한 '저기'지만 공간이 시간과 함께 존재의 범주이고, 앞에서도 언급했지만, 서양에서는 시간보다 장소가 앞에 와서 '여기와 지금(hic et nunc)'이라고 한다는 것을 유념하면 'Dasein'을 '현존재'로 번역한 것은 옳다. 그리고 그것은 그의 영향을 받았든, 스스로 불교와의 만남을 통해 빚은 것이든, 게슈탈트치료에서 주장한 '지금(now)'이나 '지금 여기'와 그대로 일치한다. 자신이 현존재임을 의식할 때 비로소 물음자리는 해답의 자리가 된다.

거듭 말하지만, 사상은 실증 의존적(evidence laden)인 것이 아니다. 그러나 그것은 보편성을 지닌다. 그렇다면 그것은 모든 것을 넘어선(transcendence) 다른 실재(spirit)의 발언과 다르지 않다고 묘사할 수 있다. 김정규는 앞에서 우리가 살핀 논문에서 게슈탈트치료와 이어진(relational), 서양사상을 정밀하게 검토한다. 르네 데카르트(Rene Descartes, 1596~1650)의 "나는 생각한다. 그러므로 나는 존재한다(cogito ergo sum)."를 비판적으로 논의하고, 이마누엘 칸트(Immanuel Kant, 1724~1804)의 '물자체(物自體, Ding an sich)'를 주목한다. 후설의 현상학에서는 의식의 작용인 '노에시스(noesis)'와 그 대상을 '노에마(noema)'로 나누는 의식의 본질적 구조를 설명한다. 동양종교와 접촉한 경험이 있다고 알려진 아르투어 쇼펜하우어(Arthur Schopenhauer, 1788~1860)에게서는 그의 '표상(Vorstellung)'개념을 통해 '사유'를 되묻고, 하이데거에 이르러 그의 '물화(Verdinglichung)'에 대한 염려를 다시 주목하면서 그가 존재의 본질이라고 한 '무(無, Nichts)'에 관심을 기울인다(문성훈, 2007). 그는 마침내 하이데거가 '존재의 섭리(Das Geschick des Seins)'라고 부른 '어떤 것'을 사람들이 바라는 태도인 '기다림(warten)' 그리고 그것의 '초연한 내맡김(Gelassenheit)'을 기술한다. 인간이 품고 있는 '영성'이 어떻게 사상 속에 깃들어 있고, 그것이 어떻게 서술의 논리를 따라 개념적으로 정리되는지를 보여 준다. 그는 "이들을 게슈탈트치료적 관점에서 통합함으로써 새로운 게슈탈트영성치료 모델 개발을 위한 이론적 토대를 마련하고자 한다."라고 말한다. 특별히 그는 하이데거의 사상이 도달한 마지막 지점이 '시(詩)'라는 사실을 주목한다. 하이데거에 의하면 "시(詩)란 경이와 경외에 사로잡혀 '존재의 소리 없는 울림'을 듣는 데서 태어나는 말"이다. 김영주가 부버의 발언을 시로 받아들인 것과 공명하는 김정규의 이 시론에 대한 공감이 영성의 실재를 또는 영성의 실제적 경험의 실재를 승인하면서 게슈탈트치료 모델의 더 넓고 깊은 이론적 토대와 실천적 장의 확보에 어떻게 기여할 것인지가 기대된다. 다만 지금 여기에서 확인하는 것은 오늘 우리가 직면한 물화된 세상에서 '영성'은 시의 현존처럼 '소리 없는 울림'으로 사람들에 의해 경험되고 있으며, 게슈탈트치료는 이를 자신의 상담현장에서 실천하고 있다는 사실이다. 그렇다면 다시 확인하는 것은 게슈탈트치료는 이미 게슈탈트영성치료이게 되었다는 사실이다.

앞에서 우리는 게슈탈트치료가 왜 종교 전통과 사상을 만나는지, 어떻게 그 만남은 펼쳐지는지 살펴보았다. 종교와 사상의 자리에서 게슈탈트치료를 어떻게 평가하는지는 다루지 않았다. 그러나 분명한 것은 종교와 사상이 게슈탈트치료가 삶의 현실에서 겪는 '영성'이라고밖에 달리 표현할 길이 없는 경험을 인간의 보편적인 실상임을 지지할 뿐만 아니라 그렇다는 주장을 뒷받침하는 이론적 바탕을 마련해 주고 있다는 사실이다. 이는 "게슈탈트치료는 영성상담인가?" 하는 물음에 주저 없이 "그렇다!"라는 긍정적 발언을 하게 하는 이유다. 그러므로 게슈탈트치료가 자신을 게슈탈트영성치료(Gestalt Spiritual Therapy)라고 부르는 것은, 그것이 등장한 연대기는 불분명하지만, 자연스러운 일이다.

3) 게슈탈트영성치료와 몸과의 만남

상담 기법은 다양하고 가변적이다. 선택지는 무한하다. 그러나 게슈탈트치료가 대체로 집중하는 실천적인 방법은 가장 넓은 의미의 '명상(meditation)'으로 모아진다. 명상은 종교에서의 수행행위의 하나다. 그러므로 그것이 무엇인가 하는 것을 분명히 하려면 그것이 각개 종교 전통에서 어떤 자리를 차지하고 있는지를 아는 것이 중요하다. 그러나 이미 명상은 그것과의 연계를 일일이 짓지 않아도 그 행위만으로 논의할 수 있는 '일반화된 자리'를 잡고 있어 비교적 명료하게 일상의 다른 행위들과의 다름을 기술할 수 있다. 이를테면 다음과 같은 '정의'가 가능한 것이다. "명상은 개인이 마음을 추스르거나 어떤 특정한 것, 생각 또는 행위에 집중하여 그것에 대한 앎에 이르고 마침내 정신적으로 맑고 정서적으로 차분한 안정된 상태에 이르려는 행위다."

그러나 이러한 정의는 비록 '행위'라는 말에 담겨 있다고 할 수 있지만, 가장 중요한 것을 명상에서 배제하고 있다. 그것은 '몸'에 대한 관심이다. 명상이 '맑은 마음'에 이르는 것을 목표로 한다는 것은 옳다. 그런데 그것을 이루는 것은 몸을 통해서다. 호흡과 자세가 그것이다. 이 둘이 명상을 결정한다. 따라서 함께 모아 말한다면 '마음 맑힘'이란 '몸짓을 통한 마음 맑힘'이다. 이른바 '심성(psyche)'의 탐구인 심리학이 그것이 자리 잡은 몸을 간과한 것은 아마도 몸과 마음의 이원적 인식 틀에서 말미암은 몸의 평가절하에서 비롯한 것이겠지만, 명상에 관한 관심은 이를 철저하게 되살피게 한다. 그러므로 게슈탈트치료는 몸의 재발견이면서 동시에 몸의 재평가를 가능하게 하면서 그 고비에서 몸과 마음의 이원론이 사라지는 새로운 지평을 실제 경험을 통해 가능하게 한다는 의미에서 '영적 차원'의 간섭을 향해 자신을 열어놓는 계기를 마련한 것이라고 말할 수 있다. 이를 우리는 '몸의 영성'이라 부를 수 있고, 그것은 명상이라는 몸짓을 통해 게슈탈트치료 안에 자리 잡으면서 그 심리치료를 '영성치유'로 일컬을 수 있도록 실제적으로 기능하고 있다. 이러한 제반 사실을 종합하면 우리는 게슈탈트치료는 게슈탈트영성치료라는 사실을 더 분명하게 확인할 수 있다.

　그러나 우리는 '초월영성심리치료' 또는 '초월영성상담'이라는 새로운 상담모델과 만난다. 여러 차례 앞에서 언급한 바이지만 이 새로운 모델이 게슈탈트치료나 영성치료와 맥을 같이 하는 것으로는 보이지 않는다. 게슈탈트라는 용어를 배제하기 때문이다. 그러나 게슈탈트치료를 이제까지 살펴본 바로는 그러한 단절이 현실적이거나 적합한 판단은 아닌 것으로 보인다. 다만 영성의 보다 짙은 강조가 새로운 모델에서 더 드러날 뿐이다. 이를 살펴보기로 한다.

4. 초월영성상담과 게슈탈트영성치료와의 관계

　'초월영성심리치료 또는 초월영성상담(Transcendental Spiritual Therapy 또는 Transcendental Spiritual Psychotherapy, 이하 초월영성상담)'은 새로운 상담모델이다. 그러나 그 '새로움'이 어떤 맥락에서 생성된 것인지 알아보기 위해 우리는 이제까지 '게슈탈트치료 또는 게슈탈트영성치료를 살펴보았다. 상담에서의 영성의 승인이나 도입이 게슈탈트영성치료에서 두드러지기 때문이다. 그러나 그렇다는 사실이 초월영성상담은 그 뿌리를 게슈탈트영성치료에 두고 있음이 자명하다고 주장하는 것은 아니다. 기존의 게슈탈트영성치료와 비교하면 이 새로운 상담모델에서는 '영성'에 '초월'을 추가하여 '영'을 특정화했고, 게슈탈트라는 용어를 사용하지 않았기 때문이다. 그렇다면 우리는 초월영성상담이 게슈탈트영성치료를 발전적으로 전승한 것인지, 아니면 발전적으로 해체한 것인지, 그것도 아니라면 전혀 새로운 것인지를 묻게 된다. 이를 위해 우선 초월영성상담이 주장하는 바가 무엇인지를 살피면 그 과정에서 게슈탈트영성치료와의 관계는 명시적이지 않더라도 스스로 드러나리라고 생각한다.

1) 주장 하나

한국초월영성상담학회(Korean Association of Transcendent Spirituality Counseling)는 2002년 한국상담학회 분과학회로 설립된 단체다. 이 학회의 자기소개에 의하면 초월영성상담은 '무의식을 다룰 수 있는 기법'으로 설명되어 있다. 그 설명에 포함된 핵심적인 용어는 '연결'과 '초월(넘어섬)'이다. '초월영성'이란 말은 '실제 삶의 밖에서 자신의 삶을 바라보고 삶의 의미를 자각하여 의연하게 대처할 수 있는 마음의 상태'라고 정의되어 있다. 결국, 그 '기법'이란 상담의 현장에서 '보이지 않는 세계와의 만남, 의식적으로는 알 수 없지만 나 자신의 삶이 무엇인가와 연결되어 있음을 자각하는 일'을 내담자가 하도록 하는 것이다. 이곳에서의 '초월'은 종교적 의미에서의 '신성한 실재'가 아니다. 나 또는 개인을 '넘어섬'이다. 그리고 '영성'도 실재하는 어떤 실체가 아니다. 다만 넘어섬을 이룬 마음의 상태다. 『상담학 사전』의 '초월영성치료' 항목에서는 게슈탈트치료와는 계보가 직접적이지 않은 현존하는 영성 상담가로 잘 알려진 켄 윌버(Ken Wilber, 1949~)와 아놀드 민델(Arnold Mindell, 1940~)의 주장을 들어 이를 설명하고 있다. 그렇다면 그들은 누구인가?

윌버는 무엇보다도 서양의 철학과 종교의 다양한 이론과 모델 그리고 동양의 그러한 전통을 '의식의 스펙트럼'으로 개념화하고 이를 통합하고자 한 것(integral theory)으로 알려져 있다. 이전의 이론과 사상 그리고 종교적 경험을 되살핀다는 의미에서 그의 통합이론은 '통합 메타이론(synthetic metatheory)'으로 불리기도 한다. 그런데 그는 다만 이들을 종합하는 데서 멈추지 않고, 그 작업의 과정에서 두 가지 사실을 이에 첨가한다. 하나는 이 모든 것은 '발전(development)'하는 것, 그러니까 그것은 단계(stage)를 좇아 진전된다는 것이고, 또 다른 하나는 이 단계의 정점(apex)은 '형상 없는 앎(formless awareness)'이라는 주장이다. 이 앎은 '있음에 대한 단순한 느낌'이고, 그것은 '현상계를 넘어서는 앎'이며, 그것은 궁극적으로는 어떤 '초월적인 실재의 드러남'과 다르지 않다고 말한다. 그의 통합이론이 도달하는 결론은 우리의 삶에서 절대적으로 존재하는 것은 '오직 형상 없는 앎, 곧 있음에 대한 단순한 느낌'뿐이라는 것이다. 그는 이를 전해 주는 것이 이른바 '신비적 전승(mystical tradition)'이고, 이는 어느 시대나 어떤 문화에서나 우리를 영구적으로 항존하는 초월적 실재에 다가가게 하고, 그것을 알게 하는 것이라고 믿고 있다. 그는 자신이 특정 종교에 귀속되어 있다고 주장하지는 않는다. 그러나 그는 이를 실천하는 모델을 '아트만 기획(Atman Project)'이라고 명명하고 있다. 힌두교의 '온전한 자아'라는 말을 그대로 사용한다. 그리고 그 기획의 실천을 위한 방법으로 불교의 명상(meditation)을 선택하고, 이를 자기도 상담현장에서 실천하고 있다. 마음의 성장(형상 없는 앎)을 몸(명상)을 다스려 실현하고자 하는 것이다.

아놀드 민델은 융의 '꿈의 분석'을 '몸의 징후(body symptom)'와 연결시킨 영성가(spiritualist)다. 물리학, 특히 양자물리학이나 수학의 개념을 심리학적인 개념으로 풀이한 사람이기도 하다. 그는 이러한 배경을 가지고 도교, 샤머니즘, 물리학, 융 심리학을 연계 발전시켜 스스로 '과정 지향적 심리학(process oriented psychology)' 또는 '과정작업(process work)'이라고 불리는 심리학을 새롭게 지어냈다. 그가 주장하는 '과정(process)'은 '시간의 흐름에 따른 의미 있는 연결 패턴'인데, 이는 '의도하지 않은 신호(예를 들면 비-언어적 소통, 몸의 징후, 꿈, 사건, 갈등 등)를 통해 관찰되고 추적되는 것'이다. 그는 특별히 꿈과 몸의 징후는 의미 있게 연결되어 있다는 사실에 근거하여 심리치료자가 무의식을 들어내는 몸의 경험을 상담현장에서 활용할 수 있다고 주장하였다. 이의 핵심개념이 그가 사용하는 '꿈꾸는 몸(dreambody)', 후기에 더 발전시킨 '깨어있는 꿈 꾸기(lucid dreaming)'다. 그는 이 개념을 사회의 문제나 대형집단의 갈등 해결에 적용하여 이를 '세계작업(worldwork)'이라 하고, 이를 '심층 민주주의(deep democracy)'라고 칭하기도 하였다. 중요한 것은 그가 '자아를 드러내는 몸의 역할', 곧 '마음이 지닌 꿈의 과정'을 '질병과 몸의 징후'와 연결시키고, 몸의 증상은 꿈을 실현하려는 노력의 드러남이라고 보는 것이다. 그리고 우리가 더 주의를 기울여야 할 것은 그가 이를 위해 요가(Yoga), 선불교의 명상, 무술(武術)인 태극권(太極拳, tai chi)을 수련하고 이를 상담 현장에 적용한다는 사실이다.

이들의 주장에 공감하면서 상담 사전의 '초월영성상담' 항의 설명은 이미 전제된 듯 '요가와 명상'을 든다. '요가와 명상에서도 인간은 자신과 외부에서 오는 감각 경험을 차단하고, 마음의 평정 상태에 이름으로써 무의식의 내용을 분명하게 관찰하여 자신의 참존재와 만날 수 있어야 한다는 것'을 강조한다. 이에 의하면 초월영성상담의 뿌리는 심리학이 아니라 종교, 그것도 힌두교와 불교이며, 그 자리에서 심리학에서 발전시킨 무의식을 소환하여 펼친 상담모델이라고 할 수 있다. 조금 더 설명을 인용해 보자.

"……현대 심리학자들은 인간이 겪는 갈등과 혼란을 다루기 위해서 현실적인 삶보다는 이를 초월하여 보다 근본적인 세계와의 만남이 인간의 문제를 해결할 수 있다고 보고, 이를 위한 접근을 시도한다. 즉, 보이지 않은 세계와의 만남, 의식적으로는 알 수 없지만 나 자신의 삶이 무엇인가와 연결되어 있음을 자각하는 일, 외부의 감각을 차단함으로써 욕망에 대한 집착에서 벗어날 수 있는 이러한 초월적인 접근이 필요한 것이다."

이러한 서술도 그 맥락에 담긴 것은 초월영성상담이 심리학의 자리라기보다 종교적인 자리에서 비롯한 것이라는 판단을 하게 한다. '우리가 이렇게 하는데 심리학자들도 이렇게 한다.'라는 논리이기 때문이다. 이어서 이 설명은 이렇게 말한다.

"상담에서도 인간의 무의식에 뿌리 깊게 박힌 상처를 다루기 위해서는 의식적인 기법들로는 한계가 있으며, 무의식을 다룰 수 있는 초월적인 영성 기법이 도입되어야 한다고 본다."

이어서 이렇게 설명을 끝낸다.

"이를테면 명상적인 기법을 사용하여 무의식적인 마인드에서 만들어지는 불안과 걱정을 다룸으로써 보다 더 자각이 깊어지고 자신의 삶을 보다 평화의 세계로 안내할 수 있게 된다."

이 설명을 따르면 초월영성상담과 게슈탈트치료는 무관하다. 프리츠 펄스와 로라 펄스가 '지금 여기'와 '접촉'을 통해 지양했다고 여긴 프로이트의 의식의 이원적 구조가 '무의식과 의식'의 대칭 구조로 여전히 인간의 심성(psyche)에 대한 핵심적인 인식으로 자리하고 있기 때문이다. 더 나아가 앞서 지적한 바와 같이 엄밀한 의미에서 기존의 심리학이나 상담이론과도 뿌리를 같이하지 않는다. 다만 필요에 의해 그곳에서 하는 주장과 기법이 동원되었을 뿐이다. 그렇다면 초월영성상담은 게슈탈트치료가 스스로 게슈탈트영성치료라고 발언하고 있다고 할지라도 초월영성상담이 이를 계승하여 발전시킨 것은 아니다. 그렇다고 해서 발전적으로 게슈탈트영성치료를 해체시킨 것도 아니다. 계보학(系譜學, genealogy)을 준거로 하면 양자는 서로 연고가 없다. 그러나 '상담' 또는 '마음'의 범주에서는 공명하고 공감할 수 있는 지대가 넓을 뿐만 아니라 서로 중첩되어 있기도 하다. 제도권에서 상담학회가 초월영성상담학회를 자기의 권역 안에 있는 하나의 분야로 승인하고 있는 것도 이 때문이라고 짐작된다.

2) 주장 둘

또 다른 자기 설명을 찾아보자. 중요한 것은 초월영성상담과 게슈탈트영성치료와의 관계다. 이제까지 게슈탈트치료를 이야기하면서 우리는 그것이 게슈탈트영성치료라고 불릴 만큼 초월과 영성개념을 배제하고는 이해할 수 없는 상담모델임을 지적하였다. 그러나 우리가 살피는 자료에 근거하는 한, 초월영성상담에서는 게슈탈트영성치료를 짐작할 수 없다. 초월영성상담과 게슈탈트영성치료와의 구분은 서로 주장하는 계보가 다른 것 이외에는 찾아볼 수 없다. 그러므로 이 둘 사이는 '사실과는 상관없이 자기를 전개하는 이념적 간격'처럼 보이기도 한다. 초월영성 상담자의 현장경험에 관한 진술 그리고 초월영성상담이 얼마나 개방되어 있는가를 증언하는 내용으로 구성된 자료는 '방법론적인 자리'에서의 열림이지 근원적인 '신념'에서의 자기양여(讓與, surrender)가 아님을 주목할 필요가 있다.

김명권이 대표 저자인『자아초월 심리학 핸드북(Handbook of Transpersonal Psychology』(2020)도 다르지 않다. 이 책은 '자아초월 심리학'의 이론서일 수는 있어도 실제 심리치료(therapy)를 위한 것은 아니다. 다양한 상담현장에서의 문제를 제시하고 예견하고 있음에도 불구하고 실제적인 상담 논의는 다만 잠재되어 있을 뿐이다. 실린 개개의 논문들도 이른바 trans-라는 접두어를 어떤 개념으로 읽느냐 하는 데 따라 전혀 다른 논의의 장에 던져질 수 있는 문제들을 함축하고 있다.

그러나 저자 서문에서 김명권은 몇 가지 중요한 판단을 전제하면서 이 책의 비중을 더할 수 없이 높이 평가한다. '진정한 자아초월을 추구하는 사람들의 비중이 극도로 적다는 것', 그런데 그런 사람은 누구냐 하면 '종교라는 권위와 신앙에도 의존하길 싫어하는 사람' '영성과 인간성을 함께 존중하여 자신의 자아초월적 영적 특성을 합리적으로 이해하고 고양시킬 수 있는 방법을 추구하는 사람'이다. 그러나 이어서 그는 이제는 세상이 바뀌어 '명상은 정신건강의 세계적인 보편적 언어'가 되었고, '불교를 과학의 입장에서 탐색하려는 시도'가 강하며, 나아가 현대를 '영성의 시대'라고 부르기도 한다고 말한다. 더 나아가 그는 우리 민족은 깊은 영적 특성을 지니고 있다고 단언한다. 그렇다는 것을 그는 그로프가 개발한 트랜스퍼스널 숨작업(transpersonal breathwork), 곧 자신이 '트숨'이라고 명명한 그 작업을 시행하면서 실감했다고 말한다.

그렇다면 이 관계는 학문적 계보의 전개 현장에서 찾기보다 상담자로 자리매김하기까지 인간의 '성숙'을 준거로 찾아보는 것도 하나의 방법이라고 생각한다. 이러한 맥락에서 이를 서술하고자 한다.

3) 초월영성상담과 게슈탈트영성치료와의 만남

앞의 서술내용을 종합하면 초월영성상담의 출현을 기존의 심리학이나 상담이론에 접목하는 것은 지나치게 작위적인 것으로 보인다. 게슈탈트영성치료와의 연계도 그렇다. 이렇게 보면 초월영성상담은 계보적 연속성보다 스스로 생성적 과정을 거친 것으로 판단할 수 있다. 대체로 '수직적인 전승'보다 '수평적인 공존'이 두드러진다는 사실이 이를 지지한다.

그러나 이도 충분한 설명은 아니다. 의외로 초월영성상담에서는 '스승'을 일컫는다. 스승의 거느림과 스승 찾아 방랑하기도 이에 속하고, 스승에게서 벗어나 홀로서기도 넓은 의미에서는 이에 속한다. 아무튼 도제적(徒弟的) 전승의 자취가 뚜렷한 것이다. 그러나 이 모든 것을 '인간의 성숙 여정'이라고 읽으면 이는 맹목적인 수직적 전승과는 전혀 다른 모습으로 그려진다. 수평적인 공존으로 수직적 전승의 계보적 특성이 치환될 수 있기 때문이다. 그러므로 게슈탈트영성치료가 초월영성상담에서 일반적으로 언급되지 않으면서도 그 이어짐을 간과할 수 없음을 살펴보기 위해서는 다른 접근을 할 수밖에 없다. 이를 저자는 '상담자의 인간적 성숙'을 준거로 하여 게슈탈트영성치료와 초월영성상담의 '만남에서 창출되는 중첩된 공감의 장'으로 이름 짓고 싶은 것이다.

이러한 시각에서 초월영성상담의 진전양상을 한 인간의 성숙 과정을 준거로 다음과 같이 그려보기로 한다.

① 인간의 질곡(桎梏)에 대한 공감: 휴머니즘(humanism) → ② 윤리적 책무감에서 비롯한 심리학 및 심리치료 상담으로의 관심: 심리치료 (psychotherapy) → ③ 기계론적인 실증의 틀 안에서의 상담에 대한 회의와 대안 모색: 자아초월 심리치료(transpersonal therapy) → ④ 경험적 실재이면서도 배제된 초월과 영성의 수용을 절감한 시각의 바꿈: 전체론(holism) → ⑤ 상담 치료를 위한 도구의 선택: 광의의 명상(meditation) → ⑥ 실천을 위한 장 또는 공동체의 마련: 수련원 또는 연구소(ashram, sanctuary)로의 전개가 그것이다.

이것이 실제로 벌어진 '순차적인 생성적 과정(gradual generative process)'은 아니다. 기술한 각개 단계는 순환적으로 연쇄되어 있기도 하고 동시적인 현상이기도 하다. 서술을 위한 도식일 뿐이다. 그러나 이를 상술하면 우리는 초월영성상담과 게슈탈트영성치료의 '소원한 친연성(親緣性)'을 '친근한 친연성'으로 바꿀 수 있을 것이고, 나아가 초월영성상담다움을 더 분명하게 살펴볼 수 있을 것이다. 이를 절을 나누어 다루어보기로 한다. 이에 대한 구체적인 서술은 다음 기회에 기술하고자 한다.

(1) 휴머니즘

인간의 삶의 세계는 선과 악, 옳음과 그름, 나–그것, 더 나아가 삶과 죽음, 있음과 없음이 대립하는 상황 안에 있다. 그러한 대립적 균열은 의미와 가치의 차원에서도 다르지 않다. 우리는 이 갈등에서 벗어나기 위해 그것의 경험 주체인 '내 취향(disposition)'을 준거로 하여 이와 직면한다. 그러나 그러한 태도는 갈등을 심화한다. 내가 만나는 대상을 물화(reify)하기 때문이다. 전통적으로 말하면 '동물적 대응'이다. 초월영성상담은 이것이 인간의 실상임을 공감하고 고뇌한다. 그런 의미에서 이는 휴머니즘이다. 또 다른 대응은 이 현상을 사색하는 것이다. 사색의 사색다움은 그것이 '무엇'이나 '어떻게'가 아니라 '왜'를 묻는다는 데 있다. 왜 둘인가? 둘이라고 판단한 내 인식은 정당한가? 사유의 가능성과 한계를 우리는 판단할 수 있을까? 사유는 그것 자체로 자기충족적인 것인가? 하는 물음을 사유한다. 사유를 사유하면서 인간은 드높아지기도 하고 더 나락으로 떨어지기도 한다. 그러한 주체가 인간임을 초월영성상담은 잊지 않는다. 공감하기 때문이다. 이는 휴머니즘의 실체다.

인간은 자신의 질곡에서 벗어나기 위해 자신의 유한함을 벗어나려 한다. 지금 여기에 갇히지 않은 초월의 존재를, 영의 실재를, 온전함을 희구하고 발언한다. 그리고 그것에 나를 맡긴다. 믿음은 그렇게 현실화한다. 하지만 때로 그것은 문제의 풀림이 아니라 나의 포기에 이른다. 인간은 스스로 자신을 상실한다. 존재하는 것은 온전하고 거룩하고 영속적인 절대뿐이다. 인간은 없다. 초월영성상담은 이 현실도 공감하고 승인한다. 그리고 함께 고뇌한다. 그러나 문제를 풀기 위해 문제 주체를 버리는 것은 건강한 해결이 아니라는 것도 현실이다. 그리하여 상실된 인간의 회복을 희구한다. 이러한 맥락에서 초월영성상담은 철저하게 휴머니즘이다. 인간을 위한, 인간에 의한, 인간의 고뇌와 연민의 공감적 표출이기 때문이다.

그러므로 휴머니즘에서 출발하지 않는 초월영성상담도, 휴머니즘으로 귀결되지 않는 초월영성상담도 초월영성상담이 아니다. 목적은 본능도, 사상도, 절대적인 실재도 아니다. 그런 것과 더불어 어떻게라도 자기의 문제를 풀려는 인간 자체가 목적이다. 휴머니즘의 실상은 이렇다. 이것이 초월영성상담과 게슈탈트영성치료를 실천하는 인간의 자의식이다.

(2) 윤리적 책무

누구나 알듯이 행동과 사유는 괴리를 이룬다. 나를 포함한 인간의 질곡에 대한 공감과 승인이 필연적으로 행위에 이르는 것은 아니다. 행동은 일정한 반응기제에 의해 역동한다. 그것이 책무(responsibility)다. 인식은 책무에 의해 충동될 때 비로소 움직인다.

주목할 것은 일정한 책무감이 없어도 인간은 현존할 수 있다는 사실이다. 도덕적 규제가 타율적으로 주어진 관성적 삶을 살아가는 경우가 그렇다. 그러나 의미나 가치에 대한 감성이 자신의 삶을 서사적(敍事的)으로 읊으면서 부닥치는 경우에는 그럴 수 없다. 그것은 행위 주체인 내가 그러한 윤리적 덕목을 피할 수 없는 실제 경험의 펼침이기 때문이다. 이러한 의미에서 앞에서 언급한 초월영성 상담가의 휴머니즘은 실은 자전적(自傳的) 이야기(narrative)다. 개념의 논리적 전개가 아닌 것이다. 상담으로의 관심은 지적 호기심이 아니다. 상담 훈련은 기술의 습득이 아니다. 자신과 자신, 자신과 타인, 자신과 자연과 우주, 자신과 존재하는 모든 것과의 관계성을 유념하며 이에 반응한 자율적인 선택이다. 그렇다면 책무를 절감하는 일은 실은 지향해야 할 당위가 아니라 지금 여기에서 자연스럽게 살아야 하는 일상 자체다.

이러한 사실이 초월영성상담이 반드시 도덕적이거나 윤리적인 것을 지향해야 한다는 것을 주장하는 것은 아니다. 도덕을 행위규범이라고 이해하면 그 덕목은, 그것을 당위로 주장하는 논리적 절대성에도 불구하고 실천의 장에서는 맥락적이고 상황적이다. 특정한 행위를 절대적인 도덕으로 규정하는 것은 비현실적이다. 그러므로 상담의 목적인 인간으로서의 건전한 현존을 위해 특정한 도덕적 당위를 목표로 설정하거나 상담현장에서 지시적인 내용으로 기능하게 하는 것은 문제의 풀림에 도움이 되기보다 더 어렵게 하는 요인이 된다. 닫힌 해답을 강요하는 것이 되기 때문이다.

초월영성상담이 윤리적 책무에서 비롯되었다는 주장은 그것이 도덕적 상상력(moral imagination)과 절연되었을 때의 상황을 염려하면서 전제한 것이다. '참 나'에 이르는 알아차림의 실현이 도덕에 의하여 이루어지는 것은 아니다. 그러나 그 터득이 도덕적 상상력과 단절되어 이루어진다면 그 깨달음은 자기가 처한 상황을 구조화하여 인식하지 못한 채 자신의 동굴에 유폐될 수밖에 없다. 은둔과 예외자의 자리에서 자기 탐닉에 만족하는 것이다. 초월영성상담은 이러한 사태를 충분히 예견한다. 그리고 자신을 열린 관계성 안에서 살아 있게 한다. 이러한 의미에서 초월영성상담이 상담에 관심을 기울이는 것은 윤리적이고 도덕적인 것이다.

(3) 창조적 태도

초월영성 상담자는 다양한 지적 배경을 갖는다. 물론 심리학과 심리치료를 전문적인 수준에서 두루 공부한 사람들이다. 그러나 이 밖에도 철학, 종교, 미학, 음악, 드라마, 예술 일반에 대한 식견 있는 지성인도 전문가도 참여한다. 특정 종교의 성직자도 교수도 사회운동가나 시민운동가도 좋다. 초월영성 상담가를 위한 전제된 자격규제란 불가능하다. 그런데 그들이 고뇌하는 공통적인 문제는 있고 또 있어야 한다. 가깝게는 심리학에서 발전된 상담의 현실 적합성의 문제고, 멀게는 학문과 실제 간의 괴리를 빚는 경험의 현장에 관한 문제의식이다. 이 둘이 떨어진 것은 아니다. 앞에서도 여러 번 되풀이 하여 지적한 바지만 이를 정리하면 첫 번째 경우는 실증을 전제한 인식론이나 방법이 현상을 직면하기보다 이를 재구성하여 자기에게 상응하는 것만을 현상이나 현실로 여기는 것이다. 두 번째 경우는 모든 경험을 추상화하고 개념화하여 개념만으로 이루어진 다른 현실을 언어의 틀에 담아 서술하면서 이것이 우리가 경험한 것이라고 주장함으로써 경험 자체를 자기를 준거로 하여 재단하는 일이다.

이는 전혀 새로운 문제가 아니다. 언제나 어디서나 경험하는 일이다. 그러나 이를 정직하게 발언하기는 힘들다. 이러한 성찰적 발언은 학문적 천착이 제대로 이루어지지 않은 태도에서 나온 모자란 견해이거나 불만으로 여겨지기 때문이다. 그러나 초월영성 상담가는 이러한 반론에 대해 기존의 심리학이나 상담이론이나 실천이 그 자리에서 간과했거나 배제한 것이 무엇인지를 밝히면서 이에 대응한다. 초월과 영성의 주장이 바로 그것이다. 그들은 이를 실증하려 하지 않는다. 다만 경험적 실재임을 지적할 뿐이다. 직접적으로는 종교의 현존에 대한 태도가 그러하고, 종교적인 여러 현상에 대한 인식이 그러하다. 이를 그들은 기존의 인식체계나 실천적 강령을 간과하거나 배제하지 않은 채 수용하고 승인하면서 자신들의 문제와 연결한다. 그것은 종합의 모색이고, 그 종합을 넘어서는 차원의 모색이기도 하다.

그러한 모색이 전혀 없던 것은 아니다. 자아초월(transpersonal) 개념이 그렇다. 그러한 상담모델은 초월영성상담 이전부터 있어 왔다. 그러나 초월영성상담은 이를 강화하거나 개량하거나 환원적으로 수용하기보다 이를 새로운 범주로 설정하여 인간의 경험을 그 안에서 재편성한다. 그러한 의미에서 초월영성상담의 태도는 창의적이다. 물론 게슈탈트영성치료자의 태도도 그러하다. 초월영성은 부수적인 현상이 아니라 근원적인 것이기 때문이다.

(4) 전체의 포섭

새로운 범주를 설정하여 존재하는 것을 그 안에서 재편하는 일이 가능한 것, 곧 창조적이게 되는 것은 기존의 것을 버려서 이루어지는 것이 아니다. 버림이 아니라 있는 것을 그대로 둔 채 다른 자리에서 이를 바라보는 데서 성취되는 것이다. 안 보이던 것이 보이는 자리에 서는 일과 다르지 않다. 모든 것(whole)이 보이는 자리에 서는 것, 그것을 기반으로 한 인식과 실천을 그들은 '전체를 직면하는 태도(holism)'라고 부른다. 자칫 우리는 이제까지 보던 자신의 시각(perspective)의 한계를 극복하기 위해 부분적으로 보던 것을 다 모아 전체화하여 보는 것으로 이를 이해할 수도 있다. 그러나 이들이 주장하는 전체론은 부분의 통합이 아니라 전체라는 새로운 실재. 부분에 대한 인식이 필요하다면 이 새로운 전체의 분석적 이해를 통해 부분을 다시 구축하지 않으면 안 된다.

실제로 이들이 의도하는 것은 과학도, 인문학도, 예술도, 종교도 그러한 구분 이전의 '본래적인 하나'를 통해 그러한 것들을 재서술하고 재인식하는 것이다. 그리고 '주의를 집중하여' 그 전체를 전체이게 하는 것은 인간의 경험, 그 경험 내용이다. 그것을 분해 이전의 총체, 분석 이전의 원천으로 여기고 그것에서부터 출발하는 것이다. 그러므로 이제까지 과학이라는 이름으로 배제된 것, 종교라는 이름으로 배제된 것 등은 더 이상 없다. 기존의 경계나 벽은 사라진다. 초월영성 상담가의 모습이 자유로운 것은 이 때문이다. 그들은 상담의 장에서 특정한 주제에 매이지 않는다. 방법도 그러하고 펼치는 장도 그러하다. 그것이 밖의 관찰자 눈에는 불명확성, 불투명성, 유동성, 형상 없음이고 그래서 혼란과 소용돌이로 읽힌다. 하지만 혼란은 경계의 자의적 설정에 따른 결과이지 경계 없음의 자리에서는 경험되지 않는다. 자유는 그러한 것을 누리는 삶의 상태다.

이러한 자유의 누림은 초월영성 상담자와 게슈탈트영성 치료자의 자기 수련이나 수행의 결과이기도 하다. '알아차림'에 이어지는 '자기규제'가 현실화하지 않았다면 이러한 터득이나 실천은 불가능했을 것이다.

(5) 몸에서 몸으로

초월영성상담이 선택한 해답의 방법은 가장 넓은 의미에서의 '명상'이라고 할 수 있다.

그것은 달리 '몸의 도구화'라고 할 수 있다. 명상은 몸을 통한 수행이기 때문이다. 앞에서 이미 충분히 기술한 바와 같이 힌두 전통이나 불교적인 또는 도가적인 데서 비롯하는 동양적인 것이든, 기독교나 유대교 전승 그리고 그곳의 신비주의에서 비롯하는 것이든, 그 종류에 따라 명상의 호칭과 수행 방법은 다양하다. 그러나 어떤 것이든 명상의 범주에 드는 수행은 '숨 고르기'에서부터 일정한 '자세'를 짓는 데 이르기까지 모두 '몸짓'이다.

이러한 몸의 도구화는 자칫 전통적으로 몸은 정신적인 것과 등가적인 것이 되지 못했다는 사실과 연계하여 마음과 몸의 이원적 구조의 계승이라 여길 수도 있다. 정신이나 사유나 의미나 가치는 몸의 반응이나 감성적인 것과는 달리 높은 단계의 성취로 여긴 전통에 서 있다고 판단되기 때문이다. 그러나 초월영성상담은 앞에서 본 바와 같이 이원적인 갈등 구조를 해체하는 자리에 있다. 그렇다면 우리는 '명상의 도구화'라는 명제를 더 살펴볼 필요가 있다. 그것이 '마음 예속적인 몸'을 의미하는 것일까 하는 물음을 묻고 싶은 것이다. 여기에서 우리가 주목할 것은 명상은 스스로 방법이면서도 그것이 활용될 때면 그것은 그것 나름대로 자족적인 것이 된다는 사실이다. 명상은 방법이면서 목적이고, 그러면서 몸과 마음의 실현, 깨달음의 상태라는 사실이다. '명상을 통해서 도달하는 경지'는 없다. '명상하는 텅 빈 자아'가 있을 뿐이다. 몸이 현존하는 한, 명상은 언제 어디서나 더불어 현존하는 상시적인 것이지 수단이 발휘하는 '사건적'인 것이 아니다. 명상은 깨달은 삶의 일상이다. 그것이 일상이지 않으면 우리는 명상이 지향하는 삶을 위해 몸을 버리지 않으면 안 된다. 그러나 그것은 문제의 해결이 아니라 도피에 불과하다. 명상은 몸에서 비롯하여 몸으로 되돌아와야 한다.

초월영성 상담자에서 드러나는 언어의 비중이 이를 잘 설명해준다. 그들은 가르침(언어)보다 침묵(몸짓)을, 배움(개념이나 논리)보다 의례적 수행(몸짓의 지속적인 반복)에 더 많은 무게를 두고 있다. 그것은 몸에 집중(attention)하여 마음의 망념을 깨트려 무화(無化)시키는 것이기도 하고, 마음이 몸에 집중하여 몸의 무상함을 터득하게 하는 것이기도 하다. 이러한 현상을 우리는 앞에서 언급했듯이 초월영성상담이 주는 '육신의 재발견'이라고 할 수도 있다.

(6) 새로운 공동체

초월영성 상담자의 상담패턴을 유형화하는 것은 불가능하다. 그들은 앞에서 언급한 것처럼 '자유롭기' 때문이다. 그래도 비교적 다른 상담모델과 다른 두드러진 점이 보인다. '함께 홀로, 홀로 함께'의 잠재적인 원리와 일정한 공간의 확보다. 이들이 지향하는 공간은 단순한 편의가 아니라 상담의 중요한 일부다. 시설뿐만 아니라 마련한 공간이 '다른 공간' 또는 '비일상적 공간'이 되기를 바란다. 이는 다시 소박한 공간을 넘어 이에 참여하는 사람들과 더불어 그들만의 공동체를 꾸리는 일과 멀지 않다.

아슈람이나 생크추어리[1]를 예를 들어 보자. 단순화하면 그것은 수련을 위한 '시설'이 아니라 그것 자체가 '수련공동체'라고 판단할 수 있다. 이는 내담자가 수련을 효율적으로 누리도록 한 최적의 편의라고 설명할 수 있다. 그러나 실제로는 편의를 넘어선다. 상담자 또는 지도자의 상시적 현존은 안도감을 증진시킨다. 일상과 단절된 일정한 시간 또는 일상과의 절연이 현실화하는 일정한 거리 그리고 일상과는 다른 상징적 구조(건물, 치장, 상, 음악, 미술 등) 그리고 낯선 타인과의 만남에서 겪는 이질감과 공감이 주는 긴장 등은 집중을 배가시킨다. 그곳에서의 명상은 자연스럽게 몸에 스미고, 그곳에 머무는 한 그것이 그곳의 일상이 된다. 알아차림에서 도달한 참 나를 스스로 확인하는 일이 수월해진다. 이미 자기를 억제하는 고뇌가 가시적으로 배제된 조건을 그곳이 마련해 주고 있기 때문이다. 그러한 기대와 그 기대의 충족은 상담자에게도 현실적으로 일어난다. 의도된 일정한 지향성을 공유한 집단의 구성은 그런 것이 되지 않은 집단과 전달의 효율성이 전혀 다르기 때문이다. 공동체의 동질성은 동일한 반응을 일게 하는 것은 아니어도 공명(共鳴, feedback)을 통한 주제의 진전을 현실화하는 데 도움이 된다. 상담자의 자기 역할에 관한 확인도 개별상담의 경우와는 다르게 고무적으로 안정된다.

조심스러운 점이 없는 것은 아니다. 내담자가 상담공동체에 의존적이게 되는 경우가 대표적이다. 때로는 스승을 찾아, 때로는 다른 공동체의 다른 구성원을 찾아, 때로는 다른 방법 또는 기법을 찾아 수렵적인 사냥과 유목민적인 이동을 반복하는 경우가 그렇다. 초월영성상담의 덕목이기도 하고, 그것이 지닌 구조적인 요소이기도 하다. 상담자가 스스로 '구도적 수행자이면서 상담가'라는 사실 때문이다.

그런데 이는 또 다른 문제와 이어진다. 공동체적 맥락에서의 이러한 상담자는 자칫 그 공동체의 '영적 지도자'의 자리에 들어서게 된다. 내담자는 '영적 수련자'가 되어 구루(guru)를 모시는 자리에 선다. 영적 지도가 상담을 수행할 수는 있다. 그 가르침의 순종과 추종이 문제를 풀어주기 때문이다. 그러나 때로 이는 내담자의 타율적 선택을 자율

---

1) 생크추어리(sanctuary): 교회, 사원, 유대교의 성막, 예루살렘 신전 등 예배 등을 올리는 신성한 장소 및 성소를 일컫는다.

적 선택으로 오해하는 경우를 낳는다. 이러한 사태가 사회적 관심으로 확장하면 이 공동체는 기존 종교의 모습을 띤다. 상담자는 힘을 지닌 절대자의 자리에 오르고, 상담은 가르침으로 바뀌어 교리가 되고, 내담자는 봉헌자로 살아가는 것을 축복으로 여기게 된다. 초월영성상담은 이도 의식하고 있다. 이러한 '위험'을 지적하면서 아예 초월이나 영성이라는 말을 피하고 싶다는 발언조차 들린다. 이에 우리는 초월영성상담의 첨예화한 감각을 읽는다.

4) 초월영성상담은 '영적인, 그러나 종교적이지는 않은 것'

이제까지 우리는 초월영성상담이란 어떤 것인가를 휴머니즘에서 비롯하여 상담공동체의 마련에 이르기까지 펼쳐지는 상담가의 성장 과정을 준거로 살펴보았다. 조심스러운 정리였지만 우리가 분명하게 이에서 확인하는 것은 초월영성상담을 채색하는 종교적 색깔이다. 앞에서 지적했듯이 이는 이미 게슈탈트치료를 게슈탈트영성치료로 명명한 김정규의 연구에서도 찾아본 바 있다.

여기에서 잠깐 우리 종교문화의 풍경(landscape)을 조망하는 것이 도움이 될 것이다. 세계적인 추세는 아닐지라도 북반구, 특히 이른바 선진 여러 나라의 사정도 다르지 않은데, 우리의 경우 종교인구의 감소가 두드러진다. 한국갤럽조사연구소가 발표한『한국인의 종교 1984~2021』에 의하면 한국의 종교인구는 2004년 54%, 2014년 50%, 2021년 40%다. 개신교의 목회데이터연구소는 2024년 4월에『2023 한국인의 종교 생활과 신앙 의식 조사』를 발표하였다. 이에 의하면 종교인은 37%, 무종교인은 63%다. 여기에는 흥미로운 통계가 포함되어 있다. 무종교인들의 신에 관한 생각을 살핀 것이다. 결과는 다음과 같다. 신의 존재를 안 믿지만, 초월적 힘 존재: 33.7%, 신의 존재, 초월적 힘도 안 믿어: 26.1%, 신의 존재 믿어질 때도, 안 믿어질 때도 있다: 24.4%, 신의 존재 믿음: 4.6%, 모르겠다/무응답: 11.2%가 그것이다. 사람들은 종교인은 아니지만, 종교적이라는 범주 안에 머물러 있음이 드러난다. 이와 아울러 각 종교마다 성직 지원자의 감소 현상이 두드러진 것은 다 알려진 사실이다. 종교라는 문화의 쇠퇴는 분명하다.

그런데 상담영역의 형편은 다르다. 더 치밀한 조사가 최근의 것으로 나와야 알겠지만 1964년에 발족한 한국상담심리학회는 2024년 40,000명 이상의 회원을 확보하고 있고, 상담심리사 1급 2,030명, 2급 6,140명을 배출했다(2024. 3월 홈페이지 접근). 한국상담학회는 2000년에 발족했는데 34,000명이 회원으로 등록되어 있다. 2020년 통계에 의하면 1급

상담사 1,542명, 2급 상담사 6,272명으로 기술되어 있다(2024년 3월 홈페이지 접근). 종교 인구의 감소와 상담문화의 팽창은 흥미로운 대조를 이룬다. 이 밖에도 영성 수련의 이름 으로 행해지는 종교의 활동이나 일반인들의 임의 영성상담 단체도 번창하고 있다. 이들 은 대체로 명상을 수행의 방법으로 선택한다.

이러한 맥락을 유념하면 우리는 종교적인 색깔을 지울 수 없다고 판단한 초월영성상담 을 어디에 자리매김해야 할 것인지를 묻지 않을 수 없다. 이는 세 가지 관점에서 논의할 수 있다. 하나는 '영적이기도 하고, 종교적이기도 한(Both Religious And Spiritual: BRAS)', 또 하나는 '영적이지만 종교와 연계되지는 않은(Spiritual But Not Affiliate: SBNA)' 그리고 세 번째는 '영적이지만 종교적이지 않은(Spiritual But Not Religious: SBNR)'이 그것이다(SBNR 라는 말은 1997년에 진바우어(Zinnbauer, 1997)와 몇몇 학자들이 종교성(religiosity)에 관한 개인들의 이해를 통계 조사하는 과정에서 등장했다. 이후, 이 용어가 함축한 문제의식에 공감하는 많은 연구가 수행되었다.

초월영성상담이 BRAS의 영역에 들 수 없는 것은 분명하다. 이때 종교는 조직화하고 제도화된 종교를 지칭하기 때문이다. 초월영성상담이 그러한 모습을 보이고 있지는 않 다. 그뿐만 아니라 초월영성상담학회의 취지문이나 초월영성 상담자의 증언에 따르면 그들은 기존 종교의 대안 종교(alternative religion)가 아니라 종교로부터 자유롭기를 바라 는 자리에 있다. 종교적이지 않은 영성의 마음 안에서 아무런 경계도 없는 자신의 삶을 누리고자 하는 것이다. 따라서 초월영성상담의 자기주장은 교리(dogma)도 아니고 신조 (creed)일 수도 없다. 수행의 가르침에 담긴 예를 들어 '알아차림'이나 '마음 챙김' 등의 용 어를 사용한다고 해서 그것이 종교에의 귀속을 뜻하는 것은 아니다. 기법으로서의 명상 의 선택도 다르지 않다. 그러한 그것을 받아들이는 것은 그것이 인간의 경험에서 비롯한 것이어서 현실화된 그 경험의 보편성을 승인하기 때문이지 그 개념이 인간의 경험 이전 부터 있던 절대적인 것은 아니라고 판단한다. 수련공동체의 형성도 제도화된 종교공동 체와는 다르다. 자기 응집과 확장을 위한 힘의 실체로서의 공동체(종교공동체)와 자기가 의도한 바를 효율적으로 실천하기 위한 편의공동체(초월상담공동체)는 다르다. 그러므로 초월영성상담에서 종교적 색깔이 보인다고 하더라도 그것은 SBNR이지 BRAS는 아니다. 종교와 상담의 '중첩'이 아니라 그 어느 것도 방치하거나 간과할 수 없는, 그러나 그것을 넘어서야 하는 '새로운 사태' 또는 '진정한 현실'에 적합성을 가지고자 초월과 영성을 초 빙한 행위 주체(actor)의 마음의 결이 그렇게 보이는 것이다. SBNA는 '종교와 연계되지 않은 영성'이라기보다 '종교와 연계되지 않은 종교'라고 읽는 것이 더 정확하다. 이때 영성은 제도권에서 일탈한 종교를 지칭하는 것이지 제도 종교를 넘어선 다른 것을 뜻하는 것은 아니기 때문이다.

이러한 유형적 비교를 준거로 하면 초월영성상담의 종교성 여부에 대한 논의는 명확하게 결론지어진다. 그것은 '영적이지만 종교적이지는 않은 것'이다. 다만 주목할 것은 이때 이를 서술하기 위해 신중하게 선택한 영성이나 종교의 어휘다. 애써 그것을 명사(spirituality, religion)가 아닌 형용사나 부사적 의미를 함축한 것(spiritual, religious)으로 선택하고 있다. 자기를 굳히거나 닫힌 것으로 여기지 않으려는 초월영성상담의 자유롭고 창의적이고 전체론적인 '생성적 속성'에 가장 적합한 묘사라고 판단된다.

이제까지 우리는 매우 복합적인 문제, 곧 일반적인 심리치료를 거쳐 게슈탈트치료에, 그리고 이를 넘어 게슈탈트영성치료에 그리고 초월영성상담의 출현과 이제까지의 흐름과의 연계에 관한 것이 그것이다. 분명한 것은 이 과정을 거쳐 마침내 우리는 초월영성상담과 게슈탈트영성치료의 모습을 그릴 수 있었다는 사실이다. 그러나 이에 대한 비판적 발언도 적지 않다. 이를 간과할 수 없어 간략하게 살피려 한다.

5. 초월영성상담과 게슈탈트영성치료에 대한 비판

'주장'은 경험에서 비롯한 인식과 신념의 종합에서 비롯한다. 그리고 그것은 힘으로 기능한다. 하지만 인간의 모든 경험이 동질적인 것은 아니다. 다른 주장과의 갈등은 불가피하다. 주장이 제각기 자기 성찰을 수반해야 한다는 윤리적 명제는 이러한 이유로 규범적인 것으로 요청된다. 그것이 지속적으로 이루어지지 않으면 주장은 스스로 자신 안에 함몰될 수밖에 없다. 플라톤이 든 동굴의 비유는 비유가 아니라 현실이다. 동굴 안에서는 그림자를 실재로 여긴다. 비판은 그림자의 세계에서 실재의 세계, 더 나아가 그림자를 실재라고 여긴 자기를 보게 한다. 이 글을 마치면서 비판을 향해 우리를 열어놓아야 하는 이유다. 초월영성상담에 대한 비판의 주체는 다양하다. 심리학, 다른 상담모델, 종교, 문화 또는 사회비평가들이 모두 망라된다. 이를 대략 살펴보기로 한다.

1) 비학문성

초월영성상담에 대한 비판은 이전의 자아초월심리학(transpersonal psychology)에 대한 비판과 궤를 같이한다. 우선 학문(academism)에 기반을 두고 있지 않다는 비판이다. 이를 근원적으로는 '소박한 형이상학(naive metaphysics)'과 '다듬어지지 않은 인식론(undeveloped epistemology)'으로, 직접적으로는 '개념적인 것의 결핍(lack of conceptual)'과 '실증적인 것의 결핍(lack of evidentiary)'으로 설명한다. 초월과 영성은 이러한 비판을 초래한 원초적이고 직접적인 비학문적 본성(unscientific nature)을 지닌 것으로 지적된다. 결과적으로 '심성(心性, psyche)'은 사라지고 초월영성이 낳은 '마음(mind)'만이 실재로 상정된다. 심리학은 절연될 수밖에 없다. 그러므로 초월상담은 학문의 영역에 머물 수가 없고 학문적인 바탕을 가진 것이 아니라고 비판한다.

2) 잘못 읽은 종교

초월영성상담은 종교와의 관계가 모호하다. 둘의 친연성(親緣性)은 지워지지 않는다. 문제는 초월영성상담이 종교를 잘못 읽고 있다는 지적이다. 더 직접적으로는 잘못 이해하고 있는 자기를 의식하지 못한다고 비판하는 것이다. 종교의 문화적 다양성, 역사적 다층성 그리고 개개인의 경험 속에서 일어나는 양태와 층위의 중첩성, 여타 문화와의 관계성(정치나 경제나 과학 등), 이 모든 것이 섞여 흐르는 과정성을 간과하고 경전과 의례와 공동체만을 정태적으로 읽는 데서 초월영성상담은 과오를 범하고 있다고 판단하는 것이다. 예를 들면 종교를 '속박(bondage, discipline)·지배(dominance, submission)·가학(sadism)·자학(masochism), 곧 BDSM 현상으로만 읽는 것이 그 하나다. 종교의 부정적 측면만 본다는 말이 아니다. 부정적 측면을 바라보면서 전체를 시야에서 사라지게 한다는 것이다. 이러한 자신의 판단이 충분히 다듬어진 것이 아님을 의식하지 못하기 때문에 자신은 전체성을 지닌다고 하지만 그 전체성은 전체를 주장한다는 한 부분일 뿐 실제로는 전혀 전체적이지 않다는 것을 지적하고 비판하는 것이다.

그뿐만 아니라 오히려 초월영성상담이 자신의 시설과 공동체를 적어도 '종교적인 공동체'이도록 운영한다고 지적한다. 그 안에서 이루어지는 것이 종교처럼 세련되거나 다듬어지지는 않았지만, 초월영성상담이 우려하는 종교의 그늘인 BDSM 현상은 그대로 초월영성상담에도 내포되어 있음이 관찰된다고 판단하는 것이다. 사회적 신뢰의 문제가 적지 않게 야기되는 것은 이 때문이다. 그렇다면 초월영성상담은 종교를 잘못 읽고 이와 거리를 두려고 하지만, 오히려 종교를 닮아가는 것이 현실이라고 비판한다.

3) 자기 과신

초월영성상담은 질(quality)과 양(quantity)을 나누어 말한다면 질적인 것에 집중한다. 그러므로 자신의 실천에 대한 측정은 불가능하고 불필요하다고 느낀다. 당연히 자기의 영향력에 관한 주장은 신념의 강화와 병행한다. 자기의 발언, 자기의 설명은 절대적인 발언, 절대적인 설명이 된다. 의미를 위한 이른바 객관성의 희생이 예사로워지는 것이다. 톨레를 '가르치는' 어느 영성 상담자의 발언은 강의 내내 마치 후렴처럼 이러한 투의 발언이 되풀이된다.

> "……이게 생각으로 되는 게 아니기 때문에 궁금한 마음은 다 내려놓고 그저 열린 귀로 들을 뿐입니다. 궁금해도 안 되고, 질문이 있어도 안 되고, 의심이 가도 안 되고, 그런 마음으로 들으면 절대로 이 자리를 확인할 수 없습니다……. 깨달음은 생각이 아니기 때문에……. 제발 자기 자신을 의심하지 마세요. 이 말이 지금 공감이 갔다면 그것이 견성이야……. 제가 이렇게 고함을 지르고 화가 난 것 같고 이렇게 말하는 거는 선생님들이 자꾸 집중을 못하기 때문에 그러는 거예요. 지금 이 순간을 생각으로 설명할 수 없다면서 선생님들께 말했잖아요. 근데 왜 생각하냐고. 근데 왜 질문하냐고. 뭐가 의심이 가요……."
>
> (에크하르트 톨레#7, 삶으로 이끄는 좁은 문/로건 선(禪). 2024. 5. 21.
> blog.naver.com/jsy945/223453224125)

강의가 상담의 장은 아니다. 그러나 초월영성상담의 장에서 전해지는 정황은 이러한 결(texture)을 짐작하게 하는 것이기도 하다. 이러한 현상에 대한 비판은 초월영성상담은 그 속성상 "자기탐닉적인 자기몰입을 증진하게 한다(promotion of narcissistic self-absorption)."라고 표현한다. 그것은 샤먼의 빙의 경험을 기술하는 전형적인 것이기도 하다(Ellis Albert, Yeager Reynold. 1989). 자기에 대한 지나친 확신은 자기를 신이나 절대자의 자리에 놓는 것에 그리 멀지 않다고 비판자들은 말한다. 지나치는 것은 모자람보다 못하다(過猶不及)는 논어의 말과 다르지 않다.

4) 상업주의

이러한 비판은 초월영성상담이 결코 새로운 것이 아니라는 것을 전제한다. 역사적으로도 그렇고 현대적인 맥락에서도 그렇다고 주장한다. 그것은 근대의 심리학에서 비롯한 것이 아니라 오히려 종교의 하위문화(subculture)인 여러 비의(秘儀, cult)[2]에서 말미암은 것이라고 주장한다. 이를테면 점성술이나 주술이나 음료(entheogenic substance)에 의한 환각에의 빠짐 등은 주류(主流)종교와 더불어 늘 있어 온 것인데 그것이 지금 초월영성상담이라는 옷을 입고 재연되는 현상이라는 것이다. 예를 들면, 이제는 사라진 고대 켈트(Celt) 사제인 드루이드(Druid)[3] 신봉(信奉) 현상, 마법 숭배인 위카(Wicca)[4]의 재현, 숫자로 된 조각을 굴리는 점괘판(占卦板)인 위저(Ouija)[5]의 유행, 뉴에이지(New age)[6] 운동, 이미지를 통해 점을 치는 타로카드(Tarot Card) 등을 든다. 현재의 초월영성상담도 그러한 종교의 하위문화인데 명상을 수단으로 한 것이 다를 뿐이라는 것이다.

이러한 비의(秘儀)는 낯선 신기함, 선택의 다양성, 존중받는 자기중심적 만족감, 높은 가성비, 건강(몸)에의 관심, 신비에의 갈증 등 때문에 고객들이 충분히 구매할 만한 상품이 된다. 생산자는 고객이 소진되지 않는 상품, 이윤을 담보할 수 있는 상품으로 자신 있게 시장에서 이를 진열한다. 그러나 그러한 상품이 대체로 그렇듯 이 상품은 구매자에게서는 충동적이거나 중독적인 것이 되기 쉽고, 생산자에게는 '진정성(authenticity)을 유지'하기보다 더 '강한 자극을 상품에 부여하기 위한 끊임없는 변용(shallowness)'을 지속하게 한다. 초월영성상담의 영역에서 여러 양태의 상담 기법이 지속적으로 다양한 수단을 통해 진전되는 모습이 이렇게 읽혀지는 것이다. 실제로 사업 또는 기업 지향적인 영성수련 기관의 다양한 출현은 이 비판을 불식시키기 힘들 정도다.

2) 비의(秘儀, cult): 비밀스러운 종교의식
3) 드루이드(Druid): 고대 켈트의 성직자. 켈트인의 애니미즘적인 경향이 강한 종교 생활을 지배한다. 삼림 속에서 사람을 신에게 바치는 인신 공희(人身供犧)의 의식에 입회하며, 재판·교육·전쟁의 조정 등의 실권을 장악하고 불사(不死)에의 기대를 설교한다.
4) 위카(Wicca): 영어 문화권을 중심으로 전 세계에 널리 퍼진 신흥종교 또는 종교운동이다. 위카는 영국 마법법이 폐지된 이후, 제럴드 가드너라는 영국 공무원에 의하여 1954년 처음 공표되었다.
5) 위저(Ouija): Ouija라는 이름은 프랑스어 'Oui'와 독일어 'Ja'에서 따온 것으로, 둘 다 예(Yes)라는 뜻이다. 일종의 심령대화용 점술판이라 할 수 있다.
6) 뉴에이지(New Age)는 20세기 말엽 나타난 새로운 시대적 가치를 추구하는 영적인 운동, 사회활동, 문화활동, 뉴에이지 음악 등을 종합해서 부르는 단어다.

5) 잠정적 응답

각 항목에 상응하는 응답을 시도하기보다 이러한 문제를 명확하게 이미 지적하고 초월영성상담의 건강한 현존을 위해 여러 제안을 하는 김형록 교수의 발언을 주목하고 싶다. 그는 블로그 '힐링 문화의 반성적 검토: 포스트 코로나 시대에서 종교의 사회적 역할(2021. 5. 10.)'에서 그리고 2023년 12월 15일, 초월영성상담학회 학술대회에서 인경 스님의 발표문 "명상과 초월영성상담"에서 이 문제를 간결하게 다루고 있다.

발표문에 의하면 그는 초월영성상담의 문제를 초월영성에의 과학적 접근의 난점, 통합이라는 이름으로 다양한 전통에서 가져온 정착하지 않은 개념들의 혼재 때문에 생기는 혼란, 긍정성을 강조함으로써 인간 내면의 어두운 본성을 무시하는 일, 질적 접근 때문에 소홀해지는 양적 접근, 종교계로부터의 탈종교화 속성을 가지는 것이라고 했다.

이러한 자기물음에 대한 그의 대답을 간추리면 이렇다. ① 초월영성을 심리학의 영역에서 통합해야 한다. ② 이를 위해 모호한 종교적 측면과 심리적 측면의 경계를 구분하고 융합하여 각기 자기 자리를 확보해야 한다. ③ '초월영성'에 대한 조작적 가설(operational hypothesis)로라도 개념 정의가 필요하다. ④ 초월영성을 측정하는 도구의 개발이 필요하다. ⑤ 명상을 통해 치유가 이루어지는 것은 단순한 기법이나 방법을 넘어 그것이 본래적인 심성인 참된 자기의 일부이기 때문이다. 구도(求道)의 길 위에서의 명상은 그 자체로 초월이고 불성이고 영성이다.

개개 항목은 충분히 답변으로 기능할 뿐만 아니라 이미 현장에서는 그 염려를 불식하는 여러 논의가 이루어지고 있다. 그러나 마지막 항(項)의 언급은 불안하다. 그것은 초월영성상담과 종교는 분리되지 않아야 한다는 것을 강조한다고 판단되기 때문이다. 이 항목은 비판의 정당성을 강조한다. 그가 주장하는 것은 '불교적 초월영성상담'이기 때문이다. 그것은 초월영성상담이 아니라 불교의 신행(信行)이다. 불교의 신행이 잘못되었거나 그릇되었다는 것이 아니다. 그것은 불교에서 행하는 일이지 심성(psyche)의 탐구에서 비롯해 도달한 초월영성상담과는 다르다는 것을 지적하려는 것이다. 앞에서 살핀 바와 같이 초월영성상담은 SBNR한 것이고 그래야만 할 것이다.

6. 마무리

이제까지 우리는 게슈탈트치료와 초월영성상담을 이해하기 위해 게슈탈트치료에서 게슈탈트영성치료로 그리고 이어서 초월영성상담에 이르는 긴 길을 걸어왔다. 논의의 펼침은 순탄하지 않았다. 역주행도 했고 사잇길로 빠지기도 했다. 마련된 신호들을 따르지 않고 이를 마음대로 교체하면서 무언지 밝히고 싶었다. 그러나 이러한 순례가 그렇게 혼돈스럽기만 한 것은 아니었다. 다음과 같은 몇 가지 우리의 생각과 태도를 다듬을 수 있었기 때문이다.

먼저, 우리는 이른바 이론(theory)은 실제(reality)를 추상화하여 언어화한 개념의 체계라는 사실을 재확인했다. 그러므로 그것은 무수히 나뉘고 서로 긴장하고 갈등하지만, 실제의 자리에서는 그것이 여전히 미분화된 것이어서 역설적으로 이론의 통합이 이루어진다는 사실을 새삼 터득하였다. 온갖 상담모델이 그렇다. 이론적인 상이한 배경에도 불구하고 상담현장에서는 저절로 그 다름의 사라짐을 경험하기 때문이다. 이러한 사실은 이론이란 처음부터 다만 어떤 현상을 설명하기 위한 도구이지 실천을 위한 규범은 아니라는 사실을 주목하게 한다. 따라서 우리가 설정한 문제, 곧 게슈탈트영성치료에서 초월영성상담이 왜 게슈탈트라는 용어를 배제하였는가 하는 물음은 문제가 되지 않는 물음임을 터득하게 된다.

다음으로 주목하고 싶은 것은 상담의 현장은 상담자와 내담자가 함께 만드는 삶의 자리라고 하는 사실에 대한 새로운 강조다. 익숙하고 당연한 상담윤리인데 새삼스럽다는 반응도 가능하다. 그러나 초월영성상담이 자칫 빠질 수 있는 '구도자와 중생' 또는 '성직자와 세속인'의 구조를 유념한다면 이러한 터득은 새로운 강조가 반드시 필요한 것이기도 하다. 상담의 장은 중심이나 주변, 높은 자리나 낮은 자리가 없는 평면성을 유지하지 않으면 역설적이게도 '영성의 착취'가 언제나 실현된다는 사실을 유념하는 일은 결코 무의미한 경고가 아니다. 이미 '상전-하인'의 논의를 포함한 것도 이러한 위험이 상존함을 알고 있었기 때문이라고 판단된다.

마지막으로 주장하고 싶은 것은 초월영성상담의 본질이기도 한데, 인간의 삶의 현장에, 따라서 상담의 현장에도, 실증할 수 없고 이론화할 수 없지만, 경험적 실재인 초월이나 영성이 끼어드는 틈을 마련해야 한다는 사실이다. 그것은 신비로의 도피도 아니고, 일상의 모든 것을 부정하는 것도 아니며, 이성과 논리와 판단의 포기는 더더구나 아니다. 그 모든 현실(Everyday Life: EL)을 철저히 살면서 지니는 '호흡'이 가능한 틈새다. 그 호흡이 불가능해지면 일상의 위축(the Contraction of EL)은 불가피하고 그것은 마침내 일상의 고사(枯死, the Witheredness of EL)에 이른다.

이러한 사실을 전제한다면 게슈탈트치료가 게슈탈트영성치료에 이르고, 그 풍토에서 초월영성상담이 자리를 잡은 것은 인간의 가장 정직한 인식이고 자기표출이라고 해도 좋을 것이다. 몸과 영을 아우르기 때문이다. 앞으로 더 넓게, 더 다양하게 이러한 기본적인 정직한 삶에의 반응은 자신의 변화와 더불어 '열린 지속'을 이어갈 것이다.

참고문헌

김영주(2016). 게슈탈트 치료와 동양사상의 비교 및 임상적 적용. 성신여자대학교 대학원 박사학위논문.

김정규(2008). 게슈탈트 심리치료와 종교성. 한국심리학회지: 임상, 27(2), 481-498.

김정규(2015). 게슈탈트 심리치료: 창조적 삶과 성장(pp. 21-23). 학지사.

김정규(2022). 게슈탈트영성치료의 다각적 이해. 한국게슈탈트상담연구, 12(2), 43-95.

김형록(2021). 블로그 "힐링 문화의 반성적 검토: 포스트 코로나 시대에서 종교의 사회적 역할 (2021. 5. 10)".

문성훈(2007). 물화(Verdinglichung)와 인정 망각, 해석학연구, 20(20), 279-316.

서도식(2009), 상호주관적 사물화 비판의 규범적 토대, 철학논총, 56(2).

오강남(2015). 표층종교와 심층종교. 제1회 종교포럼 기조강연. 화쟁문화아카데미.

오진미(2001). 굿의 치료적 과정을 적용한 상담모형의 구안. 성균관대학교 대학원 박사학위논문.

오진미(2016). 게슈탈트 치료 관점에서의 영성치료. 한국상담학회 초월영성상담학회 학술대회 발표자료.

오진미(2023). 게슈탈트영성치료의 이론과 실제. 한국상담학회 초월영성상담학회 학술대회 발표자료.

이영이(2014). 게슈탈트 상담이론에서의 영성. 한국게슈탈트상담연구, 4(1), 27-48.

인경스님(2023). 명상과 초월영성상담. 한국상담학회 초월영성상담학회 12월 리트릿과 동계학술대회 발표 자료.

정진홍(2014). 제9회 한국게슈탈트상담심리학회 학술대회. 게슈탈트치료의 현장. 특별강연. 2014년 11월 8일 성신여대 미아운정그린캠퍼스 중강당.

정진홍(2015). 지성적 공간 안에서의 종교: 종교문화에 대한 비판적 인식을 위하여. 세창출판사.

정진홍(2018). 상담에서의 종교와 영성 특별강연. 한국상담심리학회 학술대회.

정진홍(2023). 상담에서 초월과 영성에 관한 몇 가지 생각. 한국상담학회 초월영성학회 학술대회. 기조 강연

정진홍(2024). 신 이야기: 거룩하면서도 불가사의한 존재에 대해 묻다. EBS한국교육방송공사

한국기독교목회자협의회(2023). 한국 기독교 분석 리포트. 대한기독교서회.

Anderson, R. S. (1998). On being human: The spiritual saga of a creaturely soul. In W. Brown, N. Murphy, & H. N. Malony (Eds.), *Whatever happened to the soul? Scientific and theological portraits of human nature* (pp. 175-194). Fortress Press.

Au, W. (1991). Gestalt therapy and the spiritual exercises of St. Ignatius. *Studies in Formative Spirituality, 12*(2), 197-213.

Boyali, C. (2022). Spirituality as part of the whole: Gestalt therapy's view of spirituality. *Spiritual Psychology and Counseling.* Retrieved from http://www.g-gej.org/5-3/crocker. html

Brownell, P. (2006). This I what I know-a response to "spirituality and gestalt: A gestalt-transpersonal perspective, by Lynn Williams, Ph.D. *Gestalt Review, 10*(1): 26-32.

Brownell, P. (2010c). Intentional spirituality. In J. H. Ellens (Ed.), *The healing power of spirituality: How religion helps humans thrive, Volume 1: The healing power of personal spirituality* (pp. 19-40). Praeger/ABC-CLIO.

Brownell, P. (2010d). Spirituality in the praxis of gestalt therapy. In J. H. Ellens (Ed.), *The healing power of spirituality: How religion helps humans thrive, Volume 3: The psychodynamics of healing spirituality and religion* (pp. 102-125). Praeger/ABC-CLIO.

Brownell, P. (2012). Spirituality in gestalt therapy. In T. B.-Y. Levine (Ed.), *Gestalt therapy: Advances in theory and practice* (pp. 93-103). Routledge.

Brownell, P. (2014). 제8회 한국게슈탈트상담심리학회 국제학술대회. 게슈탈트치료에서의 중독과 영성 2014년 6월 성신여대 미아운정그린캠퍼스 중강당.

Crocker, S. (2001). *Spirituality, dialogue, and the phenomenological method, Gestalt!*

Ellis, A., & Yeager, R. (1989). *Why some therapies don't work: The dangers of transpersonal psychology.* Prometheus Book.

Frambach, L. (1999). Spirituelle Aspekte der Gestalttherapie. In R. Fuhr, M. Sreckovic, & M. Gremmler-Fuhr (Eds.), *Handbuch der Gestalttherapie* (pp. 613-634). Hogrefe.

Freeman, D. (2006). Response to "Spirituality and Gestalt: A gestalt transpersonal perspective." *Gestalt Review, 10*(1), 22-25.

Harris L. Friedman, Glenn Hartelius (2020). 자아초월심리학 핸드북(*The Wiley-Blackwell Handbook of Transpersonal Psychology*). (김명권, 김혜옥, 박성현, 박태수, 신인수, 이선화, 이혜안, 정미숙, 주혜명, 황임란 공역). 학지사. (원저 2013 출판).

Hamlyn, D. W. (1957). *The psychology of perception: A philosophical examination of gestalt theory and derivative theories of perception* (eBook ed.). Routledge.

Henle, M. (1975). 미국심리학회(the American Psychological Association) 회장 인사. *Journal of the History of the Behavioral Sciences, 14*, 23-32.

Henle, M. (1978). Gestalt psychology and gestalt therapy. *Journal of the History of the Behavioral Sciences, 14*(1), 23-32.

Ingersoll, E., & O'Neill, B. (2005). Gestalt therapy and spirituality. In A. Woldt & S. Toman (Eds.), *Gestalt therapy: History, theory, and practice* (pp. 133-150). Sage Publications, Inc.

Koffka, K. (1935). *Principles of gestalt psychology*. Harcourt, Brace.

Mackewn, J. (1997). *Developing gestalt counselling: A field theoretical and relational model of contemporary gestalt counselling and psychotherapy*. SAGE Publications. https://doi.org/10.4135/9781446280461

Naranjo, C. (1978). Gestalt therapy as a transpersonal approach. *Gestalt Journal, 1*(2), 75-81.

Naranjo, C. (1993a). *Gestalt therapy: The attitude and practice of an atheoretical experimentalism*. Gateways/IDHHB Publishing.

Nelson, J. M. (2009). *Psychology, religion, and spirituality*. Springer.

O'Neill, B. (2012a). *Our search for meaning: Essays on spirituality and gestalt therapy*. Ravenwood Press.

O'Neill, B. (2012b). Our search for meaning. Essays on spirituality and gestalt therapy. Ravenwood Press.

Perls, F. S. (1969). *Gestalt therapy verbatim*. Real People Press.

Perls, F. S. (1976). *The gestalt approach and eyewitness to therapy*. Bantam Books.

Perls, F., Hefferline, R., & Goodman, P. (1951). *Gestalt therapy: Excitement and growth in the human personality*. The Gestalt Journal.

Schoen, S. (1978). Gestalt therapy and the teachings of Buddhism. *Gestalt Journal, 1*(1), 103-115.

Tolle, E. (2022). 삶으로 다시 떠오르기 (*A new earth*). (류시화 역). 김영사. (원저 2005 출판).

Williams, L. (2006). Spirituality and gestalt: A gestalt transpersonal perspective. *Gestalt Review, 10*(1), 6-21.

Withey, L. (2008). Gestalt therapy and spirituality. *Inner Sense: A Journal of Australian Spiritual Life, 1*(2), 12–18.

Yontef, G. (2008). 알아차림, 대화 그리고 과정 (*Awareness, Dialogue & Process*). (김정규, 김영주, 심정아 공역). 학지사. (원저 1988 출판).

Zinnbauer, B. J., Pargament, K. I., Cole, B., Rye, M. S., Butter, E. M., Belavich, T. G., Hipp, K. M., Scott, A. B., & Kadar, J. L. (1997). Religion and spirituality: Unfuzzying the fuzzy. *Journal for the Scientific Study of Religion, 36*(4).

Zinker, J. (1977). *Creative process in gestalt therapy*. Vintage Books.

Zinker, J. (1978). *Creative process in gestalt therapy*. Vintage Books.

한국상담학회. https://counselors.or.kr/

한국상담심리학회. https://krcpa.or.kr/user/new/index.asp

제 **4** 장

수용전념치료(ACT)와
초월영성상담

이기춘

1. ACT와의 만남과 기대

저자가 수용-전념치료(Acceptance & Commitment Therapy: ACT)에 관심을 가지고 몰입하게 된 계기가 있다. 2003년에 우연히 집중 명상을 접했고, 2007년부터는 위빠사나 명상을 배웠다. 석사를 마치고 전문가 수련을 밟는 과정에서 어느 날 갑자기 개인상담 진행 중에 명상을 사용하면 상담 효과가 클 수 있겠다는 생각이 뇌리를 스쳤다. ACT를 전혀 알지 못하는 상태였는데도 말이다. 즉시 명상을 상담에 접목시키는 무모한 시도를 하였고, 이에 대한 사례발표를 하였는데 매우 혼쭐이 났다. 이론도 모르고 엉성하게 시도를 하니 그 당시의 슈퍼바이저께서 엉망이라고 혼을 내셨던 것이다. 그 후 2010년경 ACT 강의를 처음 들었는데, 나는 깜짝 놀라며 유레카를 외쳤다. 그때부터 그 어떤 상담 이론보다 ACT에 매료되어 ACT 맨이 되었고, 수많은 ACT 강의를 찾아 다니며 나름 열심히 공부를 하였다.

우리나라에서 ACT와 관련된 논문이 처음 나온 것은 2008년이고, 2020년까지 활발하게 진행되어 매년 약 7~19편의 연구논문 및 학위논문이 나왔다. 2021년 이후에는 점차 줄어들고 있는 추세이고 2021년까지 약 122편의 논문이 발행되었다(염기섭, 2021). 그동안 많은 번역서가 출간되었고 많은 강의가 진행되었으나 이상하게도 개인상담사례는 자주 접할 수 없어서 아쉬움을 느낄 수밖에 없었다.

나는 ACT가 매우 부흥될 것으로 생각했다. 하지만 상담 현장에서 ACT에 대한 열기는 많이 식었고, 요즘은 강의를 하는 곳도 잘 보이지 않는다. 나는 그 원인을 찾기에 고심하였고, 나름대로 분석도 해 보았다.

첫째, ACT에 관한 책은 많은데 대부분이 번역서다. 그 이야기는 아직 우리나라에 토착화가 덜 되었다는 것이다. 인지행동치료를 적용하면서 이론과 실제가 다른 이유를 외국인과 우리나라 사람들의 사고와 감정이 다르다는 얘기를 많이 들었다. 아무리 훌륭한 책이라 하더라도 번역서가 가지는 한계를 우리는 잘 알고 있다.

둘째, 명상에 대한 훈련이 부족하다는 생각이다. ACT를 사용하는 상담사들이 명상을 지나치게 가볍게 여기고 있다는 것을 알게 되었다. ACT는 분명 마음챙김에 근거한 기법인데 저자가 참여한 강의 중에는 명상을 중요하게 강조하거나 실습을 시키는 강의를 많이 접할 수 없었다. 기본 이론을 전달하기에 급급하였다. 논문을 보아도 이론을 설명하거나 효과성 검증 등의 논문이 많고, 명상을 어느 정도 설명하는 수준이며 그 중요성을 강조하는 논문은 그리 많지 않다. 그나마 ACT를 활용한 집단상담에서는 명상을 강조하고 있고 실습 시간도 많이 가지고 있다.

물론 ACT는 다른 상담 기법들과는 달리 전해지는 기법이 별로 많지 않기 때문에 개인상담에서 사용하기는 쉽지 않다. ACT를 개인상담 중에 사용하고자 한다면 상담자가 마음챙김 명상을 수행할 수 있어야 하고, 내담자에게 마음챙김 명상을 지도할 수 있어야 한다고 생각한다. 왜냐하면 ACT는 수용이라는 개념을 이해하고 실천할 수 있어야 하기 때문이다. 수용은 마음챙김 명상을 통해 온전히 이해할 수 있다. 마음챙김 명상에서 이야기하는 수용은 칼 로저스(Carl Ransom Rogers)가 강조한 수용과는 다른 차이가 있다. 마음챙김 명상에서의 수용이 제대로 이해되지 않으니 수용전념치료도 되지 않고, 결국 ACT를 포기하고 과거의 인지행동치료 또는 다른 기법으로 돌아가고 마는 실상을 많이 보아 왔다.

저자는 ACT가 인지행동치료의 꽃이라고 생각한다. 많은 내담자가 ACT를 통하여 삶에서 겪는 어려움을 극복해 가고 있으며 ACT를 배우고 나서 나의 삶이 편안하고 행복해졌다. 개인상담 과정에서 내담자에게 ACT를 전달하고 함께하는 상담 시간이 기다려지고, 어느 정도 내담자가 스스로의 삶을 치유하고 행복하게 살아가는 모습을 보고 있으면 상담사로서의 자부심도 느끼게 된다. 이 장을 통해서 ACT를 사랑하고 ACT를 상담에 적용하는 상담자가 많아지기를 기대한다.

2. 이론적 배경

1) ACT가 나오기까지

심리학의 역사를 보면 중심 주제가 뚜렷하게 변화하고 있음을 알 수 있다. 몸에서 의식으로, 의식에서 무의식으로, 무의식에서 영혼으로, 영혼에서 우주로 확장되고 있는 것이다.

1879년 독일의 분트에서 태동된 심리학은 '정신생활(마음)을 연구하는 학문'이라고 윌리엄 제임스(William James)가 명명하면서 제1세대 심리학이 시작되었다. 제1세대 심리학은 실험주의를 표방하며 행동주의 심리학을 포함한다. 제2세대 심리학은 응용주의를 표방하며 정신분석학이나 분석심리학을 포함한다. 제3세대 심리학은 인본주의를 표방하며 인본주의심리학과 실존주의심리학을 포함한다. 제4세대 심리학은 자아초월심리학(Transpersonal Psycology)이라 부르며 관심이 개인의 의식과 무의식을 초월하여 우주로 확대되며, 종교와 철학, 과학, 심리학의 통합을 주장한다. 제임스는 철학에 머물러 있던 인간의 마음을 자연과학의 학문으로 정착시키면서 트랜스퍼스널(transpersonal, 자아초월)이라는 단어를 처음으로 사용하였다.

매슬로(Maslow)와 아사지올리(Assagiol)는 둘 다 자아초월심리학의 선구자들이다. 매슬로는 자아를 실현했다고 여기는 사람들을 연구했고, 그러한 개인들의 영적 가치, 믿음 그리고 행동을 자세히 기술했다. 그는 인간의 본성에는 본래부터 타고난 영적 측면이 있음을 강조했다(김명권 외 공역, 2015). 매슬로는 자아를 실현한 사람들은 현실 지향적이고, 자신과 타인을 수용하며, 고독을 즐기고, 자율적으로 활동하며, 삶에 감사하고, 겸손하고, 초연하고, 유머러스하고, 창의적이라고 주장했다(김명권 외 공역, 2015).

제4세대 심리학은 자아초월심리학(Transpersonal Psychology)의 시대로서 심리학 이론과 종교와 영성의 절충, 포괄, 융합, 통합이 이루어지고 있다. 자아초월심리학은 인본주의심리학의 토대 위에서 성장하였는데, 제4세대 심리학자들은 제3세대 인본주의심리학과 구별하기 위하여 자아초월심리학(Transpersonal Psychology)이라고 불렀다(김명권 외 공역, 2015). 윌버(Ken Wilber)는 인간 의식과 의식의 행동 표현을 연구하는 심리학의 모든 분야를 통합하고 인간의 의식이 어디까지 확대될 수 있는가를 연구하는 통합심리학(Integral Psychology)을 주장하였다(조옥경 역, 2008).

1969년 자아초월심리학회(Transpersonal Psychology Society)가 만들어지고 꾸준한 연구와 발전을 거치는 동안에 마음챙김 명상에 근거한 치료법들이 세상에 나왔다. 존 카밧진(Jon Kabat-Zinn)은 1979년 마음챙김에 근거한 스트레스 완화 프로그램(Mindfulness-Based Stress Reduction: MBSR)을 세상에 소개하였다. MBSR은 지금까지도 스트레스를 겪고 있는 현대인에게 엄청난 치료효과를 선물하고 있다. 그 후 1994년에는 변증법적치료(Dialectical Behavior Therapy: DBT), 1999년에는 수용전념치료(Acceptance & Commitment Therapy: ACT), 2002년 MBCT(Mindfulness-Based Cognitive Therapy)가 만들어졌다.

2) 수용전념치료와 위빠사나명상

ACT는 마음챙김 명상에 기반해서 만들어진 상담 기법이다. 그러므로 마음챙김 명상에 대한 이해는 매우 중요하다.

불교의 전통 명상에는 여러 가지가 있으며 크게 사마타 명상과 위빠사나 명상으로 나눌 수 있다. 사마타 명상은 북방불교의 주요 수행 방법으로 집중명상을 말하고, 위빠사나 명상은 남방 불교의 주요 수행 방법이며 마음챙김 명상 또는 알아차림 명상이라고 한다. ACT에서 주로 사용하는 명상은 위빠사나 명상이다.

동양에서 수천 년의 전통을 가진 명상과 약 140년 정도의 전통을 가진 상담이 만난 것은 필연이라고 생각된다. 상담도 명상도 그 대상은 마음이다. 그 대상이 같기에 만날 수 있었다.

하지만 마음에 대한 이해와 접근법은 조금 다르다. 서양의 상담은 마음을 분석하고 해석하는 쪽으로 동양의 명상은 마음을 이용하고 사용하는 쪽으로 발달되었다. 그리고 오랫동안 특히 우리나라에서는 상담은 과학적이고 명상은 비과학적이라는 편견을 받아왔다. 적어도 MBSR이 세상에 나오기 전까지는 그러했다.

심리상담 분야에서는 프로이트나 칼 융을 지나 매슬로나 칼 로저스 등이 자아초월에 대한 주장을 하면서 변화가 시작되었다. 1978년에는 미국에서 국제트랜스퍼스널학회가 만들어질 정도로 심리상담 분야에서 자아초월에 관한 연구와 활동이 활발해졌다.

과학과 상담과 명상을 융합한 프로그램인 MBSR의 존 카밧진은 스님께 두 분 명상을 배웠는데 사마타 명상은 우리나라의 숭산 스님으로부터 배웠고, 위빠사나 명상은 미얀마 출신의 틱낫한 스님께 배운 것으로 알려져 있다.

마음챙김 명상과 다른 명상의 차이점

마음챙김은 현재 순간의 몸과 마음에 대해 그 경험을 변화시키거나 조작하려고 하지 않고 거기에 온전한 주의를 기울이기 때문에 통찰명상으로 간주된다. 몸과 마음에서 일어나는 무엇이든 끊임없이 변화하는 성질을 관찰하는 것이 과제다. 집중명상에서는 어떤 개념이나 이미지, 만트라 같은 것에 초점을 맞춘다. 마음이 명상 대상에 깊이 몰입할 때 평정의 느낌을 갖게 된다. 주요한 차이점은, 집중명상에서는 집중하는 대상과 하나가 되어 더 깊은 명상적 몰입 상태로 빠져들게 되는 반면, 통찰명상에서는 몸과 마음의 끊임없이 변화하는 성질과 집착, 회피, 자신에 대한 제한된 정의로부터 생기는 온갖 어려움을 보게 된다. 이 통찰은 무엇이 스트레스와 고통을 증대시키는지에 대한 이해를 더 깊게 해 주고, 균형과 평화의 상태로 이끌어 준다.

출처: 안희영 외(2014).

3. 인간관

수용전념치료에서 사람을 바라보는 관점은 인본주의 심리학의 인간관에 자아초월심리학의 인간관을 포함하는 것으로 이해하면 좋을 듯하다.

인본주의 심리학자인 매슬로는 욕구 단계 이론에서 자아실현을 주장하며 남들의 시선에 연연하지 않고 자신과 남을 있는 그대로 바라볼 것을 강조하였다. 자아실현을 이룬 사람은 현실중심적이며, 문제해결 능력이 강하여 어려움이나 역경을 만나면 문제해결을 위한 기회로 삼는다. 타인과 함께 하면서도 혼자 있는 것을 즐길 줄 알며, 타인과 자신을 있는 그대로 받아들인다. 삶을 살아가는 매 순간 초월적인 기쁨과 자유를 느끼며, 창의적이다.

칼 로저스는 『진정한 사람되기』(2009)에서 진정한 사람은 스스로를 더욱 가치있게 평가하고 더욱 자신감이 높아지며 자기 지향적인 사람이 되어간다고 하였다. 자신을 더욱 잘 이해하게 되고, 자신의 경험을 부인하거나 억압하는 것이 줄어들면서 경험에 더욱더 개방적으로 된다. 스트레스에 덜 좌절하며 스트레스로부터 더욱 빠르게 회복할 수 있게 된다. 그는 덜 방어적이며 더욱더 적응적인 사람이 되고 더욱더 창조적으로 상황에 직면한다(주은선, 2009).

인본주의 심리학을 발판으로 발달한 자아초월심리학은 인간을 보다 확장된 개념으로

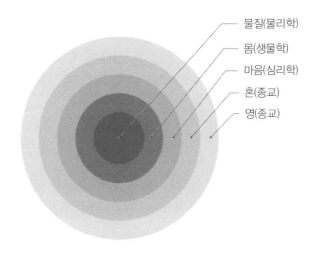

[그림 4-1] 존재의 대둥지(Great Nest of Being)

출처: 조옥경(2008).

이해한다. 사람의 구조를 이해하는 방법은 여러 가지 방법이 있겠지만 [그림 4-1]에서처럼 켄윌버는 존재의 대둥지(Great Nest of Being)를 소개하며 사람을 물질, 몸, 마음, 혼, 영의 5단계로 나누어 설명하였다. 대둥지에서 각각의 상위 차원은 하위 차원을 초월하는 동시에 포함한다고 설명한다(조옥경 역, 2008).

　　보다 자세한 이해를 위하여 다섯 단계에서 사람의 구조 중 물질을 제외하고 저자가 이해한 수준으로 그림을 그려보면 [그림 4-2]처럼 표현할 수도 있다. 영과 혼에 대해서는 주장하는 이론도 많고 복잡하여 영혼으로 묶어서 표현하였다.

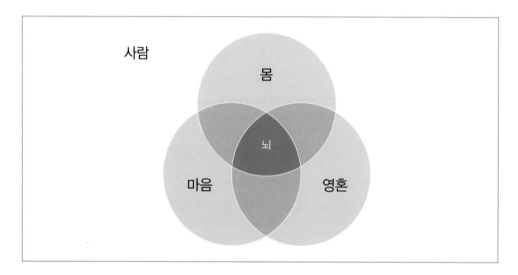

[그림 4-2] 사람의 구조

　　사람의 마음은 생각, 감정, 의지, 의식 네 가지의 기능을 한다. 마음은 활동하는 마음과 관찰하는 마음으로 나누어지는데, 활동하는 마음에는 생각, 감정 그리고 의지 세 가지가 있다. 관찰하는 마음은 의식에 해당된다. 사람들은 관찰하는 마음인 의식이 깨어 있어야 생각과 감정과 의지가 균형을 갖추게 되고 자발적이고 주체적이고 창조적인 행동을 하게 된다([그림 4-3] 참조).

　　데이비드 호킨스는 의식에도 수준이 있다고 주장한다『의식혁명』(2008)]. 사람의 의식 수준에 따라 생각과 감정과 의지는 달라지고 행동 역시 달라지게 된다. 상담실에 찾아오는 내담자들은 생각·감정·의지의 균형이 흐트러져 있고, 특히 생각이나 감정을 통제하지 못하는 경우가 많다. 명상을 하게 되면 [그림 4-3]에서와 같이 의식이 제 기능을 하면서 균형감을 찾아주어 안정화된다. 관찰하는 마음인 의식이 깨어 있으면 생각이나 감

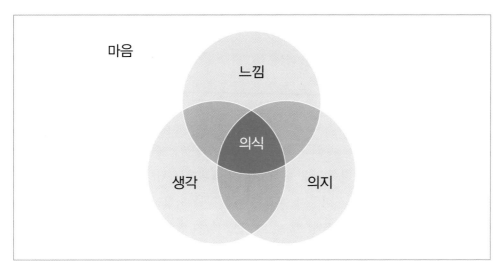

[그림 4-3] 마음의 기능

정이나 의지 중에 어느 한 가지에 치우치지 않고 바른 선택과 바른 행동을 하게 되고 원하는 삶을 살 수 있게 된다. 사람의 행동은 그 사람의 의식의 발현이다. 행동을 보면 그 사람의 의식의 흐름을 알 수 있다(박태수, 2004).

마음의 기능
-활동하는 마음: 생각, 감정, 의지
-관찰하는 마음: 의식

결국 수용전념치료에서 추구하는 인간은 심리적 유연성을 갖춘 인간이다. 관찰하는 마음인 의식이 항상 깨어 있어서 생각과 감정과 의지를 균형감 있고 적절하게 행동하는 것이다.

4. 주요 개념

1) 관계 구성틀 이론

관계 구성틀 이론(Relational Flame Theory: RFT)의 기본 전제는, 인간의 행동은 관계 구성 틀이라 불리는 상호관계의 망을 통해 주로 지배된다는 것이다. 이러한 관계의 틀은 인간 언어 및 인지의 핵심을 이루며, 우리는 이를 통해 직접적인 경험 없이도 무언가를 배울 수 있게 된다(문현미 외 공역, 2012). RFT는 기능적 맥락주의 관점에서 인간의 언어와 인지에 접근하며, 다른 심리적 기능 영역에 생각이 미치는 영향을 잠재적으로 변화시키는 방법뿐 아니라 생각이 전개되는 맥락적 요인들을 강조하며, 언어와 인지구조 틀에 의해 사고하고 행동한다는 관점이다. 관계 구성틀 형성에 연관된 행동은 또 다른 자극이나 자극관계에 기초해서 어떤 자극에 반응하는 결과를 수반한다(문현미, 2013).

2) 육각형 이론

ACT의 목적은 심리적 유연성(flexibility)을 높여서 실효성 있는 행동을 실천하는 것이다. 헤이즈(Steven C. Hayes)는 심리적 유연성을 다음과 같이 설명한다.

> 자극을 일으키거나 유발하는 사적 내용에 융합되지 않고, 사적인 경험을 있는 그대로 수용하며, 현재 순간과의 접촉을 유지하고, 의식의 내용과 초월적인 자기를 구별하며, 가치를 둔 삶의 목적에 접촉하고, 그 목적을 추구하기 위한 전념행동의 패턴을 구축하는 능력을 의미한다.

출처: 문현미(2013).

심리적 유연성은 의식적인 인간 존재로서 현재 순간에 더욱더 충분히 접촉하고 그렇게 하는 것이 가치 있는 목적에 도움이 되는 경우 변화하거나 지속하는 능력(손정락 외 공역, 2015)이다. 상담 결과 내담자의 심리적 유연성이 나타나면 내면으로부터 나오는 자연스러운 힘을 이용하게 되고 주어진 환경 또는 조직에 잘 적응하며 생활하게 된다.

심리적 유연성은 육각형 모델 이론으로 설명된다. 첫 번째 과정은 이해와 수용의 과정이고, 두 번째 과정은 행동 변화의 과정이다. 6개 중 각 단계의 적용은 순서 없이 내담자의 상황에 따라 적용하면 된다. 심리적 유연성은 사이코드라마의 창시자 모레노가 주장한 자발성과도 유사하다. 자발성은 기존의 상황에는 새롭게 반응하고, 새로운 상황에는 적절하게 반응하는 것이다(최헌진, 2010). 다음 [그림 4-4]는 육각형 모델 이론의 설명이다.

(1) 현재 순간에 접촉하기

현재 순간에 접촉하기는 지금 여기(Here & Now)에 머무르는 것이다. 내담자들은 '지금 여기'에 살지 못하고 과거 또는 미래에서 살고 있는 경우가 많다. 과거는 추억과 기쁨을 주기도 하지만 후회와 탄식을 가져다줄 수도 있다. 그러다가 우울 증상에 시달리기도 한다. 또 어떤 사람들은 미래에 살고 있다. 미래는 기대와 소망을 주기도 하지만 지나치게 미래에 집착하면 불안 증상에 시달리게 된다.

현재를 잘 살기 위해서 과거와 미래는 필요할 때 가끔 봐야 한다. 살다 보면 추억도 필요하고, 미래를 바라봐야 할 때가 생긴다. 지나치게 과거와 미래를 보게 되면 현재를 살지 못하게 된다. 인생은 운전하는 것과 비슷하다. 자동차를 운전할 때 뒤를 돌아볼 경우는 후진할 때 뿐이다. 미래를 볼 때에는 먼 길을 가는 경우이고 잘 가고 있는지 중간중간 살펴보며 가야 한다. 하지만 대부분 시간에는 오로지 현재를 봐야 한다. 도로와 신호, 수많은 자동차와 사람들 ……. 중요한 한순간을 놓치면 바로 사고로 이어질 것이다.

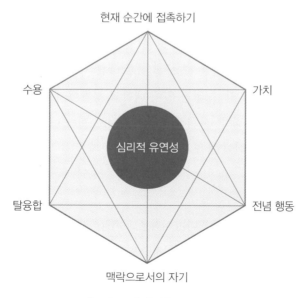

[그림 4-4] 육각형 모델 이론

저자는 10여 년간 국방부에서 병영생활전문상담관으로서 상담을 하였는데, 상담실을 찾아오는 병사들에게 소망을 물어보면 많은 병사들이 "전역이요." 하고 대답한다. 군복을 입는 순간부터 전역하는 날만 손꼽아 기다리고 있으니, 그들에게 20개월은 끔찍한 기간이 되는 것이다. 그들에게는 군부대 앞 아름다운 바다도 보이지 않고, 힘들어하는 동료도 보이지 않고, 과업도 보이지 않는다. 물론 자신의 모습도 보지 못한다. 오로지 전역하는 날만 보고 있으니 인생에서의 중요한 2년이 자신의 생애에서 사라지고 있는 것을 그들은 알지 못한다.

(2) 맥락으로서의 자기

맥락으로서의 자기는 환경 속에 있는 자기 자신 바라보기를 하는 것이고, 개념화된 자기를 버리는 것이다. 개념화된 자기란 내담자들이 자기 자신을 "나는 친구가 없는 사람이야." "나는 우울한 사람이야." "나는 불안한 사람이야." 하고 단정 짓는 것을 말한다. 상담사는 내담자가 맥락으로서의 자기를 바라보게 하여, 나는 지금 친구가 없을 뿐이고, 나는 지금 우울할 뿐이고, 나는 지금 불안할 뿐이라는 사실을 인식시켜 주어야 한다.

(3) 탈융합

탈융합을 이해하려면 먼저 융합을 이해해야 한다. 많은 내담자는 마음속의 생각과 감정과 기억이 분리되어 있지 못하고 혼합되어 있다. 그것을 ACT에서는 융합이라 한다. 탈융합의 핵심은 생각을 생각으로, 감정을 감정으로, 기억을 기억으로, 신체감각을 신체감각으로 분리하여 인지하는 것이다. 예를 들어, 고등학교 때 친구로부터 배신을 당한 적이 있는 사람이 있다면, 그 사람은 그 사건 이후 다른 사람을 신뢰하는 것이 어려울 수 있다. 타인과의 관계를 깊이 할 수 없는 일이 대학교 생활에서도 계속 이어지고, 또래들과의 관계 형성이 어려운 상황은 사회생활을 하면서도 계속 나타날 수 있다. 그 사람의 경험은 기억과 감정이 융합되어 삶을 혼란스럽게 만든다.

상담사는

> "그 일은 과거에 있었고, 지금 만나는 사람은 그 사람이 아닙니다. 따라서 새로운 관계 설정을 할 수 있습니다. 과거는 바꾸지 못하지만 현재는 변화시킬 수 있습니다. 다시 새롭게 사귐을 도전해 보십시오."

라고 하나로 뭉쳐있는 과거와 현재의 기억과 감정을 분리하는 작업을 하고, 이는 새로운 시도를 하는 작업으로서 탈융합의 과정이라고 할 수 있다.

또 다른 예로 감정에 대한 오해가 있을 수 있다. 우리는 살면서 여러 가지 감정과 수시로 만나게 된다. 불안한 상황을 좋아하는 사람이나 즐기는 사람은 없을 것이다. 불안은 대부분 사람이 멀리하고 싶은 감정이다. 그럼 불안은 나쁜 감정인가? 우리가 느끼는 수많은 감정 중에서 좋고 나쁜 감정은 없다. 감정은 감정일 뿐이다. 하지만 대부분 사람이 불안을 싫어하기 때문에 나쁜 것으로 평가하고 그 불안을 떨쳐 버리기 위하여 많은 노력을 하다가 불안 속에 시간을 보내게 된다. 불안과 미래와 사람이 뒤엉켜 융합되어 있는 것이다. 근거 없는 막연한 불안한 감정은 미래에 대한 지나친 기대감과 생각이 만들어낸 경우가 많다. 불안을 없애기 위한 행동 중에 한 가지가, 불안을 견디며 현실의 과업과 일에 집중하는 것이다. 시험을 앞둔 수험생이 불안에 휩싸이다가도 오히려 공부에 몰입하면 불안감이 줄어드는 경우가 비슷한 예라고 할 수 있다. 쉽지 않겠지만 불안을 느끼는 주체인 나와, 내가 느끼는 대상인 불안한 감정을 감정으로 인식하고 알아차리면 불안이 없어지는 것을 경험하게 될 것이다.

이제는 상담 장면에서 발생할 수 있는 인지적 탈융합에 대한 연습을 해 보자.

가. 나는 우울증 환자야.

우울증을 가진 사람들은 보통 이렇게 많이 표현한다. 내담자에게 다음과 같이 입으로 표현하게 해 보자.

"나의 감정은 우울감이 많아."

이 말은 내담자로 하여금 '나는 여러 가지의 감정을 가지고 있으며 그 중에서 우울 감정이 있는 편이야'라는 인식을 심어주게 될 것이다.

이번에는 이혼을 고민하는 어떤 아내의 말을 들어 보자.

나. 나는 내 남편을 사랑해.

그러나(BUT) 나는 그와 함께 사는 것을 견딜 수 없어.

이 말을 상담현장에서 내담자로 하여금 다음과 같이 말하게 해 보자.

"나는 내 남편을 사랑해.

그리고(AND) 나는 그와 함께 사는 것을 견딜 수 없다고 생각해."

나와 나의 생각, 나의 감정을 구분해 주는 것은 매우 중요한 일이다. 나와 나의 생각, 나의 감정이 분리되고 내가 생각의 주체라는 것을 인식하는 것은 내가 괴로움에서 벗어날 수 있도록 도와줄 것이고 또 스스로 많은 여유를 가지게 될 것이다.

ACT의 육각형 모델 이론의 모든 요소가 중요하지만, 그 중에서도 치료와 변화의 과정에서 특히 중요하면서도 어려운 부분이 인지적 탈융합 부분이다.

(4) 수용

수용은 제공된 환경 모두를 받아들이는 것이다. 비판단적 알아차림의 태도이며, 일어나는 그대로의 생각을 알아차리는 것이고, 감정과 신체감각의 경험을 적극적으로 껴안는 것이다.

수용은 문제와의 줄다리기가 아니다. 문제를 내려놓는 것이다. 생활에서 문제를 내려놓기 위해서는 자신과 마음을 분리하는 방법을 배우고 실천하는 것이 중요하다.

수용전념치료에서의 수용은 칼 로저스의 수용과는 조금은 다른 내용이다. 보다 폭넓고 시간이 요구되는 과정이다. 문제에 대한 체념과 포기, 무시, 기다림, 인내, 판단하지 않는 마음, 방어하지 않는 마음, 이해, 인정, 신뢰와 공감, 희망, 기대 등 여러 가지 생각을 거치면서 자연스럽게 만들어지고 솟아나는 마음이다([그림 4-5] 참조).

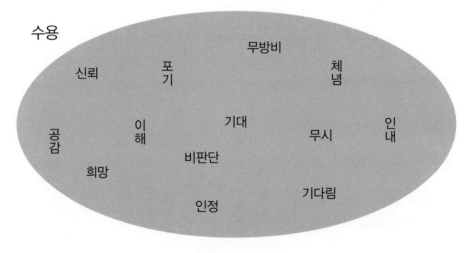

[그림 4-5] 수용

(5) 가치

우리는 살면서 중요하게 여기는 것들이 있다. 돈이나 권력, 의리, 사랑, 명예, 가족, 관계, 종교, 환경, 시간 등이 있다. 그것은 각자 인생관과 가치관에 따라 다르게 나타난다. 가치는 때때로 행동의 목표가 되고 인생의 나침반이 되기도 한다. 결국은 중요하게 여기는 가치에 의해 결정된 판단은 그 사람의 인생을 만들게 된다.

가치를 확인하기 위하여 상담 현장에서 자료 1 〈가치로운 삶〉 질문지를 이용하면 도움이 될 것이다.

(6) 전념행동

삶에서 중요하게 여기는 가치가 결정되면 변화를 위한 행동의 단계로 넘어간다. 실제 상담 장면에서 내담자가 내어놓은 모든 것이 변화의 대상이 되지는 않는다. 내담자의 모든 것, 내담자가 원하는 모든 것을 바꾸는 것은 실로 어려울 것이다. 변화 가능한 영역은 변화에 초점을 두고, 변화가 불가능하다고 생각되는 영역은 수용에 초점을 두는 것이 필요하다.

전념행동은 상담 목표와도 연결이 되므로 상담의 구조화 시기에 목표를 설정할 때 어느 정도 얘기를 나눈다면 전념행동을 정하고 실천하기가 더 쉬울 수 있다.

5. 상담 목표와 상담 과정

1) 상담 목적

: 심리적 유연성의 증진 및 확대

2) 상담 목표

: 일반 상담의 목표설정 과정과 같으며, 구체적·현실적이고 실현 가능하며 내담자의 문제를 포괄하는 목표를 설정하는 것이 중요하다.

3) 상담 과정

(1) 수용전념치료에 대한 교육

① ACT를 적용한 개인상담 사례 분석 시 유의사항

- 내담자에게 융합되어 있는 생각, 감정, 기억은 무엇인가?
- 내담자는 경험을 회피하기 위하여 어떤 행동을 하는가?
- 내담자에게 유연하지 않은 행동은 무엇인가?
- 내담자에게 효율적이지 않은 행동은 무엇인가?
- 변화에 대한 환경적 장애물은 무엇인가?
- 내담자의 강점은 무엇이고, 상담에 어떻게 활용할 수 있는가?
- 내담자는 무엇을 가치 있게 여기는가?

② ACT에 대한 사전 교육은 반드시 필요하다

요즘은 상담에 대한 이론을 내담자들도 알고 있는 경우가 많다. 또 상담 경험이 풍부한 내담자도 많이 접하게 된다. 그렇기 때문에 ACT를 적용하기에 앞서 구조화 단계에서 ACT를 사용하게 될 것이라고 전달하면 내담자로 하여금 상담에 대한 기대감을 갖게 하고 긍정적인 참여를 유도하게 될 것이다. 그리고 1~3회기 중 또는 적당한 시간을 잡아서 ACT이론을 간략하게 전달하는 것이 좋다. 특히 인지적인 내담자에게는 자세하게 설명해 주면 상담효과가 더 잘 나타난다.

③ 호흡을 관찰하라

호흡은 명상의 전 단계이기도 하지만 호흡자체로 간단한 명상이 되기도 하므로 호흡을 반드시 관찰하길 바란다. 호흡의 방법으로는 자연호흡(Natural breathing), 복식호흡(Abdominal breathing), 나디정화호흡(Nadi Shodhana Pranayama) 세 가지가 있다. 이 중에서 배를 사용하는 복식호흡을 권장한다.

- 자연호흡은 보통의 자연스러운 호흡 방법이다. 대부분 사람은 평상시에는 주로 폐를 사용하는 흉식호흡을 하고 있다.
- 복식호흡은 폐와 복부를 분리시키는 횡격막의 움직임에서 일어난다. 숨을 마실 때

는 폐의 아랫 부위에 공기가 가득 차며 횡경막이 아래로 내려가 복부팽창이 나타난다. 숨을 내쉴 때는 횡경막이 위로 가면서 복부는 수축된다. 엄밀하게 말하면 복식호흡이 아니라 횡경막호흡인데 보통 복식호흡이라고 표현한다. 복식호흡이 잘 안된다면 누워서 오른손을 배꼽 위 복부에 두고, 왼손을 가슴 한가운데 두고 관찰하며 연습하면 빠르게 배울 수 있다. 코로 숨이 들어오고 나가는 것과 배가 팽창되고 수축되는 것을 지켜본다. 냉정한 목격자의 태도로 호흡을 바라본다. 의식을 목, 가슴, 폐 부위로 가져가 호흡이 흐르는 것을 느끼게 될 것이다.

- 나디정화호흡은 엄지와 중지를 미간에 부드럽게 놓고, 엄지는 오른 콧구멍 위에 약지는 왼쪽 콧구멍 위 콧등에 놓는다. 두 손가락인 한쪽 콧구멍을 압박해 호흡 흐름을 막고, 다음에 다른 쪽으로 교대하면서 흐름을 조절한다.

복식호흡을 해 보면 불안 증상이나 과호흡 증상을 보이는 내담자 중에는 가끔 숨을 거꾸로 쉬는 사람을 알 수 있다. 보통의 다른 사람들과는 반대로 날숨을 할 때 배가 나오고 들숨을 할 때 배가 들어가는 것을 발견하게 될 것이다. 사람들은 들숨을 통해 들어간 신선한 공기가 온몸과 혈관을 다니면서 일을 하고, 날숨을 통해 더러워진 공기를 몸 밖으로 내보내게 된다. 하지만 그들은 호흡을 거꾸로 하고 있기 때문에 숨을 쉬는 동안 기도에서 날숨과 들숨이 부딪히고, 몸속의 적정량의 산소와 이산화탄소 비율이 깨지면서 불안 증상이 심화되고 호흡이 불안정하게 된다. 그들은 호흡만 정상으로 잡아 주어도 증상의 많은 부분이 나아지는 것을 경험할 것이다.

④ 명상을 실시하라

복식호흡이 자연스러워지면 이제는 명상을 시작해 보자. 명상은 가능하면 매회기 상담 시작 초기에 실시하는 것이 좋다. ACT는 내담자에게 마음의 유연성을 가지게 하는 것이 목표다. 마음의 유연성은 명상을 통해서 내담자가 자연스럽게 체득하게 될 것이다. 그러기 위해서 상담자는 평상시에도 꾸준히 명상을 실시하는 것이 좋으며, 내담자에게도 명상을 교육하고 코칭할 필요성이 있다.

마음챙김 명상을 통해 상담자는 내담자를 현재의 있는 모습을 그대로 보고 그가 드러내는 정신세계를 있는 그대로 받아들이기 위해 순간순간 알아차림 해야 한다. 또한 상담자는 몸의 움직임, 감정의 움직임, 정신상태 및 인생을 지배하는 법칙에 대해 알아차릴 수 있어야 한다(박태수, 2008).

6. 상담 기법 및 사례

1) 개인상담 사례

이제는 개인상담을 진행하면서 효과적으로 ACT를 사용하는 방법을 사례를 통해 살펴
보자.

(1) 우울 및 불안증상 상담사례 (총 9개월 동안 27회기의 상담을 지속함.)

① 내담자 인적 사항

이름: 이불안(가명. 항상 불안하다고 함).

나이: 22

성별: 남

계급: 병장

학력: 고졸

② 주요 호소문제

−심장이 두근거리고, 옆구리 통증이 느껴진다.

−두통이 심하고, 이유도 없이 불안하며, 가슴이 답답하다.

−우울하고 불안하며, 타인에 대한 분노가 심하다.

−심한 잠꼬대를 하며, 근무 중에 동료들과 잦은 마찰을 일으킨다.

③ 내담자 문제의 이해

  내담자는 경제적으로 다소 빈곤한 가정에서 중·고교 시절을 보냈으며, 가족 간에
소통이 원활하지 않은 환경 속에서 생활하였고, 대인관계가 미숙하여 갈등이 발생하면
폭력으로 문제를 해결한 경험을 가지고 있음. 고등학교를 졸업하고 아르바이트를 하다
가 군대에 입대하였으며, 상담 한 달 전 군○○병원 신경정신과에 약 2주간 입원 치료
경험 있음. 심각한 두통과 불안, 가슴이 답답한 증상을 호소하고 있으며 약물치료를 병
행하고 있음. 상담 시작 후 2~3개월이 지나서는 낮아졌지만 상담 초기에는 자살 생각
이 자주 일어남.

④ 사례 개념화

내담자의 주된 호소는 부대 생활에 대한 부적응이다. 우울과 불안을 겪고 있고, 신체화 증상이 나타나 고통을 당하고 있다. 심각한 분노로 대인관계가 좋지 않아 다른 병사들과 갈등 관계를 형성하고 있다.

내담자는 부유하지 못한 가정환경에서 폭력을 경험하면서 자라왔다. 아버지가 갈등을 해결하는 방법으로 폭력을 사용하는 것을 보고 자라면서 본인도 폭력을 학습하였으나, 정작 본인은 그 사실을 인지하지 못하고 있다. 실제로 자신은 폭력을 싫어한다고 말하고 있으나 위기 시에 대화와 타협보다는 폭력을 사용하였고, 부대에서도 역시 폭력으로 갈등을 해결하고 있다. 부모가 학창 시절 학습이나 생활을 지도해 주지 못해 거의 방목에 가깝게 자유롭게 성장함으로써 자립심은 강하게 형성되었으나, 군 생활을 하는 데 많은 지장이 있다.

내담자의 불안은 내향적이고 소심하며, 작은 일에도 매우 날카롭게 신경을 세우는 성격에서 기인된 것일 수도 있다. 더구나 군에서는 자신의 문제를 편하게 상의할 친구가 없어 매우 외로운 군 생활을 하고 있다. 또한 미래에 대한 불안도 매우 심하다. 대학 진학에 실패하고 도망치듯이 군에 입대하였으며, 전역 후에도 무엇을 할 것인지에 대한 뚜렷한 목표가 없어 현재의 힘든 상황을 왜 버티고 이겨 내야 하는지 버팀목이 없는 상황이다. 직관(N)과 인식(P) 성향이 강하여 지나치게 현실감이 없고, 실제로 판타지 소설이나 만화 등으로 많은 시간을 상상과 공상으로 보내고 있다.

이러한 많은 문제가 복합적으로 작용하고 있는 상태로서, 고민이 심화되자 신체화 증상으로 나타나 원인도 모르게 몸의 여기저기가 아프고, 장기간 정신과의 약물치료를 받아도 효과가 나타나지 않는 등 어려운 상황이 지속되고 있다.

⑤ 상담 목표/상담전략
• 상담 목표
  −간부, 동료, 후임 병사와 다투지 않고 대화하기
  −거르지 않고 약을 잘 먹기
• ACT를 적용한 주요 치료 전략
  −수시로 명상하기
  −산책하기
  −운동하기
  −대화하기
  −노래하기

⑥ 6각형 모델로 내담자 이해하기

- 맥락으로서의 자기–내담자는 병장으로서 다른 부대원과 심한 갈등과 마찰을 일으키고 있다.

> "어디서부터 가슴(심장) 통증이 왔을까? 생각해 보니 훈련소 때부터인 듯하다. 수양록에도 아마 그렇게 쓰여져 있을 거다. 수양록에 계속 '답답하다.' '가슴 아프다.'라는 말을 많이 적었었다. 실무에 와서 가슴 통증과 스스로 목숨을 끊는다는 생각이 내 머릿속에 지워지지 않고 밤만 되면 우울해져 많이 울었다. 무언가 틀에 얽매어져 어딘가에 박혀있는 느낌, 쇠고랑을 차고 있는 느낌이다. 누군가 나의 생각과 행동을 자제하면 나는 그것에 대해 불안에 휩싸이고 화가 난다. ○○○ 때에도 그저 연병장에 가만히 서 있는 시간이 되면 나는 무언가 그렇게 불안해 했었다."
>
> –내담자의 일기 중에서–

- 융합–'나의 우울과 불안은 치료가 안 된다.'
- 현재 순간과의 접촉–'명상을 해 보니 조금씩 나아지고 있다. 혹시나 치료가 될지도 모른다.'

> "입이 시원하다. 시원한 사탕을 먹으면 입이 시원하고 오렌지 사탕을 먹으면 오렌지 맛이 난다. 사탕을 깨서 먹으면 진액 같은 이빨에 달라붙는 게 싫어 혀 가운데 두고 먹고 있다. '근데 왜 이것을 쓰라는 거지?'라는 생각이 든다. '사탕이 기분을 좋아지게 한다는데 좋아지겠지. 현재 심장 조임이 있지만 사탕에 집중하면 조임이 희미해진다고 할까?'…… 사탕이 작아진다. 삼켜 버렸다."
>
> –내담자의 자각하기(사탕명상) 기록 중에서–

- 수용

> "죽는 것만이 해결방법은 아니다. 혹시 다른 방법도 있지 않을까?"
>
> "명상을 하는 동안에는 옆구리 통증이 많이 줄었다는 느낌이 든다. 마음이 붕 떠 있는 듯이 기분이 좋고 즐겁다."
>
> –내담자의 일기 중에서–

• 가치

> "휴가 마치고 들어올 때 다른 때는 탈영 또는 자살의 생각을 하기도 했었으나 이번에는 들어오는 것이 싫지 않았다."
> "내가 정말 ×× 만드는 일을 할 수 있을까?"
>
> −내담자의 일기 중에서−

• 전념 행동은 가치를 둔 방향으로 움직이기 시작하고 취해야 할 행동을 공공연하게 말하게 하는 것이다. 내담자는 상담을 받으면서 근무에 열외하지 않고, 부대원과 다투는 일이 현저하게 줄어들었다.
• 주요 치료 전략 중에 명상하기와 대화하기가 유효했다고 생각한다. 기록한 것처럼 각종 명상을 잘 따라와 주었고 미래 직업을 찾다가 ×× 만드는 일을 해 보고 싶다고 하였는데, 전역 후 실제로 ×× 제작에 참여하였다.

* 다음은 우울증을 가진 내담자와 함께할 수 있는 노래 하나를 소개해 본다.

> 나는 우울하다.
> 나는 우울하다.
> 나는 우울하다는 생각을 한다.

이 가사를 생일 축하 노래(Happy Birthday To You)의 운율에 맞추어 함께 불러 보자(점점 속도를 빨리하며 여러 번 부른다).

* 우울한 자신(self)과 자신의 생각을 분리할 수 있는 노래다. 우울증상을 가진 많은 내담자가 특별하게 우울한 일이 없음에도 불구하고 우울해 하는 것을 보면서 우울하다는 생각 때문에 더욱 우울한 것을 알았다. 그렇지만 익숙하면서도 밝은 노래를 가사를 생각하면서 부르도록 유도하면 내담자가 점차 자신의 상황을 이해하게 되면서 몸과 마음이 가벼워지는 것을 발견할 수 있었다. 초기에는 우울증상이 심한 내담자들은 이 노래를 큰

소리로 부를 힘도 없는 경우가 많았다.

(2) 자살 증후군 상담사례 (총 5개월 동안 23회기의 상담을 지속함.)

① 내담자 인적 사항

이름: 최○○

나이: 23 / 남

계급: □□

학력: 전문대졸

② 내담자 주요 호소 문제

−대인관계와 일 등 새로운 환경에 적응하는 것이 힘들다.

−다른 사람과 말하는 것이 쉽지 않다.

−자괴감과 우울감을 떨쳐 버릴 수가 없어 자해를 하게 되고, 죽고 싶은 생각이 든다.

③ 내담자 이해

내담자는 전문대학을 졸업하고, △군의 □□로 임관하였다. 교육기관에서부터 증상이 나타나 다른 상담관에 의해 상담이 시작되었다. 첫 부임지에서 자해를 시도하는 등 우울 증상이 심해지고 자살 충동이 나타나 다른 부대로 파견되어 비교적 가벼운 업무를 담당하며 상담을 받고 있다. 자살 욕구가 더욱 심해지고 우울증상이 호전되지 않고 더욱 악화되고 있다.

④ 사례 개념화

내담자는 매우 심한 내향형의 성격으로 타인과의 대인관계에 어려움을 호소한다. 어렸을 적부터 주로 혼자 지내왔고, 2년간의 대학 생활이 적성에 맞지는 않았지만 버틸 만은 하였다고 한다. 하지만 군 조직 속에서 집단생활을 하면서 부적응을 보이고 있고 처음 군 생활을 시작하자마자 손목을 긋는 등 자해행위를 하였다. 지금까지 20여 차례의 자해행위를 하였다.

이 같은 행동은 고1 때 친구로부터 폭행을 당한 후부터 나타났다.

'나는 의롭게 살았는데, 이런 일이 생겼어. 세상은 공정하지 않아.'

이런 생각이 들었고, 이후부터 삶의 의욕이 없어졌으며, 어려운 일이 닥칠 때면 수시로 자살충동이 올라왔다. 이 일은 가치관과 정체성이 무너지는 사건이 되어 이후부터 가끔 죽고 싶다는 생각이 들었다. 군에 오기 전까지는 상담을 받은 적이 없고 군에 와서의 상담 기간은 총 5개월에 이르고 있고 초기 2개월은 다른 상담관에게 받았으며, 그 후 3개월간은 이곳에서 상담을 계속하고 있다. 17회기까지는 서서히 안정을 찾아가는 듯 하였으나 현역복무부적합심사를 하기로 결정하고 부대의 결정을 기다리는 최근의 시기에 다시 자해가 심해지는 등 자살 욕구가 더욱 강해지고 있는 상태다.

내담자는 반추증상을 보이며 전형적인 우울증상을 보인다. 반추증상은 사소한 일에서도 자극되어 일어날 수 있는데 실제로 ○○부대와 ××부대에서의 생활에서 나타났다. 내담자는 처음에는 단순 자살충동을 가진 사람으로 보였다. 하지만 시간이 지나면서 끊임없이 죽고 싶다는 말을 하고 자해를 하면서 확고하고 강한 신념을 가진 자살예찬론자처럼 느껴졌다. 물론 본인은 자살예찬론자는 아니라고 말한다. 하지만 자살에 대한 대화를 통해 내담자가 살기 위해 부단히도 노력하고 있다는 사실을 알게 되었다.

내담자의 인생관은 '인생은 고해(苦海)다. 일찍 죽는 것이 덜 고생하는 것이다.'이다. '혹시나 하고 군 간부로 왔는데 지내보니 별로 다르지 않다. 따라서 나는 기회만 있으면 자살할 것이다.'라고 생각하고 있다.

⑤ 상담 목표/상담전략
• 상담 목표
　－다른 사람과 좋은 관계를 유지하기
　－주어진 업무 수행을 잘하기
　－건강하게 집으로 돌아가기
　－자해하지 않기
• 상담자의 상담전략
　－수용전념치료(Acceptance and Commitment Therapy: ACT)
　－전역 후 진로상담
• ACT를 적용한 주요 치료 전략
　－상담실 개방하기
　－명상하기
　－햇빛보기
　－산책하기
　－운동하기

　　－노래하기

　　－보드게임

　　－외출하기

⑥ 육각형 모델로 내담자 이해하기

* 맥락으로서의 자기－"나는 현재 군 부사관이다. 자살을 시도했지만 실패했고 지금은 살아 있다."
* 융합－"군 생활을 하는 것은 고통(죽음)이고 나는 군 생활을 해야 하므로 나는 죽을 것이다. 그러므로 일찍 죽자."
* 현재 순간과의 접촉－"지금은 다른 부대에서 생활한다. 지금은 편안하다."
* 수용－"죽는 것만이 해결 방법은 아니다. 혹시 다른 방법도 있지 않을까?"
* 가치－"나도 가족과 행복하게 살고 싶다."
* 전념 행동－(현역복무부적합심사)판결이 날 때까지는 자살 시도하지 말고 살아 있어 보자.

* 주요 치료 전략 중에서 외출하기가 있었는데, 상담의 터닝 포인트가 된 일이 외출하기였다. 보통 간부들은 평일에도, 퇴근해서 시내 구경을 가든지 술을 마시든지 자유시간을 가지는데, 내담자는 다른 간부와는 달리 전혀 외출을 하지 않았고, 울타리 밖으로 나가고 싶어 하지도 않았다. 나는 의도를 가지고 내담자와 많은 시간을 보내기 위해 부대 안에서 산책을 시도하였고, 부대 밖으로 나가 보자고 수시로 제안하였으나 내담자는 모두 거절하였다. 마침내 상담을 시작한 지 4개월 만에 같이 외출을 하자는 동의를 얻어내어 재래시장에 가자는 합의를 했고, 그 전략은 결과적으로 향후 상담 결과에 긍정적인 효과를 거두었다. 나는 외출 이후로 내담자의 삶에 대한 의지를 읽을 수 있었고, 가족에 대한 가치를 매우 중요하게 여기고 있는 것을 알았다. 내담자가 자살을 시도하지 않을 것이란 확신을 가질 수 있었으며, 나 스스로 내담자의 자살에 대한 불안에서 벗어날 수 있었다.

7. 기타 상담 교육

수용전념치료는 상담 과정에서 교육도 어느 정도의 기능을 하기 때문에 내담자에 대한 교육을 권장한다. 현대인은 치열한 경쟁구조 속에서 생활하기 때문에 가정과 학교 회사 일터 등에서 상당한 스트레스를 경험한다. 아울러 저자는 필요에 따라 때때로 사이코드라마의 역할이론을 상담교육에서 사용하기도 하는데 일부분을 소개하고자 한다.

1) 역할이론

(1) 역할

사람은 태어나면서부터 역할 속에서 살아간다(최헌진, 2010). 먼저, 인간으로서 역할을 시작한다. 곧 아들이나 딸의 역할을 하면서, 손자나 손녀의 역할을 하게 된다. 어린이집을 가면서부터 또래와 동료의 역할을 하고, 학교에 가서 공부를 하면서 학생의 역할을 한다. 동아리원으로의 역할을 수행하며, 아르바이트를 하면서 돈을 버는 역할을 경험한다. 성인이 되면서 직장인의 역할을 하고, 남자는 군인의 역할도 수행한다. 아내와 남편의 역할, 엄마와 아빠의 역할 그리고 대리 과장 차장 부장 등 각 직급에 맞는 역할을 수행한다. 백수의 역할을 하게 되는 경우도 있고, 나이 들면서 할아버지 할머니 역할을 수행하는 사람도 있으며, 환자의 역할을 하다가 죽는 사람도 있다. 배역을 맡을 때는 원하는 역할을 맡게 될 때도 있지만 전혀 원하지 않는 역할을 맡게 되는 경우도 있다. 삶이 이어지는 동안 우리는 다양한 역할을 수행하며 기쁨, 슬픔, 우울, 분노, 환희와 감격 등 수많은 감정을 경험하게 된다. 우리는 울고 웃으며 이러한 역할들을 해낸다. 삶에서 맡게 되는 그 역할들 중에는 내가 잘하는 역할도 생기고 못 하는 역할도 생기기 마련이다. 모든 역할을 잘하는 사람은 없다. 잘하는 것은 잘하는 대로 못하는 것은 못하는 대로 시간은 흘러간다. 그러니 모든 역할을 다 잘하려고 애쓰지 말자.

(2) 놀이

현대인은 너무 진지하다. 놀 줄을 모른다. 너무 기계화되어 있고, 로봇처럼 산다. 놀이는 쉬는 것이고, 휴식하는 것이고, 재미있는 활동을 하는 것이다. 힘들 때는 놀자.

(3) 역할놀이

인생에서 수행하는 많은 역할 중에는 분명 하기 싫은 역할도 있고, 잘하는 역할도 있으며, 못하는 역할도 생기게 마련이다. 그 역할을 거부할 수 있는 경우도 있지만 살다 보면 거부하지 못하고 운명처럼 수행해야 하는 경우도 있다. 내담자들이 겪는 정신 증상은 어떤 한 가지 역할에 너무 진지하게 빠져있거나 고착되어 나타나는 증상일 수가 있다. 저자는 그래서 내담자가 삶을 놀이하듯이 가볍게 살 것을 권유한다. 그때 다음의 노래는 많은 도움이 되었다.

- 인생은 역할놀이다.-노래 부르기

인생은 역할놀이다. (려화: '나는 카우보이다' 개사곡)

1. 인생은 역할놀이다.
   인생은 역할놀이다.
   울고 웃으며 살아가는
   인생은 역할놀이다.
2. 인생은 역할놀이다.
   인생은 역할놀이다.
   울고 웃으며 살아가는
   인생은 역할놀이다.

〈후렴〉
   달리고 달려 달리고 달려 달리고 달려
   이랴(이랴) 이랴(이랴)
   사랑 찾아 마구 달린다
   달리고 달려 달리고 달려 달리고 달려
   이랴(이랴) 이랴(이랴)
   행복 찾아 달린다

3. 고난을 피해 용기를 타고

　사랑을 찾아 달린다

　달리고 달려 달리고 달려 달리고 달려

　이랴(이랴) 이랴(이랴)

　사랑 찾아 달린다

　행복 찾아 달린다

　행복 찾아 달린다

　역할과 놀이에 대한 교육 및 상담을 통해 내담자는 자신의 모습을 보다 객관적으로 바라볼 수 있으며, 겪고 있는 어려움에서 벗어날 수 있는 힘과 여유를 가지게 된다.

8. 명상의 생활화

1) 요가

　수용전념치료를 제대로 이해하기 위해서는 요가에 대한 이해도 어느 정도는 필요하다. 한때 요가 바람이 불어 동네마다 여기저기 요가 학원이 생긴 적이 있다. 그러나 그 열풍이 그리 오래가지는 않았다. 요가는 자신이 누구인가를 규명하여 존재의 중심에 자리잡고있는 진정한 자아를 깨달음으로써 마음의 고통이 완전히 사라진 상태인 행복에 이른다고 본다.

　요가의 목적은 인간의 의식을 완전히 일깨우는 데 있다. 요가(YOGA)라는 말은 인도의 고대어인 산스크리트어로서 결합 또는 억제라는 의미가 있다. 기원전 3천 년경부터 사용되었으며 기원전 5백 년 전부터는 명상과 같은 의미로도 쓰였고, 아사나와 같은 의미로 사용되기도 한다. 요가는 크게 아사나, 호흡, 명상의 3단계로 나눌 수 있다. 아사나와 호흡은 명상을 위한 준비 단계 또는 도구라고 할 수도 있다.

　요가는 과학이다. 요가는 존재하는 것에 관심이 있다. 오직 실재만이 인간을 자유롭게 할 것이고, 하나의 해방이 될 수 있다. 요가는 철학도 종교도 아니다. 요가는 하나의 수행이다. 인간 개인이 행해야 할 어떤 것이다. 나를 변화시키기 위한 나 자신의 노력이다.

마음은 두뇌의 내부에 있으나 실체가 있는 그 무엇이 아니며 두뇌의 많은 기능 중의 하나이며 활동이다. 걷고 있는 것이 실체가 아니고 활동이듯이 마음도 실체가 아니고 활동이다. 마음은 실체가 아니므로 고정시킬 수 없다. 그것이 활동이라면 활동을 하지 않으면 된다. 요가는 무심의 상태다. 마음이 무엇을 하든지 내버려두어 보라. 단지 바라보기만 하고 간섭하지 말라. 그러면 마음은 잠시 동안은 흐를 것이지만 저절로 멈추게 된다. 마음과 동일시하지 않고, 판단하지 않고, 비난하지 않고, 선택하지 않고, 단지 바라보고 있으면 저절로 마음이 멈추는 시간이 올 것이다.

2) 호흡

(1) 육체가 변하면 호흡이 변한다

육체가 변하면 호흡이 변한다. 호흡이 변하면 사고가 변할 수 있고, 사고가 변하면 내가 변할 수 있다. 티베트에서는 화가 날 때 그냥 뛰라고 한다. 집을 두세 바퀴 돌고 오면 화가 사라져 버린다고 한다. 달릴 때 호흡이 변하고 호흡이 변할 때 사고의 유형이 똑같은 상태로 남아 있을 수 없으며 변하게 된다. 화를 직접 변화시키기란 어렵다. 육체를 변화시키고 그다음 호흡을 변화시키면, 그다음 화를 변화시키는 것은 어렵지 않게 된다. 가장 조악한 것이 육체이며, 가장 섬세한 것이 마음이다. 섬세한 것을 변화시키는 것은 어렵기 때문에 쉬운 육체에서부터 시작하는 것이다.

우선 반듯하게 앉는 것부터 시작해 보자. 단지 반듯하게 앉는 것만으로도 사람은 변한다. 그러면 호흡이 변하는 것을 느낄 수 있을 것이다. 호흡은 더욱더 고요해지고 조화롭게 된다. 호흡이 조화롭고 고요해질 때 덜 긴장되는 것을 느낄 수 있을 것이다. 사고는 더욱더 줄어들고 공간은 더욱더 넓어질 것이다.

(2) 의식적으로 되어야 한다

호흡을 제대로 한다는 것은 깨어 있으려고 하고, 점점 자신이 주인이 되려고 하고, 점점 습관에 지배받지 않으려고 노력하는 것이다. 그 순간에 머물러 있고, 그 순간을 받아들이는 것이다. 만일 고통이 있다면 그냥 내버려두고 저항하지 않는다. 문제가 있다면 그 문제 밖에서 바라본다. 문제의 밖에서 관찰자로 바라볼 수 있다면 풀리지 않는 문제는 없다. 어떤 상태에 빠져있을 때는 관찰자가 되기 어렵다. 예를 들어, 화가 날 때 스스로 화가 되기 때문에 우리는 화를 바라볼 수 없다.

3) 명상

　명상은 말을 쓰지 않고 비언어적으로 사는 것을 의미한다. 가령 누군가를 사랑할 때 언어보다는 상대방의 존재를 느낀다. 두 연인이 사랑으로 가까울 때는 말이 없다. 말하고 싶은 것이 없는 것이 아니라 표현하고 싶은 것이 너무 엄청나기 때문이다. 사랑이 가고 난 다음에야 비로소 언어들이 끼어든다. 이제 두 사람 사이를 언어로 채우고 있는 것이다.

　사랑은 어느 한 사람을 향한 사랑이 아니라 존재 전체를 향한다. 명상이란 자신과 자신을 둘러싸고 있는 존재 전체와 생생하게 살아 있는 관계다. 이처럼 명상은 전체적인 삶을 사는 것을 의미한다. 그러나 전체적인 삶은 자신이 침묵 속에 있을 때만 가능하다. 명상은 마음이 어떻게 작용하는가를 알아차리기 시작하는 것이다. 각성하는 것이다. 각성이 높아질수록 마음은 그만큼 느려진다. 각성과 마음은 항상 상대적이다. 각성이 낮아질수록 마음은 더 빨라지고 각성이 높아질수록 마음은 느려진다.

　지켜봄에는 두 가지가 있다. 하나는 나를 둘러싸고 있는 사람들이 나를 지켜보는 것이다. 우리는 주위 사람들이 나를 주목하고 바라본다는 것을 늘 의식한다. 다른 사람들이 나를 지켜보고 있기 때문에 그들의 마음에 들기 위해서 그들에게 맞추고 조절한다. 자기 생각과 뜻을 따라 자기 인생을 사는 것이 아니라, 타인의 생각과 기분에 따라 타인의 인생을 대신 살아가는 것이다.

　우리는 왜 다른 사람의 주목을 받고자 할까? 우리의 내면이 비어있기 때문이다. 내면이 빈 상태는 존재하는 것이 아니다. 우리가 진정한 자기 자신이 되는 날에야 비로소 다른 사람들로부터 해방되어 자유롭게 될 수 있다.

　명상을 규칙적으로 해 보자. 잠을 자듯이, 밥을 먹듯이, 숨을 쉬듯이 그렇게 규칙적으로 해 보자. 결과에 집착하지 말고 하자. 그냥 한번 해 보자.

4) 마음

　아사나와 호흡과 명상을 통해 우리는 자신의 마음을 볼 수 있게 된다. 마음은 어디에 있을까? 마음은 흔히 가슴에 있다고 생각한다. 하지만 마음은 우리의 몸 전체에 있다. 통합심리학에서는 사람을 몸, 마음, 혼, 영의 네 가지로 구분한다. 혼과 영의 문제는 종교의 차원이므로 설명을 미룬다. 나의 관심은 몸과 마음에 있다. 요가에서는 마음을 더 중요시하고 있으며, 몸을 거친 마음이라고 표현하기도 한다.

(1) 내 몸, 내 마음

지금 오른손을 들라고 스스로에게 명령해 보자. 이제는 오른손을 내리고 왼손을 들라고 해 보자. 각자가 본인에게 명령한 대로 행동할 것이다. 마음먹은 대로 움직인 것이다. 이것이 가능한 것은 각 개인의 신체가 개인 스스로의 것이기 때문이다. 이번에는 옆에 있는 친구의 왼쪽 발을 말이나 행동이나 어떤 사인도 없이 마음으로만 움직여 보자. 아무 말도 하지 말자. 역시 같은 방법으로 오른쪽 발을 마음으로만 움직여 보자. 두 가지 모두 어려울 것이다. 왜냐하면 명령한 사람의 몸과 상대방의 몸은 다르기 때문이다.

마음도 마찬가지다. 나는 나의 마음만 움직일 수 있다. 사실 어떤 경우에 있어서는 나 자신도 나의 마음을 움직일 수 없는 경우도 있다. 강한 욕구나 극한 상황의 경우에는 그런 일이 있을 수 있고, 누구나 한 번쯤은 그런 경우를 경험해 봤을 수도 있었을 것이다.

(2) 타인의 몸, 타인의 마음

그런데 마음은 나의 마음도 있고 타인의 마음도 있다. 불행은 여기서 생긴다. 많은 사람이 타인의 마음을 자기 마음처럼 움직이고 싶은 충동을 느끼고 있으며 생활하면서 가족, 선임, 친구, 애인 등 수많은 관계와 조건을 내세워 상대방의 마음을 움직이려고 한다. 사실 처음부터 불가능한 것을 가능한 것으로 여기고 요구하고 있는 것이다. 그리고는 거절당하거나 이루어지지 않았을 때 아파하고 상처받는다. 타인의 마음이 나의 마음이 아니건만 그것을 착각하거나 깨닫지 못하고 상대방의 마음을 내 마음대로 조종할 수 있다는 착각으로 살고 있고, 그 때문에 분노나 미움과 원망을 하며 세상을 살고 있다.

(3) 나의 마음은 내가 아니다.

마음에 대한 또 하나의 커다란 착각은 '나의 마음이 곧 나'라는 생각이다. 나의 마음은 나의 일부분일 뿐이다. 나의 마음은 나의 팔이나 다리처럼 나의 일부분일 따름이다. 심리학에서는 나의 마음과 나를 구분해서 전체의 나를 'SELF'라고 한다. 내가 누군가에게 무엇을 요청하였는데 거절을 당하면 나의 마음이 상한다. 모욕을 당하는 경우는 부끄러움과 수치심을 느낀다. 나의 마음이 그것을 느끼는 것이다. 그런데 많은 사람이 자기 자신, 즉 'SELF'가 부끄러움을 당했고, 수치를 당했다고 생각하여 심지어는 목숨을 끊기까지 한다. 생각해 보자. 분명 나의 페르소나가 일시적으로 부끄러움과 수치를 당한 것뿐이다. 그것은 칼을 사용하다가 나의 육체의 일부분인 손이 실수해서 손에 피가 나는 것과 같다. 그런 경우 약을 발라주고 시간이 지나면 낫는다. 마음도 일시적으로 모욕감이나 수치심을 느낄 수는 있지만 잠시 위로해 주고 나면 상처받은 마음이 치유된다.

우리가 몸을 건강하게 하기 위해 운동이나 헬스를 하듯이 마음은 수련이나 훈련을 통해 통제나 조절이 가능하다. 물론 쉬운 것은 아니다. 특히나 현대인들은 마음에 대한 수련이 절대적으로 부족하다. 그러나 불가능한 일도 아니며 어느 정도의 마음수련으로 가능한 일이다. 끊임없는 수련을 통해서 자기와의 소통 그리고 타인과의 소통을 원활하게 할 수 있다.

5) 위빠사나 명상 실습

이제는 위빠사나 명상을 실습해 보자.

위빠사나 명상은 앉아서 하는 좌선 명상, 걸으면서 하는 걷기 명상, 생활 속에서 하는 생활 명상 등이 있는데 명상의 기본은 좌선 명상이다.

몸에서 걸리거나 통증이 느껴지는 부분이 있는지 알아차림 하시고 가볍게 몸을 풀면서 호흡을 정돈하시기 바랍니다.

그럼 편안한 자세로 등을 펴서 앉으시고 눈을 감고 턱을 약간 당기고 약 3분 정도 명상을 시작하겠습니다. 명상이 시작되면 숨 쉬는 것 이외에 절대 움직이지 마십시오.

의식은 코끝에 두기 바랍니다. 코끝을 관찰하는 것입니다. 날숨과 들숨을 느끼며 의식으로 몸을 관찰하십시오. 몸의 어느 부분이 가렵거나 어느 부분의 관절에 고통이 느껴지면 의식이 그 부분을 관찰하는 것이므로 '가렵구나, 아프구나' 알아차림 하시되 긁거나 움직이지 마시고 의식을 다시 코끝으로 가져가기 바랍니다. 놀랍게도 그 시간이 지나가면 가려움이나 고통은 사라지게 됩니다. 어떤 생각이 올라오면 '아, 내가 이 생각을 하고 있네.'라고 알아차리고 의식을 다시 코끝으로 가져가기 바랍니다. 그러면 그 생각은 사라질 것입니다. 훈련이 어느 정도 된 사람은 적은 생각이 그렇지 않은 사람은 많은 생각이 지나갈 것입니다. 그러나 그때마다 생각을 따라가지 마시고 단지 그 상황을 알아차림 하시고 의식을 코끝으로 가져가십시오.

가족과 친구가 생각나고, 낮의 일이 생각나도 그 생각에 끌려가지 마시고 의식을 코끝에 두기 바랍니다. 그러면 그것들 모두가 사라질 것입니다. 특히 어떤 사건과 함께 불편했던 어떤 감정이 올라올 수도 있을 것입니다. 역시 그 감정에 끌려가지 마시고 '감정이 올라오네' 알아차림 하시고 의식을 코끝으로 가져가기 바랍니다. 그러면 역시 그 감정은 사라지고 호흡하고 있는 자신만을 알아차리게 될 것입니다.

• 실습: 3분

의식을 코 끝에 두다가 익숙해지면 의식을 배로 옮길 수도 있고, 귀에 들리는 소리에 두는 방법도 있다. 이렇게 알아차림 명상이 깊어지면 차차 사마타 명상의 단계로 접어들게 될 것이다. 그러다가 아무 생각도 느낌도 없이 호흡하고 있는 나도 의식하지 못하고 있는 상태에 이를 수 있는데, 이 상태가 '무아'라고 이야기하는 '니미타' 상태다.

이런 호흡과 명상에 익숙해지다 보면 모든 세상사가 생겼다가 사라지게 되는 이치를 이해하게 되고, 마음이 편안해지고 생각은 깊어지며, 분별력도 생기게 된다. 특히 수많은 생각과 번민을 떨쳐내기에는 매우 좋은 방법이라고 생각한다. 생각 끊어내기의 방법으로 명상을 잘 이용하기 바란다.

우리가 인지치료에서 불합리한 신념 바꾸기가 매우 중요하지만, 그것이 얼마나 어려운지는 아마 치료 경험이 있다면 잘 알 것이다.

9. ACT는 분수다

글을 마치면서 수용전념치료에서 명상이 얼마나 중요한지를 수학의 분수로 설명하고자 한다. 마음챙김 명상에 근거한 인지행동치료중의 하나가 ACT인데, 저자는 수용전념치료와 마음챙김 명상, 이 둘이 덧셈이 아니고 분수라고 생각한다. 덧셈의 경우 수용전념치료를 A라 하고 마음챙김 명상을 B라 할 때에 A+B=C가 된다. 여기서 B가 0이며 A값은 그대로 존재한다.

수용전념치료를 A라 하고, 마음챙김 명상을 B라 할 때,

B＝0이면,

A＋B＝A

하지만 분수일 경우 다른 값이 나온다.

수용전념치료를 A라 하고, 마음챙김 명상을 B라 할 때

B＝0이면,

$\dfrac{A}{B}=0$

$\dfrac{A}{B}$ 에서 B가 0이면 결과도 0이다. 물론 명상에 기반을 두지 않고 사용하는 수용전념치료기법은 제시한 수식에서처럼 전혀 무가치한 0의 값은 아니겠지만 효과는 떨어지게 될 것이다. 많은 상담사가 ACT를 사용하다가 포기하는 것이 이 때문이라고 생각한다. 그래서 저자는 상담사가 명상을 생활화할 것과 내담자에 대한 명상코칭을 더욱 강조하는 것이다.

[자료 1]   # 가치로운 삶 질문지

이름:

	I. 가치척도 영역의 중요도에 따라 점수를 매겨 보세요.	II. 행동 평가 생활 속에서 당신이 중요시 여기는 가치와 행동이 얼마나 일치하는지 점수를 매겨 보세요.	평가
	삶의 영역	행동	A 점수(I * II)
1	가족(결혼이나 자녀양육 제외) 1 2 3 4 5 6 7 8 9 10	가족(결혼이나 자녀양육 제외) 1 2 3 4 5 6 7 8 9 10	
2	결혼/연애/친밀한 관계 1 2 3 4 5 6 7 8 9 10	결혼/연애/친밀한 관계 1 2 3 4 5 6 7 8 9 10	
3	자녀양육 1 2 3 4 5 6 7 8 9 10	자녀양육 1 2 3 4 5 6 7 8 9 10	
4	친구/사회생활 1 2 3 4 5 6 7 8 9 10	친구/사회생활 1 2 3 4 5 6 7 8 9 10	
5	일 1 2 3 4 5 6 7 8 9 10	일 1 2 3 4 5 6 7 8 9 10	
6	교육/훈련 1 2 3 4 5 6 7 8 9 10	교육/훈련 1 2 3 4 5 6 7 8 9 10	
7	여가/놀이 1 2 3 4 5 6 7 8 9 10	여가/놀이 1 2 3 4 5 6 7 8 9 10	
8	영성 1 2 3 4 5 6 7 8 9 10	영성 1 2 3 4 5 6 7 8 9 10	
9	시민권/공동체 생활 1 2 3 4 5 6 7 8 9 10	시민권/공동체 생활 1 2 3 4 5 6 7 8 9 10	
10	신체 돌보기(식사, 운동, 수면) 1 2 3 4 5 6 7 8 9 10	신체 돌보기(식사, 운동, 수면) 1 2 3 4 5 6 7 8 9 10	
11	환경 문제 1 2 3 4 5 6 7 8 9 10	환경 문제 1 2 3 4 5 6 7 8 9 10	
12	예술, 창조적 표현, 미학 1 2 3 4 5 6 7 8 9 10	예술, 창조적 표현, 미학 1 2 3 4 5 6 7 8 9 10	
	계		B
			C

III. 계산방법
1. I 과 II 의 각 영역의 점수를 곱한다. : A
2. 산출된 점수의 합을 구한다.   : B
3. 산출된 점수의 합÷12   : C = B÷12

출처: 문현미 외(2021).

참고문헌

문현미(2005). 인지행동치료의 제3동향. 한국심리학회지, 17(1), 15-33.

박태수(2004). 인간의 의식과 의식확대 고찰. 상담학연구, 5(1), 227-239.

박태수(2008). 명상을 통한 상담의 가능성 모색. 상담학연구, 9(3), 1373-1388.

염기섭(2021). 수용전념치료의 연구동향. 한양대학교 대학원 석사청구논문.

최헌진(2010). 사이코드라마의 이론과 실제. 학지사.

Baer, Ruth A. (2009). 마음챙김에 근거한 심리치료 (*Mindfulness-based treatment approaches*). (안희영, 김재성, 박성현, 김영란, 조옥경 공역). 학지사. (원저 2006 출판)

Harris, Russ (2017). ACT 상담의 난관극복하기 (*Getting unstuck in Act*). (김창대, 최한나, 남지은 공역). 학지사. (원저 2013 출판)

Hawkins, David R. (2008). 의식혁명 (*Power versus force*). (이종수 역). 한문화멀티미디어.

Hayes, Steven C., Strosahl, Kirk D. (2015). 수용전념치료 실무 지침서 (*A Practical guide to acceptance and commitment therapy*). (손정락, 이금단 공역). 학지사. (원저 2004 출판)

Hayes, Steven C. (2021). 자유로운 마음 (*A Liberated mind*). (문현미, 민혜원 역). 학지사. (원저 2019 출판)

Luoma, Jason B., Hayes, Steven C., Walser, Robyn D. (2014). 수용전념치료 배우기 (*Learning ACT: an acceptance & commitment therapy skills-training manual for therapists*). (최영희, 유은승, 최지환 공역). 학지사. (원저 2007 출판)

Polk, Kevin L., Schoendorff, Benjamin, Webster, Mark, Olaz, Fabian O. (2018). 수용전념치료의 혁신, 매트릭스. (*The essential guide to the ACT matrix*). (곽욱한, 조철래, 김도훈, 김상엽, 이강욱, 전봉희, 정진 공역). 삶과지식. (원저 2016 출판)

Rogers, Carl R. (2009). 진정한 사람되기 (*On becoming a person*). (주은선 역). 학지사. (원저 1995 출판)

Scotton, Bruce W., Chinen, Allan B., Battista, John R. (2008). 자아초월 심리학과 정신의학 (*Textbook of transpersonal psychiatry and psychology*). (김명권, 박성현, 권경희, 김준형, 백지연, 이재갑, 주혜명, 홍혜경. 공역). 학지사. (원저 1996 출판)

Seligman, Linda, Reichenberg, Lourie W. (2014). 상담 및 심리치료의 이론 (*Theories of counseling and psychotherapy*). (김영혜, 박기환, 서경현, 신희천, 정남운 공역). 시그마프레스. (원저 2013 출판)

Stahl, Bob, Goldstein, Elisha (2014). MBSR 워크북 (*A mindfulness-based stress reduction workbook*). (안희영, 이재석 공역). 학지사. (원저 2010 출판)

****

Stoddard, Jill A., Afari, Niloofar (2016). 수용전념치료 은유(메타포) 모음집 (*The big book of ACT metaphors*). (손정락 역). 시그마프레스. (원저 2014 출판)

Wilber, Ken (2008). 켄 윌버의 통합심리학 (*Integral psychology*). (조옥경 역). 학지사. (원저 2000 출판)

Wilber, Ken (2016). 무경계 (*No boundary: eastern and western approaches to personal growth*). (김철수 역). 정신세계사. (원저 1979 출판)

Zettle, Robert D. (2013). 우울증을 위한 ACT (*ACT for depression: a clinician's guide to using acceptance & commitment therapy in treating depression*). (문현미 역). 학지사. (원저 2007 출판)

제 5 장

아유르베다와 초월영성상담

정미숙

1. 아유르베다의 개론

1) 아유르베다

아유르베다(Ayurveda)는 오래된 베다의 '생명과학'이라는 뜻으로, 인도의 전통적인 자연치유체계다. 요가 · 베단따 · 딴뜨라 · 불교를 포함한 인도아대륙 요가 체계의 의학적 측면에 해당한다. 오늘날 아유르베다는 몸과 마음 의학의 선봉에 서 있으며, 그 전통적인 기반을 훨씬 넘어 전파되어 세계적으로 이목을 받고 있다. 생명과 의식에 대한 이해를 가진 고대 아유르베다는 미래 의학의 열쇠인 것처럼 보인다. 이는 우주에서 자신의 위치를 알아차리는 독특하고 영적인 방식 때문이다.

아유르베다는 산스크리트로서 생명과학을 의미한다. 아유르(Āyus)는 생명(Life) 또는 일상생활을 의미하며 베다(Veda)는 지식(Knowledge), 앎이란 2개의 명사로 이루어진 복합어다. 아유르베다의 가르침에 따르면 건강이 나쁜 원인은 인간 삶의 전체적인 면이 몸과 마음, 영혼의 건강에 영향을 미치기 때문이라고 한다. 아유르베다는 선각자들이 깨달아서 일상생활 속에서 실질적으로 구현하였던 진리에 그 근거를 두고 있으며, 체질에 따른 자연 치유요법과 수행법이 있다.

아유르베다는 몸을 전생부터 이어져 온 뿌리 깊은 정신적 경향의 결정체로 보며, 마음을 몸의 반영 그리고 감각을 통해 접근하는 인상(impressions)들의 창고로 여긴다. 그리고 모든 신체적 · 정신적 어려움을 초월할 수 있는, 몸과 마음 복합체 너머에 있는 참나와 불멸의 본질을 인정하고 있다. 아유르베다는 몸, 마음, 영혼을 하나의 시각으로 보면서 그 각각에 통용되는 특정한 방법을 가지고 있다.

아유르베다는 인간을 한계적인 생화학적 절차의 한 묶음으로 보지 않으며, 마음을 단순한 두뇌의 작용으로만 여기지 않고, 개인을 사회적 환경의 산물로 치부하지 않는다. 비록 이 모든 요소가 중요할 수도 있지만 말이다. 그것은 인간의 영혼을 그 현현(顯現)의 도구인 몸과 마음 복합체와 연결되어 있지만 그에 제한되지 않는 순수한 자각으로 보고 있다.

몸 자체는 정신적인 유기체이며 감각의 작용을 지지해 주고 마음에 의한 경험이 용이하도록 고안된 인식의 매체다. 신체 기능의 어떤 이상이든 그 근본 원인은 감각의 오용에서 오는 지각 절차와 그 결과에 있다. 감각을 너무 많거나 적게 또는 잘못 사용하면 그

룻된 행위로 이어지고 그것이 마침내는 통증을 일으킨다. 몸이 어떻게 작용하는지 이해하기 위해서는 마음을 쓰는 방법도 알아야 한다. 이와 같이 아유르베다는 전인체계(holistic system)를 말한다.

아유르베다에서 가장 중요한 것은 각자의 필요성에 맞추어 최적의 건강 상태, 더 나은 자각과 창조성의 향상을 위해 올바른 삶의 방법론을 제시하고 있고 우리 자신을 보호할 수 있는 위대한 과학적인 내용 속에서 모든 방법을 사용하고 있다는 것이다. 이런 방법은 질병이 그 자체로만 존재하는 형태가 아닌 건강의 중요한 요소로써 개인의 독특한 본성을 고려하여 체질적인 특징을 따르도록 한다. 아유르베다는 우리 자신의 본질적인 건강을 찾는 방법과 생명의 충만함을 위해 더 깊은 에너지의 잠재성을 끌어올리는 방법을 보여 주는 인간적인 인간 중심의 의학이다. 그래서 아유르베다에서는 약과 병원이 중요하지 않은 것이 될 수도 있다.

인도아대륙의 전통 의학인 아유르베다는 그 지역의 심오하고 영적인 문화를 반영하고 있다. 이것은 요가, 베단따 그리고 베다 아스트롤로지를 포함해서 베다 과학에 없어서는 안 될 부분이다. 위대한 요기와 현자가 어떻게 몸과 마음을 연마하였고, 환경에 어떻게 상호작용하였으며, 우주적인 마음에서 창조의 근원에 어떻게 도달하였는지를 보여 주는 지식인 동시에 히말라야 지역의 문화적 · 영적 · 자연적인 지혜를 전해 준다.

2) 아유르베다 상담을 위한 성격유형의 특성

(1) 세 유형의 신체적 특징

아유르베다 체질 유형은 모든 아유르베다 상담의 기초이며, 서로 다른 유형의 사람과 발생할 수 있는 상호작용을 이해하기 위해 유용하다. 세 유형은 공기, 불, 물, 공기/불, 불/물, 물/공기, 공기/불/물, 7유형으로 나뉜다. 복합 유형은 상담 장면에서 활용하기 위해 심리적 특성을 정리하였다.

① 공기 유형

생물학적 공기 기질이 지배적인 사람은 체격이 야위고 과체중이 되기 어렵다. 몸이 앙상하고, 잘 발달된 근육이 없으며, 두드러진 정맥을 가지고 있다. 피부는 건조하여 쉽게 거칠어지거나, 금이 가거나 주름이 진다. 눈은 보통 작고 건조하며 씰룩거림이나 떨림이 있을 수도 있다. 머리털과 두피는 건조하며 쉽게 비듬이 생기거나 두발 끝이 갈라진다.

공기 유형은 변덕스러운 소화력을 소유하고 있으며 식욕이 들쑥날쑥하다. 감정적인 동요, 스트레스, 적의가 있을 때는 바로 신경성 소화불량이 일어난다. 잠을 깊이 자지 못하고 불면증으로 고생하며, 이는 만성이 될 수도 있다. 한 번 깨면 다시 쉽게 잠들지 못하며, 불안한 꿈을 꾸고 악몽에 시달리기도 한다.

② 불 유형

불 유형은 보통 평균 신장과 체격, 잘 발달된 근육을 가지고 있다. 피부는 기름지고 반짝이지만 여드름, 발진, 염증 상태가 쉽게 발생하며 눈도 쉽게 충혈되고 감염된다. 햇빛에 민감하여 선글라스 착용이 필요하다. 머리털은 가늘며 보통은 일찍 백발이나 대머리가 된다.

불 유형은 통상적으로 식욕이 좋거나, 특이하거나, 아니면 지나치다. 거의 무엇이든 먹을 수 있지만(마흔이 넘을 때까지는) 체중이 늘지 않는 데 반해 위산과다, 가슴앓이가 쉽게 오며, 궤양이나 고혈압으로 발전될 수 있다. 잠은 적당하게 자지만, 감정적인 갈등으로 방해받기도 한다. 꿈의 양은 평균적이며, 다채롭고 극적이며 때로는 폭력적인 꿈을 꿀 수도 있다.

③ 물 유형

까파(물) 유형은 통상적으로 키가 보통 이하이며, 체격이 땅딸막하고, 가슴이 잘 발달되어 있다. 종종 키가 큰 경우도 있지만 누구나 큰 뼈대를 가지고 있다. 살찌거나 비만인 경향이 있어 이를 예방하기 위해 열심히 노력하지 않으면 과도한 체중과 수분을 갖는다. 피부는 두꺼우며, 촉촉하고 기름진 경향이 있다. 눈은 크고, 희고, 매력적이며, 속눈썹이 길다. 머리칼은 숱이 많고, 기름지며, 굵다. 치아는 크고, 희며, 매력적이다.

약하지만 지속적인 식욕을 가지고 있으며 신진대사가 느리다. 지속적으로 먹지만 대식가는 아니며, 많이 먹기보다 주위에 음식을 두기를 즐긴다. 많이 먹지 않아도 체중 줄이기가 어려운 경우도 종종 있다. 단 것을 좋아하여 인생 후반에 당뇨병으로 발전될 수도 있다. 쉽게 잠들고 종종 과도하게 자기도 하며, 밤늦도록 깨어 있기에는 어려움을 가진다.

(2) 세 유형의 심리적 특성

① 공기 유형

공기 유형은 흥미와 경향이 쉽게 변하는 마음을 가지고 있다. 수다스러우며, 많은 것을 알고 있고, 지적이며, 여러 가지 많은 견해를 이해할 수 있지만, 생각이 피상적일 수 있으며 목적 없이 계속 이야기하기도 한다. 마음은 쉽게 흔들려 걷잡을 수 없이 헤맬 수 있다. 여러 가지 많은 것에 대한 지식을 가지고 있을지 몰라도 특정한 주제에 대한 깊은 지식이 부족할 수 있다. 의지는 보통 우유부단하며 불안정하다. 결단성, 일관성, 자신감이 부족하며 종종 자신에 대한 부정적인 이미지를 가지기도 한다. 두려움으로 가장 많이 고통을 겪는데, 그것이 새롭거나 이상한 것에 대한 첫 번째 반응이다. 걱정하기를 좋아하고, 근심으로 쉽게 괴로워하며, 보통 안정성이 부족하다. 현실성이 결여되어 있으며, 정신이 멍한 상태가 될 수도 있다. 기억력은 나쁘거나 불규칙적이다. 과로와 과도한 운동으로 쉽게 고통스러워하며 무엇을 하든 능력 이상의 채무를 지는 경향이 있다.

② 불 유형

불 유형은 지적이고, 명민하며, 사려있다. 총명하여 분명하고 체계적으로 세상을 보지만 생각이 날카롭기 때문에 완고하거나, 비판적이거나, 독선적일 수도 있다. 화를 쉽게 내는데, 이는 새롭거나 예기치 않은 사건에 대한 주된 반응이며, 공격적이거나 남을 휘두르는 경향도 있다. 강한 의지를 가지고 있으며 충동적이거나 방자할 수 있다. 훌륭한 지도자가 되지만 광적이거나 남의 기분에 둔감할 수 있다. 에너지와 힘을 사용하기를 좋아하며 논쟁이나 폭력에 빠지는 경향이 있다. 불 유형은 과학에 관심이 있으며, 종종 기계와 수학을 잘 이해하기도 하고, 연장·무기·화학과 관련된 일을 좋아한다. 탐사를 좋아하며 연구와 발명에 익숙하다. 그리고 깊은 통찰력을 가지고 있어 훌륭한 심리학자가 될 수도 있다. 대부분 군인이나 경찰은 불 유형이다. 법과 질서를 좋아하며 형벌의 가치를 본다. 영민하고 논쟁에 능숙한 대부분 법률가는 이 유형에 속하며 대부분 정치인도 삣따(불) 유형이다.

③ 물 유형

물 유형은 성격상 감정적이며, 긍정적으로는 사랑, 헌신, 충성심이 많고 부정적으로는 욕망, 집착이 많아 탐욕스러울 수 있으며, 로맨틱하고, 감상적이며, 쉽게 운다. 정신적으로는, 다른 유형보다 늦게 배우지만 배운 것은 잊지 않는다. 사물을 파악하기 위해서는 많은 반복이 필요하다. 창조적이거나 창의적이지 않지만 일을 실행하여 유용하게 만든다. 시작하기보다 끝맺기를 더 잘하며, 일을 구체화하여 제도와 체제를 만들어 내기를 좋아한다. 물 유형은 행위와 믿음에 있어 전통적이거나 관습적이다. 소속되기, 한 집단의 부분이 되기를 좋아하며 거의 반역하지 않는다. 훌륭한 추종자이며 협회 안에서 일하기를 선호한다. 상황을 있는 그대로 만족하며 받아들인다. 안정적이지만 때로는 정체될 수도 있다. 변화하기를 좋아하지 않으며 원할 때도 변화에 어려움을 가진다. 특히 알고 지내는 사람에게 우호적이며, 가족에게 크게 집착하고, 낯선 사람이나 외국인에게 말을 걸기에 어려움을 가진다. 남의 감정을 해치는 것을 좋아하지 않는 반면에 자신의 영역 밖에 있는 사람의 필요성에 둔감할 수도 있다. 때때로 권력을 휘둘러 남을 묵살하거나 억누르기도 한다.

④ 공기/불 유형

공기/불 유형은 결합된 공기와 불의 휘발성을 가지고 있다. 내면에서는 두려움과 분노가 예측할 수 없는 방식으로 뒤섞인다. 방어적이고 의심이 많은 경향이 있으며 누군가를 신뢰하는 것을 어려워한다. 그리고 공격적인 태도에서 방어적 태도로, 자기정당화에서 남을 비난하는 것으로 움직인다. 상당한 기지를 필요로 하며 자신에게 인내할 수 있도록 노력해야 한다. 때때로 자신의 부정성을 덜어낼 수 있는 누군가를 찾고 있을 수도 있다. 종종 에너지는 고갈되고 면역체계는 좋지 않을 수도 있으며(오자스가 낮은 경향이 있으며), 이러한 이유 때문에 비난을 참기 어려워할 수도 있다. 많은 훈육, 인내, 숙고(물)가 필요하며, 스스로를 돌보는 그리고 그렇게 할 수 있도록 남이 도와줄 수 있는 생활양식을 창조할 필요가 있다. 또한 지지가 되는 환경이 필요하며 다른 사람이 자신의 일을 공유할 수 있도록 해야 한다. 그러나 공기/불 유형은 보통 대단히 총명하여 일단 평온함과 지지를 느끼기만 하면 유용한 선상의 치료를 효과적으로 이행할 수 있다. 그러나 언제 변할지 경계해야 한다. 꾸준하지만 온화한 생활섭생을 가져야 하며 과도함을 피해야 한다. 자신의 기반이 되는 모성[母性, 까파(물)] 특성으로부터 혜택을 얻는다.

⑤ 불/물 유형

불/물 유형은 에너지(불)와 안정성(물)을 모두 가지고 있으며 여러 유형 가운데 일반적으로 신체적으로 가장 강하다. 훌륭한 저항력을 가지고 있어 전반적으로 아주 건강하다.

자기 자신과 자신이 하고 있는 것에서 굳건하고 만족스러워하며 심리적으로도 강해서 인생에서 실패하지만 않는다면 여간해서는 상담자를 찾아 나서지 않는다. 불/물 유형은 적응성과 융통성(공기)이 부족하다. 지배하고 통제하기를 선호하며 보수적이고 소유욕이 강한 경향이 있다. 인생의 대부분이 우리 힘으로는 어쩔 수 없는 것이기 때문에 이는 궁극적으로 고통과 좌절로 이어진다. 중요한 사업에서 실패한 뒤 인생 후반에 종종 건강을 해치기도 한다. 그러한 경우, 실패는 변장한 은총이 되어 내면을 볼 수 있도록 도와주기도 한다. 외부 세상에서는 성공적일 수도 있지만 온화함, 무집착, 순종을 개발하는 법을 배우지 않으면 영적 수행에서는 어려움을 가질 수도 있다. 보다 많은 활동, 창조성, 새로운 도전을 요구한다. 권력과 지배에 사로잡히지 않고, 성공한 것으로부터 계속 움직이는 법을 배울 필요가 있다. 일단 치료 선상에서 자리 잡힐 경우 진보에 집착하지만 않는다면 잘해 나간다. 이러한 이유 때문에 치료요법을 새로운 형태의 성취나 획득으로 돌리지 말고 다양한 치료 방법을 가지는 것이 가장 좋다.

⑥ 공기/물 유형

공기/물 유형은 에너지, 열의, 열정, 정열이 부족하다. 아무리 많이 원할지라도, 삶에서 출발하기 위한 불을 전혀 가지고 있지 않다. 종종 연약하고, 수동적이며, 의존적이고, 과민하며, 극단적으로 음(陰)의 성격을 띤다. 듣는 것에는 동의하지만 그것을 행위로 옮기는 에너지는 부족하다. 감정적, 정신적(신경적)으로 모두 불안정하고, 쉽게 동요되며 놀란다. 무정형의 또는 카멜레온 같은 인격을 소유하고 있어 남이 원하는 대로 보이며, 판단력과 분별력이 약한 경향이 있어 그릇된 교제나 감정적인 영향에 의해 쉽게 휩쓸린다. 긍정적인 측면에서 공기/물 유형은 민감하고, 겸손하고, 적응력이 있으며, 대단히 예술적이거나, 상상력이 풍부하거나, 창조적이다. 남에게 인정이 깊으며, 어느 누구에 대해서도 난폭함이나 악의를 가지지 않고 자신을 탓한다. 고지식한 경향이 있으므로 다른 사람 그리고 자신의 욕구에 대해 보다 현실적일 필요가 있다. 남에게 이용당하거나 지배되지 않도록 조심해야 하며 이를 위해 보다 독단적이고 두려움에 도전할 필요가 있다. 따뜻함과 단호함에 반응하지만 그 반응에 일관성을 가지기는 어렵다. 명민함, 열의, 결단력을 배워야 한다. 상담자에 대한 의존성을 키우고 자신의 문제에 빠지는 경향이 가장 많지만 깊은 감수성을 바른 방향으로 돌리기만 하면 사랑과 은총의 내적인 원천을 만나 스스로 치유력을 개발할 수 있다.

⑦ 공기/불/물 유형

어떤 사람 안에는 세 생물학적 기질이 상대적으로 동등한 비율로 존재하기도 한다. 치료는 통상 생물학적 기질을 일반적으로 균형 있게 취급하는 것이 필요하다. 심리적 수준에서도 상태는 변하고 있을 수 있다. 치료와 포괄적인 접근방식에서의 적응성이 필요하다. 특히 심리요법을 통해 가질지도 모르는 공기 문제를 먼저 취급하는 것이 일반적으로 가장 좋은데, 왜냐하면 바따(공기)는 생물학적 기질 가운데 가장 쉽게 문제를 일으킬 수 있기 때문이다. 삣따(불) 문제는 그다음 문제이기 때문에 두 번째로 다루고, 까파(물) 문제는 가장 사소하므로 마지막에 처리하면 된다.

3) 정신적 레벨 세 구나

아유르베다는 자연의 으뜸 세력들을 이해할 수 있는 특별한 언어를 제공해 주며 모든 수준에서 그 세력들과 더불어 작용할 수 있는 방법을 보여 준다. 자연은 영적 성장을 결정하는 우주 지성의 주된 힘인 세 가지 으뜸 특질로 이루어져 있다. 이들을 산스크리트어로 '묶는 것'을 뜻하는 구나(guṇa)라고 하는데, 왜냐하면 잘못 이해하면 이들은 외부 세상에 영원히 구속시킬 수 있기 때문이다.

세 구나(Tri-guṇa)는 물질, 생명, 마음의 근간을 이루는 가장 미세한 자연의 특질들이다. 이들은 피상적인 마음뿐만 아니라 보다 깊은 의식 또한 작용시키는 에너지이며, 생에서 생으로 내몰고 있는 까르마와 욕망을 유지하는 영혼의 힘이다. 구나들은 다양성을 위한 자연의 핵심 잠재력으로서 그 속에 유착되어 있다. 우주의 모든 물체는 세 구나의 다양한 조합으로 구성되며, 우주 진화는 상호작용과 변형으로 이루어진다. 세 가지 생물학적 기질보다 더 깊은 수준을 형성해서 정신적, 영적 본질과 그것이 어떻게 작용하는지 이해할 수 있도록 도와준다.

삿뜨바는 지성, 미덕, 선의 특질로, 조화, 균형, 안정을 창조한다. 성격상 가볍고 빛을 발하며, 내향적·상향적 운동을 소유하여 영혼의 깨달음을 일으킨다. 지속적인 성격의 행복과 만족을 공급해 주며, 명료함, 넓음, 평화의 원리이자 모든 것을 결속시켜 주는 사랑의 세력이다.

라자스는 변화, 활동, 교란의 특질로, 현존하는 균형을 전복시키는 불균형을 유도한다. 스스로의 움직임 속에서 동기를 부여받으며 자신에게 힘을 주는 목적을 늘 추구하고 있다. 외향적인 운동을 소유하여 분열로 이끄는 자아추구행위를 일으킨다. 단기적으로는 자극을 주어 쾌락을 공급하지만 그 불균형적인 성질 때문에 빨리 고통으로 이어진다. 괴로움과 갈등을 일으키는 열정의 세력이다.

따마스는 둔함, 어둠, 타성의 특질로 그 작용 속에서 무겁고, 베일과 같으며, 방해적이다. 사태를 지연시켜 특정한 제한적 형태로 유지시키는 중력의 세력으로서 작용하며, 쇠퇴와 분열을 일으키는 하향적인 운동을 소유하고 있다. 마음속에 무지와 미혹(迷惑)을 일으키며, 무감각 · 수면 · 자각 손실을 증대시킨다. 의식을 베일처럼 가리는 물질성 또는 무의식의 원리다.

(1) 삿뜨바 유형

지적이며, 기억력도 좋으며 건강한 라이프스타일을 유지하려는 본성을 갖고 있다. 예의 바르고 명랑하며 지위와 부를 있는 그대로 받아들인다. 더 많은 부 또는 지위를 얻으려는 강한 욕구가 없고 공손하며 신을 믿는다. 침착하고 조용한 성격의 사람이며 적당한 방식으로 고통과 기쁨에 반응한다. 이 성격유형은 일곱 가지 유형으로 좀 더 나뉜다.

① 브라흐마(Brāhma): 분노, 욕심, 무지 또는 질투의 염려가 없다. 훌륭한 지식을 갖고 있으며 뛰어난 분별력을 지닌다.

② 아르샤(Ārṣa): 기억력이 좋으며 청렴하고, 사랑을 좋아하며 스스로에 대해 자아 통제를 잘한다. 자만과 아욕의 염려가 없다. 훌륭한 이해력과 기억력을 가진다.

③ 아인드라(Aindra): 종교 서적과 신에 헌신하고, 종교 의례를 연구하고 봉헌을 실천한다. 덕을 쌓는 행동에 전념하며 종교적 의례를 수행한다. 태도와 말은 권위가 있다.

④ 야마(Yama): 정서적 속박, 증오, 무지와 시기뿐 아니라 저급하고 갈등을 일으키는 욕구와 행위에서 벗어났다. 빼어난 기억력과 훌륭한 지도자의 특질을 가졌다.

⑤ 바루나(Vāruṇa): 저속한 행동을 할 염려가 없으며 상황에 적절하게 정서표현을 한다.

⑥ 꾸베라(Kubera), 까우베라(Kauvera): 많은 재산가이지만 집착은 없다. 훌륭한 용기, 인내를 갖고 있으며 부도덕한 생각을 싫어한다. 착한 행동과 청렴을 좋아한다.

⑦ 간다르바(Gandharva): 상당한 재산과 고급품을 소유하지만 그것에 붙잡혀 있지 않다. 시, 글쓰기 그리고 서사시적 작품 등에 능하고, 춤, 노래, 성악과 기악 모두를 좋아하며, 레크리에이션, 향수, 꽃에서 즐거움을 얻는다.

삿뜨바 속성을 지닌 도샤(sāttvika) 유형의 심리적 기능은 상서로우며, 일곱 가지 범주를 가진다. 앞에서 설명한 일곱 가지 유형의 삿뜨바 속성을 지닌 도샤(sāttvika)의 심리적 기능 가운데 브라흐마(Brahmā)에 비유된 것이 가장 순수하다[Caraka-Saṁhitā의 『Śarīra-sthāna(신체론)』 4.4.37.].

(2) 라자스 유형

평균적 지능 그리고 가변적 기억력을 가지며, 역동적 에너지를 소유하며 그래서 자신의 위치에 만족하지 않는다. 그러므로 줄곧 더 많은 소유, 파워, 돈을 위해 애쓴다. 야심이 있으며 본성이 근면하고, 대체로 이런 사람은 성급해서 화를 잘 내며 자기 본위주의자(이기주의자)다. 때로는 용감하면서도 잔인하다. 이 유형도 역시 다시 6가지 유형으로 나뉜다.

① 아수라(Āsura): 자신의 칭찬을 좋아하며 용감하고 질투와 무자비로 잔인하고, 외모는 호감을 주지 못하며, 말로 위장하는 것, 신체를 위장하는 걸 좋아한다.
② 락샤사(Rākṣasa): 잠자기를 아주 좋아하고 게으르며, 태도는 항상 화가 나 있으며 잔인한 본성이고 많이 먹고 마시기를 좋아한다.
③ 빠이샤짜(Paiśāca): 불결한 습관을 지니며, 비겁한 태도를 가지며, 비정상적인 식이와 행동 양식을 좋아하고 지나치게 성 행위에 빠진다.
④ 사르빠(Sārpa): 지극히 나태하지만, 반응은 재빠르고 두려워 하는 기질을 가진다. 상황에 따라 용감하기도 하고 비겁해지기도 한다.
⑤ 쁘레따(Preta), 쁘라이따(Praita): 음식에 대한 지속적 욕망을 가지며 지극히 탐욕스럽다.
⑥ 샤꾸나(Śakunā): 지나친 열정이 가득하며, 음식을 지나치게 좋아하며 성격은 냉혹하다.

라자스 속성을 지닌 도샤(rājasika) 유형의 심리적인 기능은 분노한 성향을 나타내며, 6가지 유형이다[Caraka-Saṁhitā 『Śarīra-sthāna(신체론)』 4.4.38.].

(3) 따마스 유형

우둔하며 기억력이 나쁘고, 게으르고, 무지하고 어떤 새로운 학문 또는 일을 배우려는 호기심이 없다. 신체, 마음 그리고 말이 깨끗하지 않고, 어떤 신체적 혹은 정신적 일을 하는 것보다는 주로 먹고 마시고 잠자는 것에 관심이 있다. 따마스 유형은 세 가지로 나뉜다.

① 빠슈바(Paśva): 이해력이라곤 없으며 시기하고 섹스와 잠을 지나치게 좋아한다.
② 맛쉬야(Mātsya): 물을 탐하며, 성격이 불안정하며, 욕망으로 가득 차 있다.
③ 바나스빳쉬야(Vānaspatsya): 지극히 게으르거나, 나태하고 지적 능력이 부족하다.

따마스 속성을 지닌(tāmasika) 유형의 심리적인 기능은 무지한 성질을 나타내며, 세 가지 유형이다[Caraka-Saṁhitā의 『Śārīra-sthāna(신체론)』 4.4.39.]. 각 체질 유형은 수평적 특질로서 누구나 평등하게 체질을 가진다. 그러나 구나는 수직적 특질로서 아래에서 위로 따마스, 라자스, 삿뜨바로 나뉜다.

2. 아유르베다의 인간관

아유르베다는 인간을 한계적인 생화학적 절차의 한 묶음으로 보지 않으며, 마음을 단순한 두뇌의 작용으로만 여기지 않고, 개인을 사회적 환경의 산물로 치부하지 않는다. 비록 이 모든 요소가 중요할 수도 있지만 말이다. 그것은 인간의 영혼을 그 현현(顯現)의 도구인 몸과 마음 복합체와 연결되어 있지만 그에 제한되지 않는 순수한 자각으로 보고 있다.

아유르베다의 인간관을 살펴보면, 대단한 생명력과 창조성으로 존재를 신체적인 수준으로부터 가장 깊은 영적 수준까지 모든 수준에서 변형시킬 수 있는 가능성 있는 인간을 말한다. 아유르베다의 인간관은 심리학의 제3세력인 인본주의 심리학적 특성을 그대로 가지고 있으며, 제4세력인 트랜스퍼스널 심리학(Transpersonal psychology)적 관점 또한 포함하고 있다.

세 가지 체질론을 근본으로 인간은 누구나 자가 치유할 수 있는 능력이 있으며, 모습과 성격은 다르지만, 각각이 가지고 있는 신성한 본성은 같다고 말하며, 나아가 영적 성장과 초월이 인간 완성의 단계로 본다. 인간을 개인적인 의식 수준을 넘어 더 높은 영적·초월적 의식 수준을 포함하는 전 스펙트럼의 발달에 도달할 수 있는 무한한 가능성과 잠재력을 가진 존재로 보았다. 그리고 보다 다양한 의식 상태를 경험하고 개발할 수 있는 존재로 보았으며, 전체적 · 통합적 관점으로 파악할 수 있는 존재로 보았다. 인간은 다양한 발달적 기능을 가진 존재로서 기능 또는 지능의 다양한 측면으로 인식되는 '발달 라인'을 가진다. 그리고 인간은 각기 다른 방법에 의해 발달이 촉진될 수 있는 존재로서 보다 온전하고 전체적인 관점에서 인간이 경험하는 현상을 이해하고자 하였다.

아유르베다는 식이요법, 허브, 운동, 생활양식 섭생법으로부터 요가와 명상에 이르기 까지 모든 치유 방법을 포함하여 자기개발과 통찰과 통합이 가능하다고 말한다. 개인의 체질을 독특한 방식으로 이해함으로써 각각의 개인과 문화가 자연계 및 더 높은 참나와 조화로운 생활 방식을 창조하도록 통찰력을 제공받아 성장 가능함을 의미한다.

그리고 자연법칙에 관한 심오한 이해를 통해 모든 인간에게 최적의 건강과 성장이 가 능함을 인간관으로 한다.

3. 아유르베다의 상담 목표

아유르베다 상담의 목표로는 신체적 · 심리적 · 영적 목표가 있다. 아유르베다 상담 목표는 신체적인 것을 가장 먼저 다룬다. 그리고 심리적인 것을 다루고 마지막으로 영적 인 것을 다룬다.

신체적 목표는 각 체질 유형에 알맞은 식이요법과 정화요법 등 생활 습관을 바로잡는 다. 신체 치유는 체질론을 바탕으로 도샤가 가지고 있는 불균형을 균형상태로 이끈다. 내담자의 신체적 조건에 알맞게 음식물, 허브, 아사나 등의 적절한 신체적 치유 방법을 통해 생물학적 기질의 균형을 잡으며, 이런 외적인 치유 기법은 심리적 조건에 커다란 영향을 미친다.

심리적 목표는 심리적인 문제를 근원적으로 극복할 수 있도록 자신의 의식 안에 있는 창조성, 행복의 원천과 연결시켜 준다. 그것은 다름 아닌 우주 그리고 내면의 신성과 다시 하나가 되기 위해서 먹고, 살아가고, 생각하고, 인식하는 방법을 변화시키는 데 도움을 주 고, 내담자가 완전한 기능을 발휘하는 사람이 되도록 도울 수 있는 환경을 제공한다.

영적 목표는 생활 습관 속에 언제나 조화롭고 맑고 밝으며, 가벼운 삿뜨바적 삶을 위 한 자기 초월적 공부와 수련을 목적으로 한다.

이와 같이 상담 목표는 개인의 신체적 · 심리적 · 영적 치유를 목표로 하는데, 각 개인 이 자신의 신체를 우주 의식과 완전한 조화 상태로 유지할 수 있도록 하며, 영적 초월을 그 이상적 목표로 삼는다.

하지만 아유르베다 상담의 목표는 모든 내담자를 가능한 한 가장 높은 단계에 도달하게 만드는 것이 아니다. 내담자가 처한 현재를 기준으로 가능한 한 건강하게 적응하도록 돕는 데 있다.

4. 아유르베다의 상담 과정

아유르베다의 지혜가 사람들의 가치와 욕구에 부합하고 일상의 문제를 해결하는 데 유용하다는 것은 이미 알려져 왔다. 심리학적인 면에서는 매슬로 이래 인간성과 인간 가능성에 대한 입장을 확대하였고, 융의 자기실현을 향한 개인의 성장은 내면의 삶을 탐색함으로써 성격을 확장시켜 나갈 수 있고, 자신의 존재에 대한 영적 태도를 개발해 나가는 과정이라고 여긴 점과 같이 아유르베다에서는 자기실현을 위한 자신에게 맞는 맞춤식 수행 방법이 다양하게 있다. 아유르베다의 상담 과정은 자기 인식(self understanding), 자기 수행(self practice), 변형(transformation)의 단계다.

1) 상담의 준비 단계

(1) 상담자의 기능과 역할

아유르베다는 자연 의학이며 자연치유 체계를 가지고 있기 때문에 아유르베다 전문 상담자는 자연 치유자의 역할을 함께 하며, 영적 스승이 되기도 한다.

아유르베다 상담에서 상담자는 내담자의 신체적 · 심리적 · 영적 불균형의 원인을 조사해서 그것을 바로잡는 방법을 보여 주어야 한다. 그 누구도 해롭다고 알고 있는 행동 양식을 계속 고집하지는 않을 것이지만 기꺼이 변화하기 위해서는 신체 유형인 체질별 행동의 해로운 특징을 이해해야 한다.

상담은 내담자가 타고난 자기 도샤 유형의 서로 다른 긍정적인 면과 부정적인 면을 모두 이해하고, 최적의 복지를 위해 변화시킬 수 있는 방법을 이해하게 되는 학습 절차가 되어야 한다. 그러므로 상담자는 교육자 역할이며, 내담자는 피교육자 역할이 된다.

상담자는 내담자의 문제를 해결해 주는 것이 아니라 문제가 나갈 수 있는 공간을 제공해 주는 보다 깊은 수준의 교제를 주선해 주어야 한다. 이상적으로 참된 상담자는 멀리 있는 의사가 아니라 영적인 친구와 기원자가 되어야 한다.

참된 영적 스승은 몸과 마음 복합체와 평범한 동일화와는 별개로서, 내적인 의식에서의 우리가 누구인지 알 수 있도록 도와준다. 높은 단계의 영적 스승은 개인적인 걱정, 비탄, 아픔, 고통을 가지고 우리를 도와주는 평범한 의미에서의 심리학자나 의사로서의 역할에는 관심이 없을 수도 있으며, 단지 평범한 문제를 해결하도록 도와주는 것이 아니라, 보다 높은 의식 상태로 안내해 주는 것이다. 현 세상에 언제나 존재하기 마련인 신체적·심리적 고통의 집착에서 벗어나라는 가르침을 수반할 수도 있다.

상담자는 반면에 자신이 할 수 있는 것의 한계를 인정해야 한다. 한계를 넘는 구루의 역할을 하는 것이 아니라 내담자를 진정한 영적 스승에게 인도해 주어야 한다. 참된 심리학은 영성으로 이끌어 주어야 하며 나아가 영적인 안내는 평범한 의미에서의 심리학 훨씬 이상의 것이다. 영성은 단지 행복한 마음 상태 정도가 아니라 마음을 넘어서는 것을 요구한다. 상담자(치유자)를 위한 규칙에는 내담자에게 해를 입히지 않으며, 진실을 이야기하고, 내담자와 성적으로 관계하지 않으며, 치료에 대해 부당한 보수를 청구하지 않고, 자신의 시술이나 그 결과에 집착하지 않는 것 등이 있다. 상담자의 개인적 행동의 다르마(dharma) 적 원리는 만족(santoṣa, 산또샤), 순수(śauca, 샤우짜), 자기 공부(svādhyāya, 스와디야야), 자기수행(tapas, 따빠스) 그리고 신에의 복종(īśvara praṇidhāna, 이슈바라 쁘라니다나)이다.

아유르베다 상담자는 일반 상담 이론과 기법 등에 대해서도 전문적 지식을 가지고 있어야 하지만, 아유르베다에 대한 전문적 지식을 가지고 있어야 한다. 상담자의 전문성과 관련된 요인으로 아유르베다에 대한 충분한 전문 지식과 끊임 없는 수행을 해야 하며, 내담자의 문제해결을 위해 조력할 수 있는 능력과 지혜를 가지고 있어야 한다. 상담자는 내담자를 평가하지 않고 있는 그대로 볼 수 있어야 하며, 내담자의 고통에 대해 공감하고 이해할 수 있어야 한다. 그리고 내담자에게 신뢰감을 줄 수 있어야 한다. 그러나 상담자는 내담자의 한계와 상담자의 한계를 인정해야 한다.

(2) 상담자와 내담자의 관계

아유르베다 상담은 아주 실질적이며 사는 방식을 변화시키기 위한 다양한 처방을 수반한다. 아유르베다 상담자와의 만남은 이 처방 이행 결과의 세밀한 검사를 수반하며 일관성 있는 단계별 방식으로 이루어진다.

아유르베다 상담은 성격상 교육적이다. 상담자는 내담자의 마음과 몸이 어떻게 작용하는지를 알아서 그것을 올바르게 이용할 수 있도록 도와준다.

그러므로 아유르베다에서의 내담자는 문제가 있는 사람이나 정신장애인이 아니라 마음을 올바로 이용하는 법을 이해하지 못하는 사람으로 여긴다. 아유르베다 상담은 배움 절차이기에 내담자는 학생이 되며, 교육받는 수행 절차에 따라 영적 성장이 일어날 수 있도록 도움을 받는 사람이다. 그러므로 상담자는 교육자이고, 내담자는 피교육자(학생)이며 치유 기법은 배움 절차다.

조력을 필요로 하는 내담자는 상담의 주체로서 또 다른 주체인 상담자와 함께 문제해결인 상담 목표를 달성하기 위해서 배움 절차인 아유르베다 기법의 학습과 수행절차가 필요하다. 내담자는 자신의 신체적, 심리적, 영적인 건강, 즉 총체적 건강을 위해서 상담자의 지시에 따라 적극적 학습과 수행을 게을리해서는 안 된다.

2) 개입 단계

상담의 개입 단계에서 내담자가 상담실을 방문하기 직전에 상담자는 내담자를 위해서 아로마 향과 만뜨라로 상담실을 정화시킨다. 아로마 향과 만뜨라는 심리적 수준에서 내담자를 정화시키는 데 도움이 되도록 내담자를 위해서 향을 피우거나 뿌리고 만뜨라를 암송한다. 끄림(Krim)이나 슈림(Shrim) 만뜨라는 일과 행위를 위한 역량을 주며, 상담에 힘과 효능을 더해 주고, 삶에서의 긍정적인 변화를 이루기 위한 역량을 향상시켜 주며 상담을 더 효과 있게 해 주기 때문에 상담을 준비하는 동안 암송한다. 특히 끄림(Krim)은 치유 효과를 높인다.

아유르베다 수행방법을 늘 수행하는 상담자는 내담자의 문제에 대해 집중이 잘 되기 때문에 적극적 경청이 저절로 일어난다. 그리고 인간의 본질을 잘 이해할 수 있기 때문에 공감이 잘 되며, 상담자의 고요하고 평화로운 에너지와 인간 본성에 대한 이해로 인해 라포 형성은 저절로 이루어지게 된다. 또한 아유르베다 수행자인 상담자는 직관력이 발달되기 때문에 내담자의 문제를 명확하고 정확하게 파악하는 데 도움을 준다.

상담 개입 단계에서 내담자의 주 호소 문제와 각종 정보에 대한 기록과 상담윤리에 대해 안내하고 문제해결을 위한 상담 목표와 상담전략을 세운다.

3) 인식 단계

인식 단계(self understanding)에서는 내담자의 생물학적 기질과 현재 가지고 있는 고통이 무엇인지, 불균형을 일으킨 문제에 대한 인식을 정확하게 하여 그 원인을 알아차리게 한다. 내담자가 경험하는 고통과 그 원인을 보다 깊이 탐색하고 적극적인 자기 이해와 자기 인식을 확장하는 단계다.

첫째, 도샤 질문지를 이용하여 자신의 도샤에 대한 생물학적인 신체적·심리적 경향성을 이해한다. 둘째, 다시 한번 아스트롤로지를 통해서 태어남의 인식과 함께 선천적 경향성과 타고난 재능, 에너지를 발휘하는 영역 등을 인지하고 현재 가지고 있는 문제점을 인식하고 자신의 도샤가 원인이 된 것이 무엇인지 탐색한다.

고통은 태어나고, 늙고, 병들고 죽는 고통과 살아서 헤어지든 죽어서 헤어지든 사랑하는 사람과 헤어지는 고통, 보기 싫은 사람과 만나야 하든 살아야 하는 고통, 원하는데 얻지 못하는 고통, 소원을 이루지 못하는 고통 등 여러 가지가 있다. 이러한 고통 중에서 내담자가 가진 고통이 무엇인지 탐색하고 알아차리게 한다. 자신의 고통이 무엇인지 정확하게 알아차려야만 그 원인을 찾을 수 있으며, 그 고통을 없애기 위한 방법 또한 찾을 수 있다. 고통은 몸과 마음을 어지럽히고 힘들게 하는 심리 작용이다. 고통을 직면하는 것은 아주 힘든 작업이다.

정미숙(2017)은 고통을 알기 위해 내담자가 자신의 생물학적인 도샤에 대한 신체적·심리적 경향성과 구나에 대해 이해하고 자신의 상태를 스스로 점검해야 한다고 하였다. 고통의 원인은 타고난 성격에 있을 수도 있고 자라오면서 가정 환경이나 주변 환경에서 생겨나기도 한다. 그리고 고통은 무지의 어리석음으로부터 오기도 한다. 무엇이 고통인가를 명확하게 이해하면 그 원인을 찾는 것은 쉽다. 그러므로 순차적 작업이 필요하다고 본다. 이 과정에서 어떤 유형이든 갖게 되기 마련인 강점과 약점을 파악하고, 균형을 잡기 위한 개입 전략을 세운다.

이러한 고통의 상태는 따마스 상태로 따마스를 벗어나서 라자스 상태로의 이동은 불 원소 특성이 필요하다. 불 원소는 명민하게 알아차리게 해 주고 결정하게 해 준다. 알아차리고 결정하면 변화를 가져올 수 있다. 그리고 따마스 상태의 침체에서 깨어나 활동하고, 변화하기 시작해야 한다. 라자스에서는 집착, 정체, 침체의 뿌리 깊은 패턴을 없애야 한다. 오랫동안 억누르거나 무시해 온 것을 포함한 아픔에 직면해서 고통을 인정하고, 인식해야만 한다. 내가 누구인지, 무엇을 해야 할 필요가 있는지에 대한 새로운 지각이 필요하다. 행위(라자스)는 마음에서뿐만 아니라 삶의 외적인 면을 수반해서 나타나기도 한다. 과거를 버리고 삶 속으로 새로운 에너지를 가져와야 하며, 직업을 바꾸거나, 관계를 조절하거나, 새로운 장소로 움직여야 할 수도 있을 것이다.[1] 인식 단계에서는 현재 가지고 있는 고통이 무엇인지, 그 원인은 무엇인지 등 어떤 고통과 원인이 있는지 세밀하게 탐색하고 인식한다.

4) 수행 단계

상담의 인식 단계에서 내담자의 고통을 알아차리고 그 원인에 대해서도 인식했다. 수행 단계(self practice)에서는 내담자와 상담자는 문제해결을 위한 상담 목표를 세우고, 내담자의 고통을 해결할 수 있는 기법을 선정하고 단계별로 기법을 학습하고 수행에 들어간다.

(1) 신체적 치유

생물학적 기질인 공기, 불, 물의 균형을 위하여 아유르베다는 먼저 식이요법, 정화요법, 허브, 아사나, 마사지, 마르마 등의 적절한 신체적 치유방법을 선택한다. 이를 통해 영양 보충과 독소 배출, 바른 몸가짐 등의 생물학적 기질을 균형 잡는 것이며, 이런 외적인 치유 방법은 심리적 조건에도 영향을 준다. 도샤별 신체적인 상담에 대해 접근하는 방법은 다음과 같다.

공기 유형의 주요 신체적 문제점은 소화 흡수가 약하고, 뼈가 부실하고 면역체계가 약하며, 공기의 변형성으로 체격이나 생김새가 올바르지 않으며, 근육이 적기 때문에 발생되는 질병 등등 신체적으로 미숙하고 허약한 편이다. 그러므로 음식물로서 뼈나 면역체계를 보완하며, 허브를 통해 면역체계를 강화하고, 아사나(āsana, 요가 자세)를 통해서 몸의 균형을 잡고 건강을 회복해야 한다.

불 유형의 주요 신체적 문제점은 열이 많아 흰머리와 대머리의 위험성과 위산의 과다 분비, 너무 강한 신진 대사력과 소화력으로 과식하고 이로 인한 문제점을 갖기 쉽다. 불 유형은 식이요법과 식이습관으로 도샤의 균형과 열을 내려주는 허브와 운동으로 건강을 회복해야 한다.

물 유형의 주요 신체적 문제점은 움직임이 느리고 게으른 속성이 있으며, 비만 등의 문제를 가지고 있지만, 까파(물)는 신체적으로 비교적 건강한 편이기 때문에 일주일에 하루

---

1) 적극적이고 통보적인(communicative) 방법을 가지고 있는 현대 정신분석은 본질적으로 라자스적인 절차이다. 그것은 억압된(따마스적인) 감정적 패턴들을 분쇄, 추방하는 것을 목표로 하고 있다. 분석은 마음을 따마스적인(억압된) 상태에서 라자스적인(신중하고, 적극적이며, 동기화된) 상태로 바꿀 수 있도록 도와준다.

단식을 통하여 독소를 배출하게 되면 가벼워져서 도샤의 균형을 찾을 수 있다. 허브는 가볍게 해 주는 것을 이용하고 아사나는 강한 움직임을 택하면 건강을 회복할 수 있다.

이상과 같이 신체적인 상담 과정은 생명증진 요법으로 활력을 증대시켜 더 오래 살 수 있게 하는 것을 목적으로 하고 있다. 여기에서 오래 사는 것이란 깨달음을 위한 시간을 얻기 위함으로 신체적인 상담의 목표는 장수와 회춘을 말한다.

(2) 심리적 치유

심리적 치유는 생명의 본질로서 공기, 불, 물의 지배적 형태인 쁘라나, 떼자스, 오자스[2]를 강화함으로서 심리적 요소가 강화된다. 이러한 생명 에센스의 증가를 위해 컬러요법, 원석요법, 아로마요법, 아스트롤로지, 쁘라나야마(prāṇāyāma)[3]와 그에 관련된 수행을 통해 미세한 신경체계 등을 정리하여 생명 에너지를 증진시키기 위해 노력한다.

공기 유형의 주요 심리적 문제로는 기억력이 오래가지 않으며, 의지가 약하고 정신적으로 불안해지기 쉬우며 인내심과 자신감, 대담성이 희박하다. 추진력이 빈약하고 불안이나 공포에 의해 쉽사리 안절부절하거나 두려워한다. 공기 유형의 저변에 있는 핵심 감정은 불안과 공포다.

불 유형의 주요 심리적 문제로는 쉽사리 분노하거나 증오하고 시기심이 많고 커다란 야망과 나서기를 좋아하는 것 때문에 심리적으로 늘 심기가 불편하다. 핵심 감정은 분노와 질투다.

물 유형의 심리적인 문제로는 욕심과 집착과 부러움 등의 감정을 보이기도 한다. 핵심 감정은 집착과 욕심이다.

심리적 불균형은 쁘라나, 떼자스, 오자스의 조건들과 밀접하게 관련이 있다. 쁘라나는 정신에서의 정열과 표현을 책임지며, 쁘라나가 없으면 우울증과 정신적인 정체를 겪는다. 떼자스는 정신적인 소화와 흡수를 관장하며, 떼자스가 없으면 명석함과 결단력이 결여된다. 오자스는 심리적인 안정과 끈기를 공급하며, 오자스가 없으면 근심과 정신적인 피로를 경험한다. 적당한 생명 에너지가 없으면 마음은 올바로 작용할 수 없다. 마음의 에너지를 증진하고 조화시키지 않으면 마음을 치유할 수 없다. 이러한 심리적인 문제를 해결하기 위하여 신체적인 상담 기법을 실시하면서 자신에게 맞는 쁘라나야마와 만뜨라

---

2) 세 가지 생명 에센스로서 쁘라나(주요 생명력), 떼자스(내적 광휘), 오자스(주요 활력)를 나타냄.

3) 호흡제어/호흡법. Fawley. D(1999)의 Yoga and Āyurveda, 15장 pp. 241-260 참고.

암송 등 생명 에센스인 쁘라나, 떼자스, 오자스를 증진시키는 기법이 사용된다.

이상과 같은 심리적 상담 과정은 마음의 평화를 얻고 뇌파 상태가 알파파로 가게 하여 참 휴식과 의식 개발을 위한 과정이 상담 목표다.

(3) 영적 치유

개별 의식은 모든 인간의 기억과 경향에 접근할 수 있는 집단의식에 연결시켜 주며, 이 집단의식은 다시 광물에서부터 신에 걸친 모든 존재의 경험에 접근할 수 있는 우주 의식과 연결시켜 준다. 의식 자체는 모든 내적 형태의 지식의 도구로, 감각에 의해 얻어진 모든 지식을 초월한다. 보다 깊은 의식 속에 있는 고유한 지혜의 각성은 우주의 모든 미스터리를 나타나게 해준다. 의식은 참된 천재와 통찰의 원천이다. 제약된 개별·우주 의식 너머에 지고의 참나 또는 순수의식이 거주한다. 제약되지 않은 의식을 산스크리트어로 찌뜨라(citra)라고 하는데, 창조자의 의식을 포함한 제약된 의식(citta, 찌따)은 이에 비교하면 그림자일 뿐이다.

삶의 목표는 의식의 내용을 탐사하는 것일 뿐만 아니라 그 너머에 있는 참나 또는 순수의식의 깨달음을 위해 그것을 용해하는 것이기도 하다. 진리를 깨닫기 위해서는 그것에 집착하지 않아야 한다. 에고의 경향이 정화된 의식만이 모든 영적 수행의 궁극적인 목표인 깨달음을 일으킬 수 있는 힘을 가지고 있다. 그러나 평범한 정신 건강을 위해서라도 본래 불안정한 생각과 감정의 파동 너머에 있는 보다 깊은 본성에 대한 얼마간의 깨달음을 가져야 한다. 뿌리 깊이 있는 생각과 의도를 바꾸면, 신체와 활력 에너지도 바뀐다. 이것이 원인의 몸을 목표로 한 아유르베다 영적 치료의 기본이다.

영적 치유 기법으로는 쁘라나야마, 컬러, 원석, 아로마, 만뜨라, 디야나(dhyāna), 아스트롤로지 수비학 등등이 있다.

이상과 같이 영적인 치유에서는 자기 초월을 위한 과정으로서 인간으로서 최고의 희열 경지로 가게 하고 자신의 참나를 알게 하며 원인의 몸을 상담 목표로 한다.

영적 치유는 라자스를 진정시키고 라자스에서 삿뜨바로 이동하는 치유를 위한 수행 단계다. 이 변이를 위해서는 공간이 필요하다. 개별적인 상처와 슬픔을 내려놓은 채, 아픔을 버리고, 개인적인 추구를 포기해야 한다. 이기적인 추진과 동기를 더 커다란 이익을 위해 포기해야 한다. 문제를 비개인화하고 모든 인간의 조건과 남의 아픔을 보고 이해해야 한다. 개인적인 문제를 뒤로 하고, 남의 고통을 자신의 것으로 받아들이면서 인류의 문제를 생각해야 한다. 삶은 영적으로 성장할 수 있도록 돕기 위해 고통을 창조한다는 것을 배워야 한다. 이는 봉사와 자선의 단계다.

5) 변형 단계

변형 단계(transformation)에서는 수행과 명상을 통하여 의식의 올바른 작용을 증진하고 아유르베다는 영적인 삶의 원리, 만뜨라, 디야나를 통해 의식에서의 삿뜨바를 개발하기 위해 노력한다. 자기 수행을 통한 몸이 만들어지면서 몸에 맞는 심리적 변형이 일어난다. 자신감과 일의 효율성과 개인 성장은 서로 밀접하게 연관되어 있다. 실제로 자아실현의 과정은 각 개인으로 하여금 더 많은 효율성, 창의성 그리고 생산성을 불러일으킨다. 나아가 존재-자각-희열이 일어난다. 자기 관리가 익숙해지면 통찰과 통합, 몸의 변형이 일어난다.

순수한 삿뜨바를 개발하여 보편적 평화를 얻는다. 이 변이를 일으키기 위해서는 보편적인 세력으로써의 사랑과 자각을 개발해야 한다. 인간 조건의 한계를 보다 높은 영적인 본질로 초월시키는 법을 배워야 하며, 내적인 평화가 지배적인 세력이 되어야 한다. 더이상 아픔을 극복하기보다 기쁨을 개발하기를 추구해야 하며, 더 이상 개인적이거나 집단적인 문제가 아닌 더 커다란 우주와 그 안에서 작용하는 신성한 힘과의 친교를 개발하기에 집중해야 한다. 이 단계에서는 인간의 조건적인 면에서 보편적인 면으로 이동하여 모든 생명에 개방적으로 된다. 이 단계는 영적인 수행의 단계이며 모든 평범한 치유를 넘어 내적인 참나와의 관계를 치유하기 위한 작업이다.

구나가 마음의 서로 다른 층에서 작용함에 따라 어떻게 작용하는지 깊이 알아차릴 것이다. 아유르베다의 지혜를 이해하기 위해 자기 존재의 삿뜨바적인 핵심으로 들어가 보아야 한다.

정화된 신체적 기초 위에, 미세한 몸에 작용하기 위해 쁘라나야마(prāṇāyāma, 호흡 통제), 쁘라띠야하라(pratyāhāra, 마음과 감각의 통제), 다라나(dhāraṇā, 정신 집중)를 사용한다. 그리고 선정/명상(dhyāna, 디야나)에 든다. 더 많은 쁘라나(prāṇa, energy)를 개발하고, 만뜨라 훈련에서처럼 정신을 집중하면, 미세한 몸의 에너지 형태로 바꾸는 데 도움을 준다. 그와 같은 접근 방법은 베다 아스트롤로지에서 중요한 치료 방법이다. 왜냐하면 마음 안으로 조화로운 행성 에너지를 끌어 들이는 데 도움이 되기 때문이다.

디야나(dhyāna, 명상)와 사마디(samādhi, 몰입, 희열)는 원인의 몸을 개발하기 위한 주요

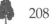

방법이며, 전통 요가의 가장 중요한 측면이다. 이러한 방법은 신체의 몸에서 미세한 몸으로 이끌고, 그 다음엔 원인의 몸으로 인도하여, 세 가지 몸 뒤에 있는 더 높은 진정한 참나(Self, Ātman)를 발견하도록 해 준다. 이런 관점에서, 치료적 몸의 궁극적 관심사는 세 가지 몸 모두를 지나 의식의 상태로 데려가는 것이다.

5. 아유르베다의 기법

아유르베다 치유 기법들로써 외적기법으로는 식이요법(Diet), 정화요법(Pañcakarma), 마사지요법(Abhyānga), 아사나(Asana), 허브요법(Herb Therapy), 마르마요법(Marma Therapy)과 내적 요법으로 호흡요법(Prāṇāyāma), 컬러(Color Therapy), 원석(Gemstone Therapy), 아로마(Aroma Therapy) 등을 이용한 주로 감각적인 테크닉, 그리고 의식을 변화시키기 위한 가장 중요한 아유르베다 도구인 만뜨라(Mantra), 명상(Dyāna), 아스톨로지(Astrology), 수비학(Numerology)으로 이어지는 내적인 기법들이 있다.

1) 식이요법

음식은 각 개인의 도샤 타입에 따라 선택되어야 한다. 각 도샤와 음식물 간의 상호관계를 이해하게 되면, 각자 자신에게 알맞은 음식물을 선택할 수 있다. 음식물을 선택하는 데 있어서 음식물의 여섯 가지 맛뿐만 아니라 그 특성이 가벼운지, 무거운지, 뜨거운지, 차가운지, 기름진지, 건조한지, 액체성인지, 고체성인지 등을 고려해야 한다. 또한 음식물을 섭취하는 때가 어느 계절인지도 염두에 두어야 한다. 아유르베다 식이요법은 계절, 개인의 체질, 현존하는 특정 도샤의 불균형에 의하여 결정된다고 본다.

음식 자체는 흙, 물, 불, 공기, 공간의 다섯 원소로 구성된 물리적인 물질이다. 그러므로 제일 먼저 우리가 맛과 원소가 어떻게 연결되어 있는가를 알아야 체질별 자신에게 필요한 맛을 찾아 먹을 수 있다.

① 단맛

단맛은 흙과 물의 원소들로 구성되어 있다. 그것은 마음과 신경을 안정시키고 영양을 공급하는 목적으로 사용되며, 원기를 회복시키는 효과도 낼 수 있다. 그러한 허브들은 일반적으로 단 맛이 강하지 않고 부드럽고 달콤하다. 과로 혹은 우울증에 시달리는 사람들은 단 맛의 강장 신경 진정제의 사용을 피해야 한다. 왜냐하면 이는 에너지의 속도를 더디게 만들고 통합시키기 때문이다. 단맛은 가공된 설탕이 아니라 천연 당분이며, 인공적인 단맛보다 훨씬 덜한 맛을 말한다. 과일, 곡물, 채소, 씨앗과 견과류에 들어 있는 당분, 녹말, 탄수화물, 기름 등이 포함된다.

② 짠맛

짠맛은 물과 불의 원소들로 구성되어 있으며, 이로 인해 진정시키고 안정시키는 특성을 가지게 된다. 해초와 조가비에서 나타나는 맛으로 보통 주로 공기의 조건인 신경쇠약 혹은 과도한 활동성의 상태에 사용된다. 신경을 진정시키는 역할을 하는 소금과 미네랄은 검은 소금, 조가비 가루(Saṃkha bhasma), 켈프, 굴 껍질 가루(mukti bhasma), 진주 가루(moti bhasma), 붉은 산호 가루(praval bhasma), 암염을 함유하고 있다.

③ 신맛

신맛은 흙과 불의 원소들로 구성되어 있다. 순한 자극제이며 우울증과 현기증을 치료하는 데 도움이 될 수 있다. 식초나 알코올과 같은 신맛의 성분들은 몇몇 허브들 속에 있는 알칼로이드를 추출하는 데 도움이 되며, 허브로 만든 와인과 팅크제의 주성분이 된다.

④ 쓴맛

쓴맛은 공기와 공간의 원소들로 구성되어 있다. 쓴맛의 허브들은 마음을 열리게 하고, 의식을 더 민감하게 만들며, 그 의식의 작용 수용력을 증가시킨다. 이들은 마음에 대해 냉각시키고, 안정시키고, 초연하게 하며 확장시키는 영향력을 가지고 있다. 정신적 둔감, 무기력, 더위, 유독성으로부터 고통받고 있는 사람들은 쓴맛을 더 많이 사용해야 한다. 하지만, 과도한 활동성, 신경성 피로, 쇠약으로 고통받는 사람들은 쓴맛을 사용해서는 안 된다. 그것은 단기적으로 더 많이 사용하고, 또는 소량을 사용해야 한다.

⑤ 매운맛

매운맛은 불과 공기의 원소들로 구성되어 있으며 마음속에 이러한 원소들을 활성화시킨다. 매운맛은 마음을 활기 띠게 하고, 두뇌의 순환을 촉진시킨다. 매운맛은 정신적 둔감, 우울, 과로, 동기 부족에 시달리는 사람들에게 좋다. 일반적으로 분노, 불면증, 불안,

혹은 과도한 활동성에 시달리는 사람들은 이러한 허브들을 피해야 한다.

⑥ 떫은맛

떫은맛은 흙과 공기의 원소들로 구성되어 있다. 이는 신경 진정의 목적으로는 거의 사용되지 않지만, 신경조직들을 치료하고 경련을 멈추는 데 도움이 될 수 있다. 마음을 안정시키고 치유하는 데 도움이 되는 몇 가지 특별한 신경 진정제들이 있다.

이와 같이 단맛과 짠맛, 신맛은 공기 체질에 알맞다. 언제나 수분이 부족한 공기 유형은 짠맛을 먹으므로 수분 공급을 받을 수 있고, 신맛은 감칠맛으로 입맛 없는 식욕을 촉진시킨다. 그리고 불안한 마음을 이완시키는 것 또한 단맛이다. 공기 유형이 가장 피해야 하는 맛은 쓴맛이다. 쓴맛은 유수분을 없애고 불안을 촉진하기 때문이다. 불 유형은 핵심 감정인 분노를 없애기 위해 단맛이 필요하다. 그리고 쓴맛과 떫은맛은 불 유형의 유분 조절을 해 주기 때문에 필요하다. 그리고 가장 짠맛을 피해야 한다. 떫은맛은 소량을 섭취하여 수렴을 돕는다. 물 유형은 단맛과 짠맛을 피해야 한다. 체중조절이 필요하기 때문이다. 매운맛으로 체중을 줄이고 쓴맛으로 지방을 없애야 한다.

다음은 음식이 가진 속성과 함께 공기 유형은 따뜻한 음식과 고영양의 기름진 음식을 먹어야 한다. 특히 단백질 흡수가 힘들기 때문에 소화가 잘 될 수 있는 단백질을 골라 먹는 것이 좋다. 단백질 흡수가 안 되어 근육이 없는 것도 공기 유형의 특질이다.

불 유형은 시원하고 맵거나 짜거나 뜨겁지 않은 음식으로 영양을 골고루 먹으면 좋다. 특히 지방 분해 능력이 부족하기 때문에 고 지방 섭취는 피한다.

물 유형은 되도록 따뜻한 음식과 음료를 마셔야 침체되지 않는다. 그리고 생야채나 식물성 단백질을 흡수하는 것이 좋다. 물 유형은 탄수화물 중독 현상이 잘 일어나고 탄수화물 대사가 어렵기에 탄수화물을 줄인다. 그리고 일주일에 하루 단식하는 것은 독소가 쌓이는 것을 없애는 방법이다.

그리고 공기 유형은 하루에 여섯끼를 챙겨 먹어야 한다. 불 유형은 세 끼, 물 유형은 한 끼만 먹는 것이 좋은데 아침은 따뜻한 차를 마시고 점심은 가장 소화가 잘 되는 불의 시간인 11시에 단백질이 꼭 포함된 음식을 먹는 것이 좋고, 저녁은 가볍고 너무 달지 않은 과일이나 야채를 먹는 것이 좋다.

2) 정화요법

질병은 몸을 통해 받아들이는 물질적인 것과 마음으로 받아들이는 인상을 통해 외부 세계의 해로운 물질에 우리 자신을 노출시킴으로써 얻는 외부의 오염물질에서 생긴다. 일단 이 외부적인 요소들이 제거되기만 하면 자연스러운 건강과 평형은 이미 심하게 손상되지만 않았다면 스스로 드러날 것이다.

빤짜까르마(panchakarma)는 다섯 가지 정화요법이라는 뜻이다. 그것은 신체로부터 과도한 도샤를 배출하기 위한 것으로 관장 치료법(basti, 바스띠)과 하제요법(virecana, 비레짜나), 구토요법(vamana, 바마나), 코에 투약하는 법(nasya, 나샤), 혈액 청소법(rakta mokṣa, 락따 목샤)으로 이루어진다.

아유르베다의 정화요법은 신체 부위별로 정화하는 방법들이 있다. 아침에 일어나면 따뜻한 물로 입을 씻고 오일 풀링을 한다. 그리고 따뜻한 물을 한잔 먹고 밤사이 쌓인 독소를 피부와 장을 통해 배설하고 역류된 위산을 제거하기도 한다. 오일 풀링은 밤 동안에 입 안에 있는 나쁜 세균 제거와 혀와 입 안에 영양을 주기 위한 것이다. 이와 같이 아유르베다는 정화와 영양이 함께 가는 것이 서양의 정화요법과 다르다.

그리고 오일 풀링을 할 때는 체질에 알맞은 오일을 선택해야 한다. 공기 유형은 언제나 수분과 오일 부족현상에 시달리므로 섬세한 영양을 가진 세서미 오일이 좋다. 불 유형은 열이 많아서 언제나 열을 잘 다스리면 질병에 노출되지 않는다. 그러므로 서늘한 기운을 주는 코코넛 오일이 좋다. 물 유형은 수분과 오일 성분이 체질적으로 많고 영양 또한 과잉이므로 가벼운 해바라기 오일을 사용한다.

아유르베다에서는 아침에 일어나서 잠자기 전까지 대체적으로 정화요법을 이용하도록 권한다. 여기에서는 신체에 따른 구체적인 정화요법보다는 빤짜까르마 중 세 가지를 소개하고자 한다.

빤짜까르마를 행하기 전에 먼저 준비 과정으로 독소들을 분해하여 소화 계통으로 가져와서 제거하기 위해 오일 마사지(snehana, 스네하나)와 증기요법(svedana, 스베다나)을 실시한다.

하제요법은 불 기운을 감소시키기 위해 아빠나(아래로 움직임)를 증가시킨다. 구토요법은 물 기운을 감소시키기 위해 우다나(위로 움직임)를 자극한다. 나샤는 쁘라나를 증진하기 위해 머리를 연다. 혈액 청소법은 불 기운을 감소시키기 위해 비야나를 통한 피의 흐름을 자극한다. 바스띠, 즉 관장 치료법은 공기 기운을 가라앉히기 위해 아빠나를 가라앉힌다. 이런 식으로 빤짜까르마는 다섯 가지 모든 쁘라나에 작용한다.

빤짜까르마는 신체뿐 아니라 미세한 몸으로부터도 독소들을 철저히 제거한다. 이것은 뼈와 근육, 신경, 감각과 마음에 강력한 정화와 원기 회복 효과가 있다. 그러므로 빤짜까르마는 요가 수행을 하는 사람들에게 아사나뿐 아니라 쁘라나야마와 명상을 수행하는 데도 유익한 절차다. 빤짜까르마는 더 깊은 수준의 수행을 시작하기 위한 해독 프로그램의 일부로써 또는 독소의 축적을 막기 위한 정기적인 수단으로써 사용될 수 있다.

소화가 진행되는 동안 낮이나 밤이나 도샤는 조직(śāka, 샤까)에서 위장관(koṣṭha, 꼬슈타)으로 움직인다. 몸은 자연스럽게 이런 소화관의 분비액으로 쓸모없는 물질을 버리려고 한다. 소화관의 일정한 부분들은 도샤가 분비되는 주요 장소들이다. 물 도샤는 위, 불 도샤는 소장 그리고 공기 도샤는 대장에서 분비된다.

빤짜까르마는 소화관의 특정한 부분들에서 도샤들이 나타나는 이 자연스러운 과정을 향상시킨다. 과도한 도샤는 각각 해당 소화 분비액을 통해 몸에서 제거된다.

도샤와 조직(dhātu, 다뚜)은 서로 관련되어 있다. 따라서 이런 배출 과정들은 조직을 손상시키는 도샤들을 없앰으로써 간접적으로 조직에 영향을 준다. 빤짜까르마는 쓸모없는 물질을 배출시키는 몸의 자연적인 방법을 증진시킨다. 이 기법들은 관련된 점막 부위들에서 보다 나은 분비와 흡수와 같은 단계들을 이용하기 위해 고안되었다.

빤짜까르마는 건강유지 · 질병치료 · 원기회복 준비의 세 가지 목적을 성취하기 위해 이용된다. 빤짜까르마는 대부분 개인, 심지어 건강한 사람들에게도 규칙적인 계절적 양생법의 일부로 권장된다. 도샤들은 계절의 변화 때문에 자연스럽게 축적되며, 제거되지 않으면 질병을 일으킬 수 있다.

- 공기계절인 가을에는 바람과 건조함으로 인한 바따(공기)의 정상적인 악화를 경감시키기 위해 바스띠, 즉 약용 관장을 권한다.
- 뻿따(불) 계절인 여름에는 계절적인 열로 인한 과도한 뻿따(불)를 없애기 위해 설사요법이 처방된다.
- 까파(물) 계절인 봄에는 이 계절의 서늘함과 축축함으로 인한 과도한 까파(물)를 제거하기 위해 바마나, 즉 구토요법이 처방된다.

구토요법을 하기 3일 전부터 오일 마사지와 함께 찜질을 한다. 4일 전부터 대변이 매끄러워지고 욕지기를 느낄 정도로 하루에 두세 번 한 잔 정도의 오일을 마셔야 한다.

－효능 · 효과: 피부질환, 만성 천식, 당뇨, 만성 감기, 임파 장애, 만성 소화 불량, 부종, 간질, 만성 사이너스 질환, 편도선염, 식욕상실, 빈혈, 하혈 등에 적용
－구토제: 감초, 창포, 소금, 카더멈(cardamom), 마전자(馬錢子)
－금기: 어린아이, 노인, 비만, 굶주림, 심장질환, 폐질환, 상혈, 월경, 임신, 체중감소, 슬픈자

하제요법은 구토요법을 행한 3일 후부터 행하며 행하기 전에 직장과 복부에 오일 마사지와 찜질을 한다. 이 방법은 땀샘, 작은창자, 결장, 신장, 위, 간, 비장 등을 정화하는 방법이다.

－효능 · 효과: 피부질환, 만성 발열, 치질, 복부종양, 기생충, 통풍, 황달
－하제 · 완하제: 센나, 말린 오얏, 겨, 아마씨 껍질, 민들레 뿌리, 우유, 소금, 피마자 오일
－금기: 어린이, 노인, 쇠약, 급성 발열, 낮은 아그니, 소화 불량, 하혈, 폐질환, 설사, 위속의 이물, 구토요법 직후, 궤양성 대장염, 탈장

배출량은 최대가 1,600cc이고, 중간이 1,000cc이며, 최소가 500cc다.

관장을 위해서는 다음과 같이 허브에서 추출한 식물성 오일과 디콕션(아유르베다 약초를 달인 물)을 사용한다.

－효능 · 효과: 변비증, 팽창증, 통풍, 류마티즘, 좌골 신경통, 관절염, 신경질환, 바따(공기)성 두통, 근육 위축증, 체중감소. 위산과다, 구토증, 심장 통증, 신장 결석, 성적 질환, 만성발열
－오일: 반 잔에서 한 잔 정도 따뜻한 참기름(만성 변비증의 경우).

－달인즙: 따뜻한 참기름 반 잔에 고투콜라 반 잔, 나래지치 달인 즙을 섞은 것.
－고영양품: 따뜻한 우유 한 잔, 고기국물 한 잔, 골수가 들어 있는 뼈를 삶은 국물 한 잔.
－금기: 노인이나 일곱 살 미만의 어린이, 당뇨병 내담자, 심한 빈혈이 있는 자, 잦은 설사

이와 같이 정화요법을 실시하면 회춘의 효과도 있다. 일주일에 하루 단식을 하면서 정화요법을 해 보는 것도 도움이 된다.

3) 컬러요법

다른 그 어떤 감각적 잠재력도 컬러만큼 인식에 즉각적으로 영향을 주거나 인식을 채색시키는 것은 없을 것이다. 컬러는 주의를 끌어당기고, 기분을 형성하며, 감정을 전달하기 위한 강력한 도구다. 컬러는 마음을 끌어잡아 특정한 쪽으로 지향시킨다. 컬러요법은 모든 정신적·영적 치유를 위한 주된 감각요법 가운데 하나다. 컬러는 부가 효과를 위해 만뜨라, 기하학적 형상 그리고 다른 감각요법과 결합시킬 수 있다. 우리는 눈으로 흡수된 빛을 통하여 컬러를 받아들인다. 컬러는 마음과 생명력에 영양을 공급해 주며, 혈액에 활기를 주고, 인식 역량을 증가시킨다.

우리는 컬러를 흡수할 뿐만 아니라 몸과 마음속에서 생산하기도 한다. 물리적으로 몸은 건강상태를 드러내주는 색깔과 피부색을 가진다. 질병이 진행되면 황달, 창백함, 피부발진, 검정색이나 갈색 반점 같은, 피부에서 변화하는 색깔이 일어난다.

그러므로 체질에 알맞은 컬러를 선택하고 치료하는 데 사용하기 위하여 컬러가 가진 기본 특질을 알아야만 한다. 각각의 컬러가 가진 기본 특질을 간단하게 알아보자.

빨간색(Red)은 열정과 사랑에서 증오까지 나타내는 색이다. 혈액과 연관되어 혈행을 좋게 하고 혈압, 체온(2~3도), 맥박을 올려주는 효과가 있으며, 적혈구를 형성하고 붉은색을 선명하게 한다. 피부의 색을 유지하고 신경 조직과 골수에 에너지를 공급한다. 가중된 공기와 물 기운을 완화시킨다. 이 색에 너무 노출되면 불 성분이 지나치게 많아지고 이것이 신체의 한 부위에 집중되면 염증을 일으킨다. 만성적인 냉증과 감기를 완화시키는 데 효과가 있으며, 의욕이 없거나 낙담하고 움추러들 때, 권태감이 사라지고 의욕과 자신이 되살아나면서 건강하고 외향적인 기분과 함께 동작도 활발해진다. 제1짜끄라(mūlādhāra caktra)와 연관이 있다.

주황색(Orange)은 빨간색과 마찬가지로 따뜻하며 치료에 도움을 주는 에너지를 가지고 있다. 쇼크나 어린 시절의 상처를 치유하는 컬러이기 때문에 만약 기분이 가라앉거나 우울해질 때 사용하면 밝은 기분으로 전환하며, 사람을 불러 모으고 기분을 즐겁게 만들어 주기에 패밀리 레스토랑이나 젊은이들이 모이는 장소에 즐겨 사용된다. 이는 구도자들로 하여금 속세를 떠날 수 있도록 도와주기도 한다. 반면 성적 기관에 에너지와 힘을 주기도 한다. 따라서 오렌지색을 이용하여 성적 에너지를 우주 의식으로 승화시키려면 독신 생활이 필요하다. 독신을 지키지 않는 사람이 오렌지색에 자주 접하면 지나치게 성적으로 자극된다. 가중된 공기와 물을 완화시키며 충혈을 완화시키며, 피부의 윤기를 유지해 준다. 오렌지에 지나치게 노출되면 불이 가중된다. 오렌지는 제2짜끄라 하복부를 통해 받아들인다.

　노란색(Yellow)은 기억력을 높이고 싶을 때 사용하며 지성과 이해, 판단을 담당하며 불안을 해소하는 힘이 있다. 좌뇌를 활성화하기 위해 공부방에 사용하기도 한다. 영적으로는 에고(ego)의 완전한 소멸과 연관되어 있다. 노란색을 지나치게 남용하면 작은창자에 담즙의 축적이 과다해지고 불 성분이 가중된다. 과다한 공기와 물을 완화시킨다. 뇌의 활동이 정지되어 있을 때라든가 목표와 초점을 상실하고 있을 때 도움이 된다. 판단력을 갖고 싶을 때 사용하면 좋고, 제3짜끄라(mānipūra cakra)를 통하여 받아들여지며, 소화 과정을 조절한다. 과도한 노출은 자제심을 잃고 불안과 두려움이 커져 결과적으로 난폭한 행동을 하게 된다. 신체적으로 간장, 대장의 나쁜 부분을 완화시키고 특히 피부 질환에 효과적이며, 신경 소모, 소화 불량, 변비와 당뇨병에 효과가 있다.

　초록색(Green)은 자연, 조화, 하모니를 상징하는 평온함을 불러오는 색이다. 마음을 가라앉히는 효과와 신선감을 일으키는 효과가 있다. 이 컬러는 제4짜끄라에 에너지를 공급하며, 감정을 누그러뜨리고 마음에 행복을 가져다 준다. 과다한 공기와 물을 완화시키지만 불을 가중시킨다. 과용은 담즙의 집중을 자극하여 쓸개에 결석을 형성시킨다. 짜증을 가라앉히고 싶을 때, 심리적으로 재생을 원할 때 사용한다. 신선감과 긍정적 기분으로 바꾸어 준다. 종양에도 효과(크로로필)가 있으며, 두통을 가볍게 하는 효과도 있다. 가장 강한 치료 효과를 가진 대표적인 컬러이며 교감 신경계에 작용해서 신장, 간장의 기능을 도와주며 공해 물질에 대한 해독 작용도 강하다고 한다.

　파란색(Blue)은 순수의식을 나타내는 색이다. 몸과 마음을 가라앉히고 시원하게 하는 효과가 있다. 피부의 컬러를 유지시켜 주며 간질환의 치료에 도움이 되고 가중된 불을 완화시킨다. 과용하면 공기와 물이 가중되고 충혈을 일으킬 수 있다. 침착하고 안정적인 긍정적 해석을 내리게 하고 가라앉는 우울한 감정과 자주 연관시킨다. 제5짜끄라 (viśuddha-cakra)의 목 센터와 관련되어 있으며 타인과의 커뮤니케이션을 컨트롤 한다.

인디고색(Indigo)은 속박으로부터 해방되고 싶을 때, 제6짜끄라(ājñā-cakra)로 제3의 눈인 미간으로 흡수한다, 솔방울샘을 조절하고 혈액을 정화시킨다. 오렌지 빛과 똑같은 에너지가 있어 마음을 열고 공포와 속박, 억제로부터 해방하는 데 도움이 되며, 인간의 신경과 정신, 영적 잠재력을 작용시킨다. 부작용으로 극도로 내성적으로 되거나, 자기표현이 어려우며, 극단적인 낙담을 가져올 수 있다. 고독, 분리, 무관심, 자기 불신을 불러오기도 한다. 신체적으로는 주로 눈과 목에 관련된 모든 질병과 간, 천식, 소화불량 등을 치료하는 데 사용된다.

보라색(Violet)은 인간의 의식을 각성시키는 우주 의식의 색이다. 몸을 가볍게 하며, 지각의 문을 열어 준다. 가중된 불과 물을 완화시킨다. 과용하면 공기를 가중시킨다. 영감을 키우고 싶을 때, 제7짜끄라(sahasrāra-cakra)의 머리 센터와 관련이 있으며, 뇌하수체를 관통한다.

(1) 체질과 컬러

공기 유형은 차갑고, 건조하며, 가볍고, 지극히 활동적인 성질과는 특질상 반대인 따뜻하고, 촉촉하며, 부드럽고, 평온한 색에서 최상이다. 이는 흰색이나 부드러운 녹색이나 평온한 색과 골드, 적색, 주황색, 노란색과 같은 따뜻한 색을 결합시키면 좋다. 그리고 둥글거나, 부드럽거나, 네모지거나, 균형 잡힌 모양과 결에서 가장 좋다. 일반적으로 공기 유형은 삶에서 색이 많을수록 더 좋다.

불 유형은 뜨겁고, 가벼우며, 공격적인 경향과는 반대인 시원하고, 온화하며, 평온한 색이 가장 좋으며 해당하는 색은 우선 흰색, 녹색, 파란색 등이다. 적색, 주황색, 노란색처럼 뜨겁거나, 날카롭거나, 자극적인 색을 피해야 한다. 예리하고 날카로운 모양과 각으로 된 색은 피해야 하며 둥글고 부드러운 모양이 필요하다. 일반적으로 색의 사용을 더 제한할수록 더 좋다.

물 유형은 차가움, 축축함, 무거움, 운동 부족의 특성에 대항하기 위한 따뜻하고, 건조하며, 자극적인 색이 가장 좋다. 이 유형은 밝은색과 강한 색의 대비가 좋으며, 주황색, 노란색, 황금색, 빨간색과 같은 따뜻한 색이 가장 좋다. 분홍색이나 엷은 푸른빛 같은 감미로운 색은 피해야 한다. 각지고 피라미드 같은 모양은 좋고 둥글거나 네모진 모양을 피해야 한다. 가볍고 밝기만 하다면 색이 많을수록 더 좋다.

컬러를 치유에 응용하는 것은 아주 다양하다. 음식, 옷, 양초, 빛, 목욕, 실내 도구, 꽃밭, 정원, 침실 등 여러 가지 치유 방법들이 있다.

4) 원석치유

원석치유(Gemstone Therapy)는 베다 아스트롤로지에 있어서 가장 중요한 치료법이다. 원석들은 지구상에서 부정적인 행성 에너지에 대응하고 긍정적인 에너지를 강화시키는 등 행성의 영향들을 조정할 수 있는 가장 강력한 물질이다. 원석은 행성을 통과하는 우주 광선들로 이뤄졌으며, 지구에 저장된 행성들의 에너지를 나타낸다. 원석은 행성들의 빛을 물리계로 불러오는 공간적 면에서 작용한다. 원석은 오라나 빛의 무늬를 조정하기 위해 행성들의 영향을 기(氣)의 장으로 끌고 온다. 이런 점에서 특정한 원석은 특정한 행성과 연결되어서 에너지의 조율 역할을 할 수 있다.

아유르베다 아스트롤로지에서는 최근 원석과 수정을 이용한 자연 치유법이 강조되며, 특정 원석이나 금속이 특정 행성과 연결된다는 점을 활용한 독특한 치유법을 제시하고 있다. 그리고 어떤 원석을 어떻게 착용하고 그 효과가 무엇일지를 가늠할 수 있는, 복잡하지만 매우 정확한 독자적 체계를 가지고 있다. 이 절에서는 각 원석들의 행성과 물리적 효과들을 살펴보려고 한다. 정신적 · 영적 효과를 알고 싶다면 저자의 책『아유르베다 이론과 실제』를 참고하길 바란다.

루비는 상응 행성이 태양이며, 불과 아그니를 증가시키고 물과 공기를 감소시킨다. 루비는 전반적인 생기, 소화 그리고 순환을 향상시킨다. 심장 소장 두뇌와 눈의 능력을 강화하는 데 좋다. 체력 보충과 활력을 촉진하며 피로와 무기력증을 막는 데 도움이 된다.

진주는 상응 행성이 달이고, 물과 오자스(일차 체력)를 늘려주고 불, 공기와 아그니를 줄여준다. 우리 몸 전반에서 물 원소를 증가시켜 혈장과 립프계 그리고 살을 강화한다. 위와 폐에 좋으며 생식계에선 수정 능력을 향상시키는 효과를 가진다.

적색산호는 상응하는 행성은 화성이며, 아그니와 불을 늘리고(하지만 과잉의 경우는 적다) 공기와 물을 줄인다. 혈액과 골수 뼈와 생식계(특히 남성에게)를 강화한다. 소화와 순환에 도움이 되며 근육을 만드는 데 도움을 주기도 한다.

에메랄드는 상응하는 행성은 수성이며, 전반적으로 균형을 갖춘 원석이지만 아그니와 소화의 불을 감소시킬 수 있다. 신경, 폐, 음성 기관을 강화시키고 시각과 순환을 향상시킨다. 내분비 기능의 조절과 어린이들의 성장 촉진에 도움이 된다.

엘로우 사파이어는 상응하는 행성은 목성이고, 물과 불을 증가시키지만 과잉적으로는 아니며 공기를 대대적으로 줄인다. 오자스의 개발에 도움이 되며 면역계를 강화하며 전반적인 성장에 기여한다. 간, 비장과 췌장에 특히 효과가 좋다. 조직의 성장과 치유를 촉진시키고 내분비계의 기능을 조절하는 데 도움이 된다.

다이아몬드는 상응하는 행성은 금성이며, 불과 공기를 줄이고 물을 미약하게 증가시킨다. 생식계, 뼈와 오자스를 강화시키며 전체적인 완력, 아름다운 형상, 생기를 촉진하는 데 도움을 주고 장수에 효력이 있다. 여자들에게 있어 여성 에너지를 증가시키는 데 도움이 된다.

블루 사파이어는 상응하는 행성은 토성이며, 불과 아그니를 줄여주지만 물과 공기를 늘린다. 해독과 감량을 도우며 감염과 염증을 줄이는 데 도움이 되어 내성과 장수를 돕는다.

헤소나이트 석류석은 상응하는 행성은 라후며, 면역을 증가시키고 내분비샘 강화, 감각 진정, 호흡의 심화, 신경계 보호와 같은 효과를 가지고 온다. 깊은 잠을 돕고 스트레스, 환경적 민감함과 신경 과부하를 줄이는 데 도움이 된다.

묘정석은 상응하는 행성은 께뚜이며, 뇌를 통하는 순환계, 감각과 신경계를 향상시켜 준다. 근육과 동력계의 연대에 도움이 된다. 질병에 대한 면역성과 환경적 요인으로부터 오는 부담을 다스리는 능력을 향상시켜 준다.

상기와 같은 원석들은 아주 비싼 값이므로 보편적으로 사용하기에는 무리가 있다. 그러므로 대체 원석을 사용하면 큰 무리는 없다고 본다. 주요 행성 원석은 최소한 1.5 캐럿 이상이어야 하며 2캐럿 이상인 것을 추천한다(3캐럿은 금전적으로 허용이 된다면 쓰기 좋은 크기이며 5캐럿이 최상급이다). 대체 원석들은 힘이 약하므로 좀 더 큰 것을 배치할 필요가 있다. 석영 수정, 자수정, 시트린 등은 큰 것들로 목걸이를 할 수 있다(최소 5캐럿).

모든 원석은 착용할 때 피부에 닿아야 한다. 그렇지 않으면 행성들로부터 에너지가 효율적으로 전해지지 않는다. 원석을 살갗에 안 닿게 착용할 수도 있지만 효과는 감소하고 성격상으론 치료적이기보단 좀 더 장식에 가깝다. 이것은 반지뿐만 아니라 목걸이나 팔찌 그리고 다른 배치법에도 해당한다.

원석을 처방하는 데 있어 크게 두 개의 의견이 있다. 첫째, 차트상에 있어 약한 행성들을 강화하기 위한 원석들을 처방하는 것이다. 이 이론은 원석들이 일차적으로 자신들과 관계된 행성의 힘을 늘려준다고 하는 것이다.

둘째, 차트상 대체적으로 문제를 일으키는 나쁜 행성들의 원석을 처방하는 것이다. 이 논리는 문제를 일으키는 행성이 비록 토성이나 좋지 않은 집단을 다스리는 행성이라 하더라도 비위에 맞추는 것이 좋다고 주장한다. 원인을 제거함으로써 문제는 해결될 것이다. 하지만 나쁜 행성들을 강화하는 것은 그들의 영향력을 증가시켜 우리에게 해를 입힐 수 있다. 이런 이유로 나쁜 행성들의 원석을 꾸준하고 심오한 만뜨라와 명상 수행을 할 준비가 안 된 이상 착용하지 않을 것을 추천한다. 이런 접근을 위해선 아스트롤로저나 영적 인도자의 도움을 받는 것이 제일 좋다.

원석의 정화를 살펴보면 원석을 바닷물이나 산의 냇물에 담그는 것이 좋다. 원석을 정화수로 가득 찬 구리 용기에 푹 적셔놓는 것도 또 다른 방법이다. 원석은 명상을 통해서 정화시키는 것도 한 가지 방법이다. 행성에 대한 만뜨라를 외우며 그 행성의 신에게 명상하는 것도 좋다. 그렇지만 가장 쉬운 방법은 향을 피우거나 흐르는 물에 씻는 것이다. 원석을 처음으로 착용할 때는 좋은 시간(muhūrta, 순간)으로 고르는 것이 제일 좋다. 관여되는 행성이나 그에 통하는 행성이 지배하는 날을 선택하는 것이 좋다(여기선 라후의 날은 토성과 일치하며 께뚜의 날은 화성에 일치한다). 자신의 원석을 사용하여 자신을 강화시키거나 치유를 원한다면 자신의 행성을 먼저 찾아야 한다. 영적으로 개발된 아유르베다 아스트롤로저를 찾아서 자신의 행성을 알아보고 원석을 찾는 것이 순서다.

5) 아로마요법

아로마요법(Aroma Therapy)은 치유절차를 증진시키기 위해 향기로운 오일을 이용하는 것으로, 향·꽃 에센스·정유(精油)의 이용을 포함한다. 아로마요법은 보충적이지만 주로 마음치유를 위해 이용되는 중요한 아유르베다요법이다. 그것은 집중과 명상에 도움이 되며, 감정을 평온하게 해 주고, 신경을 달래주며, 마음의 평화를 증진시켜 준다. 향기는 흙 원소에 속하는 감각 특질이며 그 자체는 미세한 흙 원소를 구성하고 있다. 향기의 바른 이용을 통해 우리는 흙 원소를 정화시켜 그보다 높은 잠재력을 드러냄으로써 마음을 아주 무겁게 누르는 현세적인 얽매임을 잊을 수 있도록 자신을 도울 수 있다.

아로마는 마음에 조화를 주는 영향력을 가지고 있으며 세 가지 기질과 세 생명 에센스(쁘라나, 떼자스, 오자스)의 균형에 도움을 준다. 그것은 면역체계를 강화해 주고, 부정적인 박테리아와 바이러스에 대항할 수 있도록 도와주며, 정체된 공기를 제거해 준다. 또한 부정적인 감정과 아스트랄적인 병원균(남들에게서 오는 부정적인 생각을 포함한)을 청소할 수 있도록 도와주며, 사랑·기쁨·행복 같은 긍정적인 감정을 증가시켜 주고, 열의·결단력·창조성을 강화해 준다. 그리고 수용·인식·분별 역량을 향상시키기도 한다.

(1) 용법

아로마 오일은 보통 외부에 바르며, 내복할 수 있지만 일반적으로 제대로 희석되는 경우에만 한한다. 식물의 순수한 정유는 결코 내복해서는 안 된다. 거의 모든 정유, 심지어 박하 정유 한 찻숟갈로도 위장을 태워 구멍을 내기에 충분하므로 치명적일 수 있다. 정유는 휘발성이 있고, 흥분시키는 성질이 있으며, 점막을 파괴하므로 바로 점막이나 눈에 넣어서는 안 된다.

외부적으로 아로마 오일은 피부 위 마르마 점에 바를 수 있는데, 대부분은 (두통을 위한) 제3의 눈·머리 꼭대기(정수리 짜끄라 장소)·관자놀이 등과 같은 머리, [공동(空洞) 문제를 위한] 코 뿌리 그리고 귀 뒤나 목 등 쉽게 냄새 배일 수 있는 곳에 바른다.

오일을 손등이나 손목에 떨어뜨려 정기적으로 냄새를 맡을 수도 있다. 순수한 오일 자체를 이용할 수도 있고 알코올이나 물 또는 코코넛이나 참기름 같은 더 무거운 오일로 희석할 수도 있다. 백단향 반죽을 제3의 눈에 바르거나 생강 반죽을 관자놀이에 바르는 것처럼, 허브 분말을 물에 섞어 반죽으로 바를 수도 있다.

다른 중요한 지점은(폐의 이상을 위한) 특히 흉부 중앙에 있는 심장이나 그 반대편 등의 중앙과 가슴부위, (소화 이상을 위해서나 의지를 강화시키기 위한) 명치, 배꼽, (성적 무기력을 위한) 배꼽 아래의 성 중추 지점 등이다. 이런 곳에서는 오일 냄새를 맡을 수 없지만 오일이 그 침투성에 의해 갖가지 기관, 체계, 짜끄라 등에 영향을 줄 것이다. 아유르베다는 주로 몸의 이런 지역들에 있는 다양한 민감한 지점(marma, 마르마)들을 인정하고 있으며, 이런 곳들은 아로마 요법을 통해 치료될 수 있다.

내부적으로, 오일은 허브차에서 간접적으로 추출되며 꽃이나 잎처럼 오일을 함유하고 있는 식물의 부분에서 취할 수도 있다. 정유는 알코올 팅크제로 만들 수 있으며 이것의 10~30방울을 따뜻한 물과 함께 내복할 수 있다. 아로마 허브는 분말로 복용할 수도 있다.

올바른 매개 속에서 내복되는 아로마 오일은 혀와 미각을 통해 마음과 신경체계를 자극하며 이러한 이유 때문에 삼키기 전에 허브의 맛을 보면서 1분 동안 입 속에 두는 것이 가장 좋다. 이런 식으로 아로마 허브는 숨으로 들이킬 때처럼 머릿속 쁘라나에 직접 작용할 수 있다.

(2) 체질 유형과 아로마

① 공기: 따뜻하고 상쾌한 오일이 가장 좋으며 너무 자극적인 것은 좋지 않다. 사향이나 계피처럼 너무 매운 오일은 백단향이나 장미 같은 달고 평온함을 주는 오일로 균형을 맞출 수 있다. 가장 좋은 오일은 백단향, 연꽃, 유향, 플루메리아, 계피, 나륵풀(basil) 등이다. 이런 것들은 두려움, 근심, 불면증, 진전 등의 공기상태에 좋다.

② 불: 어떤 시원한 향료나 쓴 아로마 식물들은 유용하지만 시원하고 상쾌한 오일, 주로 꽃 에센스가 가장 좋다. 최상의 오일은 백단향, 장미, 베티버트, 레몬 풀, 연, 라벤더, 백합, 사프란, 챔팩, 치자나무, 인동덩굴, 붓꽃 등이며, 이런 것들은 성마름, 분노, 정신적 갈등 같은 불 상태에 좋다.

③ 물: 매운 향료 오일이 가장 좋으며, 장뇌 · 계피 · 히나(heena) · 정향 · 사향 · 세이지 · 타임 · 삼목 · 유향 · 몰약 등이 여기에 속한다. 이런 것들은 집착, 우울증, 정신적인 정체 등의 까파(물) 상태에 좋다. 너무 많은 백단향 뿐만 아니라 장미나 자스민 같은 감미로운 꽃들도 물을 증가시킬 수 있기 때문에 피해야 한다.

아로마를 사용할 때는 체질에 알맞은 아로마를 선택해서 먼저 냄새를 맡아보고 거부감이 없는 것을 사용하는 것이 가장 치료 효과가 크다. 그러므로 허브 자체의 특질을 이해하고 본인이 가진 증상을 함께 고려하는 것이 좋다고 본다.

6) 호흡요법(쁘라나야마)

쁘라나(prāṇa)는 '생명력'을, 아야마(āyāma)는 '확장'을 의미한다. 그러므로 쁘라나야마(prāṇa+āyāma)는 '생명력의 확장'을 의미한다. 그러나 쁘라나야마(prāṇāyāma)를 '호흡의 유지'라고 정의하는 사람들도 있다. 만일 정확하게 행해진다면, 호흡의 유지가 생명력을 확장하는 가장 강력한 방법이겠지만, 그것이 유일한 방법은 아니다. 만일 부정확하게 행해진다면, 그것은 생명력을 수축시키고 많은 질병을 악화시킬 수 있다. 이것은 마치 호흡을 제대로 하지 못하면 기절하는 것과 같다. 쁘라나야마를 통해 호흡을 늦추고 연장하면 내적인 쁘라나, 즉 더 높은 생명력이 발현될 수 있다. 이것은 마음의 속도를 늦추고 마음을 고요히 하도록 도움으로써 명상을 촉진한다.

쁘라나야마는 쁘라나의 바른 흐름에 기능을 의존하는 호흡계, 순환계, 신경계의 질병을 치료하는 데 매우 효과적이지만, 무기력, 낮은 기력, 만성 피로, 약한 면역력, 요양 등 모든 건강 상태에 탁월하다. 쁘라나야마는 폐를 활동시킬 뿐만 아니라, 들숨과 날숨의 내부 마사지 행위를 통해서 몸속의 모든 기관을 활동시킨다. 이 마사지 행위는 기관들로의 순환을 향상시키고, 독소를 없애며, 도샤들을 배출하기 위해 소화관으로 가져간다. 그것은 건강과 체력뿐 아니라 마음의 고요를 유지하기 위한 깊고 강력한 유기적 리듬을 확립시킨다.

쁘라나야마는 심리적 장애와 감정적 장애들을 다루는 데 중요한 도구다. 그것은 우울증을 막고, 괴로움과 집착을 놓아 보내고, 스트레스와 긴장을 줄이는 데 매우 탁월하다. 그것은 어떤 자극제나 약보다도 정신을 향상시키기에 훨씬 더 효과적이다. 쁘라나야마는 인삼, 아슈와간다 또는 샤타바리 등을 이용하여 생명력을 증진하려는 강장 허브 치료법들의 힘을 향상시킨다.

(1) 교호호흡을 통하여 쁘라나와 아빠나의 균형을 잡아보자

쁘라나와 아빠나는 오른쪽 콧구멍과 왼쪽 콧구멍 그리고 그 경로들인 이다(iḍā)와 삥갈라(piṅgalā) 나디와 관계가 있다. 그 둘은 양쪽 콧구멍을 통한 흐름을 균형 잡음으로써 균형 잡을 수 있다. 이 호흡법은 수행하는 동안 콧구멍을 번갈아 가며 막아야 한다. 먼저 오른쪽 손바닥을 쫙 편다. 집게손가락과 가운뎃손가락을 아래로 구부린다. 다른 두 손가락과 엄지손가락을 편다. 손가락들을 콧마루에 올려놓고, 엄지손가락은 코의 오른쪽에, 편 손가락들은 왼쪽에 댄다. 콧구멍을 막아야 할 필요가 있을 때 이 손가락들을 사용한다. 이 호흡법의 첫 번째 형태 또는 태양 호흡은 오른쪽 또는 태양 콧구멍을 통하여 숨을 들이마시고, 왼쪽 또는 달 콧구멍을 통해서 숨을 내쉰다. 땀이 날 때까지 유지 기간을 서서히 늘린다. 달 호흡을 할 때는 왼쪽 콧구멍을 통해서 들이마시고 오른쪽 콧구멍을 통해서 내쉰다. 이것은 체온을 낮추고 시원하게 하는 데 이용되어야 한다.

호흡은 한 번에 한 콧구멍에서 우세하며, 하루에 시간에 따라 왼쪽, 오른쪽으로 교대해서 우세해진다. 왜냐하면 아침, 저녁 시간은 기온이 서늘하기 때문에 오른쪽 콧구멍이 우세하고, 한낮에는 덥기에 왼쪽이 우세해진다. 따뜻하게 하는 효과를 가진 오른쪽 콧구멍 호흡은 음식을 먹은 후 소화시키기 위해 열을 내야 할 때 또는 주위 환경이나 몸의 상태가 차가울 때 발생한다. 몸이나 바깥 상태가 더울 때, 호흡은 주로 왼쪽 콧구멍에서 일어나는데, 이것은 휴식을 취하거나 잠을 잘 때처럼 서늘하게 하는 효과를 갖는다. 그러므로 비만, 부종, 근육 경직 그리고 마비와 같은 차가운 기운의 질병을 앓는 내담자들은 오른쪽 콧구멍 호흡을 중점적으로 해야 한다. 반면에 열병, 소모성 질환 또는 체중 감소에 수반하는 마비 등 더운 기운의 질병을 앓는 내담자는 왼쪽 콧구멍 호흡을 중점적으로 해야 한다. 또한 왼쪽 콧구멍 호흡은 신경과민, 불면증, 불안, 신경 흥분 등 마음이 지나치게 활동적인 상태에 유용하다. 오른쪽 콧구멍 호흡은 졸음, 둔함, 피로 등 마음의 활동 저하 상태를 다룬다.

교호 호흡(nāḍī śodhana prāṇāyāma)은 호흡을 조절하고 더 길거나 짧게 하기에 더 쉽다. 콧구멍을 빨대처럼 이용하여 공기를 서서히 빨아들일 수도 있는데, 이것은 보통의 코나 입으로 하는 호흡으로는 할 수 없는 것이다. 호흡을 제어하고 경로를 정화하는 데 교호 호흡보다 나은 방법은 없다. 교호 호흡은 콧구멍 안의 호흡에 초점을 맞추며, 그 근육을 운동시키고, 머리속의 쁘라나 흡수를 증가시킨다. 반면에, 웃자이 쁘라나야마(ujjāyī prāṇāyāma, 승리호흡)는 코 공동의 뒷부분을 통해서 숨을 들이쉬고, 입으로 하는 호흡은 목구멍으로부터 공기를 들이쉰다. 다음은 유형별 호흡은 어떻게 다른지 알아보기로 한다.

공기 유형은 아침에는 에너지를 자극하기 위해 10~15분간 주로 오른쪽 콧구멍으로 호흡하는 것이 좋다. 저녁에는 마음을 고요하게 하고 잠을 촉진하기 위해 왼쪽 콧구멍으로 호흡하라. 바스뜨리까는 추울 때 도움이 될 수 있지만 과도하게 해서는 안 된다. 현기증이 나거나 멍해질 때는 수행을 멈춰야 한다. 공기유형은 다섯 쁘라나 호흡을 해야 하며, 안정되기 위해 아빠나 호흡에 중점적으로 해야 한다.

불 유형은 서늘하게 하는 쁘라나야마를 중점적으로 하는 것이 좋다. 덥거나 흥분되었다고 느껴질 때 또는 특히 저녁에는 달의 호흡, 즉 왼쪽 콧구멍 호흡을 하라. 더 강하게 서늘하게 하는 행위가 필요하다면, 특히 머리에서 열이 나거나 지나치게 흥분된 감정을 느낄 때는 쉬딸리 들숨과 싯까리 날숨을 하라. 불 유형은 다섯 쁘라나를 위한 호흡을 해야 하며, 특히 에너지를 확장과 열의 방출을 위해 비야나 호흡을 해야 한다.

물 유형은 몸속의 과도한 물을 줄이는 태양 호흡, 즉 오른쪽 콧구멍 호흡이 물 유형에게 가장 좋다. 특히 물을 줄일 필요가 있는 아침에 좋다. 바스뜨리까와 까빨라바띠는 특히 감기, 울혈, 무기력, 우울증을 앓을 때 특히 아주 좋다. 물 유형은 다섯 쁘라나 호흡을 해야 하며, 특히 머리를 깨끗이 하기 위해서는 쁘라나 호흡을, 폐를 깨끗이 하기 위해서는 비야나 호흡을 해야 한다.

7) 만뜨라

소리는 마음과 가슴을 움직여 잠재의식, 의식, 초의식(superconscious) 수준에서 우리에게 영향을 준다. 그것은 내부 깊숙이 미쳐 핵심 욕망과 열망을 건드릴 수 있다. 부정적인 제약을 제거하고 그것을 유익한 것으로 대체하는 것이 심리치유의 필수이며 이를 위해 소리의 치료는 중심 도구다. 만뜨라(Mantra)는 소리의 힘을 이용해서 그것을 의미와 느낌에 연결시킴으로써 마음을 치유할 수 있는 감각적 도구일 뿐만 아니라 마음의 본질에도 영향을 주는 마음 자체의 부분이기도 하다.

아유르베다 치유에서 가장 중요한 소리 요법은 만뜨라다. 만뜨라는 마음을 구하는 것을 뜻한다. 그것은 가장 깊은 층으로부터 피상적인 작용에 이르기까지의 마음을 치유하기 위한 주요하며 가장 직접적인 아유르베다 도구다. 만뜨라는 특별히 에너지를 받은 소리 또는 말로, 옴처럼 간단한 단음이나 특별한 구(句) 또는 다양한 방식으로 읊조리거나 노래되는 기도문이다. 만뜨라는 그에 힘을 부여해서 심리적 변화의 도구로 만들기 위해 규칙적으로 암송하게 된다.

첫째, 만뜨라는 호흡과 연결된다. 생명력, 쁘라나는 우주 뒤에 있는 태초의 소리 진동이다. 호흡 뒤에는 소리가 있으며 그것 자체는 현현되지 않은 소리다. 우리의 말은 나가는 숨에 의해 창조된다. 만뜨라를 호흡과 결합시키는 것은 마음의 에너지를 변화시킬 수 있는 강력한 방법이다. 감정적인 혼란은 생명력의 그릇된 움직임과 연결되어 있으며, 만뜨라와 쁘라나야마를 함께 이용하면 이를 제거할 수 있다.

둘째, 만뜨라는 명상과 연결된다. 만뜨라는 정신적인 장을 명상을 위해 준비시키는 방법이다. 그것은 만뜨라가 올바로 진행되기를 요구하는 명상이 일어날 수 있도록 마음속의 라자스와 따마스를 제거한다. 만뜨라는 명상에서 우리를 앞으로 운반해줄 수 있는 운송수단을 제공해 준다. 그렇지 않으면 산만해진 생각 패턴이 마음을 혼란시킨다. 만뜨라는 명상에 에너지를 준다.

만뜨라는 공기·불·물의 생물학적 기질들과 그들의 미세한 상대인 쁘라나·떼자스·오자스를 균형 잡히도록 그리고 의식·지성·마음을 조화시키도록 도와준다. 또 신경과 미세한 경로(나디)들에서 미세한 불순물을 청소할 수 있도록 도와주며 집중과 창조적인 사고에도 도움이 된다.

(1) 체질 유형에 알맞은 만뜨라

공기 유형을 위한 만뜨라는 따뜻하고, 부드럽고, 위안을 주며, 평온을 주어야 한다. 에너지를 고갈시키는 영향이 있을 수도 있으므로 공기 유형은 큰 소리로나 너무 오랫동안 만뜨라를 읊어서는 안 되며, 입으로 몇 분 읊조리고 난 뒤에 소리 없이 해야 한다. 이미 너무 높은, 마음속의 공간 또는 공간을 증가시키는 경향이 있으므로 너무 많은 옴은 공기 유형에게 항상 좋지는 않다. 따뜻하게 해 주고, 평온하게 해 주며, 보호해 주기 때문에 람(Ram)이 일반적으로 그들에게 가장 좋은 만뜨라다. 흐림(Hrim)은 그들의 민감한 가슴에 평온을 주고 에너지를 준다.

불 유형을 위한 만뜨라는 시원하며, 위안을 주고, 진정시켜 주어야 한다. 옴 그리고 각각 마음, 감정, 신경을 시원하게 해 주는 아임(Aim), 슈림(Śrim), 샴(Śam)이 좋다.

물 유형은 입으로 많이 읊조리거나 노래하는 것이 좋다. 그들을 위한 만뜨라는 따뜻하고, 자극적이며, 활성을 주어야 한다. 훔(Hum) 그리고 자각과 인식을 확장시켜 주는 옴(Om)과 아임(Aim)이 좋다.

(2) 주요 만뜨라의 특성

① 옴(Om): 모든 만뜨라 가운데 가장 중요한 것으로, 신성한 말씀 자체를 대표한다. 모든 것과 모든 절차에 에너지 또는 힘을 부여한다. 그러므로 모든 만뜨라는 옴으로 시작하고 옴으로 끝난다. 옴은 마음을 맑게 해 주고, 경로들을 열어 주며, 오자스를 증가시킨다. 옴은 자신의 진정한 모습을 받아들이고 우리 자신을 우주의 긍정적인 세력에 내맡길 수 있게 해 주는 긍정의 소리다. 옴은 에너지를 척추로 데리고 올라가는 쁘라나의 소리, 내적인 빛의 소리다. 그것은 치유가 일어나기에 필요한 긍정적인 생명력(쁘라나)을 각성시켜 주며, 의식의 모든 잠재력을 펼쳐 준다.

② 람(Ram): 신의 보호의 빛과 은총을 끌어내려오기 위한 탁월한 만뜨라다. 강인함·평온함·휴식·평화를 주며 특히 불면증·나쁜 꿈·신경질·근심·과도한 두려움과 공포 등을 포함한 높은 공기상태와 정신적 이상에 좋다. 오자스와 면역체계를 강화해 준다.

③ 훔(Hum): 질병을 일으키는 병원균이나 부정적인 감정 또는 심지어 흑마술 같이 우리를 공격하는 부정적인 영향력을 격퇴하기 위한 탁월한 만뜨라다. 소화 불로써나 마음의 불로써의 아그니를 일깨우기 위한 가장 좋은 만뜨라이기도 하다. 신체적이나 심리적인 독소를 태워 없애고 경로들을 정화하는 데 좋다. 떼자스와 마음의 인식력(붓디)을 증가시켜 주며 욕망의 본성에 대한 통제력을 준다. 변형의 신 쉬바에게 신성하며, 신성한 분노의 소리다.

④ 아임(Aim): 집중·바른 사고·이성적인 힘을 증진시키고 언어를 향상시키기 위해 좋은 만뜨라다. 특히 창조적이고 표현적인 작용(붓디-마나스 조정) 속에서의 지성

(붓디)을 일깨우고 증가시킨다. 언어, 의사소통의 힘을 회복시키고 배움의 절차가
계속될 수 있게 하기 위해 정신적, 신경성 이상에서 도움이 되며, 감각과 마음의 제
어에 도움을 준다. 지혜의 여신 사라스와띠의 성스러운 소리다.

⑤ 슈림(Śrim): 전반적인 건강 · 아름다움 · 창조성 · 번영을 증진시키기 위해 중요한
만뜨라다. 혈장과 생식액을 강화시켜 주고, 신경에 영양을 주며, 전체적인 건강과
조화를 증진시킨다. 마음에 정교함과 민감성을 주어 진리에 순종할 수 있도록 도와
준다. 풍요의 여신 락슈미의 성스런 만뜨라다.

⑥ 흐림(Hrim): 정화, 변형의 만뜨라다. 에너지 · 기쁨 · 황홀경을 주지만 처음에는 조
정과 재편성을 일으킨다. 모든 해독 절차에 도움이 되며, 여신 또는 성모의 주요 만
뜨라로서 그녀의 모든 은총을 준다.

주의할 점은 만뜨라는 욕망을 추구하거나 남들을 해치기 위해서가 아니라 영적 · 치유
적 목적을 위해 행해야 한다. 만뜨라 뒤에는 명상을 수행해야 하며 그 전에는 영적인 가
르침을 공부하는 것이 좋다.

6. 아유르베다의 궁극적 깨달음

진정한 영적 수행을 추구해 나간다는 것은 자신에 대한 헛된 모습과 생각을 포기하고
자신을 특이하거나 우월하지 않은 실제 그대로의 인간으로서 받아들이도록 돕는 것이
다. 영적인 삶이란 육체, 감정, 마음 및 타인으로부터 벗어난 생활이 아니다. 초월은 평
범한 삶의 경험에서 발견되는 것이며 영적인 삶이란 평범함을 초월하여 구체화된 보통
의 삶인 것이다. 수행을 통하여 우리는 진정한 삶과 우리 자신의 진정한 본성에 대하여
알 수 있을 것이다. 이러한 작업은 자신의 한계성을 인정하고 또한 그것을 변형시키는
노력을 포함하는 것이어야 한다. 이러한 한계성은 회피해야 할 대상이 아니라 수용해야
하는 대상인 것이다.

참고문헌

문을식(2013). 요가 상캬 철학의 이해. 여래.

문을식(2020). 『짜라까 상히따Caraka-Saṃhitā)』 1권 Sūtrasthāna(25-30장) 번역. 아유르베다융합
연구, 9, 34-135.

문을식(2021). 『짜라까 상히따Caraka-Saṃhitā)』 2권 Nidāna-sthāna(진단학) (1-5장) 번역. 아유
르베다융합연구, 10, 46-104.

문을식(2021). 『Caraka-Saṃhitā』의 Nidāna-sthāna(진단학)과 Vimāna-sthāna(판단학/결정학).
아유르베다융합연구, 11, 79-32136.

문을식, 정미숙(2019). 도샤의 변형과 완화 과정의 이해: 짜라까 상히따를 중심으로. 아유르베다융
합연구, 8, 26-47.

문을식, 정미숙(2022). 번역 짜라까 상히따의 제3 결정론(Vimāna-sthāna) 제4-8장. 아유르베다융
합연구, 12, 146-250.

문을식, 정미숙(2022). 『Caraka-Saṃhitā』의 Śārīra-Sthāna(제4 신체론) 제1-4장 번역. 아유르베다
융합연구, 13, 166-241.

문을식, 정미숙(2023). 『Caraka-Saṃhitā』의 Śārīra-Sthāna(제4 신체론) 제5-8장 번역. 아유르베다
융합연구, 14, 158-227.

문을식, 정미숙(2023). 『Caraka-Saṃhitā』의 Indriya-sthāna(제5 생사징후론) 번역. 아유르베다융
합연구, 15, 189-238.

문을식, 정미숙(2024). 『Caraka-Saṃhitā』의 Cikitsā-Sthāna(제6 치료론) 제1(a-d)~2(a-d)장 번
역. 아유르베다융합연구, 16, 128-194.

박종운(2008). 아유르베다 입문. 지영사.

서순향(2021). 命理學과 Vedic 占星學의 比較를 통한 相談 活用方案에 관한 硏究: 五行과 五行星
의 陰陽을 中心으로. 공주대학교 박사학위논문.

이봉건(2005). 의식심리학. 학지사.

이부영(2005). 분석심리학. 일조각.

이현수(1994). 건강심리학. 성원사.

이훈구(1989). 성격심리학. 법문사.

정미숙(2014). 아유르베다(Āyurveda)의 체질별 식이요법을 통한 몸과 마음의 변형. 인도연구,
19(1), 139-173.

정미숙(2014). 아유르베다의 홀리스틱 치유 체계, 홀리스틱교육연구, 18(2), 117-135.

정미숙(2013). 아유르베다와 불교의 성격유형별 수행방법에 대한 상관성 고찰, 아유르베다학연구,
창간호, 1-22.

정미숙(2012). 초월영성 상담의 과정과 기법에 대한 접근. 상담학 연구, 13(1), 17-30.

정미숙(2009). 아유르베다 상담 이론 연구. 상담학 연구, 10(3). 1727-1742.

정미숙(2006). 현대과학, 한의학, 아유르베다의 관점에서 본 웰빙 프로그램. 창원대학교 박사학위논문.

정미숙(2008). 아유르베다 몸·마음 변형의 패러다임: 식이요법, 마사지, 정화요법을 중심으로. 한국불교학회. 불교결집대회, 772-777.

정미숙(2003). 아유르베다와 인본주의 심리학의 비교. 창원대학교 석사학위논문.

정미숙, 고명주(2014). 짜라까-상히따(CARAKA-Saṃhitā). 아유르베다융합연구, 2, 1-29.

정미숙, 고명주(2015). 짜라까-상히따(CARAKA-Saṃhitā)의 목차. 아유르베다융합연구, 3, 1-32.

정미숙, 고명주(2016). 짜라까-상히따(CARAKA-Saṃhitā)의 SŪTRASTHĀNA(1-5장). 아유르베다융합연구, 4, 1-34.

정미숙, 고명주(2017). 짜라까-상히따(Caraka-Saṃhitā)의 Sūtrasthāna(6-10장). 아유르베다융합연구, 5, 1-57.

정미숙, 고명주(2015). 짜라까-상히따(CARAKA-Saṃhitā)의 SŪTRASTHĀNA(16-24장). 아유르베다융합연구, 6, 1-72.

정방자(1994). 불교의 명상과 정신분석적 정신치료. 영남 상담 및 심리치료연구회.

정인석(2003). 트랜스퍼스널 심리학. 대왕사.

정인석(2003). 역경의 심리학. 나노미디어.

최성레(2010). MBTI 성격유형과 아스트롤로지 성격유형의 관계에 대한 시론적 고찰. 창원대학교 대학원 박사학위논문.

최은주(2020). 융의 분석심리학의 교육학적 해석. 울산대학교 대학원 박사학위논문.

하형진(2005). 다섯 원소 집단상담 프로그램의 개발과 적용. 창원대학교 대학원 박사학위논문.

Andrews, T. (2006). *How to Heal with Color*. Llewellyn Publications.

Atreya. (2008). *Practical Āyurveda*. Jaico.

Chopra, D. (1994). *Perfect Weight*. Rider.

Dash, B., & Ramaswamy, S. (2004). *Āyurveda*. Roli Books.

Dwivedi, B. (2009). *The Mystique of Gems & Stones*. Diamond Pocket Books.

Evans, James. (1998). *The History and Practice of Ancient Astronomy*. Oxford University Press.

Frawley, D. (1989). *Ayurvedic Healing*. Motilal Banarsidass.

Frawley, D. (1990). *From the River of Heaven*. Motilal Banarsidass.

Frawley, D. (2006). 아유르베다와 마음. (*Ayurveda and the mind*). (정미숙 역). 슈리 크리슈나다스 아쉬람. (원저 1997 출판)

Frawley, D., & Ranade, S. (2001). *Āyurveda, Nature's Medicine*. Lotus Press.

Frawley, D. Ranade, S., & Lele, A (201). 아유르베다와 마르마 테라피. (*Ayurveda and marma therapy*). (박애영 역). 슈리 크리슈나다스 아쉬람. (원저 2003 출판).

Gerson, S. M. D. (2002). *The Ayurvedic Guide Diet & Weight Loss: The Sāttva Program*. Lotus Press.

Gupta, L. P. (1996). *Essentials of Āyurveda*. Chaukhamba Sanskrit Pratishthan.

Gupta, R. S. (2005). *Pranayama: A conscious Way of Breathing*. New Age Books.

Jouri, H. (1996). *The Healing Power of Gemstones*. Destiny Books.

Jouri, H. (2007). *Dhanwantari*. Copsons Papers Ltd.

Lad, V. (1984). *Āyurveda: A Practical Guide. The Science of Self-Healing*. Motilal Banarsidass.

McIntire, V. A. (1986). *Color Energy: Meditation for Mind/Body/Spirit*. Devorss & Co.

Miller, L., & Miller, B. (2002). *Āyurveda & Aromatherapy*. Motilal Banarsidass.

Ouseley, S. G. J. (1990). *Colour Meditations*. Russi J.

Ranade, S., Qutab, A., & Deshpande, R. (1999). *Ayurvedic Treatment Common Diseases*. International Academy of Āyurveda.

Rhyner, H. H. (2003). *Āyurveda: The Gentle Health System*. Sterling Publishing Company.

Rogers, C. (1951). *Client-Centered Therapy: Its Current Practice, Implication, and Theory*. Houghton Mifflin.

Saraswati, S. B. A. (2006). *The Tantric Path to Higher Consciousness*. New Age Books.

Sharma, P. (2001). *Caraka Saṃhitā: Agniveśa's treatise refined and annotated by Caraka and redacted by Dṛḍhabala. Text With English Translation*. Chaukhambha Orientalia.

Sharma, S. C. (2005). *Āyurveda*. Wisdom Tree.

Svoboda, R., & Lade, A. (1995). *Chinese Medicine and Āyurveda*. Motilal Banarsidass.

Svoboda, R. (2002). *Your Ayurvedic Constitution: Prakṛti*. Motilal Banarsidass.

Thompson, D. (2003). S. Tinkle (Ed.), *The Ayurvedic Diet*. New Age Books.

Tiwari, M. (1995). *A Life of Balance*. Healing Art Press.

Tiwari, M. (2003). *Āyurveda: Secrets of Healing*. Motilal Banarsidass.

Verma, V. (2000). *Āyurveda: A Way of Life*. Seventh Chaukhambha Orientalia.

Joshi, S. V. (1997). *Āyurveda and Panchakarma*. Motilal Banarsidass.

Wujastyk, D. (2001). *The Roots of Āyurveda*. Penguin Books India.

제6장

소매틱 접근의 트라우마 치료와 초월영성상담

정정애

향후 5년 후 트라우마 치료 영역은 '분명히 더 신체지향적'으로 나아갈 것입니다.
이것은 모든 임상가에게서 보게 될 것입니다(Porges, 2017).

세계적인 팬데믹을 경험한 우리는 지금 건강한 삶에 대한 관심과 실천의 필요성을 어느 때보다 더욱 실감하고 있다. 소매틱에서의 건강한 삶은 외부에 있지 않고 각 개인의 신체 내부에 대한 주의집중과 알아차림으로 외부와 연결되는 삶이다(Siegel, 2018). 이러한 점에서 볼 때 트라우마 치료에 접근하는 소매틱의 치료과정은 초월영성상담과 유사한 접근으로 볼 수 있다.

소매틱 접근의 트라우마 심리치료는 안전감과 사회참여에 집중한다. 안전감은 인간은 내적으로 안정되고 평온하다고 느낄 수 있어야 비로소 자기 자신을 되찾을 수 있음을 의미하며 생애 초기부터의 안전을 중요하게 다룬다. 최근 다미주 이론(Porges, 2017)에서 밝힌 바와 같이 사회참여체계는 포유류만의 독창적인 자율신경계의 조절로 사회적 상호작용을 가능케하여 생리적 상태를 진정시키고 건강과 성장과 회복을 지원한다.

지금 여기에 있기 어렵고 슬픔과 불안이 서성거린다면 건강한 신경계와 신체 에너지를 회복하여 몸과 마음을 안전하게 다시 연결하도록 도움을 주어야 할 것이다. 이 부분 역시 초월영성상담에서 중요하게 다루는 세 영역, 즉 자기확장(self-expensiveness), 자기통합(whole-person), 변용(transformation)과 맞닿는 부분으로 볼 수 있다.

초월영성상담에서의 자기확장은 자기중심주의를 초월하여 자신, 타인, 사회, 세계가 서로 연결되어 있음을 지각하고 경험하는 것을 의미한다. 자기통합은 신체, 심리(의식, 무의식 등), 정신을 통합하여 기능하는 것을 의미하며 변용은 의미 있는 목표를 향한 목적지향적인 삶으로 현재의 자기 체계의 수준을 벗어나 보다 높은 의식으로 초월을 의미한다(김명권 외 공역, 2020). 이렇게 트라우마 치료의 소매틱 접근과 초월영성상담은 인간존중에 기초를 두고 있다. 이 장에서는 인간이 인식하는 궁극적인 가치를 향하여 고립이나 자아 열중이 아니라 삶의 성장과 통합을 위하여 최근 연구되고 임상적으로 효과가 입증되고 있는 소매틱 접근의 트라우마 치료를 살펴보고자 한다.

1. 소매틱 접근 트라우마 치료의 이론적 배경

1) 소매틱의 이해

소매틱(somatic)은 그리스어 소마(soma)에서 유래하였으며 '총체적인 생명체(the living body in its wholeness)'라는 뜻을 가진다. 3자적 관점으로 대상화되는 몸을 바디(body)라고 한다면, 1자적 관점에서 체험하는 몸이 소마(soma)다(김정명, 2016).

1970년대 이후 정립되기 시작하여 새로운 학문적 흐름을 형성하고 있는 소매틱은 실존주의 현상학자 토마스 한나(Thomas Hanna)가 제안한 용어다(김정명 역, 2013). 소매틱에 대한 토마스 한나의 정의는 "개인이 내부에서 1자의 관점으로 인지한 몸" "나 자신이 스스로 인식한 살아 있는 몸"이다(김정명, 2018). 한나는 소매틱적 관점에서 인간은 신체와 정신이 통합된 하나의 유기체인 소마(soma)로 보고 있으며, 딱딱하게 고정되어 있는 객체(object)가 아닌 변화할 수 있고, 환경과 순응할 수 있는 주체(subject)를 의미한다고 주장한다(Hanna, 1993). 따라서 소매틱스는 소마를 연구하는 학문인 동시에 인간의 주체성(subjectivity)과 살아 있는 경험(lived experience)을 강조함으로써 이성주의와 객관성에 주도되어 오던 서구 사회에 인간에 대한 새로운 시각을 열어 주었다. 실용주의(pragmatism)와 현상학(phenomenology)에서도 발견할 수 있는 이러한 소매틱적 관점들은 신체의 경험을 보다 더 강조한 전체적인 접근(holistic approach)을 시도한다는 점에서 두 철학적 접근 간의 차이를 발견할 수 있다. 다시 말해서, 실용주의와 현상학은 인식론적인 경로(cognitive pathway)에 의해 신체와 정신의 통합에 도달하는 반면, 소매틱스는 움직임의 자각(awareness), 개개인의 경험, 수련 그리고 훈련에 의해 그 최종목표인 심신의 통합에 도달한다는 점이다. 이러한 신념은 "진정한 지식은 단순히 정신적인 또는 인식론적인 수단에 의해 이루어질 수 없다."라는 소매틱스의 정신을 반영한다(Kleinman, 1990).

소매틱스 방법론들은 소매틱스 연구에 있어 매우 중요한 역할을 하는데, 그 이유는 소매틱스 방법론을 통해 신체와 정신의 통합을 경험하기 때문이다. 즉, 소매틱스 방법론 속에서 제시되는 움직임의 훈련 및 교육과정은 신체와 정신의 통합을 위한 경험의 중요한 출발점이자 과정이며 결과다(전미현, 2006).

학자들에 따라 소매틱의 영역은 소매틱스(신체 기법), 소매틱 사이칼러지(신체 심리학),

댄스무브먼트의 3가지 유형으로 분류하거나(박주연, 2019, 재인용) 소매틱 에듀케이션(소매틱 교육)과 소매틱 사이코테라피(소매틱 심리치료) 2가지 분야로 나누기도 한다(안신정(재마), 2018]. 그러나 프로이트 이래 심리학에서는 신체중심 심리치료(신체심리치료)가 계파를 이루며 다양한 방식으로 발달해 왔으며(원상화, 2005) 여러 학문 분야에서 기존의 방법론들을 포괄하여 명칭한 것이 '소매틱'이므로 용어의 사용에 있어 중첩과 혼선이 존재한다.

　소매틱의 명칭에 관해서는 중첩과 혼선이 존재한다 할지라도 '개인이 내부에서 1자적 관점으로 인지한 몸' '나 자신이 스스로 인식한 살아 있는 몸'이라는 의미를 담고 있으며, 그러한 '우리의 몸은 매우 지혜롭고 직관적이다'(서주희 역, 2008). 전통적인 심리학과 의학에서는 트라우마를 정신장애로 진단한다. 현대의 심리학과 의학은 몸과 마음이 연결되어 있다고 말로는 얘기하지만 그것이 실제로 트라우마를 치유하는 데 있어서 얼마나 중요한지에 대해서는 거의 인식하지 못하고 있다. 그러나 인류가 존재한 유구한 세월 동안 지구상에 있는 대부분의 치유적 전통에서는 철학적이고 실제적인 기초로서 '몸과 마음이 서로 연결되어 있는 통합체(unity)'라는 인식이 늘 바탕에 깔려 있었다. 그러나 현대로 오면서 이러한 기초적인 인식이 트라우마 연구에서 빠져 있다는 것은 매우 슬픈 일이다. 정신신체 의학과 마찬가지로 이미 수천 년의 세월 동안 동양의 치유자들과 전 세계의 주술적 치유자들은 마음이 몸에 영향을 줄 뿐 아니라 반대로 몸의 각 기관들이 현재 우리의 마음 상태를 대신해서 표현한다는 것을 이미 알고 있었다. 최근 신경과학과 정신신경 면역학이 혁명적으로 발전하면서 몸과 마음이 서로 복잡한 쌍방향의 소통을 한다는 것에 대한 확실한 근거들이 제시되고 있다.

　캔디스 퍼트(Candice Pert)와 같은 연구자들은 '신경펩티드 전달자' 복합체를 발견하면서 몸과 마음이 상호 의사소통하고 있음을 보여 주는 수많은 경로를 밝혀냈다. 이러한 현대의 최첨단 연구들은 본래부터 우리가 알고 있었던 오래된 지혜를 다시금 상기시켜 주고 있다. 즉, 뇌를 포함한 우리 몸의 각 기관은 서로 다른 신체 기관에게 자신의 '생각'과 '느낌'을 말하고 유도하며 서로 다른 기관들이 전해 오는 다양한 정보들을 들으면서 상호작용을 한다는 것이다(양희아 역, 1997).

　피터 레빈(Peter Levine)은 그의 저서 『무언의 목소리』(2010)에서 우리 몸의 각 기관이 연결되어 상호작용하며 다양한 메시지들이 우리 몸의 장기에서 뿜어져 나온다는 메시지를 다음과 같이 전하고 있다.

　뇌가 내부 장기에 영향을 줄 수 있다는 사실은 오래전부터 알려져 있었다. 이 과정에서 문제가 생기게 되면 정신신체증(psychosomatic illness)을 유발할 수 있다. 마음이 뇌에 일방적으로 영향을 미친다는 1930년대의 '정신신체 패러다임'은 1950년대를 지나며 진화했다. 오늘날 이는 일반 통념으로 긴장이 지나치고 정서적으로 불안하면 소위 신경성 질환이라 불리는 다양한 질환을 비롯하여 고혈압과 소화기계 증상, 만성통증, 근육통, 편두통을 포함하는 '기능적' 장애의 형태로 신체에 영향을 미친다. 하지만 놀랍게도 1872년 정신신체 의학이 부상하기 훨씬 전에 찰스 다윈(Charles Darwin)은 뇌와 신체 사이에 아주 중요한 양방향의 연결성이 있음을 깨달았다. 심장이 영향을 받으면 뇌가 반응한다. 그리고 뇌의 상태는 폐와 위를 통해 심장에 반응한다. 따라서 어떤 이유로든 흥분했을 때, 우리 몸에서 가장 중요한 장기인 이들 둘 사이에는 상호작용과 반작용이 있을 것이다.

우리의 장과 뇌를 연결하는 미주신경의 90%가 감각신경이다. 다시 말해 뇌에서 내장으로 명령을 전달하는 운동신경섬유 하나당 9개의 감각신경이 장의 상태에 대한 정보를 뇌로 보낸다. 숫자로 볼 때 1개의 운동/원심성 신경당 9개의 감각/구심성 신경인 것으로 보면 뇌가 장에게 하는 말보다 장이 뇌에게 할 말이 9:1의 비율로 더 많은 것 같다. 미주신경 안의 감각 섬유들은 내장에서 전행되고 있는 복잡한 통신을 듣고, 처음에는 중뇌의 뇌간으로 그다음에는 시상으로 전달한다. 거기서부터 이들 신호는 사실상 뇌 전체에 영향을 미치고 우리는 행동에 깊은 영향을 미치는 '결정'이 잠재의식에서 내려진다. 우리가 가진 비이성적인 두려움은 물론, 우리가 좋아하고 싫어하는 많은 것, 끌리고 역겨워하는 것들이 모두 우리의 내적 상태에서 암묵적으로 계산된 결과다.

17세기 중반 소위 이성의 시대에 이르러 합리성의 가치는 새로운 정점을 찍었고 합리성을 추구하기 위해 육체를 배제하는 비체현(disembodiment)이 규범이 되었다. 본능과 육체적 욕망의 즉시성은 곤혹스럽거나 나쁜 것으로 여겨졌으며, 교회의 지배력이 몸과 마음의 깊은 분열을 더욱 심화시켰다. 마침내 근대성을 상징하는 진술인 데카르트의 "나는 생각한다, 고로 존재한다."에서 합리성은 패권을 잡았다. 그 이후는 더 좋게든 더 나쁘게든 역사적으로 알려진 그대로다. 자신의 생각이 자신이라는 그릇된 믿음을 가지게 된 것이다. 그러나 불행하게도 생각은 경험으로 얻은 생동감을 대체하지 못하며, 감정과 연결되지 못할 때는 정신이 과도한 걱정을 낳는다. 반면에 명확한 신체 감각과 느낌을 알게 되면 걱정이 줄어들고 창조성과 목적의식이 향상된다. 동종요법 의사인 라잔 산카린(Rajan Sankaran) 박사의 저술에서 입증되었듯이 "감각은 마음과 몸의 연결점이다. 육체적 현상과 정신적 현상이 동일한 언어로 소통되는 접점인 것이다. 그리고 그곳에서 두 영역 사이의 경계는 사라지고, 전체 존재에 있어 무엇이 진실인지를 실제로 인식할 수 있다." 깊은 직관의 핵심이란 그런 것이다(박수정 외 역, 2020).

　이와 같이 '개인이 내부에서 1인자의 관점으로 인지한 몸' '나 자신이 스스로 인식한 살아 있는 몸'이라는 토마스 한나(Thomas Hanna)가 제안한 소매틱(somatic)은 우리의 몸과 마음 전체를 아우르는 용어이며 몸과 마음의 통합으로 나아가려는 주체임을 알려 준다. 트라우마로부터 몸과 마음의 현존이 어려운 경우 소매틱적인 소마(soma)의 인식은 무엇보다 중요한 일이다. 소매틱의 접근의 경험요법은 '몸이 트라우마를 치유한다'는 명제 하에 자신의 삶을 살아갈 능력을 손상시키고 삶의 만족을 느끼지 못하게 하던 증상들에서 몸과 마음의 통합으로 나아가는 소매틱 경험 요법들을 통해 트라우마를 치유하기 위한 새로운 접근 방법으로 나아가고 있다(양희아 역, 1997).

2) 트라우마의 이해

　우리를 괴롭히는 트라우마는 무엇이며 그것이 그토록 끈질기게 반복되는 이유는 무엇인가? 트라우마 증상이 생기는 기초적 생리 과정을 살펴보며 감각 느낌을 통해 유기체로서의 인간을 이해하는 단계에 대하여 살펴본다.

　트라우마는 사건 그 자체에 있는 것이 아니다. 트라우마는 스트레스와 작고 큰 상처를 입을 때 생존의 위협으로부터 나를 지켜내기 위한 에너지다. 즉, 트라우마는 이 생존에너지가 도망가기, 싸우기 등을 통해 자신을 지켜내려는 본분을 다하지 못한 채 몸 안에 웅크리고 있는 잔여 에너지다. 이 잔여 에너지가 트라우마로 자리잡게 되어 걱정과 불안이 춤을 추는 겁쟁이를 만들어 낸다. 그러나 본분을 다하지 못한 잔여 에너지가 완료되도록 잘 견디고 잘 흘러보내면 트라우마 에너지는 생기 있고 기쁜 생명의 에너지로 전환될 수 있다.

　트라우마를 겪은 사람들은 자신들이 경험한 불안을 극복하기 어렵고 트라우마 사건에 사로잡힌 채 절망과 두려움에 휩싸여 있게 된다. 사실상 그들은 자기 안에 있는 공포감에 갇혀서 현실로 다시 돌아오기 어렵다. 비슷한 사건을 경험한 다른 사람들은 그런 증상이 전혀 없을 수도 있다. 트라우마는 사람마다 다르게 작용하여, 동일한 사건을 겪었다고 해서 모두가 외상을 입는 것은 아니다. 사건의 충격과 끔찍함이 아무리 크더라도, 그 경험이 사람들에게 미치는 영향은 각자의 내면 상태와 환경에 따라 다르게 나타날 수 있다. 이러한 개인의 차이는 과거의 트라우마로 인해 완전히 정상적인 심신의 기능을 할 수 없게 된 사람들에게서 우리가 발견할 수 있는 의미 있는 일이며 트라우마를 극복하기 위해 매우 중요한 것이다.

트라우마를 경험하고 삶의 어려움 중에 있는 사람들에게 공통적으로 나타나는 신체적 징후로는 심박수 증가, 호흡 곤란(빠른, 얕은, 숨이 차는 등), 식은땀, 근육이 저릿저릿한 긴장 등과 정신적 징후로는 생각이 과도하게 많아지거나 혼란스럽고 두서없는 생각과 감정이 일어나기도 한다. 그리고 정도의 차이는 있지만 트라우마를 입은 사람들에게 항상 나타나는 핵심적인 외상 반응은 다음의 4가지로 간추려진다(양희아 역, 2016).

첫째, 과각성(hyperarousal)은 많은 사람이 갈등을 겪거나 스트레스를 받을 때 심박수가 증가하거나 호흡이 빨라진다. 또한 불안, 수면장애, 긴장감, 신경과민된 근육, 생각의 질주 등의 증상을 경험하며, 때로는 불안 발작을 경험하기도 한다. 이러한 증상들이 항상 트라우마로 인해 생기는 것은 아니지만 대부분은 과각성으로 인해 형성된다. 이처럼 과각성, 수축, 해리 그리고 무력감이 외상 반응의 핵을 형성하는데 과각성은 그 핵심의 중심에 있는 씨앗이라고 할 수 있다. 과각성은 자발적으로 조절하기 어려운 증세이며 생리적 반응이 몸의 각 부분에서 하나씩 일어날 때보다 전체에서 한꺼번에 일어날 때 더 잘 발생한다. 과각성은 또한 내 · 외부적 위험 그리고 실제 또는 가상의 위협에 대처해 일어나는 신경계의 반응이다.

둘째, 수축(constriction)은 방어 태세를 갖추는 것으로 전 조직에서 일어나는 현상이다. 즉, 몸의 모든 기능과 부분에 근본적으로 영향을 미치는 위협적인 상황을 만나면 우리의 몸은 이에 대처하기 위해 초기 반응을 시작한다. 이러한 초기의 경험들이 가지고 있는 가장 중요한 특징이 바로 수축이다. 과각성은 위협적인 상황을 만난 초기에 신체와 지각에 수축이 일어남으로써 발생한다. 신경계는 최선을 다해 우리가 상황에 집중하도록 만든다. 수축은 우리의 호흡과 몸의 자세까지 변화시키는데, 피부와 손발, 내장에 있는 혈관들이 수축하면서 방어 태세를 갖춘다. 그렇게 해서 긴장하며 준비하고 있는 근육에게 더 많은 피를 공급할 수 있게 만들어주는 것이다. 또한 환경에서 인지적 알아차림도 수축된다. 따라서 우리는 위협적인 상황에 모든 주의를 집중할 수 있게 되는데, 이는 위험을 감지하는 감각이 극도로 예민해진 상태라는 뜻이다. 예를 들어, 도보 여행자가 산길을 걷다가 갑자기 방울뱀 한 마리가 앞에 나타나 똬리를 틀고 있는 것을 보았다면 그에게 더 이상 시냇물 흘러가는 소리나 새들의 지저귐이 들리지 않을 것이다. 섬세한 야생화의 아름다움이나 바위에 낀 이끼들의 복잡한 모양도 보이지 않을 것이며, 오늘 점심으로 무엇을 먹을까 하는 생각이나 하루 종일 햇빛을 너무 쬔 게 아닐까 하는 걱정 따위를 떠올리기 어렵다. 그 순간에 그의 정신은 완전히 뱀에게만 집중될 것이다. 어떤 여성은 아들을 살리기 위해 자동차를 번쩍 들어 올렸다고 한다. 그녀의 신경계가 엄청난 에너지를 작동시켜 아들의 생명을 위협하는 상황에 대처할 수 있도록 그녀를 도운 것이다. 이처럼 과각성과 수축은 서로 협응해 평상시에는 절대로 해내지 못했을 과제를 성공적으로 수행하게 만든다. 만약 그 순간 그녀가 상황에 압도되어 과각성과 수축 상태에서 활동적으로 행동하지 못했다면 어떻게 되었을까? 미해결된 에너지의 일부는 계속되는 과각성 상태를 만들고, 나머지 에너지는 수축을 유지하거나 만성적인 과민 상태, 불안이나 공황발작, 플래시백이나 공포스러운 장면 등의 거슬리는 이미지가 떠오르는 증상과 같은 훨씬 더 복잡한 트라우마 증상들을 지속시키는 데 사용되었을 것이다.

만일 유기체가 자신을 방어할 수 있을 만큼 충분히 집중하는 데 실패했다면, 신경계는 과각성을 억누르기 위해 얼음 반응이나 해리 같은 다른 기제들을 발동시킨다. 수축, 해리 그리고 얼음 반응은 유기체가 자신을 방어할 수 없는 상태에 대처하기 위해 신경계가 사용하는 모든 종류의 반응을 형성시킨다.

셋째, 해리(dissociation)는 가장 미스터리한 트라우마의 증상으로 해리의 기능은 우선 각성이 고조될 때 발생하는 영향으로부터 우리를 보호하는 것이다. 만약 생명이 위협받는 상황이 지속되면 해리는 죽음의 고통으로부터 우리를 보호한다.

예를 들어, 숲속에서 맹수에게 물려 마치 사냥개가 쥐를 물고 흔들 듯 잡고 흔들어댄다면 그 충격으로 감각은 마비될 것이고 아무 감각 없이 축 늘어지게 될 것이다. 그 이후 현재 일어나고 있는 일에 대한 의식은 또렷하지만 아무런 고통이나 두려움도 느껴지지 않는 꿈속과 같은 느낌이 들 것이다.

마치 국소마취된 환자가 또렷한 의식으로 수술하는 장면을 다 보고 있으면서도 칼로 피부를 절개하는 느낌은 전혀 느끼지 못하는 것과 같은 상태로, 이는 그 어떤 정신적 과정의 결과도 아니다. 충격은 두려움을 느끼지 못할 만큼 압도하면서 짐승에 둘러싸여 있는 공포감도 느끼지 못하게 된다. 아마도 동물들이 육식동물에 의해 죽임을 당할 때 이와 같은 독특한 경험을 한다고 추측할 수 있다. 만약 정말 그렇다면 이것이야말로 자비로운 창조주가 죽음의 공포를 느끼지 못하도록 우리에게 내려 준 은총이라 할 수 있다.

해리를 이해하는 최선의 방법은 그것을 경험해 보는 것이다. 해리가 가장 약하게 일어난 상태일 때는 약간 어리숙한 듯 보인다. 반대로 해리가 강하게 일어나면 다중인격 증후군으로 발전될 수도 있다. 해리는 고장난 감각 느낌의 상태가 지속되는 것이기 때문에 거의 언제나 시간과 인지에 대한 왜곡을 일으킨다.

해리가 약하게 나타나는 상태는 일상에서도 흔히 경험할 수 있다. 예를 들어, 많은 사람이 퇴근 후 집으로 가기 위해 운전을 하다가 자신이 집 앞까지 거의 다 왔다는 것을 알아차리고는 '내가 여기까지 어떻게 운전해서 왔지?' 하면서 아무것도 기억해 내지 못하는 경험을 해 보았을 것이다. 사람들이 기억하는 것은 마지막에 집 앞까지 왔다는 것뿐이다. 또한 우리가 열쇠를 '어딘가'에 두고 어디에 두었는지 기억하지 못할 때도 가벼운 해리가 작동한 것이다. 이렇게 감각 느낌이 잠깐 사라지는 현상에 대해 우리는 "내가 좀 멍했어." "정신이 나갔었네."라고 말하곤 하는데, 이는 우리가 이 상태를 이해하고 있음을 암시한다. 다른 말로 하면 해리는 '정신이 몸에서 나간 것'이다.

이런 종류의 해리는 일상에서 자주 일어나는데, 특히 우리가 생명을 위협받은 상황을 마주했을 때 경험하기 쉽다. 특히 어떤 사고의 희생자들은 대개 자신의 몸과의 연결을 근본적으로 차단된 경험을 하기도 한다. 천정의 한 모퉁이에서 어린아이는 자신이 추행당하는 장면을 바라보면서 연민을 느끼거나 아무 감정이 없는 상태로 바라보는 경험을 하는 것이다.

해리는 트라우마의 가장 대표적인 증상이자 미묘한 증상이다. 인간이 견딜 수 있는 한계를 넘어서는 경험을 할 때, 그 고통을 견딜 수 있게 해 주는 긍정적인 역할을 하는 것으로 보인다. 이런 해리 증상은 만성이 될 수도 있고 과도하게 각성된 에너지가 방출되지 못했을 때는 더 복잡한 증상들로 진화되기도 한다.

어린 시절 반복적인 트라우마를 겪은 이들 중에는 종종 해리를 자신의 존재 방식으로 삼는 사람들이 있다. 그들은 자신을 현실과 분리시키고 현실 상황을 습관적으로 알아차리지 않는다. 혹 습관적이지는 않더라도 그들은 각성되거나 불쾌한 트라우마 장면이나 감각들이 떠오르기 시작하면 그 감각들로부터 자신을 분리시킨다. 습관적이든 그렇지 않든 해리는 우리의 경험에 온전히 연결되지 못한 과각성의 미방출 에너지를 유지하는 동시에 감각 느낌의 지속성을 방해하며, 그로 인해 트라우마를 입은 사람들이 그들의 트라우마 증상을 효과적으로 치료할 수 없도록 방해한다. 여기서 중요한 점은 이러한 해리는 제거를 해야 하는 것이 아니라 해리에 대한 우리의 이해를 높이는 것이다. 그리고 해리가 일어났을 때 그것을 알아차리는 능력을 강화하는 것이 중요하다. 이것은 해리가 일어나는 것을 막기 위함이 아니라 해리가 일어날 때 그것을 잘 알아차릴 수 있게 하는 데 있다. 해리가 일어났을 때 주변에서 일어나는 일을 알아차릴 수도 있는데 이를 이중적 의식(dual consciousness)이라고 하는데 이는 치유와 재결합(re-association) 과정을 시작하는 데 매우 중요하다. 이런 이중적 의식을 배우는 데 저항감이 느껴진다면 그 느낌을 존중하면서 천천히 진행하고 스스로에게 이중적 의식이 가능함을 상기시켜 주는 것이 필요하다.

넷째, 무력감과 연합된 얼음 또는 부동 상태(freezing or immobility)는 실제로 몸을 움직일 수 없는 상태다. 무력감은 엄청난 위협을 만났을 때 일어나는 원시적이고 보편적이면서 생물학적 반응인 얼음 반응과 밀접한 관련이 있다. 우리를 흥분시키는 과각성이 신경계의 가속장치라면 반대로 무겁게 짓누르는 무력감은 제동장치라고 할 수 있다.

신경계는 작동된 에너지가 다 방출되어야만 위험 상황이 끝났다고 인식하기 때문에 방출이 일어날 때까지 작동된 에너지를 무기한으로 유지한다. 이와 동시에 신경계는 시스템 안에 있는 에너지의 양이 유기체가 통제하기에는 과도하게 많다고 인식하면서 제동장치를 아주 세게 작동시켜 전체 유기체가 그 지점에서 정지하도록 한다. 따라서 유기체가 완전히 부동 상태가 되어 얼어붙었을 때 방출되지 못한 엄청난 양의 에너지도 신경계 안에 갇혀 버리는 것이다.

이럴 때 경험하게 되는 무력감은 사람들이 가끔 일상에서 느끼곤 하는 무력감과는 전혀 다르다. 완전히 모든 것을 멈추어서 얼어붙은 느낌과 무력감은 우리의 지각과 믿음 또는 가상의 속임수가 아니라 실제 상황이다. 이 말은 실제로 몸을 움직일 수 없다는 뜻이다. 이는 극도의 무기력 상태로 감각의 마비가 너무 심해 소리를 지를 수도, 움직일 수도, 느낄 수도 없게 된다. 외상 반응의 핵심을 형성하는 4가지 핵심 요소들 중에서 이 무력감은 삶이 엄청난 위협으로 고통받고 있지 않는 한 경험할 가능성이 가장 작다. 그러나 트라우마 사건에 압도된 초기 단계에서는 거의 언제나 극심한 무력감이 나타난다.

과각성, 수축, 무력감 그리고 해리는 모두 위협에 대한 정상적인 반응들이다. 이 반응들은 사람들이 생각하는 것처럼 반드시 트라우마 증상으로 발전하는 것이 아니라 습관적이고 만성적으로 되었을 때만 증상으로 발전한다. 다만 이러한 스트레스 반응들이 우리 안에 남아 있게 된다면 이들은 차후에 나타나는 증상, 즉 두려움·분노·혐오감·수치심 등의 기초가 되고 에너지원이 된다. 외상 반응의 핵심에 있는 이 증상들은 그 역동 안에 정신적·심리적 특징들을 합체하기 시작하고, 결국 트라우마에 시달리는 사람의 삶의 모든 부분에 영향을 미치게 된다. 즉, 외상을 경험했다면 이 반응들이 외상 반응으로 발전할 위험이 매우 높다.

트라우마는 그 일에 직접적으로 노출된 사람뿐만 아니라 주변의 사람에게도 영향을 미친다. 예를 들어, 전투를 마치고 돌아온 군인은 급격한 분노와 정서적 무감각으로 가족들을 깜짝 놀라게 만들 수 있다. 남편이 외상 후 스트레스장애(PTSD)로 고통받으면 아내도 우울증에 시달리는 경향이 나타나고, 그런 엄마 밑에서 자란 아이들은 자신감이 부족하고 불안해 하는 사람으로 성장할 위험이 있다. 어릴 때 가족 안에서 폭력에 노출된 사람은 성인이 되어도 타인과 서로 신뢰하는 안정적인 관계를 잘 맺지 못하는 경우가 있다.

트라우마가 견딜 수 없고 참기 힘든 일인 건 분명하다. 성폭력 희생자, 전투군인, 성추행을 당한 어린이 대부분은 자신이 경험한 일을 생각하면 너무 불안해서 그 일을 마음속에서 밀어내려 하고, 마치 아무 일도 일어나지 않은 것처럼 행동하려고 노력하며 살아간다. 공포의 기억, 나약함과 취약함이 맞닥뜨려야 했던 수치심을 안고 정상적인 기능을 유지하려면 실로 어마어마한 에너지가 필요하다.

누구나 트라우마를 이겨 내고 싶어 하지만, 뇌에서 우리의 생존을 담당하는 부분은 사실을 부인하는 능력이 그리 뛰어나지 않다. 정신적 외상을 입은 경험은 아주 오랜 시간이 흐른 뒤에도 위험을 암시하는 실낱같은 단서만 주어지면 다시 활성화되고, 뇌 회로를 뒤흔들며 방대한 양의 스트레스 호르몬을 분비시킨다. 이로 인한 불쾌한 감정은 신체 감각을 극도로 예민하게 만들고 충동적이고 공격적인 행동을 촉발시킨다. 이와 같은 외상후 스트레스 장애 반응은 이해할 수 없고 이겨 낼 수도 없는 일로 여겨진다. 트라우마를 경험한 많은 생존자가 통제력을 잃은 기분을 느끼고, 자신을 구성하는 가장 중요한 부분이 망가져서 더 이상 구제받지 못할지도 모른다는 두려움을 느낀다(제효영 역, 2016).

건강과 생명력을 회복하는 여정은 결코 단시간 내에 일어나지 않는다. 그래서 아주 작은 걸음도 중요하게 여기고 주목해야 한다. 하지만 우리가 성장하고 발전하기 위해 시작했던 많은 다른 과정과는 달리 트라우마의 치유 여정에는 끝이 있을 것이다. 온전함을 향해 가는 모든 발걸음은 우리가 본연의 자아와 하나가 될 때 펼쳐질 과정을 강화하고 지지하는 자원이 될 것이다.

우리에게는 타고난 치유의 능력이 있기 때문에 트라우마는 치유될 수 있다. SE의 개발자 피터 레빈은 몸과 마음이 기억하는 이 겁쟁이 에너지를 몸 감각을 통하여 몸 밖으로 내보내기 위해 조금씩 수위 조절(titration)로 다가가야 한다고 알려 준다. 피하고 싶은 현장에 다시 가지 않아도 몸 감각을 알아만 준다면 몸과 마음의 안정화(stabilization)를 도울 수 있다. 스트레스와 트라우마를 만날 때 나의 몸 밖의 것에 신경을 쓰기보다 나의 몸 안의 기관들이 반응하는 감각에 주의를 기울인다면 우리는 지금보다 훨씬 가볍고 밝게 하루를 보낼 수 있을 것이다. 왜냐하면 우리 몸과 마음은 서로 상호작용하면서 정보를 교환하고 소통하기 때문이다. 앞의 내용에서 밝힌 대로 캔디스 퍼트에 의하면, 즉 우리 몸의 각 기관은 서로 다른 신체 기관에게 자신의 '생각'과 '느낌'을 말하고 유도하며 서로 다른 기관들이 전해 오는 다양한 정보들을 들으면서 상호작용하기 때문이다. 우리가 스트레스나 트라우마와 같은 어떤 어려움을 겪을 때 우리의 신경계는 하나가 되어 영향을 받게 된다. 즉, 몸과 마음 그리고 뇌에 이르기까지 연결되어 있고 특히 감각신경과 운동신경을 포함하는 복합신경인 미주신경으로부터 나와서 얼굴, 흉부, 복부에 걸쳐서 분포하며 부교감신경섬유를 포함하는 혼합신경으로서 심장, 폐, 소화관 등에 작용하는 부교감신경의 조절에까지 관여한다. 그러므로 트라우마는 시간이 흘러도 몸이 기억하고 있게 된다(양희아 역, 2016).

　자연은 거의 모든 살아 있는 피조물에게 비슷한 신경계를 주어 위험과 공포에 대응하게 했다. 그러나 모든 생명체 중에서 트라우마로 인한 장기적인 부작용을 발전시키는 종이 딱 하나 있는데 바로 인간이다. 신경계가 위험에 잘 대처할 수 있도록 매우 정교하게 설계되었고 모든 피조물에게서 효과적으로 기능하고 있다면 왜 유독 인간은 이 신경계가 가진 장점을 온전히 누리지 못하는가? 그것과 어떻게 연결해야 하는지 우리가 알지 못하는 것인가? 인간이 신경계를 무시하기 때문인가? 왜 인간은 그렇게 쉽게 트라우마로 인한 어려움을 겪는가? 인간은 하지 않는데 동물들이 하는 것은 무엇인가? 우리가 동물들에게서 배울 수 있는 것은 무엇이며 어떻게 배워야 하는가?

　감각 느낌을 경험하는 것은 우리 안에 있는 동물적 속성과 다시 연결하기 위한 발판이 된다. 인지·느낌·감각은 치유를 시작할 수 있는 곳에 집중한다. 자연은 우리를 잊은 적이 없다. 우리가 자연을 잊고 살 뿐이다. 트라우마로 외상을 입은 사람의 신경계는 손상된 것이 아니라 어쩌지 못하는 무력감 같은 것 때문에 얼어붙어 있는 것이다. 이때 감각느낌을 다시 개발함으로써 우리의 경험에 온기와 활력을 불어넣을 수 있다. 또한 이 감각은 트라우마가 발생했던 당시 방출되지 못하고 갇혀 있던 에너지의 본능적 대처 과정을 부드럽고 천천히 위협적이지 않은 방식으로 다시 시작하게 된다. 만성화되어 가는 증상에서 외상 후 반응이 일어나지 않도록 예방하려면 이 과정이 끝까지 수행되어야 한다. 우리는 트라우마를 해결하기 위한 근본적인 방법들을 연구하고 고안하고 실행하여 왔다. 그중 몇 가지는 동물들의 기제와 같지만 몇몇 방식은 인간만의 독자성을 가지고 있다. 특히 인간의 고도로 개발된 사고력과 언어과정은 동물들의 대처와는 달리 독특한 점이다. 뇌는 트라우마를 논의하는 데 대단히 중요하다. 모든 동물의 뇌 기관 중 가장 깊은 곳에는 파충류 뇌가 있는데 이 뇌는 본능을 관장한다. 우리가 치유를 일으키는 자원에 의식적으로 접촉할 수 있는 유일한 방법은 감각과 감각 느낌을 경험하는 것이다. 이 감각 경험이 바로 파충류 뇌의 언어다. 파충류 뇌는 인간을 포함한 모든 동물의 생리적이고 신체적인 영역에서 핵심적인 역할을 한다. 이 파충류 뇌는 신체의 필수적인 기능들을 조절하는 무의식적 변화를 모두 관장하고 있고 다른 모든 고등동물은 이 파충류 뇌를 견본으로 삼아 진화해 왔다. 고등동물들은 파충류 뇌의 기능이 강화되거나 무효화된 것처럼 보이지만 파충류 뇌의 핵에서 비롯된 행동들은 트라우마의 미스터리를 푸는 열쇠다. 이러한 행동들이 우리 스스로가 인간 동물로서의 자신을 경험하게 한다(양희아 역, 2016).

야생의 동물들은 우리에게 건강과 활기의 기준을 제공해 줄 뿐 아니라 생리적 치유 과정이 어떻게 일어나는지 깨닫게 해준다. 그들을 통해서 우리는 우리의 대처 반응이 순수하게 본능적이었다면 어떻게 기능할 수 있었을지 어렴풋한 실마리를 발견할 수 있다. 동물은 우리의 스승이며 균형을 이루고 있는 자연의 전형적인 예다. 트라우마 치유의 어려움 중 하나는 사람들이 트라우마를 불러일으킨 사건이나 사고의 내용에 지나치게 집중한다는 것이다. 트라우마로 고통받는 사람들은 자기 자신이 선천적으로 치유의 힘을 가진 동물이라고 여기기보다 트라우마에서 살아남은 사람이라고 생각한다. 위협적인 삶의 상황에서 다시 일어서는 동물들의 능력은 우리 인간이 선천적으로 가지고 있는 치유의 능력들을 되찾아 가도록 우리를 안내하는 하나의 모델이 될 수 있다. 우리는 우리를 괴롭히는 트라우마의 부정적인 영향에서 벗어나는 데 필요한 본능적인 전략들을 찾아내기 위해 우리 안에 존재하는 이 동물적인 자원에 주목해야 한다.

대부분의 트라우마 치료사는 주로 대화와 약물을 통해 마음을 치료한다. 이 두 치료법 모두 트라우마 치료에 활용할 수 있다. 그러나 몸이 가진 핵심적인 기능을 함께 다루지 않는다면 트라우마는 치유되지 않으며 결코 완전한 치유에 이르지 못할 것이다. 우리는 트라우마로 인해 몸이 어떤 영향을 받는지 그리고 트라우마의 후유증을 치유하는 데 있어서 몸이 얼마나 핵심적인 위치를 차지하는지 알아야 한다. 이러한 기초가 없다면 트라우마를 치유하려는 우리의 시도는 제한적이고 편협할 수밖에 없다는 것이 피터 레빈의 트라우마 치료의 견해다(양희아 역, 1997).

기계론적으로 환원주의적인 관점을 넘어서 생명을 바라보면 거기에 감지하고(sensing) 느끼고(feeling) 인지하고(knowing) 살아 있는 유기체(living organism)로서의 몸이 있음을 알게 된다. 이 살아 있는 몸은 우리가 정서를 가진 모든 존재와 감정을 나눌 수 있는 전제 조건이며, 우리에게 트라우마의 영향으로부터 자유로워질 수 있는 선천적 능력이 있음을 알려 준다(양희아 역, 1997).

미국의 의학박사 베셀 반 데어 콜크(Bessel Van Der Kolk)는 1970년대부터 외상 후 스트레스 장애를 연구해 온 권위자이자 세계적인 학자다. 그가 의학 공부에 맨 처음 마음이 끌린 것은 열네 살 무렵이었다. 캠프에 함께 갔던 사촌에게서 신장이 어떤 기능을 하는지, 신체의 노폐물은 어떻게 분비되는지, 몸에 필요한 화학물질이 재흡수되어 전체 시스템이 어떻게 균형을 유지하는지 등 신체의 기능이 마치 기적이 일어나듯 작동하는 이야기를 들으면서 매료되었다고 말한다. 이후 의학 공부를 시작한 후에도 외과, 심장의학과, 소아과 등 어느 과목을 배우든 치유의 핵심이 바로 '신체'라는 유기체의 작동 방식을 이해하는 데 있다는 사실을 재차 확인할 수 있었다.

과학계에 새로이 탄생한 세 가지 분야 덕분에 정신적 외상과 학대, 방치로 발생하는 영향에 관한 지식은 폭발적으로 증대되었다. 그 세 분야는 뇌가 정신적 과정을 어떻게 돕는지 연구하는 '신경과학', 부정적인 경험이 마음과 뇌의 발달에 주는 영향을 연구하는 '발달정신병리학', 우리의 행동이 주변 사람의 감정과 생물학적 특성, 사고방식에 주는 영향을 연구하는 '대인관계 신경생물학'을 가리킨다. 새롭게 등장한 이 세 분야의 연구를 통해, 트라우마는 뇌의 경고 시스템을 재조정하고 스트레스 호르몬의 활성을 증대시키며 무관한 정보들 속에서 관련 정보를 걸러 내는 시스템을 변형시키는 등 생리학적인 변화를 발생시키는 것으로 나타났다. 트라우마는 우리가 살아 있다는 기분을 느끼게 하는 신체의 경험, 즉 체화된 느낌의 상호 전달을 관장하는 뇌 부위에도 문제를 일으킨다는 사실을 알게 되었다. 이러한 변화는 정신적 외상을 입은 사람들이 자신도 모르게 일상생활이 힘들어지는 대가를 감수하면서도 위험을 지나치게 경계하는 이유를 설명해 준다. 이들이 보이는 행동들은 윤리의식이 무너졌거나 의지력이 약화되었거나 성격이 나빠졌다는 사실을 드러내는 징후가 아니라, 뇌의 변화가 발생시킨 결과라는 사실이 밝혀진 것이다.

정신적 외상이 발생하는 기본적인 과정에 관한 폭넓은 정보가 밝혀지면서 증상을 완화시키거나 손상을 원상 복구할 수 있는 새로운 가능성도 열렸다. 이제는 트라우마를 겪은 생존자들이 뇌가 원래 가지고 있는 신경가소성을 활용해 온전히 살아 있는 기분을 느끼고 남은 삶을 계속 살아가도록 도와줄 수 있다. 그 방법은 크게 세 가지로 구성된다(제효영 역, 2016).

첫째, 포괄적인 것에서 시작해 세부적으로 들어가는 하향식 방식에서는 대화와 타인과의 관계를 재형성하고 환자가 자신에게 일어나는 일을 인지하고 이해하는 동시에 트라우마의 기억을 가공하도록 돕는다.

둘째, 약물을 통해 부적절한 경계 반응을 차단하거나, 그 외 다른 기술을 활용해 뇌의 정보 처리 방식을 변화시킨다.

셋째, 세부적인 것부터 전반적인 방향으로 해결하는 상향식 방식에서는 신체가 트라우마로 느끼는 무기력한 기분과 분노, 붕괴와 정반대되는 신체 경험을 마음 깊은 곳에서부터 체감할 수 있도록 돕는다(제효영 역, 2016).

본능과 이성 사이의 균형과 리듬을 회복하는 것은 마음과 몸의 분열을 치유하는 데 중심적인 부분이다. 감정적인 우뇌의 적용적 기능에 대한 작업은 한 사람 심리학을 통해서 설명하고 있을 뿐만 아니라 마음과 뇌 사이의 의사소통과 상호작용적인 조절을 두 사람 심리학의 관점에서 설명할 수 있다(강철민 역, 2022). 뇌와 몸의 통합, 좌뇌와 우뇌의 통합, 원시적인 뇌와 진화한 뇌 영역 사이의 통합은 전체성을 발달시키고 우리를 온전한 인간으로 만들어준다. 그때까지 우리는 마거릿 미드(Margaret Mead)가 지적했듯이 '유인원과 인간 사이의 잃어버린 고리(missing link)'다. 여기서 잃어버린 고리(missing link)는 생물 진화에서 한 종이 다음 종으로 진화한 과정을 보여 주는 데 필요하지만 발견되지 않은 종으로 해석된다.

몸과 마음의 일치와 현존이 어렵거나 두렵다면 트라우마에 대한 의구심을 가져 볼 필요성이 있으며 트라우마 상태에서의 회복은 몸과 마음의 통합상태를 말할 수 있다. 몸과 마음의 통합은 소매틱적인 방법으로 보다 빠르게 통합 상태로 나아가게 되며 초월영성상담에서 강조하는 자기확장과 통합 및 변용의 삶을 살아갈 수 있도록 길을 열어 주게 될 것이다.

앞에서 살펴본 바와 같이 트라우마로부터 자유로워지고 초월영성에서 강조하는 자기확장과 통합 및 변용을 나아가는 과정에서 개인의 불안전한 심리신체적 회복에 도움이 되는 소매틱 접근 트라우마 치료 방법을 소개해 보고자 한다. 토마스 한나로부터 시작한 몸을 기반으로 한 소매틱 트라우마 치료법 중에서, 첫째, SE(신체감각 기반 트라우마 치료, somatic experiencing, 이하 SE), 둘째, EMDR(안구운동 민감손실 및 재처리 요법, Eye Movement Desensitziation Reprocessing), 셋째, BSP(브레인 스포팅, BrainSpotting)를 중심으로 치료법의 목표와 주요 개념 및 치료기법을 소개하고 SP(감각운동 심리치료, Sensorimotor Psychotherapy)와 IFS(내면가족치료, Internal Family System)에 대하여 간략히 언급해 보고자 한다. 다만 여기서 소개되는 내용은 소매틱 트라우마 치료의 개념과 이해를 돕기 위한 것이므로 실제 임상 장면에 적용하기에는 한계가 있다. 이 점을 보완하기 위하여 각각 고유의 소매틱 트라우마치료의 전문가 과정을 통해 전문적 능력을 갖추어야 할 것이다.

2. SE 신체감각 기반 트라우마 치료

SE(신체감각 기반 트라우마 치료, Somatic Experiencing, 이하 SE)는 1970년대 생물물리학 자이자 심리학자인 피터 레빈(Peter A. Levine)이 개발한 트라우마 치료법이다. 피터 레빈은 캘리포니아대학교에서 의료 및 생리물리학 전공으로 박사학위를 받았고, 인터내셔널 대학교에서 심리학 전공으로 박사학위를 받았다. 그는 스트레스와 트라우마 분야에서 40년 이상을 연구에 매진해 오고 있다. 2010년 미국신체심리치료협회(USABP)에서 평생 공로상을 수상하며 신체·심리치료 분야에서의 지대한 공로를 인정받았고, 같은 해 아동과 청소년에 대한 그의 혁신적인 공로를 인정받아 레이스 데이비스 아동정신의학 센터의 명예 이사장으로 임명되었다. 미국 항공우주국(NASA)의 최초 우주왕복선 개발 당시 스트레스 자문위원이었고, '사회적 책임을 위한 심리학자' 협회의 세계문제연구 대책 위원회의 멤버로 활동했다. 미국심리학회(APA)에서 대규모 재난 대응과 인종 및 정치적 전쟁에 대응하기 위한 멤버로 활동했다. 세계적인 베스트셀러인『내 안의 트라우마 치유하기』,『무언의 목소리』외에『아동의 눈을 통해 본 트라우마』,『당신의 자녀를 위한 트라우마 예방법서』,『통증으로부터의 해방』의 공동 저자이기도 하다.

1) SE의 목표 및 주요 개념

SE는 신체 내부감각, 운동감각, 고유수용감각 경험을 강조하며 건강한 신경계의 회복을 돕는 트라우마 치유법이다. SE에서는 치료의 방향성을 머리에서 몸의 방향이 아닌 몸에서 머리로의 상향식(Bottom-up) 방향을 주로 취한다. 트라우마를 직접적으로 다루는 것을 피하고 신체 경험을 활성화하여 트라우마 당시 완결하지 못했던 반응을 완료하는 것을 치료 목표로 한다. 또한 내담자가 견딜 수 있을 만큼 수위 조절(titration)을 하면서 트라우마의 잔여 에너지를 방출·조절한다. 이를 통해 트라우마 상태와 자원을 왔다 갔다 진자운동(pendulation)을 하면서 다양한 방법으로 내담자의 신경계를 회복시켜 삶을 재구성 하도록 돕는 데 치료 목표를 두고 있다.

SE는 몸과 신경계가 기억하는 상처를 몸의 감각으로 신경계를 치유한다. 몸과 마음의 정화를 돕는 상향식 구심성 감각신경섬유 처리 방법을 통하여 스트레스와 트라우마로 인하여 긴장되고 얼어붙은 신경계를 다룬다. 우리의 몸과 마음을 담고 있는 신경계의 수축과 이완을 왔다 갔다 진자운동(pendulation) 하면서 몸의 감각을 통하여 부정적인 에너지를 몸 밖으로 방출(discharge)한다.

이러한 자연스러운 기능을 수행할 때 SE 치료법에서 가장 먼저 인식하고 있어야 할 것은 감각 느낌과 알아차림이다. 알아차림은 현재의 순간을 바꾸거나 해석하려 하지 않고 있는 그대로 경험하는 것을 의미한다. 감각(sensation)은 신체적 경험으로 우리 모든 경험에 관여한다. 감각 느낌은 무한히 다양하게 일어나므로 몸의 생리적 리듬을 알아차림이 매우 중요하다. 그리고 이 생리적 리듬은 우리의 움직임에 비해 느리게 일어나므로 생리적 리듬을 마칠 때까지 약간의 시간이 필요하다. SE치료법에서 트라우마가 발달하는 첫 번째 이유는 우리가 생리적 리듬을 마칠 때까지 필요한 시간을 충분히 주지 않기 때문이라고 피터 레빈은 말한다. 대부분 경우 이러한 주기들은 몇 분 동안 자신들의 과정을 수행하는데 이 몇 분이 바로 핵심이다. 감각 느낌과 리듬들을 조율하면서 경의를 표하는 것이 상담자며 치료사인 우리가 해야 할 일이다. 감각 느낌은 단순하고 우아하다. 그러나 최고로 강력한 컴퓨터보다 수십억 배 더 정교하다. 감각 느낌은 알아차림, 감각, 예민함, 다양성 그리고 리듬으로 이루어져 있다(양희아 역, 2016).

피터 레빈은 '몸과 마음을 잇는 트라우마' 치료에서 트라우마는 우리 몸의 감각을 빼앗아 간다는 것을 기억하기를 강조하면서 트라우마의 치료를 위해서는 몸과 마음을 다시 연결하도록 하는 연습이 필요하며 몸이 불편하고 아픈 곳이 많은 사람은 자신의 몸과 친해지고 연결을 회복하는 데 시간이 더 걸릴 것으로 언급한다. 스스로에게 관대하고 트라우마를 치료하는 데에는 강렬한 감정보다 신체감각이 열쇠라는 것이다. 몸에서는 이런 감정을 어떤 감각과 생각의 형태로 경험하고 있는지 알아차려 본다. 분노, 공포, 깊은 무력감 등 어찌할 수 없는 강렬한 감정이나 밀물처럼 밀려오는 충격적인 이미지 혹은 잠재적으로 위험한 환상을 수행하려는 강박이 있는지 살펴보고 안전한 장소를 찾아 몸을 자각하는 연습이 필요하다.

극심한 트라우마 반응과 작업할 때 SE는 9가지 기본 구성요소를 치료사에게 제공한다. 트라우마를 '재협상'하고 변형시키는 이 기본 도구들은 선형적이지 않고 경직되거나 일방적이지도 않다. 그보다 이 단계들은 서로 밀접하게 관련되어 맞물려 있으며 반복적으로 또 순서에 상관없이 치료 회기 중 사용된다. 하지만 정신생물학적 기반이 견고하려면

①, ②, ③을 먼저 하고 그다음 순서대로 밟아야 한다. 순서는 다음과 같다(박수정 외, 2020).

① 내담자에게 상대적으로 안전한 환경을 만든다.

② 초기의 감각 탐색과 수용을 지지한다.

③ '진자운동'과 컨테인먼트, 즉 타고난 리듬의 힘을 인식시킨다.

④ 수위 조절을 사용해 안정성, 회복탄력성, 조직화의 힘을 증가시킨다. 수위 조절은 재트라우마를 막기 위해 생존 기반의 흥분이나 다른 힘겨운 감각을 가능한 한 '한 방울씩' 조심스레 접촉하는 것이다.

⑤ 붕괴와 무기력이라는 수동적인 반응을 능동적이고 힘을 주는 방어 반응으로 대체하여 교정을 경험하도록 한다.

⑥ (보통은 시간 제한적이지만 지금은 부적응적인) 생물학적 부동성 반응과 조건적으로 연합된 두려움과 무력감을 떼어내거나 '분리'한다.

⑦ 생명을 보존하려는 행동에 동원된 방대한 생존 에너지를 '방출'하고 재분배하도록 부드럽게 안내하여 과각성 상태를 해소한다. 이렇게 풀려난 에너지는 뇌가 더 잘 기능하도록 한다.

⑧ '역동적 평형'과 편안한 각성 상태가 회복되도록 자기조절을 돕는다.

⑨ 지금 여기에 현존하도록 하고, 주변 환경을 접촉하여 사회적 유대의 역량을 재확립한다.

2) SE의 기초적인 치유 기법

신체감각을 통한 치유 기법들은 트라우마로 인해 잃어버리거나 상처받은 리소스를 회복할 수 있도록 도와준다. 트라우마를 겪으면서 몸과 자아 그리고 다른 사람들과의 환경과의 잃어버린 버린 것을 다시 연결하도록 돕는 것이 연습의 핵심이다. 여기서 리소스(resource)는 치유와 성장의 힘이 되는 기원으로서 개개인이 지니고 있는 자원과 강점이다. 내적 리소스는 성격, 기질, 건강, 개인적 경험, 재능, 취향 등이다. 외적 리소스는 자연환경, 사회문화적 환경, 주거, 고향, 과거의 좋은 경험을 한 장소 등이다. 인간관계 리소스는 가족, 친구, 동료, 동호회, 지역공동체 등이 있으며 이것을 치료적으로 이용할 수 있다.

(1) 몸의 경계선 찾기

몸은 우리의 모든 감각과 느낌을 담고 있는 그릇(containner)이다. 트라우마로 인해 무너졌을 때 우리는 노출되고 보호받지 못하는 것처럼 느낀다. 피부는 첫 번째 경계다. 그다음으로 근육은 자기와 타인 사이의 자아 경계의 감각을 제공한다. 이 단계에서 손상된 부분을 회복하도록 도와 좀 더 안전하고 온전한 느낌을 가질 수 있다. 우선 편안하고 안전한 장소를 찾아서 먼저 척추와 엉덩이가 의자에 어떻게 지탱하고 있는지, 몸의 각 부분들을 느껴보고 피부와 근육을 느끼기 시작하는 것이 필요하다. 트라우마에서 흔히 일어나는 해리 증상과 부인(denial)으로 완전히 분리되고, 둔하고, 조각나 있거나 혹은 실제가 아닌 것 같은 느낌에서 느낌(feeling)이 담긴 그릇처럼 경험하는 몸으로 안전하게 회복을 돕는 방법이다.

(2) 두드림 기법

오른쪽 손가락으로 왼쪽 손바닥을 부드럽게 두드리는 것으로 시작한다. 나의 몸의 일부라는 감각이 들도록 여러 번 두드린다. 그런 다음 두드리는 것을 멈추고 손바닥의 감각을 시간을 들여 느껴본다. 그리고 손을 보면서 이렇게 말한다. "이것은 나의 손입니다. 내 손은 내 것입니다. 내 손은 나의 일부입니다." 이때 자신이 소유하고 있는 부분이라는 생각이 들도록 하는 어떤 말이라도 괜찮다. 다음으로 손을 뒤집어 손등, 팔, 다리, 종아리, 배, 엉덩이, 등, 목, 얼굴 그리고 머리에 이르기까지 몸의 모든 부분을 따라가며 이 연습을 지속한다. 다음 부분으로 넘어가기 전에 잠시 멈추고 편안한 느낌으로 지속할 수 있다.

처음에 피부 경계 느끼기 연습은 한 시간 정도 걸릴 것이다. 중요한 것은 나 자신을 마주하는 능력을 기르고 자신만의 내성 영역을 인식하며 여러 번에 걸쳐 안정 영역을 조심스럽게 늘리는 것이다. 여기서 내성 영역(window of tolerance)이란 다니엘 시겔(Daniel. J. Siegel)이 그의 책 『The developing mind』에서 사용한 용어로서, 강렬한 감정과 평정한 상태 모두를 아우르며 조절할 수 있고, 경험을 통합할 수 있는 자율신경계의 최적의 각성 상태(optimal arousal state)를 일컫는다. '참을성의 문'으로 해석되기도 한다(Daniel. J. Siegel, 2010).

(3) 샤워기 기법

샤워기 연습은 피부 경계를 느끼는 다른 연습으로 샤워기를 적당한 온도와 적당한 세기로 그 리듬을 느껴보며 "이것은 나의 손입니다. 내 손은 내 것입니다. 내 손은 나의 일부입니다."라고 말한다. 두드림 기법과 마찬가지로 손등에서 시작하여 몸의 다른 부위로 연습해도 좋다. 두드림 기법과 연습 과정은 같지만, 다른 점은 두드리는 것 대신 물의 압력을 사용한다는 것이다.

(4) 경계선 연습

실뭉치나 끈을 가지고 바닥에 편안하게 앉는다. 몸의 앞면, 뒷면, 왼쪽, 오른쪽 면에 초점을 맞추며 자신의 개인적인 경계를 어디서 느끼는지 주의를 기울여 보도록 한다. 누군가 이 경계에 가까이 다가왔을 때, 불편하게 느껴지기 시작한다면 실이나 끈을 사용해서 그 부분을 표시한 것이 개인적인 경계선이다. 누군가와 함께 있을 때, "이것은 나의 경계입니다. 내가 당신을 초대했을 때만 이 안으로 들어올 수 있어요."라고 이야기한다.

(5) 근육 느끼기 연습

근육은 피부보다는 좀 더 깊은 경계이며 좀 더 단단한 그릇이다. 먼저 오른손으로 왼쪽 팔뚝을 가볍게 잡는다. 근육의 밀도와 형태를 잘 느낄 수 있을 정도로 부드럽게 꽉 쥐어 보면서 이 말을 다시 반복한다. "이것은 나의 근육입니다. 이것은 나의 일부분입니다. 이것은 내 느낌과 감각을 담고 있는 더 깊은 그릇입니다." 다음으로 어깨로 옮겨가 몇 번 쥐어 보고, 쥐었을 때 생기는 긴장감과 그것을 풀었을 때 이완되는 느낌을 알아차려 본다. 각각의 근육을 자신만의 리듬으로 쥐었다 풀어보기를 반복해 본다. 몸의 각 부분과 그것이 다른 모든 부분과 어떻게 연결되어 있는지 다시 알기 위해 충분한 시간을 들여 연습해 본다.

피부 두드리기 연습에서처럼 몸의 각 부분에 확인하는 말을 해 주는 것이 도움이 될 것이다. 각 근육을 느낄 때마다 그것이 어떻게 전체 몸에 연결되어 있는지 천천히 정답게 말을 한다. 근육을 쥘 때 그것이 하는 역할이나 일을 언급하는 것도 도움이 될 것이다. 우리 몸의 모든 장기와 몸의 부위들은 각자 맡은 역할에 충실하고 있으므로 다정하게 고마움을 전해도 좋을 것이다. 이 연습을 통하여 몸의 감각이 점점 느껴지게 된다면 불편한 감각과 분리되어 있던 느낌을 수용할 수 있는 능력(내성 영역: 참을성의 문)이 커짐을 알 수 있다.

(6) 그라운딩과 센터링

사랑은 우리를 꼼짝 못하게 만들지만 트라우마는 우리를 무력하게 만든다. 그라운딩과 센터링은 자신의 몸에서 자연스럽게 사용할 수 있는 리소스를 가지고 직접적으로 재연결할 수 있도록 해 준다. 몸의 행동과 느낌의 근원지인 센터와 지면(ground)과의 관계를 재설정하는 것은 중요하다. 트라우마에서 이 기능들은 위태로워진다. 트라우마로 인해 사람들은 그들의 지면을 잃어버리므로 지면을 재설정하는 법을 익히는 것은 치료의 중요한 부분이 된다.

지면 위의 발을 느껴보는 것으로 시작한다. 다리의 탄력과 단단함을 알아차려 본다. 다리를 단단히 고정한 채로 발목에서부터 천천히 흔들거리는데, 먼저 좌우로 해 보고 그다음 앞뒤로 흔들거린다. 이 동작은 상부 골반 부위에 있는 중력의 센터 지점을 알아내는 데 도움이 된다. 손을 아랫배에 대고 중력의 센터를 느껴본다. 부드럽게 움직이면서 느껴 보도록 한다.

또 다른 방법은 내담자를 적당한 크기의 피트니스 볼과 같은 운동용 공 위에 앉도록 하는 것이다. 공 위에서 균형을 잡으려면 평형상태를 유지하기 위해 여러 가지 조정을 해야 한다. 이는 물렁물렁한 표면에서 오는 피드백 때문에 내부 감각과 접촉하도록 도울 뿐 아니라, 근육 자각, 그라운딩, 센터링, 보호적 반사작용과 코어 강도를 탐구하여 신체 의식을 개발하는 데 완전히 새로운 차원을 더 한다. 자연스럽게 치료사는 내담자가 공에서 떨어져 다치지 않도록 충분히 현존하고 통합되어 있는지 확인해야 한다(박수정 외 공역, 2020).

의자에 앉아서 하는 방법도 좋고 반려동물을 통하여 그라운드하도록 연습해 보아도 좋다. 동물은 전적으로 자연스럽고 그라운드되어 있으며 본능적이다. 손을 동물의 몸에 기대거나 머리를 동물의 가슴에 대면 더욱 친밀감 있게 연습할 수 있을 것이다. 동물의 평온함을 느껴보라. 심장 소리를 들어 보고 호흡하는 것을 느껴 보라. 동물 고유의 자연스러운 리듬에 맞춰 몸을 느껴 보라. 조금만 해도 편안해지는 효과를 볼 수 있다.

(7) 리소스 만들기

리소스는 신체적, 감정적, 영적인 웰빙의 느낌을 지지해 주고 길러 주는 것들과 사람이다. 이는 뚜렷할 수도 있고 감춰져 있을 수도 있다. 왕성하거나 잊혀져 있을 수도 있다. 그것들은 외적이거나 내적일 수 있고 혹은 둘 다일 수도 있다. 앞에서도 밝힌 바 있듯이 리소스의 예로는 자연, 가족, 친구, 반려동물, 운동경기, 춤, 음악이나 좋아하는 예술 등이 있다. 여기에 내적 리소스는 힘, 민첩성, 영적인 힘, 고유한 재능, 본능적인 지혜, 탄력적인 신경 시스템 등이 있다.

사람이 트라우마를 입으면 보호와 방어하는 본능적인 리소스가 부분적으로나 전체적으로 압도되어 버린다. 단 한 번의 트라우마 사건으로도 리소스를 잃어버리거나 잊어버릴 수 있다. 만약 트라우마가 유아기 성격 형성기나 초기 아동기에 발생했다면, 이 연습을 시작하는 데에 이용할 수 있는 리소스는 매우 적을 것이다. 오히려 리소스 만들기 연습을 하는 동안 몸의 내재된 리소스를 되찾고 새로운 것을 발견하게 될 것이다.

우리가 감사 일기나 감정 일기를 쓰듯이 우선 종이와 펜을 준비하고 종이 한 면을 세로로 반을 접어서 좌우 두 공간을 만든 후에 내적·외적 리소스 목록을 적는다. 처음에는 적을 목록이 적지만 반복하여 적다 보면 추가할 것들이 떠오를 것이다. 혹시 리소스가 부족한 것을 알게 된다면 고립된 생활에서 벗어나 좀 더 활동적이고 관계적일 필요가 있음을 알게 된다. 리소스 작성이 어렵다면 트라우마의 경험을 회상하는 시간을 가져 본다. 어떻게 극복했는지? 극복할 수 있도록 도와준 사람은 누구인지? 스스로 견뎌 준 내적인 힘은 무엇이었는지? 트라우마로부터 살아남도록 도움을 준 사람 혹은 물건은 무엇인지? 멀거나 모호하거나 약하게 보일지라도 가능한 리소스들을 상상하고 느껴보는 시간을 가져 본다. 조금씩 조금씩 잃어버린 줄 알았던 리소스가 나타나고, 새로운 것을 찾고, 약했던 것이 강해지는 것을 알게 될 것이다.

(8) 트래킹(감각 따라가기) 기술

트래킹 기술을 통하여 신체 경험의 언어를 배울 수 있다. 트라우마 상태에서 몸은 긴장감과 억압이 강하여 얼어붙은 것 같거나 공포로 마비되거나 수치심과 무력감으로 무너지는 것처럼 느꼈을 것이다. 이 단계에서는 어디서 무너질 것 같은지 몸의 어디가 긴장되고 수축되는지 느껴 보고, 느낌과 동작을 통해서 나타난 감각을 정상화하는 데 도움을 준다. 에너지가 많거나 부족한 부분을 몸으로 느껴 막혀있던 에너지가 흘러갈 수 있는 통로를 만들어 낼 것이다. 막혀 있던 부분을 찾으면, 풀려나갈 준비를 한다. 왜냐하면 이러한 각 부분은 지속되고 완결하기 위해 준비된 움직임이자 에너지이기 때문이다.

(9) 감각 느낌과 특별한 감각 트래킹하기

감각 느낌은 『내 마음 내가 안다(focusing)』의 저자인 유진 젠들린(Eugene, T. Gendlin)이 만들어 낸 용어다. 그는 "감각 느낌은 정신적인 것이 아니라 신체적(physical)인 체험으로 어떤 상황이나 사람 혹은 사건에 대한 몸의 알아차림을 말하며, 주어진 시간 동안 주어진 사물에 대해 느끼고 아는 모든 것을 포괄하는 내적인 아우라"라 하였다. 감각 느낌은 흐르는 강물처럼 환경에 맞추어 형태를 갖춘다.

감각을 트레킹하기 위해서는 우선 의자나 바닥처럼 앉기가 편한 장소를 찾는다. 누워서 하거나 운전 중에는 하지 않도록 한다. 연습을 하면서 강렬해지면 천천히 멈춘다. 편안함을 주거나 특별한 의미가 있는 물건을 가져와서 시작한다. 조용히 곁을 지켜 줄 수 있는 사람이나 친구여도 좋다.

몸이 체험하고 있는 감각에 귀 기울여 본다. 의자에 앉아 있는 느낌, 피부에 옷이 닿는 느낌, 근육의 느낌, 발바닥의 느낌과 그라운드되고 있는지 알아차려 본다. 온 몸 전체로 전해지는 그라운드의 감각을 느껴본다. 그리고 안전함과 편안함을 주는 대상을 향하여 눈과 고개를 돌려 천천히 둘러본다. 자신의 몸과 눈에 들어오는 그 대상 사이를 왔다 갔다 한다. 그러면서 앞의 이미지에 거리를 두고 몸에서 경험하고 있는 것을 좀 더 알아차리도록 주의를 옮겨 본다. 그리고 이런 감각을 몸 어디에서 느끼고 있으며, 편안한 감각이 어디에서 시작되는지 느껴본다. 긴장하던 근육이 느슨해지기 시작하거나 가슴 주변으로 넓어지는 느낌이거나 배에서 따뜻함을 느낄 수도 있다. 처음에 불안하게 느끼고 있었다면 이 느낌은 조금은 변화했을 수도 있다. 다음에서 소개하는 감각 언어를 촉진하는 질문들과 다양한 신체감각 어휘를 참고하길 바란다(하영례 외 공역, 2021).

① 열린 질문들
- 지금 몸에서 어떤 것이 느껴지나요?
- 그 느낌이 몸 안 어디에서 느껴지나요?
- 지금 무엇을 경험하고 있나요?
- 그 감각에 주의를 기울인 다음 무슨 일이 일어나고 있나요?
- 그것은 어떻게 변화하고 있나요?

② 초대의 질문들
- 또 다른 무엇이 느껴지는 게 있나요?
- 몸이 어떤 식으로 움직이고 싶어 하는지 저에게 알려 줄래요?
- 다음에 일어날 것에 대해 호기심을 가지면서 그 감정에 집중해 볼래요?

③ 자세하게 감각을 탐색하는 질문들
- 그 감각의 특징은 무엇인가요?
- 그 감각은 어디에서 시작해서 어디에서 끝나나요?

- 그게 어떤 모양 혹은 무게나 크기, 색깔이 있나요?
- 그 느낌이 퍼져 나가나요? 그것이 움직이고 있다면 어디로 가나요?
- 그게 압력(고통, 온기 등) 바깥에서 안쪽으로 가나요 아니면 안쪽에서 바깥쪽으로 가나요?
- 그 긴장, 통증에 중심점을 알 수 있나요? 가장자리는 어떤가요?

④ 감각에 대한 인식을 확장하는 질문들
- 지금 그걸 느낄 때 다른 몸 부위는 어떤가요?
- 그 감각을 탐색하는 동안 어떤 다른 게 알아차려지나요?
- 그 감각과 잠시 머무르며 무슨 일이 일어나는지 볼 수 있을까요?
- 지금 몸 부위에서 감각을 느낄 때, 그 감각이 어떤 식으로 영향을 주나요?
- 지금 그 감각을 느낄 때, 몸의 다른 부분에서는 어떤 일이 일어나고 있나요? 예를 들어, 가슴에 따뜻함을 느낄 때 또 다른 무엇이 알아차려지나요?

⑤ 시간의 경과에 따른 움직임 관련 질문들
- 다음에는 무슨 일이 일어나나요?
- 그 감각을 따라가는 동안 그게 어디로 가나요? 어떻게 바뀌나요?
- 그게 어디로 어떻게 움직이나요?
- 만일 고착되어 있다면, 혹은 움직일 수 있다면 그건 어떻게 움직일까요?

⑥ 감각을 음미하고 심화하기
- 그 감각들(저린 감각, 따뜻한, 속이 확 트이는, 따끔거리는)을 원하는 만큼 최대한 즐겨 보세요, 즐기도록 스스로에게 허락하세요.
- 필요한 만큼 충분히 시간을 가져 보세요.

여기서 치료자가 다음의 내용들을 충분히 숙지한다면 내담자가 감각 느낌을 더욱 쉽고 편안하게 느끼도록 도울 수 있다,

- 감각을 알아차리고 그것이 바뀔 때까지 함께 머무른다.
- 집중된 자각과 감각을 참는 역량을 개발한다.

- 충분한 시간을 허락한다.
- 치료자의 목소리를 써서, 느리고 부드럽게, 더 느리게 가도록 한다.
- 중립성을 사용한다. 감각이 발달하도록 기다린다.
- 떠오르는 것을 옳거나 틀린 것으로, 좋고 나쁜 것으로 판단하는 대신 호기심을 가지고 지켜본다.
- 내담자가 감각을 기술할 때 내담자가 제대로 가고 있음을 강화시켜 준다.
- 만일 감각이 너무 어렵거나 너무 많다면, 감각으로 가기 전에 안전한 장소를 확보한다.
- 감각을 그라운딩하는 작업도 한다.
- 감각이 고착되었을 때는 편안한 감각과 불편한 감각들 사이의 전환을 지지하는 것으로 초점을 바꾼다.
- 내담자가 자신의 그라운딩과 탄력성을 느끼도록 안내하면 안전감과 컨테인먼트가 촉진된다.
- 내담자가 방 안에 치료자와 함께 현재에 머무르도록 하면 감각을 다루는 데 도움이 된다.
- 내면의 장소에서 지금 여기로 돌아올 수 있음을 알게 되면 내담자들이 속도를 통제하는 데 자신감이 생겨 어려운 감각들도 수용할 수 있게 된다.

⑦ 감각어휘

아픈	얼어붙은	구르는
시원한	가득 찬	흔들리는
살아 있는	털북숭이의	날카로운
배가 터질 듯한	소름 돋는	(빛을 받아) 어른거리는
막힌	콸콸 흐르는	떠는
숨 가쁜	딱딱한	몸서리치는
부서지기 쉬운	무거운	비단 같은
쾌활한	뜨거운/더운	매끈한
타는 듯한	얼음 같은	부드러운
활기 넘치는	극심한	널찍한

느긋한	삐죽삐죽한	빙빙 도는	
축축한	초조한	끈적거리는	
닫힌	뒤죽박죽인	정지한	
차가운	조마조마한	신축성 있는	
막힌	울퉁불퉁한	끈 같은	
조이는	가벼운	강한	
숨 가쁜	느슨한	숨 막히는	
수축한	촉촉한	땀에 젖은	
시원한	움직이는	연한	
아늑한	메스꺼운	긴장한	
경련이 나는	무감각한	두꺼운	
빽빽한	열린	욱신거리는	
어지러운	마비된	간지러운	
둔한	두근거리는	꽉 조인	
탄력 있는	압박	피부 당김	
전기의	꺼끌꺼끌한	얼얼한	
비어 있는	부어 있는	떠는	
에너지에 찬	당겨진	약간 떨리는	
확장하는	맥박이 뛰는	까닥하는	
기절	떨고 있는	진동	
축 늘어진	조용한	따뜻한	
움직임이 부드러운	떨리는	흔들거리는	
얼굴이 상기된	빛나는	파닥이는	제정신이 아닌
가려운	숨쉬기 편한	누더기가 된	쓰라린

(10) 진자운동하기

우리가 새로운 환경이나 상황에 놓이게 되면 안전한지를 살피거나 안전하다면 관심을 갖게 되고 집중하게 된다. 하지만 트라우마를 입게 되면 새로운 상황마저 과거의 기억이나 사건과 연결하게 되고 위축된다. 이러한 위축을 풀 수 있는 열쇠는 신체감각을 알아차리고 그 신체감각과 함께하는 것을 배우는 것이다. 처음 위축된 부분을 접하려 할 때는 두려움이 올라올 수도 있다. 치료 과정에서 좋아지기 전에 나빠지는 것처럼 보이는데, 처음에는 이것을 직접 경험할 수 있다. 그 감각과 함께 계속 머물면 확장과 수축 사이클 안에서 점점 나빠지다가 다시 좋아질 것이다. 진자운동(pendulation)이란 이렇게 두려움의 감각과 그 반대인 감각 사이를 진자처럼 왔다 갔다 오갈 수 있는 것이다. 이것은 더 이상 트라우마의 잔여 에너지 속에 갇혀 있지 않다는 뜻이다. 한 번 진자운동하는 것을 성공적으로 배운다면, 힘겨운 고통의 감정을 서서히 감당할 만하고 두려움과 무력감에서 호기심과 탐험으로 옮겨가게 되는 변화를 느끼게 될 것이다. 이 때 중요한 것은 일어나는 일을 해석하거나 분석하거나 설명하려고 애쓰지 말고 자신 안에서 일어나고 있는 일을 관찰하고 알아차리는 것을 배우는 것이다. 일어나는 감각의 느낌을 그냥 바라보고 받아들이고 흘러가도록 내버려두는 것이 감각 느낌 언어를 배우는 가장 중요한 방법이다.

(11) 부우~ 소리내며 호흡하기

고대의 '소리내기' 수행은 '인식의 문'을 열도록 도왔고 하복부 깊이 공명하는 톤으로 노래를 하기 위해 입을 열 때 가슴(심장과 폐)과 입과 목도 열려 미주신경의 많은 구불구불한 가지들이 기분 좋게 자극되도록 이끈다.

그리고 우리 몸은 장과 근육 같은 내부감각 장기의 상태에서도 바로 위협을 평가한다. 속이 뒤틀리는 자체가 뇌에 중대한 위협과 공포의 신호를 보낸다. 트라우마를 예방하고 또 이미 생긴 트라우마를 되돌리려면 우리는 자신의 내장감각을 자각해야 한다. 내장감각은 우리가 살아 있다는 긍정적 느낌을 조율하고 삶의 방향을 정하는 데 필수적이다.

내장감각의 부우~ 소리 호흡을 연습하기 위해 편안한 장소를 찾는다. 그런 다음 천천히 숨을 들이쉬고 잠시 멈춘 다음, 날숨에 부드럽고 길게 "부우Voooo……" 소리를 내며 숨을 다 내쉴 때까지 소리를 유지하고 복부를 자극하는 진동에 주의를 집중한다. 날숨이 끝나면 잠시 멈췄다가 다음 숨이 천천히 배와 가슴에 차도록 허용한다. 들숨이 끝나면 멈추고 다시 날숨이 끝날 때까지 '부우' 소리를 낸다. 소리와 날숨이 완전히 끝난 다음 잠시 멈춰 기다렸다가 다음 숨이 준비되면 저절로 들어오도록 하는 것이 중요하다. 이 연습을 여러 번 반복한 다음에는 휴식한다.

'부우' 소리를 낼 때 나는 진동은 내장의 감각들을 살아나게 하고 숨을 길게 다 내쉬면 산소와 이산화탄소 사이의 최적 균형을 가져온다.

(12) 건강한 공격성 회복하기

공격은 우리가 외부로부터 위협을 받을 때 우리 스스로를 보호하기 위해 선천적으로 타고난 리소스다. 사람들이 트라우마 상태가 되면 움직일 수 없는 마비 상태가 되거나 급작스럽게 분노를 폭발한다. 트라우마를 입은 사람들은 일반적으로 그들 자신의 공격성을 두려워 하게 된다. 때로 트라우마를 입은 사람들은 아무것도 느끼지 못하거나 분노를 느끼게 되는데, 그러한 분노는 적절하지 못한 방법으로 표출이 된다. 건강한 공격성이 어떤 것인지 느끼기 시작하면 극단적인 분노는 좀 더 건강한 방향으로 가기 시작할 것이다.

(13) 손으로 밀기

건강한 공격성 회복하기 연습은 내담자가 자기주장과 공격성을 관리하는 법을 배우는 동시에 신체감각을 계속 의식하도록 돕는다. 먼저 센터링과 그라운딩을 한 후에 내담자와 일어나 치료자를 마주 보고 서도록 한다. 이때 내담자가 둘 사이의 거리를 편안해하는지 확인하는 것이 중요하다. 그런 다음 내담자에게 발이 땅에 닿아 있는 동안 무엇을 자각하는지 알아차리도록 한다. 이후 내담자가 발목, 종아리, 허벅지를 따라 올라오며 지각하는 범위를 넓히도록 격려한다. 내담자가 땅에 닿아 있는 자신의 발을 느끼고, 자신의 중심을 느끼면서 그라운딩 감각을 높인다. 또 내담자에게 자신의 발을 나무의 뿌리라고 생각하고 지구에 뿌리를 내린다고 상상해 보아도 좋다고 제안할 수 있다. 다음으로 내담자에게 머리, 가슴, 배에 주의를 기울이도록 한다. 호흡을 이용하여 내담자가 자신의 복부 안에 무게 중심을 찾도록 돕는다. 이제 그 힘을 이용하여 치료사의 손을 밀도록 한다. 천천히 압력을 가하면서 내담자는 자신의 몸 센터에서 올라오기 시작하는 힘과 근력을 느끼기 시작한다. 균형을 유지하면서 원하는 만큼 밀어본다. 받쳐주는 치료사의 역할은 그저 그 자리에 있으면서 미는 사람의 힘을 반영하며 압력을 유지할 정도로 저항을 주는 것이다. 치료사는 내담자가 몸 중심에서부터 밀어내는 느낌을 감지할 수 있을 정도의 저항을 제공한다. 내담자가 배에서 움직임이 생겨나 어깨를 통해 팔과 손으로 연결되는지 느껴보도록 요청한다. 그런 다음 미는 사람과 받쳐주는 사람의 역할을 바꾸어서 해 본다. 미는 사람이 균형을 유지할 수 있도록 조금씩 저항을 줄여 본다. 이 연습은 한 손으로 해 볼 수도 있고 양손을 모두 이용해서 밀어보기를 할 수 있다.

(14) 달아나기 도주 반응

우리는 위험한 순간 달아나기 도주 반응을 통하여 탈출 운동을 경험할 수 있다. 도망칠 수 없는 상황에 빠져있다고 깨닫기 때문에 트라우마를 입는 경우가 있다.

내담자가 힘차게 달리게 될 경우를 대비해 그 충격을 흡수할 수 있는 단단하고 두꺼운 방석을 바닥에 둔다. 내담자에게 앉은 자세 그대로 달리도록 요청하는 것으로 시작한다. 이것은 역할극이 아니라 타고난 탈출 운동 패턴에 참여하여 운동감각과 자기수용 지각을 의도적으로 고조시키고 내담자가 자신의 몸과 뇌가 함께 자신을 보호하도록 설계되어 있음을 알게 하기 위한 것이다. 내담자가 마비되고 도망칠 수 없었던 느낌 등 트라우마 상황을 꺼낼 수도 있다. 그럴 때 내담자에게 그 이야기는 잠시 두고 자신의 다리를 느끼도록 요청한다. 내담자가 자신에게 힘이 생긴 것을 새롭게 자각하고 통합할 수 있도록 제자리에서 달리도록 한다. 이렇게 근육에 잠재되어 있던 에너지가 방출되고 '몸의 지혜' 를 직접 경험하는 역량이 발달한다.

(15) 진정과 통합을 위한 셀프 터칭

트라우마의 반응에서 빠져나오면 현존과 평온함의 새로운 감각으로 이끌어 주는 도구가 필요할 것이다. 스스로를 돕는 셀프터칭(Self-touching)은 몸과 마음을 연결하는 데 도움을 주고 내담자가 고통스러운 흥분 증상들을 다루고 조절하도록 도울 수 있다. 스스로를 돕는 셀프터칭은 'self help' 기법으로 '진신좌수'라고 불리는 '에너지 흐름' 체계에서 피터 레빈이 가져왔다.

내담자들이 흥분을 조절하고 깊이 이완할 수 있는 간단한 방법들이다. 내담자에게 권하기 전에 치료사가 먼저 시범을 보여 줄 것을 권한다. 내담자들이 집에 돌아가서 기분이 상하지 않은 상태에서 해 본 후에 기분이 상한 상태에서 연습하도록 격려한다. 각 자세는 2~10분 정도 유지한다. 이때 주의해야 할 것은 내담자가 에너지의 흐름이나 이완의 감각이다. 피터 레빈에 의하면 '몸의 생명 에너지를 조화롭게 하는' 고대의 치유 체계인 진신좌수(Jin Shin Jyutsu)는 도제들을 통해 세대에서 세대로 전해져 왔다. 이 치유법은 1990년대 초반까지 잊혀졌다가 일본의 지로 무라이(Jiro Murai) 선생에 의해 극적으로 되살아난 뒤 메리 버마이스트(Mary Burmeister) 선생에 의해 미국으로 전해져 배우고 알게 되었음을 영광스럽게 여긴다고 하였다(박수정 외, 2020).

첫째, 흥분을 안전하게 담고 자기연민을 촉진하는 팔과 손의 위치를 소개해 본다.

그라운딩을 연습하고 손에 온기를 담아 부드럽게 한 후에 오른손은 왼쪽 겨드랑이에 왼손은 오른쪽 어깨 바로 밑에 머물도록 요청한다. 2분 이상 오래 머무를 것을 권한다.

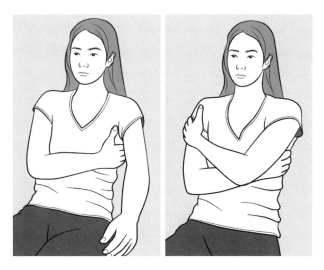

[그림 6-1] 셀프 터칭 첫 번째 자세

출처: Peter Levine (2020).

둘째, 상체와 하체 사이의 에너지가 흐르게 하는 데 도움이 되는 팔과 손의 위치를 보여 준다. 이 연습은 이완을 촉진한다.

그라운딩을 연습하고 손에 온기를 담아 오른손은 이마에 왼손은 가슴에 대고 머물기와 왼손은 그대로 가슴에 오른손은 배쪽으로 옮겨 올려놓고 2분 이상 머물기를 요청한다.

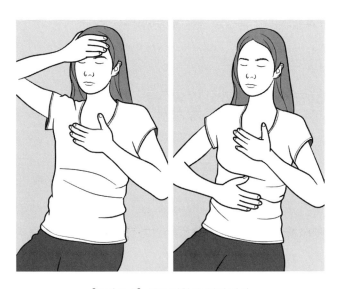

[그림 6-2] 셀프 터칭 두 번째 자세

출처: Peter Levine (2020).

앞의 두 가지 자세가 끝난 후에는 그 느낌에 좀 더 머물러 몸에 간직하도록 잠시 시간을 갖는다. 심박수와 호흡에 어떤 변화가 있는지도 느껴본다. 떨림이나 흔들림을 경험한다면 일어나도록 그냥 놔둔다. 안절부절못하고, 불편하게 느껴질 때마다 앞 두 가지의 자세를 취해 볼 것을 권한다.

트라우마 치유에서 중요한 세 가지는 호흡, 터치, 소리다. 옛날 우리 어머니들이 아이들이 배가 아프거나 머리가 아프다고 할 때 손을 따뜻하게 하여 배를 살살 문질러주면서 들려주던 말들이나 머리에 손을 얹어 통증을 가라앉게 했던 것을 떠올려보면 이러한 손의 따뜻함이 터치가 주는 치료의 효과와 유사하다고 볼 수 있을 것이다.

앞에 소개한 '진신좌수' 이외에 손에 온기를 담아 부드럽게 한 후에 얼굴과 어깨를 감싸고 머무르는 것을 권장한다. 2분 이상 오래 머무를 것을 권하고 시간이 충분치 않다면 적어도 30초 이상 머물기를 요청한다. 그다음 할 수 있다면 차례로 두드림 기법에서 하였듯이 머리와 온몸의 각 부위를 터칭하면서 고마운 마음이나 미안한 마음을 전해 볼 수 있다. 오장육부 등 몸 안의 주요 부위에 터치를 하며 머무는 시간을 가져 보아도 좋을 것이다. 지금 여기에서 내 몸과 마음의 현존을 있는 그대로 느끼면서 머무를 때 몸과 마음이 안정되고 통합으로 나아가는 데 도움이 될 수 있다.

앞에서 소개한 방법과 연습들은 SE 트라우마 치료에서 매우 기본적이고 기초적인 내용들이다. 더욱 전문적이고 심화된 공부와 치유기법들은 참고문헌과 국내에서 이곳(한국트라우마 치료교육연구회 홈페이지(http://www.krstte.org/)를 통하여 실시되고 있는 'SE 트라우마 치료 전문교육과정'에 대한 정보를 찾아볼 수 있다.

3. EMDR 안구 운동 민감소실 및 재처리 요법

EMDR(안구 운동 민감소실 및 재처리 요법, Eye Movement Desensitziation Reprocessing)은 외상후 스트레스장애(PTSD)에 대한 심리적 치료로 1980년대 후반에 개발되었다. 그것은 안구 운동을 통해 외상 기억의 강도를 줄일 수 있다는 관찰에 근거한다. 환자가 외상성 기억이나 생각에 집중하는 동안 치료사의 손가락 움직임에 따라 동시에 눈을 앞뒤로 움직이는 것이다(김대호, 2002).

1987년에 프랜신 서피로(Francine Shapiro)가 우연한 기회에 경험을 바탕으로 개발한 치료다. 서피로는 어느날 공원을 산책하던 중 갑자기 자신을 괴롭히는 기억이 떠올라 정신이 완전히 사로잡혔는데, 그때 자신의 눈을 좌우로 빠르게 움직였더니 괴로움이 해소되는 경험을 했다. 즉, 안구를 재빨리 움직이자 괴로움이 급격히 가라앉는다는 사실을 깨달았다. 어째서 그 간단한 방법이 그렇게나 큰 치료 효과를 줄 수 있을까? 이 단순한 방법이 아직까지 주목받지 못한 이유는 무엇일까? 이런 의구심이 든 서피로 박사는 자신이 찾아낸 그 방법에 대해 수년간 실험과 연구를 거듭하면서, 남들에게도 가르쳐 주고 통제된 상황에서 시험해 볼 수 있는 치료법으로 조금씩 표준화했다(Bessel van der Kolk, 2014).

EMDR 치료법은 그동안 트라우마와 불안의 본질, 트라우마의 심리적 영향 그리고 그 영향의 심리적 치료에 대한 관심이 급격히 확대되었고, 트라우마와 관련된 고통뿐만 아니라 특정 공포증 및 기타 불안 장애와 같은 더 오랜 어려움에도 적용되었다. 외상에 초점을 맞춘 CBT와 마찬가지로 EMDR 치료는 외상 사건과 관련된 주관적 고통을 경감하고 적응적 인지를 강화하는 것을 목표로 한다. 그러나 외상에 초점을 맞춘 CBT와 달리 EMDR치료에는 사건에 대한 세부 묘사, 믿음에 다한 직접적 도전, 지속 노출, 과제가 포함되지 않는다. 이 부분이 CBT와 다른 점이면서 장점이다(김대호, 2005).

지속적으로 눈을 움직이면서, 환자로 하여금 이전의 고통스러운 기억에 직면하고, 그것을 다시 재처리시켜 주는 심리치료법이다. 지속적 노출 치료(Prologned Exposure Therapy)와 함께 대표적인 외상후 스트레스장애(PTSD)의 심리치료 기법 중의 하나로 WHO에서는 EMDR을 정신적 외상에 대한 A급 치료로 권고하고 있다(김남희 외 공역, 2022).

1) EMDR의 목표 및 주요개념

정신치료로서의 EMDR 접근법의 목표는 다음과 같다.

첫째, 현재 겪고 있는 문제의 토대가 되는 기억을 찾아내어 재처리한다.

둘째, 현재와 미래의 삶의 요구사항에 적절하게 대응할 수 있는 내담자의 능력을 최적화하기 위해 적응적 기억 네트워크에 대한 접근을 강화한다.

셋째, 역기능적 기억 네트워크를 제거하여 문제 상황에 부적절하게 반응하게 하는 취약성을 감소시킨다.

넷째, 자발적이고 진심으로 반응할 수 있는 내담자의 능력을 최적화하기 위해 필요한 기술과 행동 및 자신과 타인에 대한 적응적인 믿음을 통합시킨다.

다섯째, 내담자의 안정과 안전을 보장하면서 가장 효과적이고 효율적인 치료 효과를 얻는다.

여섯째, 삶에 만족, 충족 및 안녕을 가져다준다.

EMDR 훈련을 마친 『몸은 기억한다』의 저자 베셀 반 데어 콜크 박사의 마음을 사로잡는 EMDR의 세 가지 핵심은 다음의 특징들이다(van der Kolk, 2014).

첫째, EMDR은 마음과 머릿속에 있던 무언가를 풀려나게 만들고 서로 헐겁게 연결되어 있던 기억과 과거의 이미지에 재빨리 접근할 수 있게 한다. 그리하여 트라우마의 경험을 보다 넓은 맥락과 관점에서 바라볼 수 있다.

둘째, 트라우마 기억을 말로 이야기하지 않더라도 그 기억에서 치유될 수 있다. EMDR은 상대방과 말을 주고받는 과정 없이도 자신이 겪은 일을 새로운 방식으로 관찰할 수 있게 한다.

셋째, EMDR은 환자와 의사 사이에 서로 신뢰하는 관계가 구축되지 않더라도 환자에게 도움이 될 수 있다. 트라우마를 겪은 사람들이 마음을 열어 남을 신뢰하는 경우는 드물고 그런 반응은 당연하다는 점에서 이것은 흥미로운 부분이다.

다양한 언어를 사용하는 내담자들이 있지만 어떤 언어를 사용하는 내담자건 EMDR의 핵심 지시어인 "거기에 주목해 보세요"라는 말이 중요하다. EMDR에서는 내담자와 환자가 견디기 힘든 기억을 이야기하거나 치료사나 의사에게 왜 자신이 극도로 흥분되는지 설명할 필요가 없으므로, 자신이 내부에서 벌어지는 일에만 온전히 집중할 수 있다. 그 결과 아주 때때로 이례적일 때가 있다고 콜크 박사는 밝히고 있다.

이 치료는 베트남 참전 군인이나 성폭력 피해자 등 외상후 스트레스장애가 있는 환자군에서 많은 효과를 보았고, 우울증, 불안증, 중독증, 식이 장애와 같은 다른 질환의 치료에도 효과적이어서 현재도 널리 쓰이고 있는 치료법이다(김대호, 2005).

EMDR 치료는 기억의 생리적인 저장 그리고 저장된 기억이 어떻게 경험에 영향을 미치는지에 대해 다루는 포괄적인 접근법이다. 변화는 저장된 기억이 변경되어 적응적 기억 네트워크로 연결됨으로써 나타나는 재처리의 부산물로 이해한다.

이중 집중 양측성 자극 또는 **양측성 자극**(Bilateral Stimulation: BLS) (안구운동, 촉각, 청각)은 EMDR 치료의 한 요소일 뿐이다. EMDR 치료는 모든 주요 정신 치료 기법의 방향에 모순되지 않는 여덟 단계로 구성된 통합적인 치료 접근법으로 정신역동, CBT, 실존 치료 등과는 완전히 다른 치료법이다(김남희 외 공역, 2022). EMDR 치료는 일상생활의 문제에 기여하는 부정적인 생활 경험을 다루는 데 사용되며 진단에 따라 과거, 현재, 미래의 세 갈래 프로토콜을 결합하는 추가적인 사례 개념화와 치료계획 고려가 필요할 수도 있다.

EMDR의 치료 절차는 지금 저장되어 있는 그 상태로의 목표 기억과 구성요소들에 접근하도록 고안되어 적응적 정보 처리를 담당하고 있는 신경생물학적 기전을 활용한다. 따라서 비적응적으로 저장된 부정적이고 고통스러운 기억이 재처리된다. 재처리된 기억들은 적응적 네트워크 안으로 통합된다. 정보처리계를 활성화하여 목표 기억뿐만 아니라 더 광범위한 연관 기억 네트워크들을 변화시킴으로써 유사한 기억들도 처리되며 치료의 일반화 효과가 나타난다.

EMDR에서 재처리는 긍정적 및 부정적 경험에 접근함으로써 의식과 그 정보가 저장된 곳 사이에 연결이 만들어진다. 접근하여 재처리된 비적응적이고 역기능적 기억 네트워크들은 이미 존재하는 긍정적 · 적응적 기억 네트워크와 연결된다. 양측성 자극(BLS)이 각성의 감소를 유도하게 되면 적응적 기억 네트워크로의 연결이 자연스럽게 일어난다. EMDR로 활성화된 재처리는 은유적으로 기차선로를 따라 더욱 적응적인 해결을 향해 내려가는 것과 같다.

EMDR의 치료는 기본 8단계의 절차를 따르며 내담자와 함께 시작하는 EMDR의 기본 8단계를 간단하게 안내하면 다음과 같다(김남희 외 공역, 2022).

2) EMDR 치료 8단계

(1) 1단계: 환자 과거력 청취 및 치료 계획

먼저 환자가 가지고 있는 사건에 대한 기억이 어떤 것인지를 찾아내고 이 사건에 대한 부정적인 감정 등을 스스로 발견할 수 있도록 돕는다. 그리고 안구 운동을 시작하고, 사건에 대해 긍정적인 감정을 가질 수 있도록 한다.

적응적 정보처리 모델(The Adaptive Information Processing model: AIP)에 기반하여 병력을 청취하기 전에 내담자가 이해할 수 있도록 우리의 뇌가 경험을 다루는 방식에 대해 설명하는 것이 좋을 수도 있다. 어떤 경험들은 적응적으로 저장되어 통합되는 반면, 어떤 경험들은 부정적인 감정 및 왜곡된 인식과 함께 비적응적으로 저장되어 통합되지 않는다. 즉, 분리되고 해결되지 않는다는 것을 설명하는 것이 좋을 수도 있다. 과거력 청취의 목적은 이러한 경험들을 발견하여 추후에 재처리하고 해결할 수 있도록 하는 것이다.

(2) 2단계: 준비 및 안정화

내담자에게 EMDR의 치료 개념과 치료 절차를 설명하고 대화치료와는 어떻게 다른지 설명해 준다. 인내의 창과 이중 집중 및 안정화 기법을 소개하여 환자가 치료 과정에서 안정감을 느낄 수 있도록 돕는다.

(3) 3단계: 목표 기억 평가

내담자와 함께 내담자가 겪고 있는 증상에 어떤 것들이 있는지 다시 검토하고 내담자의 증상과 가장 관련이 크다고 느껴지는 기억을 선정한다. 가능한 한 내담자가 접근할 수 있는 가장 초기 경험에서부터 시작한다. 이전 회기에서 이미 목표 기억을 정했다면 내담자도 여전히 그 기억을 가지고 시작하기를 원하는지 확인한다.

(4) 4단계: 민감소실

내담자에게 치료사의 지시에 따라 안구 운동을 하며 외상 기억을 떠올리도록 한다. 이 과정에서 뇌가 정보를 처리하고 부정적인 감정을 소실시켜 준다. 양측성 자극(BLS)으로 한 세트가 끝날 때마다 처리가 진행되고 있는지를 간단히 확인하고, 불안감을 해소하기 위해 필요 이상으로 말을 많이 하게 될 경우에는 재처리 경험에 대한 소감은 나중에 자세히 이야기할 기회가 있음을 알려 준다. 재처리가 완전하게 성공하려면 한 회기 또는 여러 회기를 거쳐야 할 수도 있음을 내담자에게 친절하게 알려 주어야 한다.

(5) 5단계: 긍정적 인지 주입

긍정적인 신념과 감정을 새로운 기억과 연결하여 내담자가 외상 사건에 대해 새로운 관점을 가지도록 돕는 단계로 4단계에서 성공적으로 주관적 고통지수(SUD)가 0이 되거나 적절하게 완료된 후에만 시작한다. 새로운 긍정적 인지를 적용하여 목표 기억의 남아 있는 부분과 해당 긍정적 인지 타당도를 측정한다. 긍정적 인지 타당도가 7이 되거나 생태적으로 적절할 때까지 재처리를 계속한다.

(6) 6단계: 신체 검색

신체적 반응을 평가하여 남아 있는 부정적인 감정을 해결한다. 고통스러운 감각이 남아 있다면 그 감각에 집중하여 신체감각이 편안해질 때까지 재처리한다. 그렇지 않다면 다음 회기까지 기억을 담아 주도록 컨테이너 연습을 적용한다.

(7) 7단계: 종결

세션을 마무리하고, 환자의 안정성을 확인한다. 모든 치료 회기를 마칠 때마다 치료자는 내담자가 현재에 그라운딩되고 일상생활로 돌아갈 수 있도록 적절히 준비되어 있는지 확인한다.

(8) 8단계: 재평가

이전 세션의 결과를 평가하고, 추가 작업이 필요한지를 결정한다. 재평가의 목적은 재처리의 부산물로서 변화를 평가하는 것이다. 내담자들은 재평가 단계를 통해 재처리 경험의 효과를 인식하고 통합할 수 있다.

EMDR 치료는 양측성 자극(BLS)으로 눈의 움직임이 치료의 주된 내용이지만 단순히 눈만 움직이면 되는 치료는 아니다. 양쪽 눈을 움직이는 이유는 뇌의 양쪽에 양측성 자극을 주기 위함인데, 이것과 더불어 훈련된 치료자의 세심한 접근이 필요한 치료다. EMDR 치료의 목적은 개인의 고통스러운 기억, 즉 정신적 외상을 다루어 영향을 덜 받게 하기 위함이기 때문이다. 어설프게 외상에 접근하게 되면 고통을 줄이기는커녕 오히려 그 기억에 압도되기 때문에 치료를 안 하는 것보다 못한 결과를 얻게 된다. 따라서 임상 경험이 풍부하고 EMDR 치료를 진행하기 위한 훈련 과정을 통과한 상담자가 실시하는 것이 바람직하다(김남희 외 역, 2022). EMDR의 전문교육은 한국 EMDR 협회 홈페이지(http://emdrkorea.org)를 통해 안내받을 수 있다.

4. 브레인스포팅

브레인스포팅(Brainspotting: BSP)은 안구운동 민감소실 및 재처리 기법(Eye Movement Desensitization and Reprocessing, 이하 EMDR) 전문가였던 미국의 데이비드 그랜드(David Grand) 박사에 의해 2003년에 개발된 최신의 트라우마 치료법이다(서주희·고경숙 공역, 2021). 브레인스포팅은 "어디를 보느냐에 따라 느끼는 것이 달라진다(Where you look affects how you feel)."라는 것을 모토로, 해결되지 않은 과거의 경험과 연관된 눈의 위치(Brainspot, 브레인스폿)를 찾고 시선을 유지하게 하여 비언어적이고 비인지적인 신경생리학적인 반응을 통해 트라우마 해결을 돕는 방법이다.

브레인스포팅의 개발자인 그랜드 박사는 원래 EMDR 전문가였다. 2003년 아이스 스케이트 선수였던 내담자와 EMDR 세션을 하고 있었는데, 손가락을 이용해 수평 움직임을 유도하던 중 그녀의 눈이 특정 지점에 갑자기 얼어붙었다. 말 그대로 그 지점을 얼어붙은 듯 바라보았고, 데이비드의 손 역시 움직일 수 없어서 그 순간 그대로 10여 분간을 그 지점에서 머물도록 하였다. 그날의 세션 다음날 그녀는 그동안 계속 실패했던 트리플루트를 아주 부드럽게 몇 번이고 성공했다고 데이비드에게 알려 주었고, 데이비드는 이 날의 세션이 브레인스포팅을 발견한 역사적인 순간이라고 회고하였다. 그녀는 아동기 외상, 스포츠 외상 등 많은 트라우마가 있는 내담자였고, 여러 차례의 EMDR 세션을 받았었지만, 특정한 눈 지점에서 머물도록 한 그 순간에 예전에 처리하였다고 생각했던 외상적 기억이 더 깊은 수준에서 다시 처리되었고, 이는 그녀를 수행 불안에서 해방시켰다(David, 2013).

이후 그랜드 박사는 내담자들과의 세션을 통해 눈 깜박임, 눈 얼어붙거나 흔들림, 움찔, 삼킴 등 다양한 반사 반응을 관찰하였고 이후 이것이 다른 치료자들에게 공유되고 적용하며 신체감각기반 심리치료(Somatic Experiencing)를 만나면서 지금의 브레인스포팅으로 발전하였다. 이에 그랜드 박사와 함께 연구했던 신경과학자들은 브레인스폿이라고 하는 눈의 위치가 통합에 실패한 트라우마 경험과 연관된 안구운동 정향 반응으로써, 이를 통하여 트라우마와 관련된 신경생리학적인 활성화를 담고 있는 뇌의 영역, 즉 신피질이 아닌 피질하 심부의 뇌 영역에 직접적으로 접근하여 처리를 촉진할 수 있다는 가설을 주장하였다(이도은, 서주희, 2022).

1) 브레인스포팅의 목표 및 주요개념

브레인스포팅은 뇌와 신체의 연결성과 치료자와 내담자와의 이중 동조라는 관계성을 바탕으로 뇌간 등 신체적인 처리를 담당하는 피질하 뇌의 심부에 숨어있는 트라우마 기억의 처리를 목표로 한다. 브레인스포팅의 기법에는 여러 가지가 있지만, 기본 과정은 트라우마 기억과 연관된 시선을 찾아내어 그곳을 응시하는 동안 집중 마음챙김을 통해 해결되지 않고 저장되어 있던 트라우마 관련 기억의 방출을 촉진하는 것이다. 브레인스포팅에서 강조하는 것은 자기 치유력을 가진 내담자 고유의 항상성의 힘을 믿고 따라가는 불확정성의 원리와 치료자와 내담자와의 관계성을 통한 이중 동조의 원리다.

이러한 브레인스포팅의 원리는 인간을 소우주로 보고, 유기체적인 원리를 믿으며 몸과 마음을 하나로 보는 신형일체론적이고 한의학적인 관점이 담긴 치료로 말할 수 있겠다. 또한, 그랜드 박사는 브레인스폿은 뇌의 경혈점이라고도 표현하며, 브레인스포팅은 동양과 서양의 학문이 만난 것이라 하였다. 브레인스포팅의 주요개념 및 원리는 다음과 같다(David, 2013).

(1) 불확정성의 원리

불확정성의 원리(Phenomenology)는 임상 현장에서 환자들에 대해 치료자가 확정할 수 있는 것이 없다고 하는 마음으로 어떤 것도 미리 결정짓지 않는 태도를 선택하면 그 자체가 치유 과정이 될 수 있다는 것이다. "모든 것을 관찰하되 아무것도 추측하지 말라" (Observe everything, assume nothing)라는 현상학의 바탕에서, 환자들이 내원했을 때 미리 결정짓지 않고 열린 태도를 선택하게 되면 환자들이 어떤 사람이든지, 어떤 모습이든지, 어디에 있든지 그들은 자신이 의사에게 판단받지 않을 것이라는 생각에 마음이 놓이게 되고 자신의 내면에 있는 모습을 드러낼 수 있게 된다.

(2) 이중 조율 프레임

브레인스포팅에서 말하는 이중 조율 프레임(Dual attunement frame)이란 관계성의 동조와 신경생물학적 동조가 같이 이루어진다는 것이다. 이는 '대인관계 신경생물학 모델 (Interpersonal Neurobiology Model)'(Daniel. J. Siegel, 2010)과 유사한데, 대인관계 모델에 중심이 되는 치료자와 내담자와의 관계적 동조를 수반하고, 내담자의 브레인스폿에 기술적인 접근을 통하여 신경생물학적인 동조가 일어나게 된다. 브레인스포팅이 다른 대화 치료요법과 다른 점은 프레임을 설정하는 동안 외상 기억에 대한 뇌간의 구성요소에 예측 가능하게 접근할 수 있는 독특한 능력에 있다. 브레인스포팅에서 사용되는 시선의 고정은 중뇌의 상구(superior colliculi)를 자극하며, 이것이 브레인스포팅의 이중 조율 모델의 신경생물학적 측면이다. 이중 조율의 다른 측면은 언어적 및 비언어적 의사소통에 귀를 기울이고 내담자의 경험에 주의를 기울이고 추적하는 관계적인 동조다. 관계적 동조는 내담자와 치료자 사이의 신체적이고 무의식적인 상호작용을 포함한다. 이것은 시선을 유지시킴으로써 특정 기억의 처리를 하는 동안 활성화된 모든 뇌의 시스템에 집중 마음챙김을 촉진한다.

그랜드 박사는 "관계성이 브레인스포팅을 돕기 위해 있는 것이 아니다. 브레인스포팅이 관계성을 돕기 위해 있는 것이다."라고 할 만큼 브레인스포팅은 관계성을 기반으로 한 신경생물학적인 모델이다.

(2) 집중 마음챙김

내담자는 브레인스포팅을 하는 동안 자신의 내적인 처리에 집중하도록 한다. 일반적으로 마음챙김이란 비판단적인 자세로 현재의 순간에 대한 명상적인 알아차림을 일컫는데(Kabat-Zinn J., 2022), 브레인스포팅에서 말하는 집중 마음챙김(Focused mindfulness)은 이슈와 연관된 시선에 머물면서 그것과 관련되어 펼쳐지는 신체감각, 기억, 감정, 생각 등 몸에서 활성화되는 과정을 따라가는 내적 처리 과정이라 할 수 있다. 이에 대한 집중은 감정, 기억, 신체감각 및 인지를 관찰하기 위해 내측 전전두엽(medial prefrontal region)을 사용하게 된다. 브레인스포팅 셋업에 의해 열린 정보 파일을 지속적으로 관찰하게 하면서 치유의 변화를 이끌게 된다. 마인드풀한 치료자는 이러한 몸의 신경생리학적인 활동의 본질을 알고 세션 과정 동안 적절히 확인하면서 내담자가 내적인 집중을 유지할 수 있도록 도와 자연스러운 치유가 펼쳐지도록 허용한다. 치유는 기술로 되는 게 아니라 충분한 시간을 통해 해방된다. 시간이 허락하는 만큼 과정은 완료될 수 있고, 상태의 변화가 관심의 초점이 된다. 트라우마의 해결은 인내심과 돌봄을 가지고 이전의 부적응적이었던 신경 경로를 재구성할 수 있도록 가능한 만큼의 시간을 주어야 한다.

(3) 통합적 모델

브레인스포팅은 통합적 모델(Integrative model)로 설계되어 다양한 다른 기법들과 서로 연계하고 통합할 것을 권장한다. 앞선 불확정성의 원리와 이중 조율 모델에 따라 내담자를 대할 때, 인간의 시스템을 하나의 기법으로만 이해하기에는 너무 방대하다고 인식하기 때문이다. 브레인스포팅은 열려있는 기법으로 임상에서 사용되는 다양한 접근 방식과 통합하여 활용할 수 있고 또한 권장되고 있다.

(4) 리소스 모델

리소스 모델(Resource model)은 브레인스포팅의 필수적인 측면이다. 리소스 모델은 쉽게 압도되는 해리성 경향이 있는 취약한 내담자에게 확장되어 사용된다. 리소스 모델의 핵심은 신체 리소스(body resource)다. 신체 리소스를 이용한 방법은 SE에서 착안하였는데, SE의 개발자인 피터 레빈은 신체에서 편안하고 가장 안정되게 느끼는 몸의 부위(신체 리소스)에 집중시키며 활성화된 부위와 리소스 부위를 진자운동처럼 왔다 갔다 함으로써 취약한 내담자들을 덜 압도하게 하며 내적 통제력을 증진시킬 수 있는 진자운동(pendulation) 방법을 주창하였다. 브레인스포팅에서 그랜드 박사는 쉽게 압도되는 내담자들은 브레인스폿에 시선을 고정시키는 것을 수행하기 어려워한다는 것을 관찰했다. 신체 리소스와 브레인스폿을 통합함으로써 많은 내담자가 정서적 격변과 활성화를 더 잘 견디고 더 효과적으로 처리할 수 있음을 관찰했다. 그는 브레인스폿이 활성화되는 곳뿐만 아니라 몸에서 편안하거나 안정감을 느끼는 곳에서도 결정할 수 있다는 것을 깨달았고, 이곳을 '리소스 스폿(resource spots)'으로 명명했다. 이것이 브레인스포팅의 '리소스 모델'의 시작이었다.

2) 브레인스포팅의 기본 치료기법

(1) 아웃사이드윈도우 브레인스포팅

아웃사이드윈도우 브레인스포팅(Outside window Brainspotting)은 내담자가 문제(이슈)에 관해 먼저 이야기하고, 그것과 관련된 불편한 마음의 강도를 SUDs(Subjective Units of Disturbance Scale)를 통해 측정한다. 이슈와 관련된 신체의 느낌에 집중하며 이후에 치료자는 내담자의 눈높이로 천천히 수평으로 지시봉을 움직이고 내담자의 눈이 지시봉을 따라오도록 한다. 그러면 수평 선상의 움직임에서 눈 깜박임, 얼굴 근육의 찡그림, 침 삼킴 등 여러 가지 자발적인 반응이 나타난다. 그러한 반응들이 나타나는 지점을 정하여 그곳을 아웃사이드윈도우 브레인스폿이라 하고 시선을 유지한 채 집중 마음챙김을 통해 내담자 문제(이슈)를 처리하도록 돕는다.

(2) 인사이드윈도우 브레인스포팅

내담자가 이슈에 관해 이야기하고, 그것과 관련된 신체 느낌에 초점을 맞춘다. 이후에 치료자는 지시봉을 내담자의 눈높이로 왼쪽에서 오른쪽으로 혹은 오른쪽에서 왼쪽으로 수평축(X축)에서 좌측, 중앙, 우측의 세 가지 구역으로 지시봉을 움직이고 내담자의 눈이 지시봉을 따라오도록 한다. 이때 내담자가 이슈와 연관된 신체의 감각 느낌(felt sense)이 가장 활성화되는 시선의 지점을 스스로 결정하도록 한다. 이후에 같은 방법으로 위 아래로 움직이는 수직 축(Y축)에서 가장 활성화되는 지점을 내담자가 선택한다. 마지막으로, 정확한 위치를 찾기 위해 미세하게 위치를 조정하여 내담자에게 가장 활성화되는 브레인스폿을 찾는다. 그곳에 시선을 유지한 채 집중 마음챙김을 통해 내담자 문제(이슈)를 처리하는 방법이 인사이드윈도우 브레인스포팅(Inside window Brainspotting)이다.

(3) 게이즈스포팅

게이즈스포팅(Gazespotting)은 감정적으로 부담되는 문제에 관해 이야기할 때 시야의 특정 지점을 응시하는 자연스러운 경향을 활용하는 것이다. 내담자는 자신이 특정 지점을 보고 있다는 사실을 인식하지 못한 채 그냥 말하고 있는 것처럼 보인다. 그랜드 박사는 브레인스포팅을 수년간 적용하다가 이 현상을 알아차렸고, 내담자가 내면의 처리를 관찰하면서 이러한 자연스러운 응시의 시선 점에 계속 머물게 하면 어떻게 되는지 관찰했다. 인사이드와 아웃사이드 윈도우보다 덜 활성화되었지만, 충분히 강력하고 깊은 작용이 있음을 발견했다. 이 새로운 방법은 게이즈스포팅(Gazespotting)으로 명명되었다. 이는 내담자가 직관적이고 무의식적으로 자신의 브레인스폿을 자연스럽게 선택하는 형태의 브레인스포팅이다. 때로는 부드럽게 리소스 스폿으로 활용하기 좋은 경향이 있다. 게이즈스포팅은 포인터를 사용하지 않기 때문에 브레인스포팅 경험이 없는 새로운 내담자에게 적용하기 용이하다.

(4) 리소스 스포팅

리소스 모델을 통해 개발된 리소스 스포팅(Resource spotting)은 인사이드윈도우 브레인스포팅과 마찬가지로 내담자가 스스로 관찰하여 브레인스폿을 결정한다. 이때 활성화되는 느낌이 아닌 가장 편안하거나 든든한 느낌이 드는 바디 리소스와 매칭되는 시선을 찾는다. 그곳을 리소스 스폿이라 하고 시선을 유지한 채 집중 마음챙김을 통해 내담자 문제(이슈)를 처리한다.

브레인스포팅은 전 세계적으로 확산되어 현재 북남미, 유럽, 아시아 국가로 확대되어 현재 16,000명이 넘는 치료자가 활동하고 있으며, 일본에서도 600명이 넘는 치료자들이 교육받아 사용 중이다. 단기간 내에 확산되어 전 세계적으로 사용 중임을 알 수 있고 우리나라에도 2023년부터 전문가 교육과정이 도입되어 실시되고 있다. 의학계를 비롯하여 다양한 심리상담 및 치료 분야의 전문가들의 참여로 전문가 교육이 활발하게 진행 중이다. 브레인스포팅에 대한 안내와 전문교육 과정에 대한 것은 브레인스포팅 홈페이지(https://brainspottingkr.imweb.me/BSP)를 통하여 안내받을 수 있다.

앞서 소개한 SE, EMDR, BSP 등 세 가지의 소매틱 접근 트라우마 치료법 이외에도 감각운동 심리치료 SP와 내면가족치료 IFS가 널리 알려져 있다.

SP(감각운동 심리치료, sensorimotor psychotherapy)는 론 커츠(Ron Kurtz, 1990)와 롤프(Rolf)의 구조 통합(Rolf, 1987) 작업의 영향을 받아 팻 옥덴(Pat Ogden)이 1980년대에 개발한 몸 작업 중심, 언어 기반 감각운동 심리치료다. 감각운동 심리치료는 인지적 접근과 정서적 접근, 언어적 개입과 신체적 개입을 통합해 외상의 암묵적 기억과 신경생리학적 영향을 직접 다루게 된다. 외상 치료에서 주요한 시작점으로써 '이야기' 중심으로 사건을 다루기보다는 몸 경험을 사용함으로써 몸의 정보와 감정 및 인지적 의미 만들기와의 접점을 어떻게 처리하는지에 관심을 기울이면서 해결을 시도하는 치료법으로 '인내의 창(Window Of Tolerance: WOT)'을 확장하고 통합 수용력을 증가시킴으로써 내담자의 문제 해결을 돕는다.

SP는 몸 감각에 중심을 두고 신체가 경험을 어떻게 정보 처리하고, 감정적 · 인지적 의미를 만들어 내는지를 다루는 심리치료 방법이며 치료자가 내담자의 신체적 변화를 아주 세밀한 사항까지 정확하게 관찰하고 현재 순간에 주의를 가져오도록 하여 탐색의 재료로 삼는다. 이에 인지, 감정, 오감 지각, 움직임, 내적 신체 감각 등에 집중한다. SP에서는 치료자와 내담자 모두 호기심을 가지고 실험을 해 보도록 하는데, 실험을 통해 탐색 행위체계가 활성화되고 방어 행위체계의 활성화는 감소되어 적응적으로 행동하게 됨을 치료의 목적으로 두고 있다(이승호 역, 2021).

이러한 목표를 이루기 위하여 감각운동 심리치료 SP에 대한 구체적인 개념과 치료기법은 참고문헌과 전문가 과정을 통하여 더욱 전문적으로 접근해 볼 수 있다.

IFS 내면가족체계(Internal Family System)의 창시자는 리처드 슈워츠(Richard Schwartz) 박사이다. 슈워츠 박사는 섭식장애 청소년들을 치료하는 과정에서 그들이 자신의 '다양한 부분들'과 내면의 대화를 한다고 말을 한 것에 착안하였다. 그리고 청소년들이 사용했던 말을 그대로 차용해서 그들의 하위인격체를 부분(parts)이라고 칭하였고 내담자에게 가족 구성원들이 서로 소통하듯이 그들의 섭식장애 부분(parts)들과 소통하도록 격려하면서 대안을 탐색하게 했다. 이 과정에서 치료자인 그와 내담자가 극단적 섭식장애 부분(parts)을 설득하여 내담자가 극단적인 섭식장애 부분(parts)의 왜곡된 관점으로부터 약간의 정신적 분리를 할 수 있다는 사실을 알게 되었다. 그렇게 될 경우, 내담자는 자연스럽게 부분(parts)에 대해 마음챙김하는(비판적이고 호기심 어린) 상태가 되곤 하였다.

내담자와 부분(parts) 사이에 이런 친절함—궁극적으로는 연민적인—관계 태도가 치유에 결정적인 영향을 미친다는 것이 입증되었고, IFS(내면 가족체계) 치료의 근간이 되었다(서광 외 공역, 2021).

내면가족체계에서 우리는 본질적으로 다중인격적이고 여러 인격이 우리 내면에 가족처럼 공존하고 있다는 것을 경험하게 된다. 감정과 생각은 마치 우리 마음속에 살고 있는 다양한 사람들처럼 우리 내면의 또 다른 인격들로부터 나온다고 보는 것이다. 이러한 시스템에서 내면가족체계치료는 우리 모두 가지고 있는 여러 다른 부분(parts)의 다원적 마음 혹은 생각과 체계사고라는 두 양식의 통합을 가져 오는 것이다. 즉, 내면의 가족구성원들 간의 관계망을 이해하고 존중하는 데에 집중하는 정교한 생태학 개념과 방법으로 모든 인간관계 수준—정신내적·가족적·공동체적·문화적·사회적—과 치료사들이 관계를 맺도록 초대한다. 내면가족체계치료는 협력적이고 유쾌하다. 사람은 결점이나 질병을 가지고 있는 것이 아니라 필요한 자원을 모두 갖고 있다는 관점으로 접근한다. 우리는 그 사람의 내면 및 그 주변 사람들과 맺는 양극화된 관계로 인해서 타고난 강점을 사용하는 데 제약을 당하고 있는 것으로 본다. 내면가족체계치료는 제약조건에서 벗어나 자원을 풀어낼 수 있도록 고안되었다(김춘경 외 공역, 2022).

현재 증거기반 치료법으로 인정받는 내면가족체계치료는 참나를 체현(embody)해서 우리의 상처받은 부분(parts)들을 치유함으로써 호기심과 연민심이 이끄는 자신감 있는 삶을 사는 것에 집중한다. 내담자가 자신의 부분(parts)들을 제거하려고 애쓰기보다 참나를 더 많이 체현해서 부분(parts)들의 이야기를 경청할 때, 그들의 내면 대화는 자연스럽게 변화된다. 변화과정에서 그들의 중심부에서 참나와 연결되면 통찰, 자기 수용, 안정 및 개인적 성장을 경험하게 되므로(서광 외 공역, 2021) 이를 목표로 내면가족체계치료가 이루어진다.

이러한 목표를 이루기 위한 내면가족체계치료의 구체적인 개념과 치료기법은 참고문헌과 전문가 과정을 통하여 더욱 전문적으로 접근해 볼 수 있다.

5. 안전감과 사회참여 체계

안전감은 애착 이론과 적응기능으로 연결된다. 안전감과 사회참여의 특징을 논하지 않고는 애착 문제를 논할 수 없다. 사회참여 체계는 애착 과정이 일어날 수 있는 신경 플랫폼을 제공한다. 여기에는 위계가 있다. 첫째가 안전감, 그다음으로 자연스럽게 뒤따라오는 것이 건강한 애착이다. 스티븐 포지스(Stephen Porges) 박사와 그의 아내 수 카터

(Sue Carter) 박사는 '신경의 사랑 코드'라고 이름한 개념에 대해 작업했다. 사랑 코드에는 두 부분이 있다. 1단계는 사회참여로, 근접성을 협상하는 참여 행동을 통해 안전 신호들을 사용한다. 2단계는 신체적 접촉과 친밀감을 다루는 것이다. 포지스 박사가 강조하고 싶은 점은 이론적이든 실용적이든 어떤 차원에서든 그 배경, 즉 안전감과 사회참여라는 조건을 철저히 이해하지 않고 애착에 대해 논해서는 안 된다고 하였다(Stephen W. Porges, 2005).

사회참여 체계는 얼굴과 머리의 가로무늬근을 조절하는 신경 경로의 기능적 집합체이다. 사회참여 체계는 신체적 느낌을 투사하는데, 신뢰와 사랑을 고취하는 조용하고 안전한 상태부터 방어 반응을 촉발하는 불안하고 취약한 상태까지 연속적으로 변화하는 신체적 느낌을 보여 주는 통로다. 사람을 바라보는 과정은 참여 행위이고 그 관찰자의 신체적 상태를 투사하는 것이므로 보고 듣는 행위는 사회참여 체계의 중요한 속성이다. 그렇게 투사된 관찰자의 신체적 상태에 근거해서 피관찰자는 '바라보는 사람'이 자신을 환영하는지, 아니면 무관심한지를 느낄 것이다. 내담자를 느끼고 목격하는 것은 내담자의 참여 행동에 대한 치료자의 신체적 반응 그리고 치료자의 상호적 참여 행동에 포함된 신체적 느낌에 대한 투사를 포함한다. 치료를 하면서 다른 사람을 보고, 듣고, 느끼는 것은 사회적 상호작용을 하는 동안 신체적 상태와 정서적 과정 사이에 양방향 소통이 역동적으로 일어나는 예다.

사회적 상호작용을 통해 서로를 지원하고 생리적 상태의 상호 조절이 가능하도록 하려면 양자의 사회참여 체계에서 표현되는 신호들이 서로에게 안전과 신뢰를 보여줘야 한다. 사회참여 행동과 신체적 상태 사이의 연결은 멸종된 원시 파충류에서 포유류로 변천하는 과정의 진화적 산물이다. 포유류의 진화에 따른 신경 생리적 변화는 같은 종족 내에서 개인의 정서적 상태에 신호를 보내고 알아차리는 것을 가능하게 했다.

안전에 대한 우리의 생물학적 추구와 서로 연결되어 생리적 상태를 상호 조절하는 암묵적인 생물학적 과제는 사회참여 체계 내에 존재한다. 우리가 서로를 바라 보는 방식은 이러한 연결 역량의 중요한 면으로써 이때 상호 이해와 느낌 및 의도를 나누는 미세한 신호들이 전달된다. 이런 신호들은 억양이나 발성의 운율에 따라 변하기도 하면서 생리적 상태를 소통한다. 생리적 상태가 평안할 때만 우리는 서로 안전 신호를 나눌 수 있다. 이렇게 서로 연결하고 상호 조절하는 기회들은 엄마와 자녀, 아빠와 자녀 혹은 다른 관계에서 관계성의 성공을 결정짓는다. 사회참여 체계는 개인의 생리적 상태에 대한 표현일 뿐만 아니라 타인의 불안이나 안전을 분별하는 관문 역할을 할 수 있다. 안전이 감지되

276 **제6장** 소매틱 접근의 트라우마 치료와 초월영성상담

이 될 것이다. 조율, 신경통합, 건강한 애착, 심리적 안녕감과 회복력의 발달과 유지에 있어서 놀이가 매우 중요하므로(이순행 외 공역, 2021) 상담실에서 놀이와 게임이 적극 활용되기를 권장한다.

3) 감정과 몸의 감각에 머물러보기

화가 나거나 감정이 올라올 때 감정을 느끼는 이유를 이해하려고 하기보다는 올라오는 감정을 있는 그대로 받아들이고 느끼면서 그 감정이 무엇인지 이름을 붙여 보기를 권한다. 무엇이 감정을 일으켰는지? 그 감정이 몸에서는 어떻게 느껴지는지? 몸에서 어떤 감각이 느껴지는지? 몸의 어느 부위에서 그 감정이 느껴지는지? 잠깐 시간을 내어 자신 안에 집중해 보는 것이 중요하다. 그리고 조금 더 할 수 있다면 그 감정이 어떻게 행동하기를 원하는지 살펴보고 안전한 환경에서 안전하게 수행할 수 있도록 도움을 줄 필요가 있다. 이런 연습은 가장 안전한 상담실에서 안전한 치료자와 함께 하기를 원한다. 안전한 상담실에서는 새롭고 만족스러운 관계를 실험할 수 있다(문희경 역, 2020). 안전하지 못할 때 몸 안에 고여 있던 생존의 에너지들이 감정과 몸의 감각의 알아차림을 통하여 몸 밖으로 방출된다면 우리는 안전감과 사회참여를 일상에서 자연스럽게 살아갈 수 있게 될 것이다.

소매틱 접근에서 안전감과 사회참여에 도움을 줄 수 있는 다니엘 시겔(Daniel J. Siegel)의 7가지를 접시에 담은 『건강한 마음 접시』를 소개한다(이영호, 강철민 공역, 2016).

4) 건강한 마음 접시

다니엘 시겔은 일일 정신 영양소의 시각적 이미지를 통해 집이나 교실 혹은 직장과 같은 다양한 상황에서 어떻게 적용할 수 있는지 보여 준다.

첫째, **몰입 시간**은 마음이 자신의 내적인 그리고 대인 관계적인 작업에 집중할 수 있도록 해 주고 뇌의 통합을 촉진해 주며, 감정과 주의력에 대한 조절을 강화하기 위해 알아차림의 힘을 이용하도록 해 주고 공감과 유연성도 증가시켜 준다.

둘째, **집중 시간**은 신경 가소성의 성장을 촉진하는 화학물질 분비가 이루어지도록 주의력을 집중시키는 힘을 강화해 준다. 여기서 신경 가소성은 기억과 학습의 핵심으로 우리가 경험에 반응하여 뇌를 변화시키는 것을 이야기한다. 한 시간에 한 가지 과정에만 집중하고 다중과업을 줄이며, 한 영역에서 그것이 펼쳐짐에 따라 계속 그것을 따라가는 것은 장기 학습 능력을 증진시킬 수 있다.

셋째, 놀이 시간은 우리가 자발적인 세계를 탐색하도록 상기시켜 준다. 이것은 옳고 그름의 결과에 매달리지 않고 발견에 대한 기꺼운 마음과 개방된 마음으로 해로울 수도 있는 경험에 참여하는 것을 이야기하며, 이는 뇌를 활성화시키는 중요한 방법으로 혁신과 창조적 학습을 촉진하는 중요한 길이다.

넷째, 신체적 활동 시간은 우리에게 신체적 활동, 특히 건강에 문제가 없다면 유산소 운동에 참여하는 것이 중요하다는 것을 상기시켜 준다. 연구들은 이것이 우리의 신체적 건강을 위해서 좋을 뿐만 아니라 우리를 기분 좋게 느끼게 도와주고, 신경 가소성을 촉진해 학습을 돕는다는 것을 보여 주고 있다.

다섯째, 휴식 시간은 우리가 일정이나 계획 그리고 우리가 노력해서 얻어야 하는 목적이 없을 때를 이야기한다. 이 시간은 중요한 시간으로, 뇌가 쉴 수 있게 놓아 두어 재충전하고 끝내야 할 일이 없이 '차분해져야' 하는 길을 발견해야 하는 시간이다.

여섯째, 수면 시간은 현대사회에서는 항상 충분하지 않은 어떤 것이다. 우리는 잘 때 뇌를 통합하고 우리가 낮에 배운 것을 공고화한다. 컴퓨터를 끈다든지, 불을 낮춘다든지 깨어 있고 디지털적으로 연결되어 있는 사람으로 사는 것에서 벗어날 수 있도록 자신을 준비해서 잠을 촉진할 수 있게 의식적으로 노력하는 것이 현실적으로 수면 시간을 만드는 데 중요하다.

일곱째, 연결 시간은 다른 사람 및 지구와 우리가 연결되어 있는 것을 이야기한다. 많은 연구가 이들 연결이 우리의 건강을 증진시킨다는 것을 지지해 주고 있다. 연결 시간의 핵심 양상을 다니엘 시겔은 3g2p라는 용어를 써서 이야기한다. 우리는 다른 사람들과 우리에게 관용(generosity)과 친절함을 가지고 대해야 하고, 다른 사람들의 삶을 돕기 위해 돌려주어야(give back) 하며, 살아 있다는 이 축복에 감사(gratimde)해야 한다. 그리고 우리는 이들 3g(generosity, giving back, gratitude)를 다른 사람들(other people) 및 지구(planet)2p(other people, planet)와 우리의 관계에 가져가야 한다. 사람들이 이상적으로 가능하면 한 개인과 이런 방식으로 연결되는 것은 우리에게 다른 사람들과 우리의 관계를 되돌아보게 한다. 그리고 자연에 감사하면서 좀 더 시간을 보내게 되면 우리는 스스로 지구의 일부가 되고 우리가 지구라고 부르는 이 공통된 집, 즉 모두가 공유하는 현실에 참여할 수 있게 된다.

건강한 마음 접시

수면 시간   신체적 활동 시간   집중 시간

몰입 시간   휴식 시간   놀이시간   연결 시간

[그림 6-3] 다니엘 시겔(2012). 대인관계신경생물학

(5) 신경계와 친해지기 명상

–편안한 자리에 앉거나 누워도 좋습니다.

–편안하고 깊게 숨을 쉽니다.

–우리의 머리에서 시작해서 얼굴 심장 배 쪽 사이에 미주신경 경로가 있습니다.

–배 쪽 미주신경 교감신경 등 쪽 미주신경을 다정하게 느껴 봅니다.

–호흡 심장박동 소화를 알아서 처리해 주는 자율신경계를 다정하게 느껴 봅니다.

–우리 신경계는 놀랍게도 미리 프로그래밍된 설정대로 기능할 뿐 아니라 조절을 위해
  소리 없이 우주가 돌아가듯 움직이고 애쓰고 있습니다.

–미주신경계를 지각했다면 잠시 시간을 내어 두 미주신경 경로 사이를 왔다 갔다 해
  봅니다.

–한 손은 목덜미와 두개골이 만나는 부위에 놓고 다른 손은 심장 위에 올려 놓습니다.

–배 쪽 미주신경 경로를 상상하면서 두 손 사이에서 움직이는 에너지를 느껴 봅니다.

–잠시 시간을 내어 이 신경계가 가져오는 조절 및 연결 능력을 생각해 봅니다.

–이제 심장에 올려놓았던 손을 복부로 옮겨갑니다.

–한 손은 뇌간에 다른 한 손은 복부에 놓으면 등 쪽 미주신경 경로에 연결됩니다.

–이 경로를 상상하면서 움직이는 에너지를 느껴 봅니다.

–잠시 시간을 내어 이 신경계가 소화 과정을 통해 영양분은 공급하고 필요할 때 의식
  에서 벗어나게 함으로써 보호하는 등 당신을 위해 작동하는 방식을 생각해 봅니다.

출처: 박도현(2023).

이상과 같이 소매틱 접근에서 안전감과 사회참여 체계에 대하여 살펴보고 도움되는 몇 가지 방법을 소개하였다. 포유류인 우리는 어릴 때나 성인이 된 이후에도 줄곧 안전한 환경과 안전한 관계에서 머물고 함께 하기를 원한다. 지금까지 안전한 경험이 결여된 내담자가 있다면 우리는 안전한 상담실에서 안전감을 경험하고 안전한 치료자와 안전한 관계를 유지하면서 사회참여 체계를 확장해 나가도록 도움을 주어야 할 것이다. 포유류인 우리는 내적으로 안정되고 평온하다고 느낄 수 있어야 비로소 자기 자신을 되찾을 수 있고 사회적 상호작용이 가능하게 된다. 그럴 때 비로소 소매틱 접근 트라우마 치유와 초월영성상담에서 추구하는 건강과 성장과 회복의 삶을 살아갈 수 있게 될 것이다.

참고문헌

김대호, 백광흠, 최준호(2002). 안구 운동 민감소실 및 재처리 요법. 정신건강연구, 21, 155-166.

김대호(2005). 외상후 스트레스 장애에 대한 안구운동 민감소실 및 재처리 요법. 신경정신의학, 44(2), 147-151.

김남희 외 역(2022). EMDR 치료-기본 수련 Weekend 1.

김정명(2016). 예술지성: 소마의 논리. 명지대학교 출판부.

김정명(2018). Sensory-Motor Amnesia and Somatic Solutions. 운동학 학술지(*The official journal of the korean association of certified exercise professionals*), 20. 대한운동학회.

박주연(2019, 재인용). 펠든크라이스 기법의 명상적 적용 −마음챙김을 중심으로−. 동국대학교 불교대학원. 석사학위 논문.

안신정(재마)(2018). 신넘처 명상의 체화를 위한 소매틱 움직임 고찰. 표현예술치료 연구, 1. 한국표현예술치료학회.

원상화(2005). 신체중심 심리치료의 발전과정에 관한 연구. 대한무용학회논문집, 44(44), 97-116.

이도은, 서주희(2022). 브레인스포팅의 이해와 한의학적 적용. 한방신경정신의학회지, 33(2), 133-141.

전미현(2006). 소매틱스(Somatics)에 관한 국내 연구 현황 및 경향 분석− 움직임 교육 방법론을 중심으로. 한국무용기록학회, 11, 139-156.

Allan N. Schore (2022). 감정중심의 오른뇌 정신치료 (*Right Brain Psychotherapy*). (강철민 역). 학지사. (원저 2019 출판).

Anderson, F. G., Sweezy, M., & Schwartz, R. C. (2021). 내면가족체계[IFS] 치료모델 (*Internal family systems skills training manual*). (서광, 신인수, 효림, 김현진, 공역). 학지사. (원저 2017 출판).

Bessel van der Kolk (2016). 몸은 기억한다 (*The body keeps the score*). (제효영 역). 을유문화사. (원저 2014 출판).

Dana, D. (2023). 다미주신경 이론 (*Anchored*). (박도현 역). 불광출판사. (원저 2021 출판).

Friedman, H. L., & Hartelius, G. (2020). 자아초월심리학 핸드북 (*The wiley-blackwell handbook of transpersonal psychology*). (김명권, 김혜옥, 박성현, 박태수, 신인수, 이선화, 이혜안, 정미숙, 주혜명, 황임란 공역). 학지사. (원저 2013 출판).

Grand, D. (2021). 브레인스포팅: 뇌과학 기반 트라우마 치료법 (*Brainspotting*). (서주희, 고경숙 공역). 학지사. (원저 2013 출판).

Hanna, T. (2013). 부드러운 움직임의 길을 찾아: 토마스 하나의 생명의 몸 (*The Body of Life*). (김정명 역). 소피아. (원저 1993 출판).

Hendel, H. J. (2020). 오늘 아침은 우울하지 않았습니다 (*It's not always depression*). (문희경 역). 더 퀘스트. (원저 2018 출판).

Kabat-Zinn, J. (2022). *Mindfulness for beginners: Reclaiming the present moment and your life* (1st ed.). Sounds True.

Kestly, T. A. (2021). 놀이의 대인관계 신경생물학 (*The Interpersonal Neurobiology of Play*). (이순행, 윤진영, 박랑규 공역). 학지사. (원저 2014 출판).

Kleinman. (1990). Moving into awareness. *Somatics: Magazine-Journal of the Bodily Arts and Sciences*, 7(4), 4-7.

Levine, P. A. (1997). *Waking the tiger: Healing trauma*. One & One Group.

Levine, P. A. (2010). *In an unspoken voice*. North Atlantic Books.

Levine, P. A., & Kline, M. (2008). *Trauma-proofing your kids*. North Atlantic Books.

Levine, P. A. (2014). 몸과 마음을 잇는 트라우마 치유 (*Healing Trauma*). (서주희 역). 학지사. (원저 2008 출판).

Levine, P. A. (2016). 내 안의 트라우마 치유하기 (*Waking the tiger: Healing trauma*). (양희아 역). 소울메이트. (원저 1997 출판).

Levine, P. A. (2020). 무언의 목소리: 신체 기반 트라우마 치유 (*In an unspoken voice*). (박수정, 유채영, 이정규 공역). 박영스토리. (원저 2010 출판).

Levine, P. A., & Kline, M. (2020). 트라우마로부터 우리아이 지키기 (*Trauma-proofing your kids*). (하영례, 김숙희, 김은경, 김혜선 공역). 학지사. (원저 2008 출판).

Ogden, P., & Fisher, J. (2021). 감각운동 심리치료 (*Sensorimotor psychotherapy*). (이승호 역). 하나의학사. (원저 2015 출판).

Porges, S. W. (2005). The role of social engagement in attachment and bonding: A phylogenetic perspective. In C. S. Carter, L. Ahnert, K. Grossmann, S. B. Hrdy, M. E. Lamb, S. W. Porges, & N. Sachser (Eds.), *Attachment and bonding: A new synthesis* (pp. 33-54). MIT Press.

Porges, S. W. (2017). *The pocket guide to the polyvagal theory*. W. W. Norton & Company.

Porges, S. W. (2020). 다미주 이론 (*The pocket guide to the polyvagal theory*). (노경선 역). 위즈덤하우스. (원저 2017 출판).

Schwartz, R. C., & Sweezy, M. (2022). 내면가족체계치료(원서 2판) (*Internal family systems therapy*). (김춘경, 배선윤, 공역). 학지사. (원저 2019 출판).

Siegel, D. J. (2010). *Mindsight*. Bantam Dell Books, an imprint of Random House Publishing Group, a division of Random House, Inc.

Siegel, D. J. (2011). 마음을 여는 기술 (*Mindsight*). (오혜경 역). 21세기북스. (원저 2010 출판).

Siegel, D. J. (2012). *Pocket guide to interpersonal neurobiology: An integrative handbook of the mind*. W. W. Norton & Company.

Siegel, D. J. (2016). 쉽게 쓴 대인관계 신경생물학 지침서 (*Pocket guide to interpersonal neurobiology*). (이영호, 강철민 공역). 학지사. (원저 2012 출판).

Siegel, D. J. (2018). *Aware*. An imprint of Penguin Publishing Group, A division of Penguin House LLC.

Siegel, D. J. (2020). 알아차림 (*Aware*). (윤승서, 이지안 공역). 불광출판사. (원저 2018 출판).

van der Kolk, B. (2014). *The body keeps the score*. An imprint of Penguin Publishing Group, A division of Penguin House LLC.

한국트라우마 치료교육연구회. http://www.krstte.org/
한구 EMDR협회. http://www.krstte.org/
브레인스포팅 한국연구회. https://brainspottingkr.imweb.me/BSP

제 7 장

보석치료와 초월영성상담

김가빈

1. 이론의 배경

1) 보석치료

보석치료(Gemstone Therapy)의 기원은 고대로 거슬러 올라갈 수 있다. 고대 그리스인들은 보석을 호신용 부적으로 사용하였고, 이집트, 메소포타미아, 유대교, 기독교 전통에서도 치료의 목적으로 보석을 활용했다. 구약과 신약성서의 출애굽기와 에제키엘서에는 현재의 탄생석의 종류와 순서를 결정하는 기준이 된, 유대 대제사장이 입는 예복인 에봇의 흉패 가슴 장식에는 이스라엘 12 부족의 이름을 조각한 12종의 보석이 부착되어 있다. 이 보석은 신과의 중요한 매개체 역할을 담당하는 십이사도를 상징하고 있다(조기선, 조은정, 1999). 이외에도 보석의 활용은 전 세계 문화와 전통에서 흔히 볼 수 있다. 그러나 보석치료에 관한 가장 유용한 지식은 인도 고대 경전에서 전해져 오고 있다. 그것은 고도의 과학 문명시대를 살고 있는 우리에게 몸과 마음과 영성에 대한 삶의 지혜를 전해 주고 있는 베다(Veda)의 지식으로 더 높은 수준(최정임, 2018)의 보석요법을 사용하였음을 알 수 있다.

고대 베다의 지혜에서 보석은 상당히 많은 의미를 내포하고 있었다. 즉, 우주의 행성 에너지는 다양한 빛깔의 파동으로 표현된다고 하였고 빛깔마다 이에 해당하는 보석이 있으며, 에너지의 중심으로 작용한다고 하여 보석은 운명과 건강에 영향을 주는 특별한 위력이 있다고 믿었다. 또한 사람마다 행운을 주는 보석이 있으며 확실한 위력을 위해서는 색깔을 맞춘 보석이 좋다고 생각하여 여덟 개의 무기물 보석에 유기물 보석인 진주를 추가하여 펜던트나 반지로 만든 '나브라뜨나(Navratana)'를 착용하였다(이은영, 2022).

보석요법은 산스크리트로 마니 치키차(Mani chiktas)라고 부르며, 보석은 색깔 요법의 강력한 형태로 쁘라나(prana) 흐름의 균형을 이루는데, 별과 행성에서 발산하는 우주적 빛의 근원으로 우리를 연결하며 미묘한 수준에서 작용한다(박애영 역, 2011). 보석은 치유의 특성으로 몸과 마음을 보호하고 더 높은 인식 역량을 발현하게 하며, 미묘한 힘과 마음, 아스트랄적 몸과의 연관성을 반영한다. 베다 과학은 특히 치유와 에너지를 주는 특징 때문에 보석의 중요성을 부여하고 있다(Frawley, 2000). 보석은 몸과 마음을 보호하면서 활기를 주기 위하여 장기적으로 이용할 수 있으며, 또한 오라(aura)를 강화해 주면서 자연의 치유력과 제휴시켜 준다.

보석요법에 사용하는 보석들은 연마하는 것이 바람직하지만 가격이 비싸질 수 있다. 연마되지 않은 보석을 사용할 수는 있지만 큰 효과는 볼 수 없으며, 보석은 직접적으로 피부에 닿을 수 있도록 보석을 노출된 상태로 가공하여 사용한다. 기본적인 보석의 사용은 베딕 아스트롤로지(Vedic Astrology)의 근거에 따라 결정되며, 이러한 보석은 베딕 아스트롤로지 출생 차트(Birth Horoscope)의 정보가 필요하다(박애영 역, 2011).

보석요법은 예방을 강조하며 몸·마음·영혼을 하나로 보아 특정한 방법을 가지고 치료하는 인도의 전통 의학이며 자연요법인 아유르베다에서도 확인할 수 있다. 아유르베다는 현재 대체의학이란 이름으로 서구에서도 인기를 얻고 있다. 또한 고대 베다에 근거한 딴뜨라의 짜끄라를 기반으로 하는 보석요법은 보석을 몸·마음·영적 성장을 위한 힐링스톤으로 사용하며 전문적인 치유사들에 의해서 활발하게 적용되고 있다. 요즈음 성형외과에서는 루비나 알렉산드라이트 같은 보석으로 치료용 레이저를 만들어서 임상에 적용하고 있는 실증이다.

보석치료의 의의는 보석을 착용하거나 몸에 보석을 지니는 직·간접적 접촉과 상호소통을 통하여 자연과 인간의 관계를 형성시켰다는 것이다(정홍규, 2004). 이러한 견해가 바탕이 될 수 있었던 기본전제는 우주의 창조물로써 보석은 자연 일부분이라는 점에 있으며, 인간의 몸과 정신은 자연과의 상호소통을 통해서 신체적·심리적·영적인 건강이 지켜진다는 견해다. 또한 보석치료는 보석이라는 자연 물질이 발산해 내는 에너지를 인간의 몸에 직접 접촉함으로써 인간 몸에 영향을 미치고, 더 나아가 인간의 정신과 영혼까지 연결함으로써 그 영향력이 우리에게 전달된다는 데 핵심이 있다(하경숙, 2010).

2) 보석치료와 베딕 아스트롤로지

고대 인도 철학에 근간을 두고 있는 베다(Veda)는 인도철학의 근본이며 힌두문화의 기본 골격을 형성하고 있다. 네 개의 주요한 베다가 있고, 이 주요한 베다를 중심으로 전승되어 오는 여섯 개의 베다를 베단가(Vedanga)라고 하고, 그 가운데 한 지류인 베딕 아스트롤로지(Vedic Astrology)와 천문학을 담은 죠티샤(Jyotisha)가 있다.

베딕 아스트롤로지는 우리의 까르마(karma, 업業) 뒤에 있는 행성의 에너지를 분별할 수 있는 방법과 그 행성 에너지를 사용하여 까르마로부터 해방되는 방법을 보여 준다(김병채 역, 2018). 보석치료는 특별히 베딕 아스트롤로지를 통해서 이해되고 있으며, 보석치료는 베딕 아스트롤로지의 중요한 치료법이다. 또한 베딕 아스트롤로지는 보석을 사용하여 생명력과 까르마라는 두 양면을 어떻게 잘 이용할 수 있는지를 보여 주며, 인생에서 우리의 가능성을 최대한 실현하도록 해 준다(정미숙, 2017).

보석은 지구상에서 부정적인 행성 에너지에 대응하고 긍정적인 에너지를 강화하는 등 행성의 영향들을 조정할 수 있는 가장 강력한 물질이다. 보석은 우주의 행성들과 상호 관련이 있으며 신체적으로나 정신적으로 혹은 영적 치료에서 행성들이 미치는 영향력의 균형을 위해 이용된다. 베딕 아스트롤로지의 보석치료는 내담자의 출생 차트에 나타나는 내담자 자신의 대표적인 행성에 따라 적절한 보석 착용을 권하며, 보석은 외부적으로 반지나 펜던트로 착용하게 한다(Frawley, 2000).

또한 베딕 아스트롤로지는 보석이 행성 에너지의 전달자와 같다고 하며, 보석은 특정한 행성의 에너지를 가져온다고 한다. 그러나 그 에너지를 어느 수준에서 사용하는가는 우리에게 달려 있다. 예를 들어, 수성의 힘을 강하게 하면 마음을 더 높게, 혹은 낮게도 할 수 있다. 즉, 명상, 만트라, 직관력 등으로 영적 영향을 더 많이 더 높게 작용하게 하려면 보석을 착용할 필요가 있다(김병채 역, 2018).

(1) 베딕 아스트롤로지

천체의 운행이 인간사에 영향을 미친다는 것은 동·서양에서의 그 내용을 달리하지만, 의미를 공유한다고 할 수 있다. 서양 문화권에서 유명한 신비학 문서인 '에메랄드 타블렛(Emerald tablet)'의 내용 속에 있는 "As above, so below", 즉 '하늘에서와 같이 땅에서도 그러하다.'라는 뜻으로 하늘에서 일어나는 일은 지상에 영향을 준다는 것은 아스트롤로지의 근간을 이룬다(백지원, 2019).

아스트롤로지에서는 인간이 태어나 첫 호흡을 하는 순간, 바로 그때 지구를 감싸고 있는 우주의 다양한 에너지가 개인의 의식 영역에 스며들며, 그 에너지들은 인간이 살아가면서 경험하게 되는 가장 기초적인 어떤 성향을 부여하게 된다고 한다. 이 이론은 수 세기를 걸쳐 발전하였는데 컴퓨터의 발달과 더불어 개인의 출생 차트를 쉽게 볼 수 있게 되었고 그것의 정확성이 보완되어(최성례, 2010) 지금은 활용 영역이 넓어지고 있다.

베딕 아스트롤로지(Vedic Astrology)는 별과 행성들, 시간의 전체 움직임을 읽는 인도의 전통 체계이며, 베다의 한 지류인 중요한 베단가다. 베딕 아스트롤로지를 통하여 사건 뒤에 있는 까르마의 패턴을 알아낼 수 있어서 이유 또는 원인의 과학이라는 의미의 '헤투 샤스트라(Hetu Shastra)'로도 불린다. 또한 '조띠쉬(Jyotish)', 즉 빛(Jyoti)의 과학이라고도 하는데, 왜냐하면 베딕 아스트롤로지는 신체적 존재에 생명을 불어넣고 유지하며 우리 삶의 운명을 결정하는 미묘한 별의 빛 패턴을 다루고 있기 때문이다(김병채 역, 2018).

베딕 아스트롤로지는 인도 문화권의 전통적인 점성학으로 고대 인도유럽 민족들의 원래의 경전인 베다에 근거한 이론이다(Deva, 2000). 베다에 기초한 베딕 아스트롤로지는 우리의 삶에 작용하고 있는 행성 에너지를 가장 효과적으로 사용하고, 미묘한 사이킥 환경을 정화하고 전생의 까르마를 최대한 활용하며, 우주 리듬과 조화롭게 사는 방법을 알려 준다(김가빈, 2012). 또한 우리들의 인생 목적, 까르마 그리고 영적 진로에 대해 심오한 지혜를 전해 준다. 아울러 개인의 기초적인 잠재력과 가능성 결정에 도움을 주고, 개인의 출생 차트에서 분명하게 나타나는 심리적·영적 문제들을 이해하도록 돕는다(김병채 역, 2018). 그래서 상담학, 진로 적성, 심리학, 정신의학, 건강, 천문학, 한의학 등과 연계되어 인간 삶의 사회활동에 일정 부분의 적절한 이정표를 제시(서순향, 2021)할 수도 있다.

또한 베딕 아스트롤로지는 미묘한 사이킥 환경을 정화하고, 우리에게 미치는 행성의 영향을 조화롭게 하고, 우리의 까르마를 최대한으로 활용할 수 있는 일련의 치료 도구를 가지고 있다. 그 방법으로는 보석, 색채, 만트라, 의식, 허브, 음식과 같은 내용들이 있는데(김병채 역, 2018), 보석이 가장 강력한 도구다.

(2) 베딕 아스트롤로지의 9개 행성

행성(Planet)은 움직임이 거의 없는 항성과는 달리 태양을 중심으로 공전하는 수성·금성·화성·목성·토성인 5개의 떠돌이별을 말한다(Evans, 1998). 하지만 아스트롤로지의 우주관은 지구를 중심으로 달과 태양도 천구(天球)를 일주하므로, 달과 태양도 행성과 같이 간주한다. 또한 베딕 아스트롤로지는 태양의 궤도인 '황도'와 달의 궤도인 '백도'가 북쪽에서 만나게 되는 교점인 일식을 라후(Rahu, 북쪽 교점)라고 하고, 남쪽에서 만나는 월식을 께뚜(Ketu, 남쪽 교점)라고 하여 행성으로 간주하여 사용하므로 9개의 행성이 있다. 행성은 그들이 지배하는 날(days) 순으로 배열된다. 즉, 태양·달·화성·수성·목성·금성·토성·라후·께뚜의 순이다(Frawley, 2000). 또한 자신이 지배하는 달의 낙샤트라(nakshatra)와 12싸인(Sign, 별자리)에 자리 잡은 행성을 지배 행성(Planet)이라 하고, 그들을 그 성격에 따라 기능하도록 한다. 이같이 베딕 아스트롤로지는 그들의 출생 차트에서 나타나는 개인에게 강한 영향을 주는 행성들을 지배 행성으로 규정하고 있으며(김병채 역, 2018), 이러한 행성들의 출생 차트에서의 위치를 확인하여 개인의 신체적·심리적·정신적 기질을 판단하고 분석한다.

① 행성과 세 구나

인도의 가장 기본이 되는 철학은 상키야(Samkhya) 체계다. 상키야는 우주적 존재의 근본 원인인 최초의 물질 쁘라끄리띠(Prakriti, 물질)에서 세 가지 속성, 즉 순수 질료인 삿뜨바(Sattva), 움직이는 질료 라자스(Rajas), 어둡고 탁한 질료인 따마스(Tamas)라고 하는 세 구나(Guna)가 비롯되며 의식, 마음, 육체는 '묶는 것'을 뜻하는 세 구나로 이루어져 있다고 한다. 즉, 우주는 우주 지성의 중심이 되는 힘인 세 가지의 으뜸 특질의 조합(Frawley & Ranade, 2004)이라고 한다.

삿뜨바는 선과 덕을 의미하여 빛과 밝음, 지성, 조화, 균형의 원리이고, 라자스는 폭풍을 의미하여 에너지와 움직임, 활동의 원리이며, 따마스는 구체성, 물질, 무지, 활발하지 못한 무거움의 원리다. 즉, 순수하고 맑은 마음을 도모하는 '삿뜨바'와 율동, 정열, 혹은 폭력 등을 대표하는 '라자스' 그리고 게으름과 어리석음의 어두운 상태를 상징하는 '따마스'로 구성되어 있다(황지현 2011). 따라서 우주의 모든 사물은 세 구나의 조합으로 이는 우리가 사물의 특성, 혹은 영적 가치를 이해할 수 있는 체계를 알려 준다. 베딕 아스트롤로지의 9개 행성도 세 구나로 구성되어 있으며 태양·달·목성은 삿뜨바이며, 수성·금성은 라자스이며, 화성·토성·라후·께뚜는 따마스다(Chandrashekhar, 2007).

② 행성과 다섯 근본 요소

인도 상키야 철학은 세 구나에서 우주의 미세한 다섯 근본 요소가 비롯한다고 한다. 즉, 삿뜨바로부터 공간이, 라자스에서 공기와 불이, 따마스로부터 물과 흙이 나온다. 따라서 행성들의 성질도 다섯 근본 요소의 특성을 띠게 된다(Chandrashekhar, 2007).

우주의 미세한 첫 번째 요소인 공간은 물질적·정신적 작용, 파동, 인상들을 위한 배경으로써 존재한다. 공기는 운동성을 가진 공간이며, 그 움직임이 바람을 만들었으며, 어떤 것을 다른 곳으로 이동시켜 줄 수 있다(정미숙 역, 2006). 불은 따뜻함과 생기를 주고 가볍고, 상승하며 모든 생명이 자라나게 하는 근원이 된다. 불꽃은 스스로 소멸시키면서 분해하고 파괴하는 속성이 있다(최성례, 2010). 물은 액체 상태로 아주 유동적이며, 인간의 생명을 유지해 주며 생명의 근원으로서 그 자체가 생명이다(하형진, 2005). 흙은 대우주와 소우주에 존재하는 마지막 요소이며 흙은 잘 변하지 않는 성향을 지니고 있다(최성례, 2010).

태양은 불을 대표하면서 출생 차트의 불의 요소를 나타낸다. 달은 물을 대표하면서 물의 요소를 나타낸다. 화성은 불의 요소를 더욱 상세하게 나타낸다고 할 수 있다. 수성은 흙의 요소를 대표하며, 목성 그 영적 성격 때문에 공간을 대표하는 것으로 알려져 있다. 금성은 물을 대표하고, 토성은 건조하고 예민한 성격 때문에 공기를 대표하며, 라후도 역시 공기의 성격을 가지며, 께뚜는 화성처럼 불의 성격을 가진다(Frawley, 2000)라고 상징적으로 나타내고 있다.

(3) 9개 행성의 상응 보석

베딕 아스트롤로지는 9개 행성과 상응하는 보석을 규정하고 있는데, 개인의 출생 차트에서 어센턴드(Ascendant) 싸인(Sign)의 지배 행성, 달의 낙샤트라(nakshatra)의 지배 행성과 태양이 위치한 싸인의 지배 행성을 찾아서, 그 지배 행성에 상응하는 보석을 처방하여 착용하거나 소지하게 하여 개인의 심리적·정신적·영적인 성장에 도움이 되게 한다.

① 루비

루비(Ruby)는 태양과 상응하며, 태양의 힘을 전송한다. 루비는 자부심, 에너지, 지도력을 강화시켜 준다. 체온과 열을 증가시키므로 출혈이나 열병에 좋지 않다. 또한 지나치게 많은 자부심이나 야망이 있거나 자아가 너무 강하다면 사용되어서는 안 된다. 루비는 강한 태양 에너지를 전송하므로 출생 차트에서 태양이 약할 때만 착용해야 한다(Frawley, 2003). 루비는 맑고 투명할 때는 광채가 좋고, 가장 훌륭한 루비는 살아 있는 비둘기 눈과 비슷한 미묘한 장밋빛을 띠고 있다. 질 좋은 루비는 선명한 색상과 밀도와 채도가 높으며, 색깔이 일률적이다. 보석은 반지와 펜던트로 만들어서 착용하며 착용자의 피부에 닿게 해야 한다(Harish, 1996).

② 진주

진주(Peral)는 달과 상응하며 달의 힘을 전송한다. 마음에 평온을 주고 사랑과 평화를 가져다 준다. 진주는 몸의 분비액을 증가시키는 성질이 있어서 부종이나 점액의 조건들을 악화시킬 수 있다. 진주는 충혈이나 몸의 과도한 분비액이 있을 때 착용하면 안 된다(Frawley, 2003). 가장 좋은 진주는 그 핵에 이물질이 없는 것이다. 질 좋은 진주는 달 같은 빛나는 흰색의 완벽하게 둥근 작은 공 모양으로, 높은 비중의 조밀함이 있어야 하고, 부드러운 광택과 반사광이 찬란해야 하며, 눈에 상쾌한 감각을 주는 매끄러움과 흠이 없어야 한다(Harish, 1996).

③ 붉은 산호

붉은 산호(Coral)는 화성과 상응하며 화성의 힘을 전송한다. 의지와 활력을 강화시켜 준다. 붉은 산호는 화성의 에너지에 특별히 조화로운 영향력을 가진다. 화성의 에너지가 너무 낮을 때 높여 주지만, 너무 높을 때는 더 낮추도록 돕는다. 안전한 원석이고 일반적으로 사용될 수 있다(Frawley, 2003). 좋은 산호는 잘 익은 버찌를 닮은 짙은 붉은색 산호다. 형태는 둥글거나 달걀 모양의 좋은 윤기와 광채가 있어야 한다. 눌린 자국이나 구멍이 없고, 균형 잡힌 색의 농도와 같은 크기의 평균 산호보다 더 무거운 높은 비중의 산호가 좋다(Harish, 1996).

④ 에메랄드

에메랄드(Emerald)는 수성과 상응하며 수성의 힘을 전송한다. 마음의 균형, 판단력, 지각력을 준다. 에메랄드는 마음을 차갑고 조용하게 강화하며 신경을 진정시키고, 고통을 완화하며 언어능력을 강화한다(Frawley, 2003). 수성의 보석인 에메랄드는 녹색의 보석이다. 좋은 에메랄드는 싱싱한 풀잎처럼 짙고 상쾌한 진한 녹색의 순일한 빛깔로, 유리 같은 광택과 광채, 발광성과 찬란함이 있다. 우단 같은 반사광과 높은 비중을 주는 조밀함이 있어야 한다(Harish, 1996).

⑤ 옐로 사파이어

옐로 사파이어(Yellow Sapphire)는 목성과 상응하며 목성의 힘을 전송한다. 가장 안전하고 가장 균형 잡힌 보석이다. 그것은 좋은 영향을 주는 큰 목성의 원석으로써 지혜와 조화를 촉진한다. 또한 오자스(Ojas)와 지성을 증가시킨다. 실용적인 수준에서 에메랄드는 부와 아이들에게 좋다(Frawley, 2003). 목성의 보석인 옐로 사파이어는 가장 좋은 것이 레몬 빛깔을 띤다. 높은 비중으로 깨끗하고 순수한 투명감, 고른 표면, 조밀함의 변화가 없고, 빛깔의 획일성과 발광성의 광채, 단단한 것이 좋다(Harish, 1996).

⑥ 다이아몬드

다이아몬드(Diamond)는 금성과 상응하며 금성의 힘을 전송한다. 민감성, 사랑, 상상력을 가져다준다. 그것은 욕망, 열정 그리고 애착을 증가시키고 분노와 공격성을 촉진할지 모른다. 우리를 세속적이고 감각 중심적이며 세속적인 집착을 고조시키게 한다(Frawley, 2003). 금성의 보석인 다이아몬드는 순수한 탄소로 구성되어 있으며 가장 조밀한 원자 배열을 하고 있다. 좋은 다이아몬드는 휘황찬란하며 환희로운 감정을 느끼게 한다. 또 스스로 빛을 내는 특질이 있으며 사방에 무지갯빛을 발산한다. 높은 경도·투명함·발광성·매끄러움·빛깔의 어른거림이 있는 것이 좋다(Harish, 1996).

⑦ 블루 사파이어

블루 사파이어(Blue Sapphire)는 토성과 상응하며 토성의 힘을 전송하는데, 토성이 약할 때 착용해야 한다. 무집착, 인내, 독립성을 준다. 기질상 너무 차갑고, 조용하고, 강하고 이기적이면 착용되어서는 안 된다. 매우 차가운 보석이고, 뜨거운 원석(붉은 산호 같은)을 착용함으로써 균형을 맞출 수 있다(Frawley, 2003). 토성의 보석인 블루 사파이어는 좋은 것은 그 색깔이 획일하며, 투명하고, 높은 비중의 내부에서 광선을 발산하는 광채와 경고하고 조밀한 것으로, 공작의 목 빛깔과 비슷한 빛깔의 우단 같은 수레국화 빛의 파란색이다(Harish, 1996).

⑧ 헤소나이트

헤소나이트(Hessonite)는 라후와 상응하며 라후의 힘을 전송한다. 주로 라후의 해로운 힘을 중립화시키기 위한 기능을 한다. 부정적인 심리적 영향력을 위한 치료에 사용한다. 그러나 매우 민감한 사람들은 민감성을 증가시키고, 상처받기 쉽거나 보호가 없는 것으로 느끼게 할 수도 있다(Frawley, 2003). 라후의 보석인 헤소나이트는 좋은 품질인 것은 엷은 갈색으로, 훌륭한 꿀 빛깔을 가지고 있다. 미묘한 색조·광채·광택·획일적인 빛깔을 가지고 있는 순수하고 투명한 헤소나이트가 좋은 것이다(Harish, 1996).

⑨ 캣츠아이

캣츠아이(Cat's eye)는 께뚜와 상응하며 께뚜의 힘을 전송한다. 캣츠아이는 루비와 유사하게 체온을 증가시켜 출혈의 원인이 될지 모른다. 께뚜가 약하고 불이 성질상 부족할 때만 착용해야 한다. 직관이 지나치게 예리하거나 마음이 지나치게 비판적이라면 착용하면 안 된다(Frawley, 2003). 캣츠아이는 보석 전체에서 움직이는 빛의 띠, 즉 변화하는 광택이 있다. 이것은 보석의 내부에 의해 반사된 빛으로 때로는 다양한 광택으로 빛나기도 하지만, 흰빛의 띠를 가지고 있는 보석이 가장 좋은 것으로 여겨진다. 매끄럽고 높은 비중의 회색 보석이 좋다(Harish, 1996).

2. 인간관

　　보석치료 인간관은 최초의 영적인 과학이며, 베딕 아스트롤로지 배후의 철학인 상키야 우주론을 근원으로 하고 있다. 상키야 철학은 우주의 창조를 순수 정신(Purusa, 뿌루샤)과 근본 물질(Prakriti, 쁘라끄리띠) 두 가지의 근본원리로 설명한다. 세계는 두 가지 근본원리가 충돌하는 것으로, 근본 물질이 근본정신의 해탈을 위하여 전개된 것이 이 세계라고 한다. 이러한 세계에서 무지(無知)로 인해 순수 정신과 근본 물질이 결합해 자아의식, 세 가지 구나, 다섯 근본 요소 등으로 진화하면서 개인과 세계가 성립된다고 한다.

　　또한 인간 육체의 물질적 구성 요소들과 영혼의 상호 관련성은 이 물질적 구성 요소들에 의식, 활동성, 에너지를 부여하며, 영혼과 결합할 때만 생성되고 생명이 된다고 보았다. 즉, 인간은 영혼의 결합을 통해서 생명 유지의 생성, 파괴 활동이 일어나는 것이다. 결국 신체의 모든 기질과 체질 등은 심리적 · 영적 요인과 맞닿아 있어 몸과 마음 영혼이 하나라는 결론을 도출할 수 있게 되는 것이다.

　　상키야 철학에 근거한 베딕 아스트롤로지는 '대우주-소우주'라는 유비(類比) 이론에 기반을 두고 있다. 인체를 하늘과 땅, 별자리, 즉 대우주의 축소판인 소우주로 간주하는 것이다(박경숙, 2020). 이와 같은 기본전제는 '우주-인간 동일성의 원리'를 받아들여 왔으며 인도철학에서의 인간관은 이 원리에 귀속하고 있다. 이같이 베딕 아스트롤로지의 인간관은 전체론적 전인적 인간관이라 할 수 있으며, 인간은 대우주의 축소판인 소우주로 대우주의 분리될 수 없는 부분이기 때문에 인간의 몸과 마음, 영혼은 우리 태양계의 별들과 행성들인 천체의 영향을 받는다는(김가빈 외 공역, 2014) 것을 전제하고 있다.

　　또한 자연과 인간은 서로 다른 개체가 아니라 대우주 안에 있는 소우주로서 표현하며 서로 긴밀히 연결되어 있으며, 궁극적으로 하나임을 주장하고 있다. 아울러 대우주에서의 태양과 달, 행성의 운행과 같은 질서, 인체의 체액 순환과 균형상태, 그 조화나 혼란으로부터 일어나는 인간의 건강과 질병, 자연에 적응하는 유기적 조직의 구조 등의 생리학적 질서 등도 대우주인 우주와 소우주인 인간과의 상호작용으로 연결되어 작용한다.

　　이러한 상키야 철학과 베딕 아스트롤로지에 따른 보석치료의 인간관은 전체론적 전인적 인간관을 가지고 있다. 인간은 대우주 안의 소우주로 대우주에서의 태양이나 달, 행성의 운행 질서와 연결되어 있으며, 우주와의 조화나 혼란으로부터 일어나는 인간의 생리적 · 심리적 영적 질서도 대우주와 긴밀히 연결되어 상호작용한다. 또한 인체는 소우주로서 우주의 질서에 따라서 살아가는 것이 건강한 삶을 유지할 수 있고 이를 실천해 나가면 몸 · 마음 · 영혼, 모든 것이 균형을 이루고 행복한 삶을 살 수 있다고 본다(Lad, 1984).

모든 인간은 창조적인 존재로 인간은 신체적인 것에서부터 영적 수준까지 변형이 가능한 가능성을 가지며, 세 구나를 통해 인간의 자가 치유 가능성을 확인할 수 있다. 즉, 인간은 모든 수준에서 생명력과 창조성을 가진 존재로 신체적 수준에서 가장 깊은 영적 수준으로 변형시킬 가능성이 있다고 본다(정미숙, 2009). 또한 인간은 자기 치유 능력이 있으며, 모습과 성격은 다르지만, 각 개인이 가지고 있는 신성한 본성은 같다고 본다. 나아가 영적 성장과 초월이 인간 완성의 최종 단계이며, 자기 초월이 가능한 인간관을 가지고 있다.

따라서 보석치료는 인간은 신체적 · 심리적 · 영적 체험을 통합하고 영적 성장의 발현으로 인간의 제한된 자아에서 벗어나 진정한 참나로 각성할 수 있다는 믿음을 가지고, 영혼의 성장 발달과 진화를 강조한다.

1) 인간의 행성 유형

베딕 아스트롤로지는 특정한 행성의 요인들이 개인에게 미치는 어떤 영향과 어떻게 전체적인 패턴들이 관련하고 있는지에 주목하면서 개인의 출생 차트를 분석하여 인간을 9행성 유형으로 구분하여 적용한다. 즉, 인간을 각 행성 유형으로 상징화시켜 구분하는데, 개인을 출생 차트에서 나타나는 지배적인 행성 유형으로 분석하고 있으며, 개인의 지배적인 행성으로 기질과 특성을 개성화시켜, 태양 · 달 · 화성 · 수성 · 목성 · 금성 · 토성 · 라후 · 께뚜의 9행성 유형의 인간으로 구분하고 있다.

(1) 태양 유형

태양 유형의 사람들은 빛을 주고 있는 것처럼 보인다. 특히 그들의 눈이 그렇다. 그들은 튼튼한 심장을 지녔고, 원기가 왕성하다. 그들은 기품이 있고, 존경을 받으며, 좋은 지도자이며, 당당하고 강인하다. 태양 유형은 진리, 권리, 질서, 법, 정의의 측면에서 뛰어나고, 힘, 지위, 탁월함, 명성을 추구하며 지도자가 되기를 좋아한다. 의지와 개성이 강하지만, 공허하고 거만하고 비판적이거나 완고할 수 있다. 그들은 종종 극적인 면을 보이며 관심의 중심이 되기 좋아한다. 그들은 세상에 빛나기를 그리고 온 세상 사람들이 그들에게 빛과 따뜻함을 기대하기 좋아한다(김병채 역, 2018).

(2) 달 유형

달 유형의 사람들은 대체로 안색이 하얗고 비대하다. 어떤 빛남을 지니고 있다. 그들은 친절하고 사교적이고, 개방적이며, 돌보기를 잘하고, 비폭력적이며, 타인의 안녕에 관심이 있고, 모성의 기질을 가지고 있다. 달 유형은 수줍어하고, 감성적이고, 수동적이고, 물러서거나 두려워하는 경향이 있으며 기분·감정·정서에 지배당할 수도 있다. 하지만 그들은 더욱 성장하면 지도자나 관리자, 외교적인 사람이 될 수도 있다. 그들은 인기가 있고, 대중에게 영향을 미치는 방법을 안다. 그들은 역시 빛나기 좋아하고, 다른 사람들이 그들과의 교제에서 행복이나 기쁨을 찾게 되는 것을 좋아한다(김병채 역, 2018).

(3) 화성 유형

화성 유형의 사람들은 대체로 안색이 불그스레하다. 얼굴 모습은 조금 앙상하고 날카롭게 보인다. 그들은 흉터나 상처를 가지고 있거나 쉽게 다칠 수 있다. 그들은 보통의 건강한 체격과 발달한 근육을 지니고 있다. 뜨거운 피를 가지고 있으며 열병을 앓는 경향이 있다. 화성 유형은 용감하고, 모험심이 있고, 공격적이고, 논쟁하기 좋아하며, 그래서 다툼에 휘말릴 수 있다. 그들은 훈련을 좋아하며, 군인정신이 있으며, 쉽게 동맹 관계를 만든다. 그들은 힘든 일을 잘하며, 합리적이며, 실용적인 마음을 가지고 있으며, 종종 기술이나 과학을 좋아한다. 그들은 행동과 에너지 힘의 과시를 좋아한다(김병채 역, 2018).

(4) 수성 유형

수성 유형의 사람들은 지적이고, 의사소통에 능하고, 말을 잘하며, 재치가 있고, 정보와 생각의 회전이 빠르다. 그들은 신경질적이고, 감각적이고, 동요를 잘하고, 움직임이 빠르다. 그들은 훌륭한 작가, 비서, 회사원, 교사, 관리자가 된다. 수성 유형은 적응을 잘하고, 태도와 매너에서 융통성이 있으며, 외교적이고 인간적일 수 있다. 신체적으로는 날렵하고 유연하며 빠르지만, 지구력이 약하다. 그들은 유머 감각이 있고 다른 사람의 흉내를 잘 낸다. 그들은 쉽게 영향을 받으며, 어떤 결정을 지키기가 어렵다(김병채 역, 2018).

(5) 목성 유형

목성 유형은 포용력이 있고, 행복하고, 낙천적이며, 삶에서 많은 일을 성취한다. 그들은 신체적·정신적·사회적으로 활동적이고 다른 사람들과 함께 일하기 좋아한다. 비록 섬세한 일은 잘하지 못하지만, 본질적으로는 지적이고 철학적이며 종교적이다. 훌륭한 믿음과 자비심을 품고 있지만, 너무 정통파일 수 있거나 완고하며, 자기 문명의 종교나 정치의 패턴이라는 덫에 빠질 수 있다. 행운과 은총이 그들과 함께 하지만, 그것들을 잡기 어려울 수 있다(김병채 역, 2018). 그들의 참된 가치는 넓은 안목에 있다. 정신적으로 진화되었고 선견지명을 지님과 동시에 자연의 풍요에 대한 낙천적 신념으로 가득 차 있다. 또한 지혜, 신념, 신용, 숭고한 마음 등의 높은 목적을 달성한다(Harsh, 1996).

(6) 금성 유형

금성 유형은 매력적이고, 균형이 잘 잡혀 있고, 우아하다. 예술가이고 창조적이며 아름다움·편안함·사치를 좋아한다. 사랑과 헌신을 잘하지만, 관능에 빠지거나 성적 매력과 유혹에 잘 넘어갈 수 있다. 상상력이 뛰어나며, 색채에 대한 훌륭한 감각과 생생한 꿈을 가지고 있다. 자신을 더욱 발달시켜 나갈 때 그들은 오컬트 지식이나 지각 또는 헌신의 힘을 쉽게 얻을 수 있다(김병채 역, 2018). 그들은 세상에 존재하는 것을 우아하게 디자인하여 정돈하는 보편적인 견인력을 다스리며, 부드럽고 사려 깊다. 자양분과 감각 및 외부의 영향력을 흡수하고 그것을 자신과 동화시키는 데서 오는 만족감을 가진다(Harish, 1996).

(7) 토성 유형

토성 유형은 수척하고, 야위고, 피부가 건조하다. 그들은 외롭고, 심각하며, 우울하다. 그들은 우정을 맺기가 어려우며, 그래서 친구가 많지 않다. 그들은 생활의 고통을 자주 겪으며, 불운하고, 가난하거나 병에 걸려 있는 경우가 많다. 그들이 성공했다면 그것은 시간·노력·투쟁으로 얻었을 것이다. 그들은 이기적이며 얻은 것을 지키려 한다. 자신을 잘 발달시키지 못할 때 이기적이고 차가워질 수 있다. 잘 발달하면 초연하고 고요하며, 철학적이고 명상적으로 된다(김병채 역, 2018). 그들은 수줍어하고, 반성적이며, 반항적이다. 그들은 엄격한 생활·정직함·분투·수양·규율·집중력·의식적 행동·계율과 책임성을 중시한다. 목성 유형과 반대의 성질로, 응축시켜 시련을 겪게 하고 난 후 새로운 쓰임으로 나아간다(Harish, 1996).

(8) 라후 유형

라후(Rahu) 유형은 토성 유형과 비슷하다. 불가사의하고, 예측할 수 없고, 어둡고, 알기 어렵고, 때로는 유령처럼 보인다. 그들은 외부의 영향력에 쉽게 흥분하며, 넋을 잃으며, 환상과 별들의 에너지에 함몰될 수 있다. 그들은 쉽게 동요되며, 심리적이거나 신경계 질병으로 몸과 마음의 괴로움을 겪는다. 그들은 면역체계가 약하고 알레르기 질환이 있으며, 종종 생활 속에서 비현실적인 투사를 많이 한다(김병채 역, 2018). 그들은 중성적이며 에너지의 양극성을 반영한다. 총명하지만 게으르고 파괴적이다. 외향적인 경향, 사회에서 나쁜 일들인 혼란, 기이한 행동, 교활하기도 하다. 강한 욕망으로 지각을 왜곡시키고, 도전적이다(Harsh, 1996).

(9) 께뚜 유형

께뚜(Ketu) 유형은 비판적이고 지각이 예리하지만, 시각이 좁으며 편협하고 케케묵은 관점에 묶여 있다. 그들은 통찰력은 좋지만 때로는 이해력이 떨어진다. 그들은 자신이 의도한 것보다 더 많이 해낼 수 있다. 그들은 개인적이고 때로는 다른 사람을 화나게한다. 잘 발달하였을 때는 모든 것을 내면의 참나라는 유일의 실재 안으로 흡수함으로써 최상의 영적 지식을 얻을 수 있다(김병채 역, 2018). 그들은 내향적인 경향이 있으며, 좋지 않은 일들인 갑작스러운 사망, 이탈을 의미하기도 한다. 동물적 · 망상적 · 강박적이고 두려움과 집착이 있다(Harish, 1996). 그들은 화성 유형과 비슷하며, 흉터나 상처를 가지고 있거나 쉽게 다칠 수 있다. 뜨거운 피를 가지고 있으며 열병과 전염성 병을 앓는 경향이 있다(김병채 역, 2018).

3. 보석치료 주요 개념

1) 보석

보석이라고 정의되는 광물들의 특징은 자연에서 생성된 천연석으로 광택이 아름다우며, 산출량이 적어 귀하고, 견고하다는 점이다. 지구상에는 많은 광물이 존재하지만 보석의 아름다움, 내구성, 희소성, 수요성의 조건을 가진 광물은 약 50~100 종류다.

천연석 보석은 지질학적으로 생성된 광물 보석인 무기질 보석과 살아 있는 생명체에서 생성된 유기질 보석이 있다. 무기질 보석은 두 가지로 분류되는데 경도와 희소성을 바탕으로 4대 보석과 준보석으로 나뉜다. 4대 보석은 경도가 7.5 이상인 보석으로 다이

아몬드, 루비, 에메랄드, 사파이어다. 준보석은 4대 보석이 가진 경도, 광택과 희소성의 기준을 갖추지 않은 보석으로, 헤소나이트, 캣츠아이, 자수정, 라피스 라줄리, 터키석, 아쿠아마린 등이 있다. 유기질 보석은 살아 있는 동물과 식물에서 생성된 뒤 채취되는데, 동물에서는 진주, 산호, 코끼리 이빨인 상아, 조개와 거북이의 껍데기인 별갑이 있고 식물에서는 송진이 화석화된 호박과 나무가 화석화된 제트 등이 있다(조민희, 2023).

보석치료 상담에서는 루비, 진주, 붉은 산호, 에메랄드, 옐로 사파이어, 다이아몬드, 블루 사파이어, 헤소나이트, 캣츠아이의 9개 보석을 9개의 행성에 상응시켜 사용한다.

2) 출생 차트

출생 차트(birth Horoscope)는 '호라(Hora, 시간)'와 '스코프(Scope, 보는 사람들)'를 합하여 '호로스코프(Horoscope)' 또는 '天宮圖'라고 한다. 출생 차트는 개인이 태어난 곳에서 태어난 시간에 본 하늘의 지도다. 즉, 개인이 태어날 때 태양과 달을 비롯한 행성들과 별자리들의 공간 배치도이며, 이것은 영혼의 에너지를 나타낸 것이기도 하다. 출생 차트의 기본 목적은 '내가 누구인가'라는 질문에 답하기 위한 것이다(이형승, 2022).

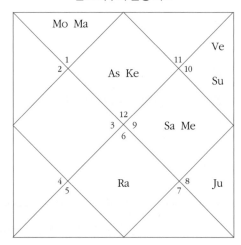

[그림 7-1] 베딕 아스트롤로지 출생 차트

출처: https://www.galacticcenter.org/birthchart-calculator

또한 출생 차트는 그리스어로 '시간의 모습'이라는 의미이며 까르마(karma)와의 관계를 나타내기도 하는 출생 때의 하늘 천체의 구도이며(유기천 편역, 2002), 그 속에 있는 행성이 어떤 구역에 자리 잡고 있는지를 보기 쉽게 만든 도표다. 베딕 아스트롤로지는 판창가(Panchanga)라는 달력을 이용하여 태어난 연월일시, 태어난 장소에 있는 행성과 싸인을 찾아서 출생 차트를 작성하였다. 요즈음은 컴퓨터 소프트웨어를 사용하여 쉽게 작성한다. 베딕 아스트롤로지 출생 차트는 북인도 방식과 남인도 방식이 있으며(김가빈, 2012) [그림 7-1]과 같다.

3) 조디악

태양이 일정하게 다니는 궤도를 황도(태양의 길)라고 하며 360°로 돌고 있다(전왕훈 역, 2010). 아스트롤로지에서는 황도를 중심으로 각각 위 · 아래로 9°의 각도를 더하면 18°의 폭이 생기며, 이 띠를 조디악(Zodiac, 황도대)이라고 한다. 즉, 조디악은 황도를 기준으로 폭을 가진 띠를 말한다. 베딕 아스트롤로지에서는 이 조디악의 범위를 벗어나지 않고 태양의 궤도뿐 아니라 다른 행성들인 달 · 수성 · 금성 · 화성 · 목성 · 토성 · 라후 · 께뚜가 운행하고 있다고 규정한다(김가빈, 2012).

4) 어센던트

한 개인이 출생하는 순간, 황도 12 싸인(Sign) 중에서 동쪽 지평선에 올라오고 있던 지점을 어센던트(Ascendant, 상승점)라고 한다. 이 특수한 지점은 외부 세계에 자신을 드러내는 관문으로써 다른 행성들의 위치와 함께 중요한 민감점(sensitive point)으로 작용한다. 이것은 출생 시기와 출생 장소에 따라 달라진다. 즉, 출생 장소는 같은 경도일지라도 위도에 따라 어센던트가 다르고, 경도가 다르면 어센던트도 당연히 다르게 나타난다(유기천 편역, 2002). 어센던트는 개인의 성격이나 개성들과 연관을 가지고 있다. 그러나 그가 가진 영혼적 본성을 나타내지는 않는다(베스 림 역, 2016).

5) 12 싸인

조디악을 12구역으로 나눈 각각의 특징과 이름을 붙인 것이 12 싸인(Sign, 별자리)이다.

12 피스케스 (물고기자리)	1 에리스 (양자리)	2 토러스 (황소자리)	3 제미니 (쌍둥이자리)
11 아쿠아리우스 (물병자리)	12 **싸인(Sign)과**		4 캔서 (게자리)
10 카프리코르누스 (염소자리)	12 **하우스(House)**		5 리오 (사자자리)
9 세지테리어스 (사수자리)	8 스콜피오 (전갈자리)	7 리브라 (저울자리)	6 버고 (처녀자리)

[그림 7-2] 12 싸인(Sign, 별자리)과 12 하우스(House, 라시)

또한 12개 하우스(House)에 배치된다. 12 싸인은 눈에 보이는 천문학적 별자리가 아니라 출생 차트 분석을 위해 설정한 가상 영역이며, 이름도 천문학적 별자리 이름과 구별해서 쓴다(Frawley, 2000). 싸인은 행성의 특성을 표현할 수 있게 해 주는 방법인데, 독자적인 기능을 수행하는 행성들에게 특별한 성향이나 기질을 부여한다(이형승, 2022). 또한 각 싸인의 구역에 상응하는 행성을 지배 행성이라고 한다. 출생 차트에서의 위치는 [그림 7-2]와 같다.

12 싸인의 기질들 특징은 먼저 에리스(Aries, 양자리)의 원소는 불, 구나는 라자스다. 성향은 의지가 강하고 용기가 있으며 열정적이며, 경쟁심이 강하다. 예리한 인식력과 뛰어난 지각력을 가지며 논리적이다. 생기발랄하며 남을 지배하려는 경향이 있다. 반면에 편협한 시각을 가지고 있고 인내심, 자신에 대한 통제력이 약하고 충동적이다(Frawley, 2000). 또한 어려움에도 굴복하지 않고 리더십이 있으나, 과격하고 때로는 독단적인 성향을 보인다.

토러스(Taurus, 황소자리)의 원소는 흙, 구나는 라자스다. 기질은 뛰어난 용모에 개성이 있으며 선견지명이 있다. 부드럽고 감성적이지만 사랑하는 대상에게 집착하거나 이기적인 경향도 있다. 사치를 좋아하고 고집이 세며 거만하다(Frawley, 2000). 음악을 좋아하며 안락하고 풍요로운 삶을 지향하며 여성성이 두드러지는 성향을 지닌다.

제미니(Gemini, 쌍둥이자리)의 원소는 공기, 구나는 라자스다. 기질은 영적이며 분석적이고 지적이다. 예술과 문학에 관심이 많고 말을 잘한다. 또한 민첩하고 창의적이며 수

완도 뛰어나고 호기심이 왕성하지만, 성적으로 문제가 있다. 언어로서 소통하는 것을 즐기며 눈치가 빠르고 재치가 있다(Frawley, 2000).

캔서(Cancer, 게자리)의 원소는 물, 구나는 삿뜨바다. 기질은 융통성이 있으며 차분하고 식별력이 좋다. 부모님의 영향력을 많이 받고 어학 능력이 뛰어나다. 비밀이 많고 예민하며, 보호를 중시하는 반면 질투심이 강하다. 매일 모습이 변화하는 이 싸인의 지배 행성인 달처럼 변덕스럽고 감정에 집중하는 경향을 띤다(Frawley, 2000).

리오(Leo, 사자자리)의 원소는 불, 구나는 삿뜨바다. 기질은 배짱과 용기가 두둑하며 사람을 끌어들이는 매력이 있고 리더의 자질이 있다(Frawley, 2000). 이 기질은 격정적인 사랑이나 철학에 심취할 수 있으며 독선적인 평가를 듣는 편이다. 열정적이고 자신감이 넘치는 경향이 있다.

버고(Virgo, 처녀자리)의 원소는 흙, 구나는 따마스다. 기질은 정숙하고 실용적이며 세련된 기질을 지녔다. 다른 싸인에 비해 옳고 그름의 판단이 정확하고 정의감이 가장 강한 편이며 학문과 교육을 좋아한다. 손재주가 좋으며 오래된 학문에 흥미를 느끼며 세심하지만 비판적이다(Frawley, 2000).

리브라(Libra, 천칭자리)의 원소는 공기, 구나는 라자스다. 기질은 모든 문제의 다양한 면을 고려하는 균형감을 가졌다(Frawley, 2000). 냉철하고 철학적이며 깊은 사고를 하며 신에 대한 경외감을 지녔다. 지식을 얻는 데 흥미를 느끼며 언변도 좋다. 하지만 성적충동을 조절해야 하며 우유부단한 점이 흠이다.

스콜피오(Scorpio, 전갈자리)의 원소는 물, 구나는 따마스다. 기질은 고집이 세고 소유욕이 강하며 감정 표현에 인색하다. 비밀스러운 성향으로 친구를 적게 두는 경향이 있다(Frawley, 2000). 이들은 어려운 상황에서도 부활하는 끈기를 지녔다. 인내심이 크며 종종 깊은 사색에 빠진다.

세지테리어스(Sagittarius, 사수자리)의 원소는 불, 구나는 삿뜨바다. 기질은 주변을 기분 좋게 만들며 동정심이 많다. 깊은 사고력과 지적 수준도 높은 편이며 활동적이고 열정이 넘친다. 독립적인 성향으로 사람들과 잘 어울리는 편이다. 다방면에 관심을 기울이는 편이고 자유로워 보이나 보수적이며 분별력과 이해력이 뛰어나다(Frawley, 2000).

카프리코르누스(Capricornus, 염소자리)의 원소는 흙, 구나는 따마스다. 기질은 열망이 강하며 어려움을 많이 겪지만 끝내는 목표를 달성하는 경향이 있다(Frawley, 2000). 고집이 세고 자기 생각에 빠져있는 경우가 많아 타인의 조언을 잘 받아들이지 않고 오히려 의심한다. 부정적인 행위에 빠지지 않도록 주의해야 하며 인색하면서 원칙주의자다.

아쿠아리우스(Aquarius, 물병자리)의 원소는 공기, 구나는 따마스다. 기질은 이상주의적인 성향으로 많은 사상가나 성인이 이 싸인을 타고났다. 철학적이며 신비학에도 관심을 갖는다. 가족보다 친구들에게 영향을 받으며, 특정 행성이 이 싸인에서 강하면 위대한 지식과 지혜로써 인류의 진보에 이바지하는 봉사자가 된다. 자유로운 사상을 지녔지만, 비상식적일 수 있다(Frawley, 2000).

피스케스(Pisces, 물고기자리)의 원소는 물, 구나는 삿뜨바다. 피스케스는 뛰어난 분석가적인 기질에 비해 동정심과 아량이 넓다. 가여운 사람을 지나치지 못하고 도와주려 한다. 감정의 기복이 심하며 은둔하는 삶을 살기도 한다. 신비학에도 관심을 기울이며 예술적인 분야에서 빛을 발한다(Frawley, 2000).

6) 낙샤트라

베딕 아스트롤로지에는 낙샤트라(Nakshatra, 별의 지도)라는 특별한 개념이 있다. 낙샤트라는 '달의 맨션'이라는 뜻으로 몇 개의 별들이 함께 모여있는 하나의 그룹이며, 베딕 아스트롤로지는 이 별자리들이 지구에 영향을 주고 있다고 한다.

행성은 조디악을 따라 운행하고 행성인 달도 조디악의 길을 따라 운행하면서, 이 길을 따라 펼쳐져 있는 낙샤트라 별자리들의 빛이 달에 반영된다. 즉, 달은 낙샤트라의 영향을 직접 받게 되며, 지구의 만물은 달을 통하여 간접적으로 낙샤트라의 영향을 받게 된다(Dennis, 1999)고 한다. 낙샤트라는 27개로 구성되어 있으며, 모두 세 개의 조로 나뉘어 께뚜, 금성, 태양, 달, 화성, 라후, 목성, 토성, 수성 순으로 반복해서 상응하는 행성이 있다.

개인의 출생 차트에서 달은 하나의 낙샤트라에 배정되며, 달이 있는 낙샤트라는 매우 중요한 핵심 포인트가 된다. 달은 우리의 무의식이 관련되며, 눈에 보이지 않는 영혼의 힘이 연관되어 있다. 달은 감정적인 생각과 마음, 느낌, 무의식, 심혼을 상징한다(베스 림, 2016). 따라서 27개의 달의 낙샤트라와 그 특성을 아는 것은 개인의 무의식 발견의 중요한 도구이며, 모든 상담과 심리학적 목적에 유용하다. 이것은 우리의 감정 표현에 대한 새로운 관점을 제공해 주며, 세상을 바라보는 통찰력 있는 새로운 방법을 준다(Dennis, 1999).

(1) 아쉬위니

낙샤트라 아쉬위니(Ashwins)의 의미는 '운송하고 있는' '말의 머리'를 상징한다. 지배행성은 께뚜, 에리스 싸인에 있다. 샥티(Shaki)는 '빠르게 달성하는 힘'이다(Dennis, 1999).

'말의 머리'는 우리가 가지고 있는 무수한 욕망을 말한다. 아쉬위니는 '숨으로 태어난'의
의미도 있으며, 호흡과 연관이 있고 '쁘라나(prana, 호흡, 기氣)'를 상징한다, 우리들의 마
음은 야생마처럼 온갖 방향으로 날뛰고 있다(베스 림, 2016). 아쉬위니는 충동적 본성과
두려움을 모르는 역동적인 성질을 나타내며 극적인 변화, 리더십, 공격성, 무분별의 특
성이 있다(Dennis, 1999).

(2) 바라니

바라니(Bharani)의 의미는 '절제하는'이며 상징은 '자궁' '여성의 생식기', 지배 행성은
금성, 에리스 싸인에 있다. 샥티는 '정화하는 힘'이다(Dennis, 1999). '자궁'은 생명을 창조
하지만, 의지로 표출한 것의 결과에 대한 책임을 감당해야 한다. 책임 의식은 억눌린 느
낌을 주게 되며, 바라니를 통해 절제를 배우고 익히게 된다(베스 림, 2016). 창조적인 힘,
예술적 능력, 타고난 재능을 잘 표현할 수 있게 하며(Dennis, 1999), 한편으로는 욕망과
환상에 휩싸여서 갇힌 듯한 느낌을 주며, 수행으로 희생, 자기 단련, 진실함, 높은 도덕성
으로 승화시키게 해 준다(베스 림, 2016).

(3) 끄리티카

끄리티카(Krittika)의 의미는 '자르는 사람들'이며 상징은 '신성한 불', 지배 행성은 태양,
에리스−토러스 싸인에 있다. 샥티는 '부정성을 태워 없애는 힘'이다(Dennis, 1999). 신성
한 불은 우리의 어떤 외적인 행동은 내적인 변환을 가져오기 위함으로, 이것은 끄리티카
의 궁극적인 목적이다. 이전의 까르마를 끄리티카의 불을 통해 태우는 일은 끄리티카가
가진 파워다. 강한 결의와 끈질긴 의지력을 주며, 지나친 에고나 파괴적인 경향, 집착 등
진화를 막고 있는 약한 성향들을 극복할 수 있게 한다(베스 림, 2016).

(4) 로히니

로히니(Rohlni)의 뜻은 '성장하는'이고 상징은 '붉은 소' '상승', 지배 행성은 달, 토러스
싸인에 있다. 샥티는 '성장과 창조를 촉진하는 능력'이다(Dennis, 1999). 로히니는 성장과
창조를 촉진하며 돈이나 재물, 좋은 음식 등 삶의 기쁨들을 나타낸다. 또한 번식을 하고
자 하는 강한 본능을 상징하는 동시에, 신과도 같은 잠재성을 일깨운다. 그러나 세상의
향락에 잘못 빠지게 되면 고통의 나락으로 떨어지게 되며, 그리하여 까르마, 죽음, 윤회
의 사이클을 계속하게 된다(베스 림, 2016).

(5) 므리그쉬라

므리그쉬라(Mrigashira)의 뜻은 '사슴의 머리'고 상징은 '탐구' '수액', 지배 행성은 화성, 토러스-제미니 싸인에 있다. 샥티는 '충만함을 주는 힘'이다(Dennis, 1999). 므리그쉬라 는 소마(soma)의 에너지다. 영적인 절정과 창조 세계의 아름다움을 상징하는 사슴을 통해 표현한다. 또한 '떠돌아다니는 별들'이라고도 하며, 영혼의 환희와 연결을 찾기 위한 순수한 방황이다. 진실한 극적인 변화, 깨달음을 위한 여행, 호기심, 내면의 영적 진화의 과정에서 외부로 표출되는 지성을 나타낸다(베스 림, 2016).

(6) 아드라

아드라(Ardra)의 의미는 '슬픔'이며, 상징은 '눈물방울', 지배 행성은 라후, 제미니 싸인에 있다. 샥티는 '노력을 통해 얻는 힘'이다(Dennis, 1999). 눈물방울 상징의 아드라는 더 나은 미래를 위한 파괴를 나타내며, 변화, 변환, 정의와 진리를 지키기 위해 싸우며, 영혼의 어두움으로 난폭한 기질과 혼란을 일으키는 경향도 있다. 파괴를 통해 창조할 수 있는 능력과 진리를 구함으로써 어려움을 극복하며, 고통을 통해서 깨달음을 얻을 수 있다. 명확성과 감정적 정화를 나타낸다(베스 림, 2016).

(7) 푸나르바수

푸나르바수(Punarvasu)의 뜻은 '빛의 돌아옴'이며, 상징은 '부활' '화살', 지배 행성은 목성, 제미니-캔서 싸인에 있다. 샥티는 '풍요를 얻는 능력'이다(Dennis, 1999). 창조적인 흐름과 에너지가 되돌아왔음을 나타내며, 희망과 긍정적인 에너지, 높은 수준의 기대감이 넘쳐나고 있다. 이전의 아드라가 상징하는 무거움과 심각한 뒤에, 마침내 다시 맞이하게 되는 밝음과 창조성을 나타낸다. 풍요로운 낙샤트라이며 다른 이들과 나눠 가질수록 부가 늘어나게 만들어 준다(베스 림, 2016).

(8) 푸시야

푸시야(Pushya)의 의미는 '돌봐주는' '영양을 주는 꽃'이고 상징은 '꽃' '가장 최상의', 지배 행성은 토성, 캔서 싸인에 있다. 샥티는 '영적 에너지 창조 능력'이다(Dennis, 1999). 푸시야는 돌봐주고 먹여주는 개념을 가지고 있다. 더 높은 관점에서는 샷뜨바 자질을 상징하며, 안정되고 봉사하며, 종교적, 영적이며 헌신적이고 베풀고 도와주려는 특성이 있다. 용서와 자비로움, 선과 돌봄의 자질, 물질적인 풍요와 영적 에너지를 창조하는 능력이 있다(베스 림, 2016).

(9) 아쉴레샤

아쉴레샤(Ashlesha)의 의미는 '얽어매는 자'이고 상징은 '두 마리의 뱀이 서로 휘감고 있는 모습' '애착', 지배 행성은 수성, 캔서 싸인에 있다. 샥티는 '독을 가하는 힘'이다 (Dennis, 1999). 신체의 척추에 흐르고 있는 꾼달리니(Kundalini)의 높은 영적 에너지는 몸을 감고 꼬리뼈 내에 잠들어 있다. 아쉴레샤의 진리에 휘감기게 되면, 아주 깊이 신비롭고 강력하며 또 고결해진다. 순수하고 비이기적인 의도와 연결하며, 철학적인 기질, 사려 깊고 진지하며 확신감 있고 은둔하는 성향이 있다. 또한 강하게 사람을 끄는 매력이 있다(베스 림, 2016).

(10) 마가

마가(Magha)의 의미는 '강력한 자' '위대한'이고 상징은 '왕의 의자', 지배 행성은 께뚜, 리오 싸인에 있다. 샥티는 '몸을 떠나는 힘'이다(Dennis, 1999). 달이 마가에 있으면, 귀족처럼 위엄이 있고 고고한 자세를 가지게 된다. 왕이란 세습되는 직위다. 마가 낙샤트라는 이러한 권위적인 힘, 품위, 존중 등의 자질들을 나타낸다. 또한 물질적으로 부유하고 화려하고 사치스러운 삶, 야망, 리더십, 영적 전통에 대한 충실함 등을 도와준다. 에너지와 용기가 넘치며 군중들을 이끄는 타고난 능력이 있다(베스 림, 2016).

(11) 푸르바 팔구니

푸르바 팔구니(Purva Phalguni)의 의미는 '앞의 붉은 색'이고 상징은 '해먹(hammock)', 지배 행성은 금성, 리오 싸인에 있다. 샥티는 '창조적인 생식의 힘'이다(Dennis, 1999). 이 낙샤트라는 이성 간에 매력을 느끼고 사귀게 만든다. 애정이 풍부하며 품위있고 사랑스럽다. 생산적이며 젊음이 넘치고 자유분방하며 활기차고 야망이 있다. 또한 섬세하고 사교적이며 직관적이고 열정이 넘쳐난다. 영적인 것들에 대해 지나치게 야심적이어서 조심하지 않으면 삶의 균형이 깨질 수도 있다(베스 림, 2016).

(12) 우타라 팔구니

우타라 팔구니(Uttara Phalguni)의 뜻은 '뒤의 붉은 색'이고 상징은 '치유 침대', 지배 행성은 태양, 리오-버고 싸인에 있다. 샥티는 '결혼을 통해 번영을 주는 힘'이다(Dennis,

1999). 우타라 팔구니는 이성 간의 사랑을 결혼으로 성사하게 한다. 또한 야망을 성취하고 싶어 하며 정의를 위한 투쟁, 인내 등을 기꺼이 한다. 높은 수준의 영적인 성장과 정신적 확장을 할 수 있는 잠재성이 있다. 그러나 기량이 아직 미약하며, 일을 벌여 놓고 마무리할 줄 모르는 위험성도 가지고 있다(베스 림, 2016).

(13) 하스타

하스타(Hasta)의 의미는 '손'이고 상징은 '황금의 손', 지배 행성은 달, 리오-버고 싸인에 자리 잡고 있다. 샥티는 '찾는 것을 실현하는 힘'이다(Dennis, 1999). 하스타의 재능을 가진 손은 행위와 까르마에 관련이 있다. 다양한 손재주, 손으로 하는 힐링, 봉사하고 싶은 욕구를 나타낸다. 뛰어난 위트, 유머 감각, 지성, 신비로운 것에 관심이 있다. 성공을 거두기 전에 어려움과 제약, 지연 등을 경험하게 되며, 마침내 가슴속 깊은 곳에서 원하고 있는 아름다운 세상을 만들 수 있게 된다(베스 림, 2016).

(14) 치트라

치트라(Chitra)의 의미는 '눈부신' '탁월한'이고 상징은 '보석' '진주', 지배 행성은 화성, 버고-리브라 싸인에 있다. 샥티는 '공덕을 쌓는 능력'이다(Dennis, 1999). 기질은 열정적이며, 풍부한 창조성과 감각적이며 매력적이고 넘치는 카리스마가 있다. 대화술이 뛰어나며, 적절한 순간에 꼭 맞는 말을 하는 말솜씨가 있다. 보석을 좋아하며 밝고 화려한 옷차림을 즐긴다. 무지와 환상이 뒤섞여 있는 세상을 반영하며, 그러나 가장 영적인 낙샤트라로 꼽힌다. 또한 섬광처럼 번득이는 예지력과 깊은 영성이 있다(베스 림, 2016).

(15) 스와티

스와티(Swati)의 의미는 '독립적인 칼'이고 상징은 '산호' '사파이어', 지배 행성은 라후, 리브라 싸인에 있다. 샥티는 '바람처럼 흩어지는 힘'이다(Dennis, 1999). 스와티는 마음을 잘 다스려서 유용하게 사용하는 능력을 나타낸다. 명상이나 기도를 통해 원숭이처럼 날뛰던 마음을 어떤 목적을 성취할 수 있게 하는 경로가 되게 한다. 대인관계를 다루는 일, 메시지 등에 연관이 있다. 직관적인 능력과 호기심, 배우고자 하는 열정, 의사소통의 재주가 있다. 또한 유동적인 감정 사이에서 바람처럼 잘 움직여 나갈 수 있게 한다(베스 림, 2016).

(16) 비샤카

비샤카(Vishakha)의 의미는 '갈라진 가지' '목적'이고 상징은 '승리의 아치형 문', 지배 행성은 목성, 리브라 싸인에 있다. 샥티는 '많고 다양한 열매를 맺는 힘'이다(Dennis, 1999). 비샤카는 사회적인 정의 구현과 실현 등과 연관이 있다. 바른 일을 하려고 하고 정의를 바로 세우려 하므로 아주 격렬한 에너지가 있다. 인내심, 지구력, 결의, 야망, 경쟁적, 목표지향적, 성공할 때까지 포기하지 않는 자질을 준다. 그러나 목표를 성취하지 못했을 때, 심한 좌절감에 시달리기도 한다. 영성의 무사(武士)를 나타낸다(베스 림, 2016).

(17) 아누라다

아누라다(Anuradha)의 의미는 '잇달아 오는 성공', 상징은 '연꽃'이며, 지배 행성은 토성, 스콜피오 싸인에 있다. 샥티는 '숭배의 힘'이다(Dennis, 1999). 아누라다에 달이 있는 사람들은 좋은 친구이며 다정다감하다. 그러나 애정 관계에서는 어려움을 겪는다. 그들은 충실하고 헌신적이기 때문에 감정적으로 엮이는 관계를 잘 감당해 내지 못한다. 또한 뛰어난 리더십과 관리 능력, 목표를 향한 집중력, 큰 그룹들과 일할 수 있는 능력 등을 준다. 감각적이면서 사랑스러운 성향, 이타적이며 지고지순하고 헌신적으로 만든다(베스 림, 2016).

(18) 지예스타

지예스타(Jyeshta)의 의미는 '가장 연장자'이고 상징은 '귀걸이' '우산', 지배 행성은 수성, 스콜피오 싸인에 위치한다. 샥티는 '정복하고 전투에서 용기를 얻는 힘'이다(Dennis, 1999). 지예스타에 행성이 있으면 무사나 군인이 되며, 정의로운 싸움에서 절대 후퇴하지 않는다. 자신과 사랑하는 이들을 보호하며, 또한 가족의 가장 윗사람이 가문을 주도하며 권위와 부를 행사한다. 아주 속이 깊고 창의적인 마음, 깊은 삶의 의미를 찾거나 숨겨진 비법을 연구하도록 한다. 소수의 친구만 가진 비밀스럽고 은둔적인 성향도 있다(베스 림, 2016).

(19) 물라

물라(Mula)는 '뿌리'를 의미한다. 상징은 '약초 뿌리의 묶음'이고 지배 행성은 께뚜, 세지테리어스 싸인에 위치한다. 샥티는 '파괴하는 힘'이다(Dennis, 1999). 물라는 꾼달리니 에너지 센터의 뿌리 차크라와 연관이 있다. 즉, 우리의 무지를 뿌리째 뽑아내고 진리의 씨앗을 심는 행위를 상징하며, 깊은 연구를 하는 데 적합하다. 삶이 심한 굴곡을 겪는 경향이 있으며 삶의 의미를 잃은 듯한 상실감에 시달리기도 한다. 궁극적으로 집착하지 않도록 깊이 숙고하고, 더 높은 힘에 믿고 의지할 수 있게 하며, 이러한 경험을 통해 영적인 각성이나 깨달음을 얻을 수 있도록 한다(베스 림, 2016).

(20) 푸르바 아샤다

푸르바 아샤다(Purva Ashadha)의 의미는 '이전의 승리'이고 상징은 '손부채', 지배 행성은 금성, 세지테리어스 싸인에 위치한다. 샥티는 '활력의 힘'이다(Dennis, 1999). 푸르바 아샤다는 영혼이 과거에 축적한 무지를 씻어주며, 우주 의식과 우주적인 자비심에 영혼을 열게 한다. 즉, 까르마로 인한 부정적인 경험을 신성한 축복과 기적적인 도움으로 해결되게 한다. 또한 변환을 가져오며 영적인 자질과 섬세함을 개발시킨다. 번뜩이는 직관, 다르마(dharma)에 대한 이해, 창조성과 잠재성을 깨닫게 하며, 에고(ego)를 정화하고 까르마의 빚을 갚게 한다(베스 림, 2016).

(21) 웃타라 아샤다

웃타라 아샤다(Uttar Ashadha)의 의미는 '나중의 승리'이고 상징은 '코끼리의 상아', 지배 행성은 태양, 세지테리어스-카프리코르누스 싸인에 위치한다. 샥티는 '무적의 힘'이다(Dennis, 1999). 웃타라 아샤다는 개인의식이 우주적 의식으로 확장됨을 의미한다. 겸허함, 고통을 거쳐 깨어나게 되는 영성을 나타낸다. 또한 박애주의적, 영성추구, 깊이 파고드는 경향이 있다. 높은 수준의 힘을 성취하게 하며 좋은 인맥 관계를 통해 지지와 인정을 받게 해준다. 고고한 목표와 높은 도덕성을 가진 이상주의자로 승리는 이타적인 목적에 달려 있다(베스 림, 2016).

(22) 쉬라바나

쉬라바나(Shravana)의 의미는 '듣는' '유명한'이고 상징은 '귀', 지배 행성은 달, 카프리코르누스 싸인에 위치한다. 샥티는 '타인과 연결하는 힘'이다(Dennis, 1999). 쉬라바나는 단순히 소리만 듣는 것이 아니라 진리를 듣는 것이며, 진리와 삶의 진동 소리에 지각하고 있음을 의미한다. 또한 밝은 청력을 주며, 경청을 잘하게 된다. 훌륭한 카운슬러, 정보, 지식, 지혜를 추구하는 이지적 능력도 준다. 훌륭한 교사나 교수이며, 늘 배우고자 하는 자세와 인생 전반부에는 어려움과 실망, 좌절을 겪지만, 나이가 들어감에 따라 자기

확신도 자라게 된다(베스 림, 2016).

(23) 다니쉬타

다니쉬타(Dhanishta)의 의미는 '가장 유명한' '아주 부유한'이고 상징은 '드럼' '여왕 별', 지배 행성은 화성, 카프리코르누스-아쿠아리우스 싸인에 위치한다. 샥티는 '풍요와 명성을 주는 힘'이다(Dennis, 1999). 다니쉬타는 오라(aura), 기체(氣體)와 연관이 있으며 행성의 에너지가 드럼처럼 진동하고 있음을 상징한다. 또한 소리 이면에 존재하는 위대한 침묵, 즉 우주적 공(空)을 지각할 수 있도록 해준다. 자기중심적 사고에서 벗어나 의식을 정화하여 내적인 진실을 인지하며, 깨달음을 주고 영적인 가치와 초자연적인 지식을 준다(베스 림, 2016).

(24) 샤타비샥

샤타비샥(Shatabishak)의 의미는 '백 명의 의사' '백 가지의 약'이고 상징은 '원' '꽃', 지배 행성은 라후, 아쿠아리우스 싸인에 위치한다. 샥티는 '치유의 힘'이다(Dennis, 1999). 우리의 신체적, 정신적, 영적 수준의 질병을 치유한다. 즉, 우리의 삶의 근본까지 치유하게 한다. 상징하는 '원'은 마야의 베일 뒤에 있는 공간의 무한함을 나타내며, 내면의 비전, 명상, 철학, 선지자, 신비주의자, 과학자와 같은 기질들을 준다. 그러나 부정적인 행성의 영향에 있으면, 감정 기복이 심하고 비밀스러우며 은둔적이고 외로움을 타기도 한다(베스 림, 2016).

(25) 푸르바 바드라파다

푸르바 바드라파다(Purava Bhadrapada)의 의미는 '이전의 행운' '이전에 얻은 좋은 결과'고 상징은 '침대의 다리', 지배 행성은 목성, 아쿠아리우스-피스케스 싸인에 위치한다. 샥티는 '영적인 사람을 삶에서 키우는 힘'이다(Dennis, 1999). 이 낙샤트라는 미래를 향한 비전을 제시하며, 박애주의적 사랑으로 인류애와 신비주의적 특성들이 있다. 자신의 소신대로 삶을 주도해 가고, 가치관이 확고하게 정립되어 있으며 열정적, 독립적이며 언변이 뛰어나다. 또한 총명하고 학자 같은 철학적 기질과 재치 있는 성향을 준다(베스 림, 2016).

(26) 우타라 바드라파다

우타라 바드라파다(Uttara Bhadrapada)의 의미는 '이후의 행운'이고 상징은 '침대의 뒷부분 다리', 지배 행성은 토성, 피스케스 싸인에 위치한다. 샥티는 '우주의 비를 가져오는 것'이다(Dennis, 1999). 이 낙샤트라는 모든 창조적 에너지와 감춰진 지식이 가진 충동의 근원, 의식의 깊은 바닷속에 자신을 완전히 몰입시킨다. 또한 사이킥 능력을 주며 고립의 필요성과 제약된 여건에서 지혜를 배우게 한다. 상징이 의미인 영혼의 깨달음이나 신의 계획을 알고자 하는 모든 집착을 버리고 안정되고 침착한 자세로 영원한 휴식을 준비하고 있다(베스 림, 2016).

(27) 레바티

마지막 낙샤트라 레바티(Revati)는 '번영하다' '부유한'을 의미한다. 상징은 '드럼' '물고기'이며, 지배 행성은 수성, 피스케스 싸인에 위치한다. 샥티는 '우유로 상징되는 사슴의 힘'이다(Dennis, 1999). 레바티는 부유하게 해 주며 여행자들을 안전하게 보호해 준다. 지상의 여행뿐만 아니라 이승에서 다음 생으로, 마지막 낙샤트라에서 첫 번째 낙샤트라로 다시 새로운 사이클의 시작을 의미한다. 또한 인류에 대한 사랑과 다정다감한 친구를 상징한다. 인생 전반부에서 실망과 좌절, 질병 혹은 신체적 약점을 겪으면서, 후반부에서는 자비심 깊고 너그러우며 신비로운 성향, 인간의 선함에 대한 믿음을 가지게 한다(베스 림, 2016).

4. 상담 목표와 상담 과정

1) 상담 목표

보석치료 상담의 목표는 초월영성상담의 핵심인 '참나 탐구'로 내담자의 심리적 · 정신적 · 영적 성장과 자기 초월의식에 도달할 수 있게 조력하는 것을 목표로 한다. 따라서 내담자의 신체 · 심리적인 나아가 영적인 치유로 내담자가 우주 의식과 완전히 조화되는 상태가 되도록 하며, 영성의 체험으로 초월의식의 획득을 이상적인 목표로 삼는다.

'나는 누구인가, 나는 무엇인가?'와 같이 인간 존재에 대한 근원적 물음은 인류 역사가 시작된 이래 동서고금의 철학, 종교, 문학, 예술, 심리학 등에서 해결하고자 씨름해 온 문제였다. 이 문제를 해결하는 방식은 나(자기, 인간)를 어떻게 보는가 하는 자기관에 따라 달라질 수 있다(정방자, 1994). 우리가 자기를 어떻게 인식하느냐에 따라서 자신을 제한되게 보거나 참나, 신이나 절대적 존재 또는 순수의식으로 지각하게 된다(김병채, 김경민, 1999).

참나 탐구는 나는 누구인가라는 의문을 가지고 그 의문이 일어나는 근원으로 몰입하여 마침내 마음의 한계를 벗어난 참나에 이르는 길(이호준 역, 2005)이다. 라마나 마하리쉬는 참나 탐구의 길이 진정한 자유에 이르는 가장 최고의 길이라고 하면서 제자들에게 이 길을 권유하였다(김병채, 김경민, 1999). 우리가 참나 탐구를 통해 무지에서 벗어날 수 있다면 자신의 본성을 인식할 수 있으며, 인간의 한계를 초월할 수 있을 것이다.

개인의 자아(ego)상은 과거의 조건화된 경험 또는 감각기관으로 보고 듣고 느낀 모든 것들에 의해서 일어나는 바로 정신적, 정서적, 신념 패턴들을 의미한다. 그리고 이 자아상은 우리 자신이 경험하는 것과 다른 사람의 경험을 통하여 관찰하고 학습한 것이다. 진리를 자각하는 우리의 능력은 이전의 잘못된 조건화와 신념들에 의해 조건화되었다. 대부분의 개인은 부정적 자아상에 의해서 자신의 모든 불행의 원인이 된다(Ramana, 1997). 그러나 우리는 본질적으로 내적 영혼이 까르마로부터 자유로워서 자신의 운명을 초월할 힘을 가지고 있다. 우리를 구속하는 것은 별들이 아니라, 우리를 외부 세계의 법칙 아래 두게 하는 외부 세계에 대한 우리의 집착이다. 우리들 대부분은 모든 환영의 토대가 될 수 있는 자아중심적 사고와 물질적 세계관을 뛰어넘지 못하고 있다. 우리는 물리적 세계를 유일한 실재이며, 개인적 자아를 진정한 정체성으로 알고 있다(이기홍, 2017).

보석치료 상담은 내담자의 무지로부터 발생하게 되는 부정적 자아상에서 벗어나서 자아 인식, 무의식 자각, 자기 탐구, 자기 통합을 통한 영적인 성장을 도우며, 내담자가 자기 초월의식을 획득하여 자신의 참모습을 자각하게 하며, 진정한 자기, 즉 참나에 머물게 하여 희열에 들 수 있도록 돕는 데 그 목적이 있다.

2) 상담 과정

보석치료 상담 과정은 내담자로 하여금 영적으로 각성하여 개인의식의 핵심인 욕망을 알아차리고, 그것에서 벗어나 세상의 모든 존재와 함께하려는 우주 의식을 갖도록 하는 목적에 맞추어 진행된다. 따라서 보석치료 상담은 베딕 아스트롤로지를 사용하여 내담자가 참나 탐구를 통해 내담자의 영적 성장과 자기 초월의식에 접근하도록 돕는 과정으로 자아 인식 단계, 무의식 자각 단계, 자기 탐구 단계, 자기 통합 단계의 4단계로 나누어 진행되며 보석치료 상담에서는 모든 과정이 교육과 동시에 이루어진다.

(1) 자아 인식 단계

자아 인식 단계에서는 내담자의 현재 삶에서 고통의 원인을 알아차리고 명료화하는 단계로 적극적인 자기 이해와 자기 인식을 확장하고 자기의 문제를 직면하고 수용하는 단계다.

자아 인식 단계의 진행을 위하여 상담자는 베딕 아스트롤로지 출생 차트에 나타나는 어센던트의 지배 행성과 싸인을 통해 내담자의 정보를 탐색한다. 즉, 지배 행성이 어느 싸인에 조율되어 있는지에 따라 내담자의 정보가 정해진다(Frawley, 2005).

아울러 출생 차트 분석으로 다양한 측면에서 내담자를 조망해 보고, 내담자의 외적 기질과 특성에 대해 알아본다. 또한 어센던트의 지배 행성과 싸인을 통한 내담자의 외적 인격인 페르소나와 동일시되어 자기 자신의 참모습을 알지 못하는 내담자가 사회와 관계를 맺고 바깥 세계가 요구하는 역할과 기대에 부응하며 살아온 모습을 인식할 수 있게 도와준다. 즉, 내담자가 습관적인 판단에서 벗어나 점진적인 인식의 정제로 동일시에서 벗어나게 하는 과정이다.

어센던트의 지배 행성에 따른 자아 인식 단계에서 해야 할 주요한 과제는 내담자가 현재 경험하는 문제와 더불어 내담자의 고유한 행성 유형과 구나 상태를 파악하는 것이다. 내담자의 신체적 · 심리적 경향성을 알아보는 과정이다. 이 과정에서 내담자의 구나 유형을 통해 내담자의 발달 수준과 정신적 수준이 어디에 있는지 파악하는 것은 내담자의 전반적인 이해를 돕는다. 또한 어센던트의 싸인과 지배 행성이 주는 성격 특성과 그 지배 행성이 어느 싸인에 있는지에 따라 자신의 특성과 타고난 재능을 알게 해 준다. 어센던트의 싸인과 그 지배 행성으로 개인의 체질 유형도 알 수 있다(정미숙, 2017).

이 과정에서 내담자는 어떤 유형이든 갖기 마련인 행성의 유형별 강점과 약점을 이해하고 수용하게 됨으로써 자기 삶에서 반복적으로 일어나는 문제의 패턴과 자신의 성향을 더 깊이 이해하게 된다. 이러한 자각은 자신과 타인을 이해하고 인식을 확장하는 데 매우 유용하다.

(2) 무의식 자각 단계

무의식 자각 단계에서는 내담자의 무의식적인 정서와 습관인 내담자의 그림자를 명료화하는 단계로 억압되어 있거나 잊어버린 또는 의식에서 사라진 빛과 대립하는 어둠으로 자각되지 않는 마음, 즉 선과 대립하는 악으로서의 그림자를 직면하고 허용하여 내담자의 무의식을 의식화하는 단계다.

무의식의 자각 단계에서는 달의 낙샤트라와 낙샤트라의 지배 행성에 따른 내담자의 정서와 무의식적인 습관을 직면하게 한다. 상담자는 출생 차트에 나타나는 달의 낙샤트라와 지배 행성을 통해 내담자의 무의식을 해석한다. 이 과정으로 달의 낙샤트라와 조율되어 있는 행성과 달의 낙샤트라의 특성에 따른 내담자의 그림자를 자각할 수 있게 한다.

달의 에너지는 마음이며 감각과 감정들을 관장한다. 27개의 달의 낙샤트라들은 그러한 달이 가진 느낌, 감정, 마음과 영혼의 여러 이면을 대변하고 있다. 또한 달의 낙샤트라와 그 특성을 아는 것은 내담자의 무의식, 즉 '그림자' 발견의 중요한 도구이며, 이것은 자신과 감정 표현에 대한 새로운 관점을 제공해 주며, 세상을 바라보는 통찰력 있는 새로운 방법을 알려 준다(Dernis, 1999). 그림자는 비록 의식과 양립할 수 없는 것이라 할지라도, 그것 또한 개인의 삶에서 불가피한 것이다. 융은 이 그림자를 가리켜 모든 것을 실현하는 데 필요한 조건이라 하고 불완전함을 통해서 완전함에 이르는 삶, 그것이 바로 인간의 삶이라고 하였다(최은주, 2020). 또한 그림자와의 통합은 그림자의 불가피성을 받아들이고 그것을 변화시키려는 노력을 통하여 그 이면 삶의 완전성을 추구할 수 있게 한다.

무의식 자각 단계에서 해야 할 주요한 과제는 내담자가 현재 경험하는 문제와 더불어 달의 낙샤트라의 지배 행성 유형과 구나 상태를 파악하는 것이다. 내담자의 심리적 경향성을 알아보는 과정이다. 이 과정에서 내담자의 구나 유형을 통해 내담자의 심리적 발달 수준과 영적 수준이 어디에 있는지 파악하는 것은 내담자의 전반적인 이해를 돕는다. 또한 달의 낙샤트라의 싸인과 지배 행성이 주는 특성과 그 지배 행성이 자리잡고 있는 싸인에 따라 자신의 타고난 특성과 무의식적 경향성을 알게 해 준다(정미숙, 2017).

이 과정에서 내담자는 어떤 유형이든 갖기 마련인 유형별 강점과 약점을 이해하고 수용하게 됨으로써, 자기 삶에서 반복적으로 일어나는 무의식의 패턴과 경향성을 더 깊이 이해하게 된다. 이러한 무의식의 직면과 자각은 내담자의 무의식을 의식화하여 통합하게 함으로써 자동으로 반응하는 내담자의 심리적 경향성을 수정할 수 있게 한다.

(3) 자기 탐구 단계

자기(Self) 탐구 단계에서는 내담자의 현재 삶에서 자신의 존재를 명료화하는 단계로 자기 본성을 탐구하고 자기 인식을 확장하고 자기 본성을 직면하고 수용하는 단계다. 자기 탐구 단계에서 상담자는 베딕 아스트롤로지 출생 차트에 나타나는 태양의 싸인을 통해 내담자의 자기를 탐색할 수 있다. 즉, 태양이 어느 싸인에 조율되어 있는지에 따라 내담자의 정보가 규정된다(Frawley, 2005).

자기(Self)는 의식 분야의 중심을 형성하고 있는 자아(ego)를 대체하는 것이 아닌, 하나의 상위개념으로서 자아를 포함하는 개념이다(김세영, 정명진 역, 2016). 즉, 인간의 내면에는 인간 정신의 중심이 있는데, 이 중심은 의식을 뛰어넘으며, 인간의 전일성(wholeness)을 나타낸다. 자아가 의식의 중심이라면, 자기는 정신 전체의 중심이다. 따라서 자기 탐구의 과정 없이 자기실현은 이루어질 수 없는 것이다(이부영, 2016).

태양은 아스트롤로지에서 내담자의 본성을 상징하며 영혼이 자신을 표현함을 의미한다. 출생 차트에서 태양은 자연계에 존재하는 개성화의 원리를 나타낸다. 그것은 모든 존재들의 핵심이며, 그 존재가 자기 자신을 인식하는 주체다. 이 개성은 의식에 나타나 있는 자아의 일회성이나 특수성을 말하는 것이 아니라 의식-무의식을 통튼 전체로서 그 사람의 전체 성품을 말한다. 그 사람이 있는 그대로 전부이며 그 사람의 본성이다.

자기 탐구 단계에서 해야 할 주요한 과제는 내담자가 현재 추구하는 문제와 더불어 태양 싸인의 유형과 구나 상태를 파악하는 것이다. 이 과정에서 내담자의 구나 유형을 통해 내담자의 영적 발달 수준을 알 수 있으며 내담자의 지향점의 이해를 돕는다. 또한 태양의 싸인이 주는 특성과 자리 잡은 하우스에 따라 자신의 타고난 임무를 알게 해 준다(정미숙, 2017).

이 과정에서 내담자는 어떤 특성이든 갖기 마련인 강점과 약점을 이해하고 수용하게 됨으로써, 자기 삶에서 일어나는 의식적 패턴과 경향성을 더 깊이 이해하게 된다. 이러한 자기 본성의 직면과 자각은 내담자의 의식을 통합하게 함으로써 갈등을 초래하는 내담자의 영적 경향성을 수정할 수 있게 한다.

(4) 자기 통합 단계

자기(Self)는 의식과 무의식을 포괄하므로 자아를 넘는 크기를 가지고 있다. 따라서 자기는 하나가 된 인격이다. 인격의 진정한 중심은 자기다. 자아의식만으로는 결코 하나가 된 인격이라 할 수 없다. 그것은 전체 정신의 일부일 뿐이다. 의식과 무의식이 하나로 통합될 때, 비로소 전체 인격이 실현된다(이부영, 2021).

자기 탐구가 삶에서 변화를 불러오기 위해서는 자기 통합 과정이 필요하다. 자기 통합 단계에서는 변화된 사고, 정서, 행동을 가져오는 일련의 반복적이고 일관되며 지속적인 실행 과정이 요구된다. 보석치료 상담으로 자기를 바르게 알고 이를 해결하기 위해 생활에서 적용하고 실행하는 과정이다.

상담자는 필요한 보석치료 기법을 내담자에게 가르치고 실행 과정을 안내한다. 또한 내담자의 변화를 관찰하여 이를 피드백해 줌으로써 내담자가 자신의 변화를 자각하고 실행할 수 있도록 격려한다. 내담자가 치료되고 자기 통합으로 발전되도록 더 깊은 알아차림과 자기 성찰을 독려한다. 내담자가 상담 기법을 실행하는 동안 변화를 점검하여 왜곡된 부분은 없는지 살피고 필요 시 교정하고 보완한다(김은아, 2022).

실행은 다음과 같은 방식으로 진행할 수 있다.

첫째, 신체적 치유를 위해 내담자의 지배 행성 유형의 구나에 따른 체질적 특성으로 인한 다섯 기본 요소의 불균형을 찾아 알맞은 보석을 처방해서 착용하도록 하여 회복시킨다. 또한 정화해야 할 부분이 있을 때, 보석치료 정화요법(짜끄라 보석치료, 보석명상 등)을 활용해서 개인의 체질적 특성에 맞게 정화한다.

둘째, 심리적 치유를 위해서 정화된 신체의 기초 위에 감각을 조절하고, 집중할 수 있도록 돕는다. 이를 위해 문제해결을 위한 목적과 체질에 따른 보석을 선택하여 호흡과 함께 보석 시각화 명상, 보석 심상화 명상 등을 활용한다(김은아, 2022).

셋째, 상담자는 내담자의 변화에 대해 민감하게 관찰하고 이를 피드백함으로써 내담자가 자신을 다시 돌아 볼 수 있는 기회를 준다. 또한 실행 중에 보완할 필요가 있는 부분을 바로잡고 자기 성찰을 독려한다.

이와 같은 상담의 과정으로 내담자는 실행 과정을 거쳐 충분히 기능하는 몸과 마음이 만들어지고, 이에 뒤따르는 심리적 변형도 가능하게 할 수 있다. 즉, 보석치료의 지향점인 자각 능력의 개발과 함께 인식이 더 확장되고, 마침내 진정한 자기수용과 변용으로 이어질 수 있다.

자기 통합 단계는 영적인 성장의 단계이며 모든 평범한 치유를 넘어서서 내적으로도 참나와의 관계를 치유하는 과정이다. 또한 구나가 내담자의 행성 유형에 따라 어떻게 작용하는지 알아차릴 수 있게 한다. 아울러 상담자는 내담자가 영적 성장으로 통합되어 삿뜨바 상태로 나아가고 있는지 점검하고 내담자의 자기 성찰을 독려하고 보석치료 상담을 마무리한다.

5. 상담 기법 및 사례

보석치료 상담 기법은 인간을 대우주의 소우주로 전체론적 존재로 보는 인간관에서 출발하여 보석치료 상담의 목표인 '참나 탐구'를 통해 내담자의 심리적·정신적·영적 성장과 자기 초월의식에 도달할 수 있게 하기 위한 상담 기법을 제시한다. 또한 체험을 바탕으로 인간의 자아실현 단계를 넘어서 수평적·수직적 초월을 통한 인간 발달의 무한한 가능성을 지향한다.

보석치료 상담 기법은 베딕 아스트롤로지를 사용하여 상담 목표에 따른 참나 탐구를 위해 몸·마음·영혼의 통합적 탐색 및 분석으로 신체적·심리적인 문제를 해결하고 영적 성장과 자기 초월에 이르도록 돕는다. 보석치료의 단계별 상담 기법은 다음과 같다.

1) 상담 기법

(1) 어센던트 싸인과 지배 행성 분석

베딕 아스트롤로지의 출생 차트에서 나타나는 어센던트 싸인과 지배 행성의 분석으로 페르소나를 통한 자아 인식은 어센던트 싸인의 원소와 지배 행성을 통해 이루어진다. 어떤 사람이 태어날 때 동쪽 지평선에 떠오르고 있던 싸인을 어센던트 싸인이라고 하고 정확하게 동쪽 지평선과 만난 그 지점을 어센던트라고 한다(Frawely, 2005). 어센던트는 내담자 삶의 외적 영역과 물질세계에서의 행동을 결정한다(이형승, 2022). 내담자의 페르소나는 출생 차트의 어센던트를 통해 알 수 있다. 어센던트는 다른 사람에게 보이는 '가면(페르소나)' 또는 개성의 이미지이며, 삶의 양상에서 자발적으로 반응하는 에너지 또는 자동 반응하는 태도가 어떠한지를 보여 준다. 그러나 다른 사람이 보는 내담자의 페르소나는 의도적으로 만들어 내는 것이 아니라 자동으로 그렇게 투사되며, 내담자의 외적 인격은 어센던트 싸인과 지배 행성에 따라 다양한 모습으로 전개될 수 있다.

① 어센던트 싸인의 원소 분석

어센던트 싸인의 원소는 어떤 성질을 갖고 있는 에너지가 신체에 직접 활기를 불어넣는지 그리고 인생을 대하는 대체적인 태도가 어떠한가를 보여 준다. 싸인의 원소가 불이나 공기면 에너지를 역동적으로 사용하며, 활달하고 적극적으로 자기를 표현하는 경향이 있어서 우리는 그것을 능동적이라 하며, 외향적이라고 한다. 원소가 흙이나 물이라면 활기 발산을 어느 정도 억제하면서 에너지를 보존하려는 경향을 보인다. 그래서 심하면 자기를 억누르기까지 하면서 내면 세상에 안주하려고 하기도 하기에, 그것을 내향적이라고 한다.

② 어센던트 싸인의 지배 행성 분석

어센던트 싸인과 상응하는 행성을 '지배하는 행성'이라 한다. 어센던트의 지배 행성이 자리를 잡고 있는 싸인은 인생을 대하는 개인의 전반적인 태도에 상당한 영향을 준다(유기천, 2002). 어센던트 싸인의 지배 행성은 행성 유형의 특성에 따라서 내담자의 행동이나 자기표현을 촉발시키는 기본적인 에너지가 무엇인지를 보여 주며, 자신의 구체적인 성향과 에너지 유형을 나타낸다. 또한 내담자가 주로 어떤 영역에 에너지를 쓰는지 보여 준다.

표 7-1 12개 싸인의 성향과 상응하는 지배 행성 및 기질

12 하우스	12 싸인	다섯 요소	지배 행성	기질
1	에리스 (Aries, 양자리)	불	화성	용기, 야심, 독립, 고집이 셈
2	토러스 (Taurus, 황소자리)	흙	금성	감성적, 거만, 사치를 좋아함
3	제미니 (Gemini, 쌍둥이자리)	공기	수성	다재다능, 창의적, 완벽하지 않음
4	캔서 (Cancer, 게자리)	물	달	좋은 어학능력, 예민함, 강한 질투심
5	리오 (Leo, 사자자리)	불	태양	리더십, 용감, 배짱, 독선적
6	버고 (Virgo, 처녀자리)	흙	수성	순수, 세련, 성적 충동
7	리브라 (Libra, 천칭자리)	공기	금성	깊은 사고, 철학적, 우유부단
8	스콜피오 (Scorpio, 전갈자리)	물	화성	고집이 셈, 무뚝뚝, 강한 소유욕
9	세지테리어스 (Sagittarius, 사수자리)	불	목성	독립적, 분별력, 강한 열정
10	카프리코르누스 (Capricornus, 염소자리)	흙	토성	강한 열망, 박학다식, 원칙적, 인색
11	아쿠아리우스 (Aquarius, 물병자리)	공기	토성	자유로운 사상, 이상주의자
12	피스케스 (Pisces, 물고기자리)	물	목성	동정심, 관대함, 신비학에 관심 많음

(2) 달의 낙샤트라 싸인과 지배 행성 분석

달은 감정, 직관 그리고 느낌들을 어떻게 표현하는지를 다스린다. 달은 우리가 가진 돌보는 본성을 어떻게 표출하는지 나타낸다(베스 림, 2022).

개인의 무의식은 본질적으로 한 때 의식이었던 것이 잊어버리거나 억압되어 의식에서 사라진 것으로 무의식(그림자)은 빛과 대립하는 어둠으로서 그림자는 지각되지 않는 마음으로 선과 대립하는 악으로서의 그림자는 의식에서 허용될 수 없는 마음이다.

그림자는 비록 의식과 양립할 수 없는 부정적인 것이라 할지라도, 그것 또한 개인의 삶에서 불가피한 것이다. 융은 이 그림자를 가리켜 모든 것을 실현하는 데 필요한 조건이라 하고 불완전함을 통해서 완전함에 이르는 삶 그것이 바로 인간의 삶이라고 하였다(최은주, 2020). 그림자와의 통합은 그림자의 불가피성을 받아들이고 그것을 변화시키려는 노력을 통하여 그 이면의 삶의 완전성을 추구할 수 있다. 보석치료 상담에서 내담자의 무의식은 베딕 아스트롤로지 출생 차트의 달의 낙샤트라로 가늠할 수 있다.

① 달의 낙샤트라 싸인 분석

달의 낙샤트라의 기질과 싸인의 원소에 따라 내담자의 무의식적 자동성을 알 수 있게 된다. 앞 장의 27개 달의 낙샤트라에 관한 설명을 참고하여 해석한다. 또한 싸인의 원소가 불이나 공기면 역동적 · 적극적 · 능동적 · 외향적이다. 원소가 흙이나 물이라면 억제, 보존하려는 경향을 보인다. 내면 세상에 안주하고, 내향적이다. 달의 낙샤트라 싸인을 통해 내담자의 무의식적인 정서와 습관을 파악할 수 있으며, 달의 낙샤트라를 파악하면 내담자의 전체적인 기질을 가늠할 수 있게 된다. 그러나 동일한 기질을 갖고 있어도 사람마다 그 기질을 발휘하는 모습에는 차이가 있다.

② 달의 낙샤트라 지배 행성 분석

달의 27개 낙샤트라와 상응하는 행성을 '지배하는 행성'이라 한다. 달의 낙샤트라의 지배 행성은 행성 유형의 특성이 낙샤트라의 기질의 영향을 받아서 발휘된다. 달의 낙샤트라의 지배 행성은 행성 유형의 특성에 따라서 내담자의 행동이나 자기표현을 촉발하게하는 기본적인 성향의 형태가 무엇인지를 보여 주며, 자신의 구체적인 성향과 내담자의 행성 유형의 특성에 따라 자기 모습을 나타낸다. 또한 내담자가 주로 어떤 영역에 자신의 무의식을 드러내는지를 보여 주며 또한 자신의 자동 성향을 나타내는지 알 수 있게 한다.

(3) 태양의 싸인 분석

베딕 아스트롤로지는 삶의 지혜를 터득하기 위한 하나의 기법인 동시에 인간과 우주의 신비에 대한 통찰력을 기르는 의식 훈련이다. 전체 정신의 중심인 자기는 진정한 의미의 개성 같은 것이다. 이 개성은 그 사람의 전체 성품을 말하며, 그 사람의 본성이며, 자기 원형이다. 자기 원형은 '지남력(指南力)의 원형'으로서 우리가 정신적으로 혼돈 (chaos)에 빠져있을 때 방향을 가리켜 주는 것이다. 자기는 인격을 통일하고 거기에 일체성(oneness)과 불변성의 감각을 준다.

태양은 기본적인 개성을 다스린다. 내담자의 가장 중심적인 에고(ego)와 의지 '나는 누구인가?'라는 핵심을 나타낸다. 태양은 소울(soul), 영혼의 진정한 자기표현, 이상적 자기 모습을 표현하려고 한다. 이러한 세상을 향한 표현 욕구는 태양이 어디에 있는지(베스 림, 2022)에 따라 다르게 표현된다. 베딕 아스트롤로지의 강력한 치료법인 보석치료 상담에서는 베딕 아스트롤로지 출생 차트의 태양의 싸인으로 내담자의 본성과 자기를 자각할 수 있게 한다.

① 태양의 싸인 분석

태양은 기본적인 개성을 다스린다. 태양은 우리가 가진 원천적인 힘, 권위성, 남성적 에너지 요소를 보여 준다(베스 림, 2022). 태양의 싸인으로 내담자에게 어떤 성향이나 기질을 부여하고 있는지를 파악할 수 있으며, 싸인의 네 가지 에너지 요소에 따라 다른 특성을 나타낸다.

불의 원소 싸인은 자아와 자아 표현에 초점을 맞춘다. 흙의 원소 싸인은 안정성에 관심이 있다. 이들은 감각과 구체적인 대상들을 통해 연결한다. 공기 원소 싸인은 사회적 관계성에 관심이 지대하다. 자기 생각이나 아이디어, 재능들을 소통하고 교환하고자 한다. 물의 원소 싸인은 공감대를 이루어 관계성을 맺는다. 자연스럽게 사색적·관념적·철학적·묵상적이며 자신의 내면 상태에 민감하게 초점을 맞춘다(베스 림, 2022). 또한 12 싸인들의 세 가지 에너지 양식에 따라 에너지를 유동적으로 사용하는지, 아니면 에너지 발산을 억제하는지를 파악할 수 있다.

② 태양 싸인의 지배 행성 분석

태양은 아뜨만(Atman, 본질적 영혼)이다. 태양은 존재하는 모든 것들에 내재하고 있는 우주적 영혼, 신성한 자아를 나타낸다. 아뜨만은 진정한 자존감, 자신감, 겸허함이 우러나오는 근원이다. 태양이 가진 영적 특성과 자질은 깨달음을 줄 수 있는 영적 지식의 활성화, 신과의 합일, 영적인 힘을 얻음, 영적 성장에 도움이 되는 마음의 순수성, 샷뜨바적이고 자선적인 성향이 있다(베스 림, 2022). 태양 싸인의 지배 행성은 행성 유형의 특성에 따라서 내담자의 의지나 자아를 촉발시키는 기본적인 성향의 형태를 보여 주며, 자신의 구체적인 지향점과 행성 유형의 특성에 따라 자기의 영적 발달 수준을 보여 주게 된다. 또한 내담자가 주로 어떤 영역에 자신의 존재와 자신의 본성을 나타내는지 알 수 있게 한다.

(4) 보석 처방

보석치료 상담 기법에서는 내담자의 출생 차트에서 나타난 어센던트, 달의 낙샤트라, 태양의 싸인의 지배 행성을 확인하고 각각의 지배 행성에 상응하는 보석을 처방하여 착용하거나 소지하게 한다. 〈표 7-2〉은 9개 행성과 상응하는 보석을 표로 나타낸 것이다.

표 7-2 9개 행성과 속성 및 상응하는 보석(Frawley, 2000)

구분	세 구나	다섯 근본 요소	9개 행성	상응 보석
1	샷뜨바	불	태양	루비
2	샷뜨바	물	달	진주
3	따마스	불	화성	붉은 산호
4	라자스	흙	수성	에메랄드
5	샷뜨바	공간	목성	옐로 사파이어
6	라자스	물	금성	다이아몬드
7	따마스	공기	토성	블루 사파이어
8	따마스	공기	라후	헤소나이트
9	따마스	불	케투	캣츠아이

(5) 꾼달리니와 일곱 짜끄라

더 깊은 의미에서 보석치료 상담은 미묘한 몸을 깨우는 작업이 필요하다. 즉, 꾼달리니(Kundalini)를 일깨우는 것이 필요하다. 꾼달리니는 우리 안에 숨겨진 더 높은 발전적인 힘으로써 우리의 영적인 잠재력을 펼칠 수 있는 능력을 갖추고 있다. 꾼달리니가 일깨워지지 않은 상태에서는 그 에너지의 아주 적은 부분만이 우리의 정상적인 심신 기능을 유지하는 데 이용되고 있다. 그러니 꾼달리니가 일깨워지면, 그것은 우주적 의식에

표 7-3 일곱 짜끄라와 관련되는 요소와 상응 보석(최려원 역, 2011)

일곱 짜끄라	1 짜끄라	2 짜끄라	3 짜끄라	4 짜끄라	5 짜끄라	6 짜끄라	7 짜끄라
원소	흙	물	불	공기	에테르		
감각 작용	후각	미각	시각	촉각	청각	초감각적 인식, 모든 감각	
색	붉은색	오렌지색	노란색	녹색	청색	남색	보라색
상응 보석	산호	카넬리언	호박	에메랄드	남옥	라피스라줄리	자수정

대한 우리의 잠재력을 드러내며, 우리가 상상할 수도 없는 저 너머로 우리를 데려간다 (김병채, 정미숙 역, 2007).

짜끄라(Chakra)는 에너지 바퀴 또는 에너지의 움직이는 고리를 말한다. 몸 안의 일곱 에너지 센터인 일곱 짜끄라는 꾼달리니에 의해 활성화된다. 짜끄라들은 신경 체계의 배후에서 신체를 인도하고 이끌어 준다(김병채, 정미숙 역, 2007). 보석치료 상담에서는 일곱 짜끄라의 정화와 활성화를 위해 〈표 7-3〉과 같은 일곱 짜끄라에 상응하는 보석을 활용한다.

2) 사례

(1) 내담자 기본정보

내담자는 60대 초반 여성으로 내담자의 출생 연월일, 태어난 시간, 출생 국가, 출생 장소를 사용하여 내담자의 출생 차트를 알 수 있으며, 베딕 아스트롤로지 출생 차트는 인터넷 베딕 아스트롤로지 사이트를 사용하여 출력할 수 있다.

(2) 참나 탐구

내담자의 출생 차트의 어센던트의 싸인의 원소 및 지배 행성, 달의 낙샤트라의 싸인과 지배 행성, 태양의 싸인과 지배 행성의 분석과 그에 따른 '참나 탐구' 과정은 실제 내담자와의 상호작용에서 이루어질 수 있다.

(3) 보석 처방

보석치료 상담에서 사용하는 보석 처방은 매우 다양한 기법이 있다. 대표적인 것으로 베딕 아스트롤로지의 출생 차트에서 나타나는 어센턴트 싸인의 지배 행성에 따른 보석 처방, 달의 낙샤트라 지배 행성에 따른 보석 처방, 태양 싸인의 지배 행성에 따른 보석 처방을 사용한다.

① 어센턴트 싸인의 지배 행성에 따른 보석 처방

내담자의 어센턴트 싸인 지배 행성을 찾기 위해 베딕 아스트롤로지 컴퓨터 프로그램을 열고 이름, 출생 연월일, 태어난 시간, 출생 국가, 출생 장소를 입력하여 출력한 내담자의 출생 차트 [그림 7-3]에서 나타난 어센턴트 싸인은 피스케스이고 피스케스 싸인의 지배 행성은 목성인 것을 확인할 수 있다. 출생 차트에서 목성은 쇠약하거나 유배되어 있지 않아 내담자에게 긍정적인 영향을 줄 수 있으므로 목성과 상응하는 보석인 옐로 사파이어를 처방하여 착용하도록 한다.

② 달의 낙샤트라 지배 행성에 따른 보석 처방

내담자의 출생 차트에서 나타난 달의 낙샤트라는 바르니(Bharari)이고 바르니 낙샤트라의 싸인은 에리스, 지배 행성은 금성인 것을 확인할 수 있으며, 이 출생 차트에서 금성은 유배되어 있으므로 내담자에게 긍정적인 영향을 줄 수 있는 금성과 상응하는 보석인 다이아몬드를 처방하여 착용하도록 한다.

③ 태양 싸인의 지배 행성에 따른 보석 처방

내담자의 출생 차트에서 나타난 태양의 싸인은 카프리코르누스(Capricornus)이고 지배 행성은 토성인 것을 확인할 수 있다. 토성은 쇠약하거나 유배되어 있지 않아 내담자에게 긍정적인 영향을 줄 수 있으므로 토성과 상응하는 보석인 블루 사파이어를 처방하여 착용하도록 한다.

이와 같은 보석치료 상담은 베딕 아스트롤로지의 지식을 바탕으로 자기 변형을 이루는 지혜를 제시하며, 보석치료 상담을 통해 내담자가 무지에서 비롯된 고통에서 벗어나게 한다.

이는 인간의 본성(本性)인 지혜를 밝히고 의식을 성장하는 것이고, 그것을 드러내는 과정이 각성, 즉 자기 존재를 자각하는 과정이다. 이러한 자기 존재의 각성이 자기 초월이고, 참나에 이르는 길이라 할 수 있다.

인도 남부식 출생 차트

As Ke	Mo Ma		
Su Ve			
Sa Me	Ju		Ra

	Degree	RC	Rashi	Nakshatra
As	07:23:00		Pis	U.Bhadra.
Su	03:55:46		Cap	U.Shad.
Mo	16:36:07		Ari	Bharani
Ma	27:59:19		Ari	Krittika
Me	17:17:01		Sag	P.Shad.
Ju	03:36:07		Sco	Anuradha
Ve	20:09:29		Cap	Shravana
Sa	08:07:46		Sag	Moola
Ra	23:51:48		Vir	Chitra
Ke	23:51:48		Pis	Revati

[그림 7-3] 내담자 출생 차트

출처: https://www.galacticcenter.org/birthchart-calculator

산스크리트 용어

구나(Guna)	삿뜨바, 라자스, 따마스 등 본성의 세 가지 주요 특질
까르마(Karma)	생의 행위들을 포함하는 원인과 결과의 법칙
께뚜(Ketu)	달의 북극 교점, 용의 꼬리
꾼달리니(Kundalini)	영적인 개발의 잠재적 에너지
나브라뜨나(Navratana)	베딕 아스트롤로지에서 9행성과 상응시킨 아홉 가지 보석
다르마(Dharma)	본성의 법칙, 진정한 특질
따마스(Tamas)	어둠과 불활성의 특질
딴뜨라(Tantra)	우리의 높은 잠재력을 다루는 에너지 체계
라자스(Rajas)	에너지 혹은 활력의 성질
라후(Rahu)	달의 북극점, 용의 머리
베다(Veda)	참나와 우주적 지식에 대한 고대 힌두교의 영적 체계
베단가(Vedanga)	베다의 부수적인 갈래
뿌루샤(Purusha)	순수한 의식, 내적인 영, 참나
쁘라나(Prana)	생명력, 숨
쁘리끄리티(Prakriti)	본성

샷뜨바(Sattva)	조화의 특질
상키야(Samkhya)	우주의 원리에 대한 베다 철학, 24가지 타트바의 철학
샥티(Sakti)	성스러운 힘, 에너지.
소마(Soma)	신성한 음료
아뜨만(Atman)	본질적 영혼
아유르베다(Ayurveda)	베다 의학, 치유의 요가 과학
짜끄라(Chakra)	미묘한 몸 내에 있는 신경 중심, 에너지 센터
죠티샤(Jyotisha)	베딕 아스트롤로지
판창가(Panchanga)	힌두 음력 달력

참고문헌

김가빈(2012). 인간체질에 따른 보석처방법 비교 연구: 베다 점성학, 아유르베다, 음양오행 이론을 중심으로. 창원대학교대학원 박사학위논문.

김병채, 김경민(1999). 참나-탐구를 위한 프로그램 개발 예비연구. 동서정신과학, 2(1) 116-126.

김은아(2022). 아유르베다 명상의 상담체계 연구. 동방문화대학원대학교 박사학위논문.

박경숙(2020). 천문별자리와 수비학적 占星 TAROT 운용법 비교 연구, 공주대학교 대학원 박사학위 논문.

백지원(2019). 인도 점성술과 서양 점성술의 비교연구. 원광대학교 동양대학원 석사학위논문.

베스 림(2016). 베딕 점성학 입문서 I. 북랩.

베스 림(2022). 죠티샤, 운명 그리고 시간의 수레바퀴 上. 북랩.

서순향(2021). 命理學과 Vedic 占星學의 比較를 통한 相談 活用方案에 관한 硏究: 五行과 五行星의 陰陽을 中心으로. 공주대학교 대학원 박사학위논문.

先野道雄(2010). 밀교점성술과 수요경. (전용훈 역). 동국대학교출판부.

유기천(2002). 인간의 점성학 I. 정신세계사.

이기흥(2017). 참나로 가는 오솔길-자아 스펙트럼. 대동철학회, 79, 413-445.

이부영(2016). 분석심리학. 일조각.

이부영(2021). 자기와 자기실현. 한길사.

이은영(2022). 치유인문학과 힐데가르트의 보석치료에 관한 고찰. *Journal of Naturopathy*, 11(1), 62-67.

이형승(2022). 아유르베딕 아스트롤로지를 활용한 진로상담 사례연구: 단일사례를 중심으로, 동방문화대학원대학교 석사학위논문.

조기선, 조은정(1999). 보석의 가치평가. 도서출판 미스바.

조민희(2023). 유색보석과 925은을 결합하는 기법과 작품연구: 자외선경화수지 활용을 중심으로. 서울대학교 대학원 박사학위논문.

정미숙(2017). 아유르베다의 이론과 실제. 여래.

정홍규(2004). 빙엔의 힐데가르트. 푸른평화.

최정임(2018). 보석의 치유효과에 대한 신체심리학적 연구. 동방문화대학원대학교 박사학위논문.

하경숙(2010). 힐데가르트 보석요법이 중년여성의 심리상태에 미치는 효과. 대구가톨릭대학교 대학원 박사학위논문.

황지현(2011). 아유르베다식 프로그램 중 삿뜨바 다이어트와 체질유형 다이어트 프로그램의 특징과 적용효과. 창원대학교 대학원 박사학위논문.

Chandrashekhar, S. (2007). *Vedic Astrology Demystified*. Delhi: Parimal Publications.

Dennis M. H. (1999). *The Nakshatras*. Lotus Press.

Deva, S. (2000). Vedic astrology: An open letter to the chairman, UGC. *Economic and Political Weekly, 35*(42), 3719.

Frawley, D. (2000). *Astrology of the seer*. Lotus Press.

Frawley, D. (2003). *American Institute of the Vedic Studies Astrology of Seers Course in Vedic Astrology part III*. Unpublished Santa Fe: American Institute of the Vedic studies.

Frawley, D. (2005). *Ayurvedic astrology*. Lotus Press.

Frawley, D. (2007). 요가와 아유르베다 (*Yoga & Ayurveda*). (김병채, 정미숙 공역). 슈리 크리슈나다스 아쉬람. (원저 1999 출판).

Frawley, D. (2018). 베다 입문 (*From the river of heaven: Hindu and Vedic knowledge for the modern age*). (김병채 역). 슈리 크리슈나다스 아쉬람. (원저 1990 출판).

Frawley, D., Ranade S. & Lele, A. (2001). 아유르베다와 마르마 테라피 (*Ayurveda and marma therapy*). (박애영 역). 슈리 크리슈나다스 아쉬람. (원저 2003 출판).

Frawley, D. & Ranade S. (2004). *Ayurveda, Nature's Medicine*. Lotus Press.

Harish, J. (2014). 보석의 힐링 파워 (*The Healing Power of Gemstones: In Tantra, Ayurveda, and Astrology*). (김가빈 외 공역). 도서출판 사림. (원저 1996 출판).

Jung, C. G. (2016). Aion(아이온) (*Aion: Untersuchungen zur Symbolgeschichte*). (김세영, 정명진 공역). 부글북스. (원저 1951 출판).

Lad, V. (1984). *Ayurveda: the science of self-healing: a practical guide*. Twin Lakes: Lotus press.

Ramana, A. (1997). *The handbook to perpetual happiness*, Asheboro: AHAM.

Mahatshi, R. (2005). 나는 **누구인가** (*Who am I?*). (이호준 역). 청하. (원저 1923 출판).

Shalila Sharamon, Bodo J. Baginsky. (2011). **차크라 힐링 핸드북** (*The chakra handbook: from basic understanding to practical application*). (최여원 역). 슈리 크리슈나다스 아쉬람. (원저 1998 출판).

https://www.galacticcenter.org/birthchart–calculator

327

찾아보기

인명

내용

저자 소개

오진미(Oh Jin Mee)

성균관대학교 박사(교육심리 및 상담심리 전공)

전 성균관대학교 교육대학원 대우전임조교수 및 초빙교수

현 JM심리상담센터 대표

〈자격증〉

초월영성상담학회 수련감독급 전문상담사(한국상담학회)

상담심리사1급(한국상담심리학회)

게슈탈트상담심리사 수련감독자(한국게슈탈트상담심리학회)

〈저서 및 역서〉

부부가족 상담의 4단계 모델(공역, 시그마프레스, 2007)

대학생 커리어로드맵(공저, 한올사, 2010)

황임란(Hwang Im Ran)

한국교원대학교 교육학 박사(교육심리 및 상담 전공)

전 순천향대학교 창의라이프대학원 상담 및 임상심리학과 대우교수

현 인간과 역사 너머-함께 하는 교육공간 공동대표

〈자격증〉

초월영성상담학회 수련감독급 전문상담사(한국상담학회)

심리치료상담학회 수련감독급 전문상담사(한국상담학회)

한국형에니어그램 전문가 슈퍼바이저

〈저서 및 역서〉

슈퍼바이저를 위한 슈퍼비전의 이론과 실제(공저, 학지사, 2024)

자아초월심리학 핸드북(공역, 학지사, 2020)

정민(Jeong Min)

전남대학교 심리학 박사(상담심리 전공)

전 미국 Northeastern University 상담심리학 박사후 과정

현 광주대학교 청소년상담평생교육학과 교수

〈자격증〉

초월영성상담학회 수련감독급 전문상담사(한국상담학회)

상담심리사1급(한국상담심리학회)

한국아들러상담학회 전문가

〈저서〉

집단상담의 이해와 실제(공저, 북앤정, 2023)

상담심리학(공저, 북앤정, 2023)

이기춘(Lee Ki Choun)

한국기술교육대학교 인력개발학과 박사수료(진로직업상담 전공)

전 경기대학교 평생교육원 상담심리학부 교수

현 다시봄 심리진로상담센터 대표

〈자격증〉

초월영성상담학회 1급전문상담사(한국상담학회)

2급 전문상담사(한국사이코소시오드라마학회)

명상2급전문가(제주국제명상센터)

〈저서〉

창업 경영 컨설팅 방법론 및 사례(공저, 브레인플렛폼, 2023)

AI시대 ESG 경영전략(공저, 브레인플렛폼, 2023)

정미숙(Cheong Mee Sook)

국립창원대학교 교육학 박사(상담심리 전공)

전 동방문화대학원대학교 자연치유학과 초월영성상담 전공 교수

현 한국아유르베다연구소 소장

〈자격증〉

초월영성상담학회 수련감독급 전문상담사(한국상담학회)

아유르베다 전문가(한국아유르베다학회)

〈저서 및 역서〉

아유르베다의 이론과 실제 개정판(한국아유르베다학회출판사, 2023)

자아초월심리학 핸드북(공역, 학지사, 2020)

정정애(Jung Jung Ae)

가톨릭관동대학교 교육학 박사(교육심리 전공)

현 가톨릭관동대학교 조교수

〈자격증〉

초월영성상담학회 수련감독급 전문상담사(한국상담학회)

신체감각 기반(SEP) 트라우마치료 전문가(SEI; Somatic Experiencing Institute)

성교육 및 성치료 전문가(AASECT)

〈저서〉

생활지도 및 상담(공저, 동문사, 2017)

학교상담의 이론과 실제(공저, 박영스토리, 2017)

김가빈(Kim Ga Bin)
국립창원대학교 교육학 박사(상담심리 전공)
전 화신사이버대학교 상담심리학과 전임교수
현 경기도청 북부청사 마음건강충전소 상담소장

〈자격증〉
초월영성상담학회 수련감독급 전문상담사(한국상담학회)
FGA 영국 보석감정사(Fellow of Gemmological Association)

〈역서〉
보석의 힐링 파워(공역, 도서출판 사림, 2015)

초월영성상담의 다양한 접근

Various Approaches to Transpersonal & Spiritual Counseling

2024년 12월 10일 1판 1쇄 인쇄
2024년 12월 20일 1판 1쇄 발행

지은이 • 오진미 · 황임란 · 정민 · 이기춘 · 정미숙 · 정정애 · 김가빈
펴낸이 • 김진환
펴낸곳 • (주)학지사
　　　　　04031 서울특별시 마포구 양화로 15길 20 마인드월드빌딩
대표전화 • 02-330-5114　　팩스 • 02-324-2345
등록번호 • 제313-2006-000265호

홈페이지 • http://www.hakjisa.co.kr
인스타그램 • https://www.instagram.com/hakjisabook

ISBN 978-89-997-3311-6　93180

정가 20,000원

출판미디어기업 **학지사**

간호보건의학출판 **학지사메디컬** www.hakjisamd.co.kr
심리검사연구소 **인싸이트** www.inpsyt.co.kr
학술논문서비스 **뉴논문** www.newnonmun.com
교육연수원 **카운피아** www.counpia.com
대학교재전자책플랫폼 **캠퍼스북** www.campusbook.co.kr